YSGRIFAU BEIRNIADOL 32

YSGRIFAU
BEIRNIADOL 32

Golygyddion:
Tudur Hallam
Angharad Price

Golygyddion Ymgynghorol:
Gwyn Thomas
Gerwyn Wiliams

GwasgGee

ⓗ Gwasg Gee (Cyhoeddwyr) Cyf.

Argraffiad cyntaf: Hydref 2013
ISBN: 978-1-904554-20-2

Cydnabyddir cefnogaeth ariannol
Cyngor Llyfrau Cymru

Cyhoeddwyd gan Wasg Gee (Cyhoeddwyr) Cyf.
www.gwasggee.com

CYNNWYS

CYFLWYNIR Y GYFROL HON ER COF AM

SIAN OWEN (1965-2013),

GYDA DIOLCH AM EI HOLL DDONIAU

A'I DEALLUSRWYDD ARBENNIG

CYFRANWYR

Simon Brooks: Ysgolhaig sy'n byw yn Eifionydd yw Simon Brooks. Mae'n gyd-olygydd cyfrol o ysgrifau am syniadaeth a'r mudiad iaith, *Pa beth yr aethoch allan i'w achub?*, a gyhoeddir yn hydref 2013.

Jason Walford Davies: Uwch-ddarlithydd yn Ysgol y Gymraeg, a Chyd-gyfarwyddwr Canolfan Ymchwil R.S. Thomas, ym Mhrifysgol Bangor. Ymhlith ei gyhoeddiadau diweddar mae cyfres o erthyglau ar Waldo Williams, ynghyd â'r golygiad, ar y cyd â Tony Brown, *R.S. Thomas: Uncollected Poems* (Bloodaxe Books, 2013).

Tudur Hallam: Athro'r Gymraeg yn Academi Hywel Teifi, Prifysgol Abertawe.

Rhianedd Jewell: Astudiodd Ieithoedd Modern ym Mhrifysgol Rhydychen cyn cwblhau doethuriaeth ym maes Eidaleg. Wedi treulio blwyddyn yn darlithio yn Academi Hywel Teifi ym Mhrifysgol Abertawe, mae Rhianedd erbyn hyn yn darlithio yn Adran y Gymraeg, Prifysgol Aberystwyth.

† Sian Owen: Awdur, cyfieithydd a golygydd. Graddiodd mewn ffiseg ym Mhrifysgol Aberystwyth ac enillodd ddoethuriaeth ym maes ysgrifennu creadigol o Brifysgol Bangor.

Elain Price: Darlithydd yn Academi Hywel Teifi, Prifysgol Abertawe. Mae ei diddordebau ymchwil yn cynnwys hanes teledu yng Nghymru, yn benodol hanes S4C a datblygiad rhaglenni plant Cymraeg ar y radio a'r teledu. Canolbwyntiodd yn ei thraethawd PhD ar astudio blynyddoedd cynnar a ffurfiannol S4C (1981–1985).

Angharad Tomos: Awdur llawn amser sydd yn byw ym Mhenygroes, Dyffryn Nantlle. Bu'n gweithio'n ddiweddar gyda Theatr Genedlaethol Cymru ('Dyled Eileen') a Chwmni'r Frân Wen ('Gwyn'). Ar hyn o bryd mae'n gweithio ar gyfres o werslyfrau natur i Gyd-Bwyllgor Addysg Cymru, ac mae ar fin cyhoeddi *Llyfr Mawr Rwdlan* (i ddathlu 30 mlwyddiant Cyfres Rwdlan).

Gerwyn Wiliams: Athro yn Ysgol y Gymraeg, Prifysgol Bangor. Mae wrthi ar hyn o bryd yn paratoi'r cofiant cyflawn cyntaf i Albert Evans-Jones, sef Cynan (1895–1970).

GOLYGYDDOL
Tudur Hallam ac Angharad Price

Hon yw'r ail gyfrol dan yr olygyddiaeth bresennol. Daw'n dynn ar sodlau'r gyfrol flaenorol, ac ymhyfrydwn o'r newydd yn ansawdd y gwaith a geir yma, yn gyfres o ysgrifau sylweddol a threiddgar gan enwau sefydledig a newydd ym maes beirniadaeth lenyddol Gymraeg. Unwaith eto hefyd, mae yma ddadansoddiad testunol o gerddi penodol, y tro hwn yn drafodaeth ogleisiol ar un o gerddi mwyaf cyfarwydd Waldo Williams, ynghyd â thrafodaeth fanwl ar 'gerdd goll' o'i eiddo. Ac mae yma gyfweliad dadlennol, a hynny gydag un o'n prif awduresau, Angharad Tomos. Braint hefyd yw cael cyflwyno am y tro cyntaf yn hanes *Ysgrifau Beirniadol*, fe dybiwn, ysgrif loyw ar oblygiadau'r broses greadigol ei hun: llunio nofel, yn yr achos hwn. Dyma adlewyrchiad rhagorol o'r modd y cydnabyddir bellach y gall astudio llenyddiaeth o safbwynt y creawdwr arwain at gasgliadau 'ymchwil' unigryw a phellgyrhaeddol. Diolch i'r cyfranwyr oll am eu gwaith, ac unwaith yn rhagor i Dafydd Meurig o Wasg Gee am ei ofal a'i amynedd wrth hwylio'r gyfrol trwy'r wasg.

Nid rhywbeth y gellir ei gymryd yn ganiataol mo'r diwylliant beirniadol a syniadol yn y Gymraeg mwyach (os bu erioed). Ers sawl blwyddyn bu nifer o ffactorau'n milwrio yn ei erbyn. Yn eu plith y mae meddylfryd groseraidd yr asesiadau ymchwil a gynhelir yn ein prifysgolion ers blynyddoedd bellach, ynghyd â'r defnydd cynyddol o'r Saesneg yn iaith dysg (yn fyd-eang). Amharod iawn yw cynghorau cyllido'r Deyrnas Unedig i noddi unrhyw brosiectau ymchwil sylweddol ym maes llenyddiaeth Gymraeg ddiweddar hefyd. A hyd yn oed o fewn Cymru ei hun, gwelwyd yn ddiweddar ryw wrth-ddeallusrwydd gresynus yn mennu ar drafodaethau ynghylch llenyddiaeth, beirniadaeth a syniadau. Bu'r ffactorau hyn – ac eraill, mae'n siŵr – yn ddylanwadau andwyol ar y diwylliant syniadol-feirniadol Cymraeg y llwyddwyd i'w feithrin yn ystod canol yr ugeinfed ganrif ac a gyrhaeddodd ei anterth yn ystod y 1990au.

Mae ein llenyddiaeth greadigol – y nofel, yn enwedig – yn mynd trwy gyfnod hynod ffyniannus ar hyn o bryd, diolch yn bennaf i gynnydd yn y nawdd a roddwyd i Gyngor Llyfrau Cymru gan y Cynulliad. Ni roddwyd yr un bri a chymorth i feirniadaeth yn y cyfnod hwn, fodd bynnag, er bod nifer o gyfrolau beirniadol pwysig wedi gweld golau dydd yn y blynyddoedd diweddar. A'r Saesneg yn fwy grymus a gwastataol nag erioed, mae taer angen i ieithoedd llai fel y Gymraeg sicrhau bod syniadaeth ddiwylliannol yn dal i gael ei chreu a'i gwyntyllu trwyddynt. Y gobaith yn awr yw y bydd twf y Coleg Cymraeg Cenedlaethol yn rhoi hwb o'r newydd i ddiwylliant syniadol iach yn y Gymraeg, ym maes llenyddiaeth a thu hwnt. A chan mai *Ysgrifau Beirniadol* yw'r unig gyfnodolyn a neilltuir yn llwyr i drafod beirniadaeth yn Gymraeg, hyderwn y bydd gan gyfrolau fel hon le canolog yn y fenter honno.

Estynnwn wahoddiad, felly, i unrhyw un sy'n dymuno cyfrannu ysgrif ar bynciau yn ymwneud â beirniadaeth lenyddol (a chelfyddydol), yn ogystal â syniadaeth a theori ddiwylliannol, anfon gair atom i drafod posibiliadau. Croesawn ymdriniaethau â llenyddiaeth Gymraeg, fel erioed, ond hefyd lenyddiaethau a chelfyddydau eraill. Nid ynys mo beirniadaeth Gymraeg, a thrwy ddod â hi i gysylltiad â cheryntau a thueddiadau ei chymheiriaid yn rhyngwladol y sicrheir ei hyfywedd hi.

Gobeithio y bydd ein darllenwyr, yn eu tro, yn canfod digon yma i ysgogi meddwl a thrafod pellach, a hynny y tu hwnt i'r ddalen brintiedig – er pwysiced honno.

Wrth i'r gyfrol hon fynd i'r wasg daeth y newyddion enbyd o drist am farwolaeth Sian Owen. Bu'n dioddef o ganser ers sawl blwyddyn. Roedd yn wraig amryddawn a ddisgleiriodd ymhob maes y bu'n ymwneud ag o, ac mae'r ysgrif arloesol a gyfrannodd yma yn dyst i'w deallusrwydd arbennig. Braint fawr fu cael ei hadnabod a chydweithio â hi, a chydymdeimlwn yn ddwys â'i gŵr, Ken, a'i thri phlentyn, Gruffydd, Heledd a Morfudd.

Angharad Price (a.price@bangor.ac.uk)

Tudur Hallam (t.r.hallam@abertawe.ac.uk)

BU CYNAN YMA: SENSORIAETH A'R DDRAMA GYMRAEG, 1931–1968

Gerwyn Wiliams

Un o ddelweddau mwyaf cofiadwy Eisteddfod Genedlaethol y Bala ym 1967 yw honno a ymddangosodd ar dudalennau *Lol* o ferch fronnoeth gyda'r geiriau 'SENSOR' ar draws ei mynwes ac mewn print llai, 'Bu Cynan yma'.[2] Dyma lun sy'n crynhoi ysbryd delwddrylliol ieuenctid y degawd, yn herio awdurdod ac yn amharchu'r sefydliad, a chymaint y cythruddwyd Cynan ganddo nes y mynnodd dynnu copïau o'r cylchgrawn yn ôl a hawlio ymddiheuriad gan ei gyhoeddwr.[3] Beth bynnag am yr ensyniad y tu ôl i'r cyfeiriad, ei arwyddocâd llythrennol oedd cyfeirio at y swydd unigryw y bu Cynan yn ei dal er 1931 fel sensor dramâu Cymraeg, swydd a ddaeth i ben dri deg saith mlynedd yn ddiweddarach pan basiwyd Deddf Theatrau 1968. Ar hyd y cyfnod hwnnw bu Cynan yn gweithredu fel un o swyddogion yr Arglwydd Siambrlen, teitl a roddir o hyd i un o brif weision y brenin neu'r frenhines. Dan drefn a ymestynnai'n ôl i gyfnod y Tuduriaid ac yn unol â Deddf Theatrau 1843, meddai'r Arglwydd Siambrlen ar bwerau i sensro o flaen llaw yr hyn a ymddangosai ar lwyfannau theatrau Prydain. Ychydig dros flwyddyn cyn ei farwolaeth yntau ym 1970, felly, caewyd y llenni ar un o gyfraniadau mwyaf diddorol Cynan i'r bywyd diwylliannol yng Nghymru yn ystod yr ugeinfed ganrif, cyfnod sy'n cynnwys amrediad o weithgaredd theatrig o lefel leol i un genedlaethol, o gynyrchiadau amatur i rai proffesiynol.[4]

Ac yntau wedi meddu ar y fath awdurdod i ddylanwadu ar yr hyn y caniateid ei berfformio'n gyhoeddus ar lwyfannau Cymraeg am gyfnod mor sylweddol, y mae'n syndod cyn lleied o sylw beirniadol a roddwyd i'r gweithgaredd hwn. Nid bod unrhyw dryloywder wedi bod erioed ynghylch gweithgaredd a gweithdrefnau swyddfa'r Arglwydd Siambrlen; trefn awtocrataidd a gynrychiolid ganddi, un nas nodweddwid gan atebolrwydd cyhoeddus ac na chaniatâi ar gyfer apeliadau yn erbyn ei dyfarniadau.[5] Er bod cyfrolau fel *The Lord Chamberlain's Blue*

Pencil (1990) a *The Lord Chamberlain Regrets* (2004) wedi trafod yn fanwl y modd y sensrwyd dramâu cyfrwng Saesneg, ymylol ac achlysurol yw'r sylw ynddynt i destunau cyfrwng Cymraeg.[6] Neilltuir un paragraff, er enghraifft, i gyfraniad Cynan yn astudiaeth John Johnston, *Comptroller* neu Oruchwyliwr yn swyddfa'r Arglwydd Siambrlen o 1964 ymlaen:

> There was one other notable Examiner, 'Jones the Censor'. In 1931, when an increasing number of Welsh plays were being submitted, Lord Cromer [Yr Arglwydd Siambrlen ar y pryd] decided to appoint a Welsh Examiner. Previously Welsh playwrights had had to submit English translations. The man selected was the Rev. Albert Evans Jones (Cynan), a poet and dramatist, who had just won the Bardic crown at the Eisteddfod. A Presbyterian minister, he was quoted as saying in 1966, 'Very rarely does censorship arise in Wales.'[7]

Ymgais brin i roi sylw i'r maes yw tair ysgrif R. Wallis Evans ym 1977–78, 'Cynan y Sensor', a gyhoeddwyd yn ystod 1977 a 1978 yng nghylchgrawn *Y Genhinen*.[8] Man cychwyn yr ysgrifau hynny yw cofrestr a gyflwynodd gweddw Cynan, y Fonesig Menna Evans Jones, ym 1973 i'r Llyfrgell Genedlaethol yn Aberystwyth sef 'A holograph register of Welsh plays read by the depositor's husband, the late Sir Cynan Evans Jones (Cynan), for the Lord Chamberlain, from 1931–1968'.[9] Fel yr eglurir gan Wallis Evans, rhestrir yn y gofrestr hon yr holl ddramâu – amcangyfrifaf gyfanswm o oddeutu 1,225 sef cyfartaledd o 33 testun y flwyddyn rhwng 1931 a 1968 – y gofynnwyd i Cynan eu darllen a rhoi argymhelliad ynghylch eu trwyddedu; awgrymir pa sgriptiau a barodd broblemau iddo a cheir nodiadau cryno o bryd i'w gilydd ynghylch gwahanol destunau. Ond fel yr eglurir hefyd, un ochr o'r stori a gofnodwyd gan Wallis Evans:

> Cadwai'r Arglwydd Siambrlain y dramâu a gyflwynwyd iddo ynghyd, mae'n sicr, â chopi o'r sylwadau. Braf o beth fyddai cael pori ymhlith ei

bapurau! Os felly, tybed na ddylid pwyso am gael y cyfan yn ôl i Gymru a'u cadw'n ddiogel yn y Llyfrgell Genedlaethol? Mae ynddynt dalp o hanes a hanes cogleisiol o ddiddorol.[10]

Ers llunio'r sylwadau hyn yn y 1970au, fe drosglwyddwyd archif dramâu a gohebiaeth yr Arglwydd Siambrlen i'r pau cyhoeddus, ond nid i Lyfrgell Genedlaethol Cymru ond i'r Llyfrgell Brydeinig yn Llundain. Ac efallai mai'r ffaith hon sy'n egluro'n rhannol pam na fu fawr o sylw i'r gweithgaredd hwn: corfforwyd adroddiadau Cynan ar ddramâu Cymraeg yn ogystal â chopïau o'r holl sgriptiau a anfonwyd ato o fewn casgliad helaeth yr Arglwydd Siambrlen a drefnwyd ar ffurf cardiau mynegai yn adran llawysgrifau'r llyfrgell enfawr yn Euston; h.y. mae'r testunau Cymraeg wedi eu cynnwys blith draphlith ymhlith y miloedd testunau Saesneg a gatalogwyd yn nhrefn yr wyddor. Mae'r broblem hygyrchedd hon a'i gwna'n anodd lleoli a chael mynediad at y deunydd Cymraeg, deunydd a restrwyd weithiau'n anghywir ac yn anghyflawn, yn rhwystr gwirioneddol i'r ymchwilydd. Serch hynny, yr hyn y ceisir ei wneud yng ngweddill yr ysgrif hon yw rhywbeth na allod Wallis Evans ei wneud sef cyflwyno darlun cyflawn o rai o'r achosion y tynnodd Cynan sylw atynt yn ei gofrestr a hynny ar sail archwiliad o rai o'r adroddiadau a'r sgriptiau a gedwir yn y Llyfrgell Brydeinig. Oherwydd ystyriaethau ymarferol, nid darlun cynhwysfawr ond un detholus yw'r un a ganlyn, ond er nad yw'r jig-so yn gyflawn o bell ffordd, gellir gweld rhai patrymau cynrychioliadol yn ymffurfio sy'n awgrymu'r math o faterion a hawliodd sylw'r sensor.

*   *   *

O ddechrau'r 1930au y tarddodd y galw am sensor Cymraeg i'r ddrama. Ar 20 Ionawr 1931 adroddodd *Y Brython* am 'achos eithriadol yng Nghaernarfon' pan ddaeth Cwmni Drama Tal-y-sarn gerbron yr ynadon wedi eu cyhuddo o berfformio drama o'r enw *Y Crocbren* gan Gwilym R. Jones yn Hen Ysgoldy Deiniolen ar 13 Rhagfyr 1930 a hynny heb drwydded yr Arglwydd Ystafellydd neu'r Arglwydd Siambrlen.[11] Wrth baratoi'r achos cyfreithiol yn erbyn y ddrama hon bu cyfreithiwr ar ran Cyngor Sir Gaernarfon mewn cysylltiad â swyddfa'r Arglwydd Siambrlen yn holi am restr o'r dramâu Cymraeg y rhoddwyd trwydded iddynt. Ar 6 Rhagfyr 1930 roedd cyngor dosbarth trefol Penmaenmawr wedi gwrthod cais i berfformio *Y Crocbren* ar ddydd Nadolig yn neuadd y dref gan eu bod o'r farn ei bod 'yn totally unsuitable play to be performed on Christmas Day or any other day'.[12] Cadarnhawyd nad oedd *Y Crocbren* wedi ei thrwyddedu, ond gyda thros saith gant o ddramâu yn cyrraedd swyddfa'r Arglwydd Siambrlen bob blwyddyn, mynnwyd y byddai'n gwbl anymarferol cyflenwi rhestr o'r dramâu Cymraeg a drwyddedwyd; byddai'n wastad yn bosib ymholi ynghylch drama benodol, ond y cam cyntaf fyddai holi cynhyrchydd unrhyw ddrama am gopi o'r drwydded i'w harchwilio.[13] Ar 22 Rhagfyr 1930 cysylltodd Prif Gwnstabl Caernarfon, Edward Williams, â swyddfa'r Arglwydd Siambrlen yn dweud bod *Y Crocbren* wedi ei pherfformio ddwywaith ar 13 Rhagfyr, er bod y cyngor sir, drwy ei Bwyllgor Dramâu Llwyfan, wedi gwahardd perfformio'r ddrama, 'being of the opinion that it was not a suitable play to be presented to the public'.[14] Gyda golwg ar ddwyn achos yn erbyn yr actorion, holwyd a oedd y ddrama wedi ei thrwyddedu; cadarnhaodd swyddfa'r Arglwydd Siambrlen drachefn nad oedd yr un ddrama yn dwyn y teitl dan sylw wedi ei thrwyddedu ganddynt.[15]

Pan gynhaliwyd yr achos llys ar 17 Ionawr 1931, plediodd y saith diffinnydd, sef aelodau'r cwmni, yn ddieuog a gwrthodwyd hawl i'r cyhuddiad gael ei ddarllen yn Gymraeg. Eglurwyd bod y cwmni wedi eu rhybuddio o flaen llaw y byddai angen trwydded arnynt, ond anwybyddwyd cyfarwyddyd yr heddlu. Pan holwyd Gwilym R. Jones gan y Rhingyll William Ellis o Lanberis, dywedodd 'nad oedd yr un ddrama Gymraeg hyd y gwyddai ef wedi bod o dan farn yr Arglwydd Ystafellydd'.[16] Nid arferai'r rhingyll holi, yn achos dramâu Cymraeg, a oeddent wedi eu trwyddedu ai peidio. Cyfeiriwyd at anghysonder yn y drefn – roedd amryw ddramâu eraill wedi eu perfformio yn ddidrwydded, ond heb eu herlyn: 'Dylai unrhyw awdurdod osgoi pigo allan unrhyw ddrama arbennig a gadael llonydd i'r lleill.'[17] Yn ôl amddiffyniad R. F. Jones:

Cyhuddid y saith diffinydd o dan ddeddf a wnaed yn nyddiau cyntaf teyrnasiad y Frenhines Victoria, pan na feddylid ac na ddisgwylid am ddramau Cymraeg. Yr oedd y ddeddf wedi goroesi ei defnyddioldeb. Gofynid am led gyfieithiad o'r ddrama gan yr Arglwydd Ystafellydd, a thybiai ef ... mai ofer oedd anfon cyfieithiadau. Oherwydd nad oedd sensor Cymreig [sic] golygai i awduron dramau Cymraeg eu cyfieithu orau y gallent i Saesneg ac yr oedd hynny yn ddigon o reswm dros i'r fainc daflu yr achos allan.[18]

Ategwyd y gŵyn hon gan Gwilym R. Jones a ddywedodd ei bod hi'n 'gamwri a ni fel Cymry nad oes gennym sensor –' ond rhwystrwyd ef gan glerc y llys rhag dweud rhagor. Dywedodd yr awdur mai ei fwriad wrth ysgrifennu'r ddrama oedd argyhoeddi pobl fod 'crogi yn annynol ac anuwiol'; yn wir, nid drama mohoni ond darn o bropaganda, a chan hynny, dadleuai na ddylai ddod o fewn y ddeddf. Er cael y diffinyddion yn euog a'u dirwyo ddeg swllt yr un, cadarnhaodd sylwadau cadeirydd y fainc arwyddocâd hwn fel achos prawf:

Dywedodd Cadeirydd y Fainc fod y drefn o anfon cyfieithiadau Seisnig [sic] o ddramau Cymraeg i'r Arglwydd Ystafellydd yn anfoddhaol. Byddai yn fwy boddhaol pe y byddai rhywun a chanddo wybodaeth o'r Gymraeg i roddi sensor arnynt. Rhaid oedd i gwmniau drama gael trwydded yr Arglwydd Ystafellydd ac ni ddylai'r heddlu fod yn unochrog.[19]

Cytunai'r newyddiadurwr Caradog Prichard â'r alwad am sensor Cymraeg gan ei weld fel arwydd o statws i'r iaith a'i llenyddiaeth ac felly'n fater o arwyddocâd gwleidyddol: 'This literature requires a Welshman with a knowledge of Welsh as his first language to adjudge whether or not a literary work should be open to censorship. Hithero the existence of Welsh literature has been ignored in all such official quarters.'[20] Ychwanegodd fod awgrym cadeirydd ynadon Caernarfon yn cael ei anfon at yr Arglwydd Siambrlen a bod amryw gymdeithasau drama yng ngogledd Cymru hefyd yn anfon awgrymiadau i'r un perwyl. A phan gafwyd newid yn y man, cyfeiriwyd at y cam hwnnw fel '[b]uddugoliaeth i Gymru' yn hanes O. Llew Owain o'r ddrama yng Nghymru rhwng 1850 a 1943.[21] Wedi'r cyfan, o blith holl ieithoedd cynhenid Prydain heblaw'r Saesneg, y Gymraeg oedd yr unig iaith y gwnaed trefniadau arbennig ar ei chyfer.[22]

Yn y cyfamser yn achos Y Crobren, bu'n rhaid bodloni ar y drefn drwyddedu a oedd ohoni, pa mor anfoddhaol bynnag oedd honno, ac anfonwyd crynodeb Saesneg o'r ddrama i swyddfa'r Arglwydd Siambrlen. A hithau i'w pherfformio'n gyhoeddus ar 20 Ionawr, argymhellodd George S. Street, Examiner neu Archwiliwr, ar 15 Ionawr na ddylid trwyddedu drama Gwilym R. Jones:

> I think that Act III goes far too far in its horrible realism – so far as one can judge – of the execution scene and therefore that the play should not be licensed. But it should be made plain that the refusal is not based on it being propaganda against capital punishment. It is on an entirely different footing from Laurence Housman's play, reported on yesterday, in which we do not even see the prisoner.
>
> NOT Recommended for Licence.[23]

Y ddrama y cyfeirir ati gan Laurence Housman, a oedd yn ymgyrchydd yn erbyn y gosb eithaf, yw'r ddrama un act, The New Hangman (1930), ac mae'n debyg mai'r ffaith fod y ddrama honno newydd ei thrwyddedu sy'n egluro'r gwaharddiad ar dir chwaeth neu wedduster rhagor propaganda, h.y. er mwyn osgoi anghysonder wrth drafod gwahanol ddramâu.[24]

Fodd bynnag, ysgrifennodd Gwilym R. Jones ar 17 Ionawr yn gofyn, petai'r olygfa grogi yn y drydedd act yn cael ei dileu, a fyddai modd trwyddedu'r ddrama; roedd ef ei hun yn fodlon gwneud hyn fel nad effeithid ar daith arfaethedig y ddrama o gwmpas gwahanol ganolfannau.[25] Anfonwyd crynodeb Saesneg o fersiwn diwygiedig y ddrama i'w sensro, ac er bod y Darllenydd yn barnu'r olygfa ar ei newydd wedd yn 'painful enough', nid oedd yn ddigon poenus i gyfiawnhau gomedd trwydded i'r ddrama.[26] Ddiwedd Ionawr 1931, cyhoeddwyd yn y wasg fod *Y Crocbren* bellach wedi ei thrwyddedu ac y byddai'n cael ei pherfformio yn y Felinheli, Llanystumdwy, Hen Golwyn, Blaenau Ffestiniog, Caernarfon a lleoliadau eraill.[27] Gwleidydd a ymddiddorodd yn y mater hwn ac a lwyddodd i ddwyn perswâd ar yr Arglwydd Siambrlen i benodi sensor Cymraeg oedd Goronwy Owen, Aelod Seneddol Rhyddfrydol Arfon.[28] Ymddengys mai bwriad gwreiddiol yr Arglwydd Siambrlen oedd cael Aelod Seneddol Cymreig i ymgymryd â'r swyddogaeth, ond ei fod wedi gwahodd Cynan wedyn i wneud hynny; gofynnwyd a fyddai'n gweithredu'n ddi-dâl, ond mynnodd yntau gael ei dalu'r un fath â Darllenwyr Saesneg am y gwaith.[29] Yn ôl Cynan, cynigiwyd ei enw ef ei hun yn unfrydol i'r Arglwydd Siambrlen gan griw o aelodau seneddol Cymreig a ddaeth ynghyd i drafod y mater,[30] a phan gyhoeddwyd mai ef a oedd wedi ei benodi'n Ddarllenydd Dramâu Cymraeg i'r Arglwydd Siambrlen yn Awst 1931, croesawyd y newid a'r penodiad yn ddiwahân: 'no longer … will the authors of Welsh drama be subject to the hardship – and, one may add, the humiliation, – of being called upon to prepare an English translation or synopsis in order to satisfy the requirements of the drama censors in London.'[31] Ni wyddai Owen Hopcyn yn y *News Chronicle*

am neb a leinw'r swydd yn well na'm hen gyfaill coronog Cynan. Er mai gweinidog yr Efengyl ydyw, ac mai ei brif waith yw cyhoeddi'r newyddion da, diogel o beth yw peidio ysgaru y pwlpud a'r ddrama … Yn ei benodiad, telir gwrogaeth i waith Cymru'n hyrwyddo mudiad y Ddrama, sydd erbyn hyn wedi lledaenu i bob tref a chwmwd. Anfantais o'r mwyaf oedd gorfod cyfieithu pob drama Gymraeg i'r iaith fain cyn ei thrwyddedu. Bydd gweithiau dramodwyr Cymraeg yn ddiogel yn nwylo Cynan, oherwydd ysgrifennodd lawer ei hun, a darlithia yn aml ar y ddrama er tywys cwmniau ar hyd y ffordd iawn.[32]

Cytunai gohebydd arall na 'ellid taro ar ei well' ac y gellid 'bod yn sicr na bydd dim henfercheiddiwch yn ei sensorio ef'.[33] Wrth adrodd am y penodiad, nododd y *Western Mail* a'r *Daily Herald* fod Cynan newydd roi'r gorau i'r weinidogaeth er mwyn ymgymryd â swydd gyda staff tiwtorial allanol y brifysgol ym Mangor,[34] datblygiad gyrfaol a oedd yn siŵr o fod yn gymorth i gryfhau'r argraff o ŵr cadarn ei foesau, diogel ei chwaeth ond annibynnol ei farn.

Ddiwedd Tachwedd 1931 cyhoeddwyd mwy o fanylion am swydd newydd Cynan:

> Dymuna'r Arglwydd Siamrlaen arnom hysbysu bod yn rhaid anfon i'w swyddfa ef yn St. James's Palace, S.W.1, gopi o bob drama Gymraeg nas trwyddedwyd, a hynny o leiaf saith niwrnod cyn eu llwyfannu, yn ol Deddf Theatrau, 1843. Y mae'r Arglwydd Siamrlaen yn awr wedi penodi Darllenydd ar Ddramau Cymraeg i'w gyfarwyddo yn y gwaith o sensro.[35]

Yn wyneb cynifer o ymholiadau ynglŷn â'r drefn newydd, manylodd Cynan arni: byddai angen trwydded ar ddrama fer neu hir os am ei llwyfannu'n gyhoeddus; i wneud cais am drwydded dylid anfon copi o'r ddrama, wedi ei theipio neu ei phrintio, i swyddfa'r Arglwydd Siambrlen yn Llundain; dylid cynnwys gyda'r copi y ffi drwyddedu briodol sef 1 gini am ddrama un neu ddwy act (cyn belled nad oedd ynddi fwy na phedair golygfa) a 2 gini am ddrama dair act neu fwy; ni fyddai angen paratoi crynodeb Saesneg o ddrama Gymraeg mwyach; dylid anfon yn syth at yr Arglwydd Siambrlen ac nid at Cynan ei hun; petai drama'n cael ei llwyfannu heb ei thrwyddedu byddai'r cwmni cynhyrchu ar dir i'w erlyn.[36] O safbwynt ceisiadau i berfformio dramâu Cymraeg yn gyhoeddus, dyma'n ei hanfod y drefn a weithredwyd rhwng Medi 1931 a Medi 1968.

Mae disgrifiad merch Cynan o'r gwaith sensro yn cyfleu darlun clyd o fusnes teuluol ar yr aelwyd ym Mhenmaen, Porthaethwy:

Roedd o'n waith reit bwysig. Roedd yna reolau arbennig ac roedd rhaid iddo ddilyn y rheolau. Fo oedd yn sgwennu am beth oedd y ddrama – paragraff i bob act – ac yna gwaith Mam oedd teipio. A phan oedd Mam yn teipio, doedd fiw i neb ddweud gair – roedd rhaid i'r llythyr fod yn berffaith. Fy ngwaith i oedd mynd â hwn i'r post, gan fy siarsio bob amser: "Paid â rhoi stamp ar hwn – does dim angen: mae *seal* y Lord Chamberlain yn ei waelod o!"[37]

Ymhlith y rheolau amlycaf oedd na ellid portreadu ar y llwyfan y Duwdod, y Teulu Brenhinol, personau byw neu rai a fu farw'n ddiweddar, na hoywder (tan ar ôl 1957); gwaherddid hefyd anwedduster a chabledd. Ni thrwyddedid drama petai hi'n tramgwyddo ar dir crefyddol, yn annog troseddu, yn amharu ar berthynas gyda gwladwriaeth dramor, neu'n debyg o darfu ar yr heddwch.[38] Ond nid oedd popeth mor ddidensiwn ag a awgrymir gan ddisgrifiad cartrefol Eleri O'Connor. A Cynan ei hun yn ddramodydd llwyddiannus, cododd cwestiwn ynghylch gwrthdaro buddiannau a gwrthrychedd y drefn newydd cyn iddo hyd yn oed gael cyfle i ymsefydlu yn y swydd. 'Who Will Censor the Welsh Censor?' holodd pennawd yn y *Daily Herald* mor fuan â Chwefror 1932 gan gyfeirio at y ffaith fod *Hywel Harris*, drama arobryn Cynan yn Eisteddfod Genedlaethol 1931, ar fin ei chyhoeddi ac y byddai amryw gwmnïau'n awyddus i'w chynhyrchu.[39] Yn wyneb y fath sefyllfa ddigynsail, honnwyd na wyddai hyd yn oed Cynan yr ateb ond ei fod yn dyfalu mai'r hyn a ddigwyddai, fwy na thebyg, fyddai ei fod ef ei hun yn ysgrifennu crynodeb Saesneg o'r ddrama ac yn ei chyflwyno i'r Arglwydd Siambrlen i'w sensro – sef patrwm nid annhebyg i'r hen drefn anfoddhaol y cefnwyd arni pan sefydlwyd swydd Cynan ym 1931![40] Ddechrau Mawrth cyfeiriodd y *Daily Herald* at 'controversy' ynghylch drama'r sensor: o ddrama a ganmolwyd fel un o bwys adeg ei gwobrwyo, roedd Saunders Lewis wedi barnu mewn adolygiad nad oedd unrhyw fawredd ynddi, ond dyma gyfle i bobl benderfynu drostynt eu hunain gan fod dau gwmni wrthi'n paratoi i'w llwyfannu.[41] Cwmni y Ddraig Goch a'i perfformiodd gyntaf a hynny ym mhafiliwn Caernarfon dros y Pasg, ac enynnodd y cynhyrchiad ymateb mor begynol fel yr ysgogwyd y cynhyrchydd, Gwynfor, a ymgymerodd hefyd â'r brif ran ynddi, i'w amddiffyn ei hun yn y wasg.[42] Erbyn canol Gorffennaf, ac Eisteddfod Genedlaethol Aberafan ar y trothwy, roedd y wasg yn dal i borthi'r fflamau: roedd cryn ddryswch a 'considerable anxiety' gan nad oedd hi'n glir pwy a sensrai *Hywel Harris* a chwmni drama lleol yn dal i ddisgwyl am drwydded a ganiatâi iddyn nhw berfformio'r ddrama yn yr ŵyl.[43] Ddiwedd Gorffennaf cyfeiriwyd at 'a great deal of unnecessary fuss' ynglŷn â chynhyrchu'r ddrama: ni fu unrhyw awgrym o du swyddfa'r Arglwydd Siambrlen y byddid yn atal trwydded ar ei chyfer; yn wir, oni phasiwyd y ddrama heb unrhyw newidiadau ar gyfer perfformiad yng Nghaernarfon dros y Pasg a hynny ar sail crynodeb o'r ddrama a welodd yr Arglwydd Cromer?[44]

*   *   *

Storm mewn cwpan de oedd achos *Hywel Harris* a'r ddrama a barodd fwyaf o drafferth i Cynan fel sensor yn ystod ei flynyddoedd cyntaf wrth y swydd ac a dynnodd fwyaf o sylw at ei weithgarwch newydd oedd *Yr Arch Olaf* gan J. D. Howells ym 1934. Mae'n rhaid fod yr achos hwnnw wedi creu argraff ar Cynan ei hun gan fod toriadau papur newydd amdano i'w cael yn y gofrestr a gadwodd yn rhestru'r holl sgriptiau drama a anfonwyd ato gan swyddfa'r Arglwydd Siambrlen i'w darllen.[45] Mae un adroddiad o'r *North Wales Chronicle* yn cyfeirio at actorion a channoedd o gynulleidfa yn cyrraedd Theatr Fach Aberdâr ar gyfer perfformiad cyntaf Cymdeithas Ddrama Trecynon o'r ddrama, ond fel y bu'n rhaid ei ganslo ar ôl derbyn yn hwyr yn y dydd delegram o swyddfa'r Arglwydd Siambrlen yn dweud na ellid llwyfannu'r ddrama ar sail golygfa gyntaf y drydedd act:

> "Cynan" explained that the scene to which the Lord Chamberlain has taken exception is a crudely realistic representation of a bandaged patient in an advanced stage of a certain disease.

"Such a scene has been banned on the grounds of public decency," stated Cynan. "Technically the play has nothing to lose but everything to gain by this change."[46]

Y 'certain disease' dan sylw oedd y clwyf gwenerol, clwyf y darluniwyd cymeriad teitl *Monica* (1930) yn nofel Saunders Lewis yn dioddef ohono bedair blynedd ynghynt, ffaith sy'n awgrymu'r gagendor rhwng yr hyn a ganiateid mewn print ac ar y llwyfan. Bu pwnc clwyf gwenerol yn un problemus ers tro i swyddfa'r Arglwydd Siambrlen: nid tan 1914, ar ôl cael ei gwrthod am chwe blynedd ar hugain, y trwyddedwyd *Ghosts* Henrik Ibsen ar gyfer perfformiad cyhoeddus, ac fel achos arbennig yn unig y trwyddedwyd cyfieithiad o ddrama Eugène Brieux, *Damaged Goods*, ym 1917 gan fod *syphilis* yn cael ei gyfri'n berygl gwirioneddol i iechyd cyhoeddus ar y pryd.[47] Roedd argymhelliad Cynan yn gyson â sylwadau'r Archwiliwr George Street yn ei adroddiad ar *Ghosts*, drama a gyfieithwyd i'r Gymraeg fel *Y Dychweledigion* gan T. Gwynn Jones ym 1920:[48] 'There is no disgusting discussion or examination of syphilis specifically';[49] ymgais i gynnal yr un naws weddus ac ymatalgar oedd argymhelliad Cynan ar gyfer *Yr Arch Olaf*.

Synnai'r Parch. E. R. Dennis, cynhyrchydd y cwmni, at y gwaharddiad, ac felly hefyd y cadeirydd, Tom Phillips:

> "We have spent a considerable sum in advertising the four shows this week … and eight of our best players have worked for two months to learn the piece. I warned the author to submit the play weeks ago to Cynan, but for some reason we did not receive any communication until today. The usual procedure is for a play to be submitted to the censor, who then advises the Lord Chamberlain. I do not see that there is anything wrong with the play."[50]

Ni chredai'r awdur ei hun ychwaith fod dim byd tramgwyddus yn ei ddrama:

I see hardly anything there to ban. When dealing with Welsh Plays, if we are to look forward to a faithful and accurate portrayal of life on the stage, we must take the modern view. I see nothing in my play to ban, as compared with other plays for instance, "Fallen Angels", which has been put on the boards.[51]

Comedi gan Noel Coward oedd *Fallen Angels* a berfformiwyd gyntaf ym 1925 ac y beirniadwyd swyddfa'r Arglwydd Siambrlen yn hallt ar y pryd am ei thrwyddedu o gwbl.[52] Awgrymai Tom Phillips fod Cynan braidd yn gul ei olygon: 'Cynan ... was a Methodist minister whose views as to what should be staged by modern Welsh amateurs were possibly cramped', a dadleuai nad oedd unrhyw synnwyr mai un dyn yn unig a sensrai ddramâu Cymraeg yn hytrach na phwyllgor cyfan.[53] Dadleuai fod *Yr Arch Olaf* yn ddrama gymedrol o gymharu ag *After All* (1929), drama gan John Van Druten a berfformiwyd ganddynt yn ystod y tymor blaenorol yn Aberdâr. Dywedodd J. D. Howells wrth D. R. Davies, Aberdâr ar y pryd: 'There is nothing alarming in banning my play. It may be new to us in Wales as the Drama Movement is young, and playwriting is evolving beyond the compass of chapel environment and serfdom, etc; work must be kept to justify the office of the Welsh Censor.'[54] Ac am Cynan ei hun, fe'i cafodd yn 'most considerate' pan gafodd sgwrs ffôn ag ef ynglŷn â'r mater.[55]

Ar adroddiad swyddfa'r Arglwydd Siambrlen am y ddrama, 15 Chwefror 1934 yw'r dyddiad perfformio a nodir, ond mae'r ffaith mai 13 Chwefror yw'r dyddiad ar adroddiad Cynan yn awgrymu mor dynn yr oedd pethau o ran amser.[56] Melodrama yw *Yr Arch Olaf* am y modd yr heintir gŵr ifanc llawn addewid a newydd raddedig gan ei wraig newydd, Moli Read o Lerpwl, sydd mewn gwirionedd yn butain; yr arch olaf y cyfeirir ati yn y teitl yw'r un a baratoir gan dad Gwyn, sy'n saer coed, er mwyn claddu ei fab ei hun ynddi. Disgrifiodd Cynan y ddrama fel un 'unsavoury enough', ond golygfa gyntaf y drydedd act a barai bryder iddo'n benodol:[57]

> This stage representation of the ravages of syphilis seems to me a particularly loathsome spectacle to

set before a mixed audience. I do not know whether there may be a licensed precedent for such a pathological exhibition in anything later than Restoration Comedy.

In my opinion, this play would gain by reflecting the tragic result of Gwyn's wedding in the dialogue of the other characters, instead of bringing in the patient to give the audience a nauseous account of his symptoms.[58]

A hithau bellach yn ben-set ar bethau, bu nifer o delegramau yn gwibio hwnt ac yma. Ar 14 Chwefror cysylltwyd gyda Tom Phillips, cadeirydd Theatr Fach Aberdâr, yn dweud na ellid trwyddedu'r ddrama hyd nes y newidiwyd yr olygfa dan sylw[59] a chysylltwyd drannoeth gyda phrif gwnstabl Aberdâr gyda'r un neges.[60] Fore diwrnod y *première* arfaethedig bu Cynan ar y ffôn gyda J. D. Howells a dderbyniodd ei awgrym ynghylch rhoi cymeriad Gwynfor – y cyfeiriwyd ato yng ngohebiaeth Cynan hyd yma fel 'Gwyn' – mewn llofft wely oddi ar y llwyfan. Nid yw'n glir a fu camddealltwriaeth rhwng yr awdur a Cynan: 'We will all be in the news with a vengeance after this'[61] meddai J. D. Howells yn ei lythyr ar 15 Chwefror, fel petai'n rhagweld na fyddai perfformiad o'r ddrama wedi'r cyfan, ond eto, am hanner dydd y diwrnod hwnnw, anfonodd Cynan delegram at y Goruchwyliwr Cynorthwyol yn swyddfa'r Arglwydd Siambrlen yn dweud: 'Author undertakes Gwyn shall not appear approve licensing on this condition.'[62] Yn sgil neges frys Cynan anfonwyd telegram arall at Tom Phillips yn dweud y gellid perffomio fersiwn diwygiedig o'r ddrama a derbyniodd y prif gwnstabl lleol neges i'r un perwyl.[63]

Camddealltwriaeth neu beidio, y diwedd fu na pherffformiwyd y ddrama fel ag y bwriedid ar 15 Chwefror, ac ar 17 Chwefror anfonodd Cynan i swyddfa'r Arglwydd Siambrlen yn dweud ei fod bellach wedi derbyn fersiwn diwygiedig o'r olygfa broblemus: gan fod y 'realistic representation of the disease' bellach wedi ei hepgor, roedd yn barod i roi sêl bendith ar y ddrama. Serch hynny, cododd ysgyfarnog arall, un nad oedd wedi cyfeirio ati yn ei adroddiad blaenorol ar y ddrama:

Another unfortunate feature is that "Gwynfor" happens to be the name of our best-known Welsh actor and playwright, and that it is rather an unusual name. Of course, no allusion is implied. At the same time, owing to the unpleasant nature of the play, I would suggest changing the name of the patient. Perhaps we could make this a recommendation rather than a stipulation. The shortened form "Gwyn" would do quite well, as this has become commonplace.[64]

Roedd Gwynfor neu Thomas Owen Jones (1874–1941) yn llyfrgellydd Sir Gaernarfon; ef a chwaraeodd ran Hywel Harris yn y cynhyrchiad o ddrama Cynan ym mhafiliwn Caernarfon ym 1932, ac fe'i hanfarwolwyd ar ei farwolaeth yng ngherdd goffa R. Williams Parry iddo.[65] A barodd parch Cynan tuag at Gwynfor a'i gyfeillgarwch ag ef iddo orliwio'r mater drwy awgrymu enw mor anghyffredin ydoedd Gwynfor a'r graddau yr uniaethid ef â'r gŵr a hanai o Bwllheli sy'n gwestiwn arall. Ond wrth ymateb i'r pwynt ynghylch yr enw priod, mynnodd J. D. Howells nad oedd dim yn anarferol am yr enw Gwynfor a'i fod mor gyffredin yng Nghymru â Jones, Dafydd neu John; fodd bynnag, a'r ddrama'n barod i gael ei chynhyrchu dim ond iddi gael trwydded gan yr Arglwydd Siambrlen, ildiodd i'r pwysau arno a chynnig enw amgen, un mwy anarferol o'r hanner gellir tybio, sef Wynsor![66] Pedwar diwrnod yn ddiweddarach anfonodd Gwynfor ei hun lythyr at yr Arglwydd Siambrlen:

> My attention has been called to a Press Notice of the Welsh Play "Yr Arch Olaf" (The Last Coffin), one scene of which was recently banned by the Censor. The leading character in this play is called Gwynfor. As I am known throughout Wales as Gwynfor, and the play deals with an unsavoury theme, I shall be much obliged if you would be good enough to get the author to use a totally different name, such as "Trevor" which is quite a common Welsh name.[67]

Trwyddedwyd y ddrama o'r diwedd ar 23 Chwefror ac ar 27 Chwefror derbyniodd Gwynfor sicrhad fod ei enw'n ddiogel gan mai Wynsor fyddai enw'r claf yn *Yr Arch Olaf* wedi'r cyfan.[68] Dyma enghraifft o un o weithredoedd pur ecsentrig swyddfa'r Arglwydd Siambrlen a'i gallu, mewn system na chaniatâi apêl a gair y sensor yn derfynol, i fynnu cydymffurfiad cyn rhyddhau trwydded berfformio.

Y disgrifiad a godod bwys ar Cynan yn y fersiwn gwreiddiol o'r ddrama yw hwnnw o Gwynfor "'mewn dressing jacket", cadach yn rhwymedig am ei wyneb fel na allai weled, ac yn eistedd mewn cadair wely yn glaf iawn';[69] dywed hefyd ei fod yn 'frith o [gornwydydd] ... o wadn fy nhroed i goryn fy mhen'.[70] Fel enghraifft o ysgrifennu, digon amrwd a di-raen yw'r ddrama, ond nid swyddogaeth werthusol mo un Cynan fel sensor fel y nododd mewn cerdyn post at D. R. Davies, y gohebydd drama o Aberdâr: 'Fel y gwyddoch, nid oes a wnelo'r Sensor ddim â barnu'r ddrama fel darn o gelfyddyd, ac ni ddywedaswn i air ar hynny o berthynas i ddrama Mr Howells, ond i gywiro gosodiadau a briodolwyd imi yn y "News Chronicle" yn gwbl ddi-sail – ymadroddion megis "of a high standard" a "well written". Yn sicr nid dyna fy marn.'[71] Am yr awgrym mai Piwritan oedd Cynan, wfftiwyd at hyn yn y wasg genedlaethol: 'Pell iawn yw ef o fod yn Biwritan cul fel y gŵyr ei gydnabod',[72] meddai'r *Brython*, ond serch hynny, credai y byddai'n ddoethach penodi pwyllgor i sensro dramâu Cymraeg yn hytrach na rhoi'r cyfrifoldeb i un dyn. A'r achos hwn fel petai'n brawf ar awdurdod Cynan ei hun, amddiffynnwyd ef yn ddiamod yn *Y Faner*:

Ffolineb llwyr yw beio Cynan a'i alw'n Biwritanaidd a chul. Nid oes ŵr mwy eangfrydig yng Nghymru na neb sy'n ofni llai ar ddadlennu agweddau hagr bywyd, dim ond gwneuthur hynny yn artistig. Ac yn ei swydd fel sensor y mae wedi dangos pob tegwch ac ehangfrydedd posibl, ond y mae ganddo reolau neilltuol i lynnu wrthynt, ac nid oes dim i'w gwyno am y rheolau hynny.[73]

Pan berfformiwyd y ddrama yn y diwedd, daliodd i gorddi'r dyfroedd: gofidiai'r Parch. W. Cynog Williams, gweinidog gyda'r Bedyddwyr, fod y ddrama wedi ei chynhyrchu gan weinidog yr efengyl a'i hactio gan bobl Gristnogol. '"There must have been something very degrading about it before Cynan would have stopped it"', dadleuodd, er na wrthwynebai ddramâu dyrchafol gan fod ei eglwys ei hun wedi cyflwyno *Saul of Tarsus* a *Sign of the Cross*, ond canolbwyntiai *Yr Arch Olaf* – er ei fod yn siarad ar ei gyfer gan nas gwelodd ei hun – ar 'the sordid, depraved side of life' yn unig.[74] Roedd y ddrama wedi dwyn gwarth ar Aberdâr, yn ôl Cynog Williams, ond wrth amddiffyn ei gynhyrchiad, dywedodd y Parch. E. R. Dennis fod llawer o famau'r fro wedi mynegi eu hawydd i weld y ddrama'n cael ei llwyfannu gan ei bod hi'n cynnwys rhybudd ynghylch un o beryglon moesol mwyaf yr oes.[75] Mentrodd J. D. Howells roi ar lwyfan yr hyn yr ofnai gweinidogion ei ddweud o'r pulpud yn ôl Tom Phillips,[76] tra canmolwyd y cynhyrchiad i'r entrychion gan adolygydd drama *The Aberdare Leader*, Gwyn Prosser: 'though hacked by the censor's knife' cynhwysai 'striking character studies' a 'vivid picture of Welsh home'.[77] Canmolwyd J. D. Howells gan J. E. Watkin, Cwmllyfnell ar ei 'tactful treatment of a difficult and hygienically important theme'[78] ac roedd hi'n ddrama y dylai plant ei gweld yn ôl Mrs (Parch.) Morgan Price, Abercwmboi gan fod ei chynnwys mor berthnasol i bobl ifainc cyn iddynt fynd dros y nyth.[79] Ond gyda mwy o ddiddordeb yn agweddau esthetig y cynhyrchiad rhagor gwerth iwtilitaraidd y ddrama, mwy ymatalgar o lawer oedd sylwadau D. R. Davies ar y perfformiad a welodd ef: ac ystyried bod y ddrama waharddedig wedi denu'r fath gyhoeddusrwydd, synnai mai dim ond rhyw hanner cant a oedd yn y gynulleidfa; at hynny, a'r cast yn barod i'w pherfformio ers dros fis, bu'r cofweinydd yn hynod brysur drwy'r nos a'r actorion yn anghofio cymaint ar eu geiriau.[80] Ei farn ddiamwys ef oedd fod Cynan wedi gwneud cymwynas â'r awdur 'trwy adael allan beth a allai fod wedi amharu a gwanhau'r ddrama'.[81]

*   *   *

O ddrama mor gymedrol, llwyddodd yr holl ddadlau i dynnu sylw anghymesur at *Yr Arch Olaf* a chadarnhau awdurdod Cynan yr un pryd. Ond yn ddiweddarach yr un flwyddyn, fe'i hwynebwyd gan her drama fwy sylweddol o'r hanner, un a gynrychiolai ymgais lawer mwy difrif i hyrwyddo achos 'realaeth' a 'moderniaeth' ar y llwyfan Cymraeg. Bu dadlau chwyrn ar gorn *Cwm Glo* gan Kitchener Davies cyn iddi hyd yn oed gyrraedd desg y sensor:[82] dyma'r ddrama deiract orau yn nhyb y beirniaid yn Eisteddfod Genedlaethol Castell-nedd ym 1934, ond am eu bod o'r farn ei bod yn aflednais, yn enwedig yn ei hymdriniaeth â rhyw, gwrthododd D. T. Davies, R. G. Berry ac Ernest Hughes ei gwobrwyo.[83] Un o amodau'r gystadleuaeth oedd y byddai'r ddrama fuddugol yn addas i'w chynhyrchu yn yr Eisteddfod Genedlaethol, ond ni theimlai'r beirniaid ei bod hi'n briodol dan y pen hwnnw. Ffyrnigwyd amryw gan y portread realaidd a diramant o fywyd y glowr tra canmolwyd ei hawdur gan eraill am ei ddewrder a'i onestrwydd. Byddai argymhelliad Cynan, felly, o safbwynt ei thrwyddedu, yn un allweddol yn hanes y ddrama hon, ac efallai'n wir, yn hanes y ddrama Gymraeg yn fwy cyffredinol. Yn wyneb yr holl sylw cyhoeddus a ddenodd, neilltuodd Cynan dros bum ochr o adroddiad manwl i *Cwm Glo* gan estyn ei gefnogaeth iddi'n eangfrydig:

> This outline plot may give the impression that the play is sordid, but I would stress that the treatment of the theme is serious and sincere throughout, the implication being that the action and all the characters are the direct product of social conditions in the mining valleys of South Wales since the slump. Prostitution and villainy are attributed to economic causes no less than to individual vice. Like most social drama, this play is realistic in treatment and language, but to my mind there is no passage that calls for the Lord Chamberlain's special consideration except that which I have translated at the end of Act 1, Scene 2.[84]

Yn yr olygfa honno, darlunnir y glöwr Dai Dafis yn dod adref o'i waith ar ôl cael y sac, yn troi i fynd i fyny'r grisiau, ei fresys yn hongian, ac yn siarsio ei wraig ei bod hithau i ddod gydag ef i'r llofft:

> Personally, I consider that even this might be passed in its setting. There is no suggestive leering or pandering about it. It is quite seriously meant to indicate the depths of domestic degradation in the Davies household. Would it be allowed to stand in an equally serious English play? The Lord Chamberlain's office will no doubt have an accepted standard of comparison.[85]

Ac ef ei hun wedi ei feirniadu am ei ddarluniau realaidd o fywyd un o filwyr y Rhyfel Byd Cyntaf yn 'Mab y Bwthyn' dros dair blynedd ar ddeg ynghynt ac wedi mynnu cyflwyno'r ffigwr hwnnw'n driw i'w brofiadau, dyma Cynan yn amddiffyn rhyddid a hygrededd celfyddydol awdur arall. O sylweddoli arwyddocâd artistig y ddrama, ni fynnai iddi gael ei thrin yn wahanol i unrhyw ddrama Saesneg ddifrif. Ac ystyried mai dim ond deng mlynedd a aeth heibio ers trwyddedu'r ddrama enwocaf i briodoli puteindra i amgylchiadau economaidd rhagor pechod yr unigolyn, sef *Mrs Warren's Profession* gan George Bernard Shaw, a hynny ar ôl dros chwarter canrif o ymgyrchu, roedd cefnogaeth ddiamwys Cynan i *Cwm Glo* o'r pwys mwyaf.[86] 'It can pass I think' oedd dyfarniad terfynol os petrus yr Arglwydd Siambrlen, a hynny gan gadarnhau yn unig *Cwm Glo* rhagor *Adar y To* fel teitl ar ei chyfer.[87] Arwydd o gefnogaeth y gymuned lenyddol i'w hawdur yw'r ffaith fod Kate Roberts a Morris Williams ymhlith cast Cwmni'r Pandy a godwyd gan yr awdur ei hun i berfformio'r ddrama ym 1935.[88] Serch hynny, nid ar chwarae bach y darlunnid realaeth gymdeithasol ar y llwyfan o hyd: yn Ebrill 1936, er enghraifft, gwaharddwyd golygfa *post-mortem* mewn drama gan Horace Morgan o'r enw *Men in Black* a ddarluniai effaith clefyd y llwch ar lowyr ac a oedd i'w pherfformio yng Nghwm-twrch yng Nghwm Tawe. Fel ôl-nodyn eironig i adroddiad papur newydd ar y pryd, tynnwyd sylw at yr anghysondeb fod *Cwm Glo*, drama a waharddwyd gan awdurdodau'r Eisteddfod, i'w pherfformio drannoeth yn Abertawe.[89]

*   *   *

Eithriad i'r rheol oedd *Cwm Glo* yn yr ystyr fod Cynan fel sensor yn cael ei wynebu gan waith sylweddol a heriol. Hynny yw, fel y mae hyd ei adroddiad yn ei awgrymu, fe'i gorfodwyd i bwyso a mesur yn ofalus addasrwydd y ddrama ar gyfer llwyfannau Cymru. Ond nid agorwyd y fflodiart yn ei sgil, a'r hyn sy'n taro dyn yw pa mor rwtîn a dof yw'r rhan fwyaf o'r gweithiau dramatig a gyrhaeddodd Cynan wedi hynny, deunydd ar gyfer diddanwch cymdeithasol i gwmnïau amatur lleol gan mwyaf. Er enghraifft, pan gyffrowyd ef ddiwedd 1943, gwnaed hynny i raddau helaeth am resymau personol ac oherwydd ei hunanddelwedd fel aelod amlwg o'r Eisteddfod a'r Orsedd. Y ddrama a gynhyrfodd y dyfroedd bryd hynny oedd *Deryn Dierth* gan Ieuan Griffiths, *nom de plume* David Matthew Williams a oedd yn gemegydd, yn arolygwr ysgolion ac yn frawd i'r ysgolhaig G. J. Williams.[90] Ysgrifennodd tua dwsin o ddramâu, comedïau a ffarsau gan mwyaf, y bu llawer o fynd arnynt ymhlith cwmnïau amatur fel yr awgrymir gan nifer o ffotograffau o wahanol gynyrchiadau yn hanes darluniadol Hywel Teifi Edwards, *Codi'r Llen*.[91] 'Ffars dair act' yw'r disgrifiad ar glawr *Deryn Dierth*, ond nid oedd ei ddigrifwch at ddant y sensor: er mai 'Drama ysgafn ddoniol a'i hiwmor yn dibynnu ar blot chwerthinllyd'[92] yw diffiniad *Geiriadur Prifysgol Cymru* o 'ffars', ni welai Cynan unrhyw ddoniolwch na hiwmor yn y ddrama deiract hon a wnâi hwyl am ben Gorsedd y Beirdd.

Aderyn dieithr y teitl yw gŵr o'r enw Carnolyn R. Rees, Cymro alltud sy'n dychwelyd i'w gynefin ar ôl pum mlynedd ar hugain yn ninas y *gangsters*, Chicago, yn ddihiryn ac yn dwyllwr. Rhyw Gapten Trefor o gymeriad yw Carnolyn, er nad yw'n meddu ar glyfrwch a chyfrwystra creadigaeth anfarwol Daniel Owen, un sy'n honni ei fod wedi dod o hyd, nid i blwm, ond gwythïen o aur, ym mryniau Cymru. Yn hytrach nag ymbarchuso drwy ddod yn aelod o enwad y Methodistiaid fel yn achos rôg pennaf y Dreflan, mae'n credu mai'r modd i godi yn y byd a rhoi hygrededd i'w fenter fusnes yw drwy ymaelodi â'r Orsedd. A'r un i'w gynorthwyo yn hyn oll yw'r pregethwr cynorthwyol diniwed, Demetrius Jones:

REES: Wel, nawr, dyna beth rhyfedd. Roeddwn i'n meddwl am yr Eisteddfod y pnawn yma. A oes yna ddim gorsedd neu ryw "Syndicate" neu'i gilydd yn perthyn i'r Eisteddfod?

DEM.: Oes, siwr! Gorsedd Beirdd Ynys Prydain. Rwy'n aelod ohoni.

REES: Dyma fy mhrynhawn lwcus i! Chi yw'r dyn yr wyf am siarad ag ef. Beth yw'r "procedure" i ddod yn aelod? Faint mae'n gostio?

DEM.: Mae'n rhaid pasio arholiadau …

REES: Fe fu dyn o Chicago draw yma rai blynydde nôl ac fe'i gwnawd e'n aelod ac yr wyf yn siŵr na phasiodd e "exam" o unrhyw fath ond mewn gwybodaeth am sut i werthu "shares" di-werth. Roedd wedi tynnu ei lun mewn rhyw wisg laes fawr ynghanol lot o fobl eraill wedi'u gwisgo run fath a bu'r llun hwnnw ym mhob papur yn Chicago. Chredwch chi ddim faint o help a fu'r llun hwnnw iddo wrth werthu "shares" wedyn. Na, na, mae'n rhaid bod yna ryw ffordd heblaw pasio "exam".

DEM.: Mae rhai pobl yn cael eu hethol yn Aelodau.

REES: Dyna rywbeth nawr. Wel, faint mae hynny'n gostio?

DEM.: Dydy e'n costio dim …

REES: Pwy sy'n ethol yr Aelodau hyn?

DEM.: Dydw i ddim yn siŵr …

REES: Wel, sut mae cael gafael ar eu henwau a dod i wybod eu pris?

DEM.: [yn dechrau torri i lawr o dan y ffrydlif cwestiynau]: Dydw i ddim yn siŵr … Beth ydych chi'n ei feddwl wrth bris?

REES: Beth yw eu pris? Faint o arian sydd raid i roi i bob un i brynu ei fôt? Mae pris gan bob dyn.

DEM.: Nid felny ...

REES: Wrth gwrs bod pris gan bob dyn. Rwy'n gweld yn iawn nawr sut y daeth "Welsh Willie", y dyn yr oeddwn yn sôn amdano wrthych, yn Aelod o'r Orsedd. Does yna ddim na ŵyr e am y gwahanol ffyrdd o roi cil-dwrn. Pwy yw'r bobol yma?

DEM.: Fe ... fe ... fe fydd yn rhaid i mi edrych ar ôl mynd adre.

REES: Dewch chi â'u henwau i mi ac yr wyf yn barod i fentro can dolar y bydda i'n Aelod cyn mynd yn ôl i Chicago.[93]

Yn yr ail act daw Demetrius â'i wisg werdd, un Urdd Cerdd Ofydd, draw i Carnolyn gael ei rhoi amdano; gan na fydd ganddo amser o reidrwydd i fynd i'r Eisteddfod cyn dychwelyd i Chicago, ei fwriad yw cael tynnu ei lun ynddi yn y cyfamser a mynd â'r ffotograff yn ôl i America gydag ef. Cafodd ateb eisoes gan ddau aelod o'r Orsedd ar ôl iddo gylchlythyru'r rhai ar y rhestr a roddodd Demetrius iddo:

DEM.: Dim ond dau gawsoch chi?

REES: [yn cael gafael ar ddau llythyr]: Ie, ond y maent yn dangos sut y mae'r gwynt yn chwythu. Mae'r lleill yn siŵr o ddod. Chi'n gweld, mae pris gan bob dyn, a rhaid dweud, mae'r ddau sydd wedi ateb yn rhesymol iawn eu pris. Mae un boi, [yn dangos y llythyr] fe allem feddwl mai pregethwr yw e, yn dweud y byddai'n ddiolchgar iawn am bum punt at y gronfa i gael "harmonium" newydd yn y Capel. Syniad da iawn. Mae'r boi hwn [yn dangos yr ail lythyr] wedi codi'n fore iawn. Mae e'n dweud [yn darllen o'r llythyr] y byddai "yn falch iawn petaech yn gweld eich ffordd yn glir i roi cymorth i mi fynd i'r Llyfrgell Genedlaethol yn Aberystwyth i wneud research. Byddwn yn ei theimlo yn fraint i gydnabod wrth gyhoeddi ffrwyth fy ymchwil fy mod wedi cael help sylweddol gan un o garedigion y diwylliant

Cymreig o Chicago." Ffordd dda i ofyn am help i gael gwyliau ar lan y môr![94]

Ar ôl cryn drafferth, llwydda Carnolyn i roi'r wisg amdano ac edmyga ei hun o flaen y drych gyda sigâr fawr yn ei geg! Mae'n argyhoeddedig y bydd y llun ohono yn "'sensation'" yn Chicago a bwriada wisgo'r dillad yng nghinio Gŵyl Dewi'r ddinas i adrodd 'Nant y Mynydd' Ceiriog; at hynny, y mae'n benderfynol o brynu'r wisg gan Demetrius a chynigia iddo gant o gyfranddaliadau yn y cwmni aur rhithiol yn dâl amdani. Yn y diwedd, ar ôl llawer iawn o glepian drysau a mynd a dod, gweinyddir cyfiawnder: sylweddolir mai *fraud* yw Carnolyn, ond llwydda i ddianc o'r pentref drwy ddwyn car Demetrius ynghyd â'i wisg Orseddol.

Er mor wahanol oedd natur y sialens yn yr achos hwn i *Cwm Glo*, aeth Cynan i gryn drafferth i baratoi memorandwm manwl ar gyfer swyddfa'r Arglwydd Siambrlen a'i rannu'n dair adran: crynodeb o'r plot, gwybodaeth ynghylch Gorsedd y Beirdd, a chyfieithiad o ddwy olygfa dramgwyddus. Ni allai argymell trwyddedu 'this malicious and libellous play' ac eglurodd ei benderfyniad yn ofalus.[95] A hithau wedi ei sefydlu ym 1792, ymgorfforwyd Gorsedd y Beirdd o fewn Cyngor yr Eisteddfod Genedlaethol dan lywyddiaeth David Lloyd George a chynrychiolai saith rhan o wyth o aelodaeth y Cyngor. Yr Orsedd a ofalai am holl seremonïaeth yr Eisteddfod ac fe'i cynrychiolid yn ystod achlysuron gwladol o fewn y Dywysogaeth, chwedl Cynan, cysylltiad brenhinol y gwnaeth y brenhinwr ynddo'n fawr ohono:

> For example, when Their Majesties, the King and Queen visited Caernarvon Castle shortly after the Coronation [1937], at the express desire of the Constable, – Mr. Lloyd George, a delegation of thirty members of the Gorsedd robed in white, blue, or green according to their respective degrees were given the place of honour next to the royal deis; as Recorder of the Gorsedd and Joint Secretary of the National Eisteddfod Council I had the honour of being ceremonially presented to the King and

Queen at this function, when her Majesty Queen Elizabeth graciously referred to the day when as Duke and Duchess of York the King and herself were enrobed as honorary members of the Gorsedd on the occasion of their visit to the Swansea National Eisteddfod in 1926.

I mention these matters here to convey to the Lord Chamberlain the prestige of this society as a national body for the preservation of Welsh Culture.[96]

Er mwyn cadarnhau sefydliad mor barchus ac arwyddocaol ydoedd, aeth Cynan rhagddo i gyfeirio at ei aelodaeth a gynhwysai nifer helaeth o brif feirdd, cerddorion, gwŷr llên a dramodwyr Cymru. Yn ogystal ag ymuno â'r Orsedd drwy arholiad, weithiau estynnid aelodaeth anrhydeddus i unigolion a gyflawnodd waith creadigol o fri ym maes llenyddiaeth, cerddoriaeth neu gelfyddyd; i rai a wnaeth gyfraniad neilltuol i'r bywyd cyhoeddus yng Nghymru; neu i ymwelwyr brenhinol neu enwog â'r ŵyl:

To represent these degrees as obtainable by bribery and corruption, as this play does, is simply a malicious and pernicious libel. The malicious spirit in which the play was written is further evinced at the end of the third act, in which there is a deliberate attempt to bring the Gorsedd robe into contempt and ridicule by making it the dress in which the swindler makes his escape.[97]

Dewisid aelodau er anrhydedd yn ofalus gan y Pwyllgor Gweinyddol o ddynion – 'men held in repute throughout the Principality' – sef y Parch. W. Crwys Williams, Archdderwydd Cymru; y Parch. Ganon Maurice Jones, MA, DD, cyn-Brifathro Coleg Llanbedr Pont Steffan; y Parch. J. J. Williams, MA, Bardd Cadair Genedlaethol; y Parch. Ddr Elvet Lewis, MA, Bardd Cadair Genedlaethol; yr Henadur William George, Cadeirydd Pwyllgor Addysg Sir Gaernarfon; y Capten Geoffrey Crawshay, cyn-aelod o'r Gwarchodlu Cymreig; Mr Emyr Williams, LlB, Cyfreithiwr;

Mr W. S. Gwynn Williams, Cyhoeddwr Cerddoriaeth Gymreig; Mr D. Rhys Phillips, Llyfrgellydd Cymreig; Mr G. Brynallt Williams; Mr O. Caerwyn Roberts, Llyfrgellydd Sir; y Parch. J. Dyfnallt Owen, MA, Bardd Coron Genedlaethol; y Parch. R. S. Rogers, MA; Mr Edgar Phillips, BA, Bardd Cadair Genedlaethol; yr Athro Morgan Watkin, MA, DLitt, Coleg Prifysgol De Cymru, Caerdydd; a'r Parch. A. E. Jones, BA sef Cynan ei hun, Tiwtor Staff, Coleg Prifysgol Gogledd Cymru, Bangor.[98] Roedd y ddrama dan sylw newydd ei chyhoeddi a'r pwyllgor hwn wrthi'n cael cyngor cyfreithiol gyda golwg ar ei gwahardd hyd nes y ceid achos llys. Yn y cyfamser ofnai Cynan y gallai perfformiad o *Deryn Dierth* ar 26 Rhagfyr 1943 neu ar unrhyw ddyddiad arall esgor ar 'public protest[at]ion against this calumny of an honourable, national and popular institution, if not in a still more serious breach of the peace'.[99]

Ers ei ethol yn Gofiadur ar yr Orsedd ym 1935 ac yn gydysgrifennydd Cyngor yr Eisteddfod ddwy flynedd yn ddiweddarach, cysegrodd Cynan ran helaeth o'i amser a'i egni am weddill ei oes i ddiwygio'r sefydliadau hyn a'u dyrchafu'n rhai a enynnai barch a bri. Mae'n amlwg felly ei fod yn ystyried ymgais i'w gwneud yn gyff gwawd fel arwydd o sen bersonol. Yn ôl ei adroddiad, roedd y ddrama'n dwyn anfri ar rai o gynheiliaid y sefydliad Cymreig. At hynny, roedd posibilrwydd y gallai perfformiad cyhoeddus o'r ddrama darfu ar yr heddwch. Darbwyllwyd yr Arglwydd Siambrlen gan adroddiad ei ddarllenydd ac o'r herwydd, 'I quite agree that this play cannot be allowed to appear on the stage. Licence refused' oedd ei ddyfarniad terfynol; parodd hynny fod *Deryn Dierth* yn un o 79 drama yn unig o blith dros 13,000 a gyflwynwyd rhwng 1938 a 1952 y penderfynwyd peidio â rhoi trwydded iddi.[100]

Fel y crybwyllod yn ei adroddiad, anfonodd Cynan yn gyfrinachol at aelodau o Bwyllgor Gweinyddol yr Orsedd yn gofyn a ddylid '[c]ymryd mesurau cyfreithiol ar unwaith trwy Interlocutory Injunction i wahardd gwerthu llyfr sy'n cynnwys y fath enllib. Oni ddylid hefyd hawlio ymddiheuriad llawn?'[101] Dyna'n sicr farn Cynan a'r cyfreithiwr William George, dau a ystyriai'r mater 'o'r pwys mwyaf i anrhydedd' pob un ohonynt.[102]

'Gan na ellid colli diwrnod cyn gweithredu', apeliwyd am ymateb diymdroi gan ei bod hi'n 'warthus meddwl bod neb yn cael taenu'r fath anwiredd maleisus'.[103] Yn rhinwedd ei swydd fel Cofiadur yr Orsedd, anfonodd Cynan air ffurfiol at E. Prosser Rhys, cyhoeddwr *Deryn Dierth*, ar 9 Rhagfyr 1943:

> O berthynas i'r ddrama uchod a gyhoeddwyd yn ddiweddar gan Wasg Aberystwyth, cyfarwyddir fi gan Bwyllgor Gweinyddol yr Orsedd i alw eich sylw at yr athrod ffiaidd a hollol anwireddus a wneir ynddi ar aelodau'r pwyllgor hwn ...
>
> Mewn ymgynghoriad â Chyfreithwyr Anrhydeddus Yr Orsedd a Chyngor Yr Eisteddfod Genedlaethol fe hawlia'r Pwyllgor Gweinyddol eich bod ar unwaith yn wyneb yr athrod hwn
>
> (1) Yn galw i mewn y cwbl o'r copiau sydd yn nwylo'r llyfrwerthwyr
>
> (2) Yn datgan eich parodrwydd i ymddiheuro am yr athrod a thalu pob cost ynglŷn â'r mater
>
> (3) Yn anfon i ni enw a chyfeiriad priodol yr awdur.[104]

Yn ei ateb, dymunai Prosser Rhys, ar ran Gwasg Aberystwyth a'r awdur, ymddiheuro 'yn gwbl ddiamod'.[105] Roedd Prosser Rhys yn gyfaill i Cynan – dyma ddau brifardd ifanc Eisteddfod Genedlaethol Pont-y-pŵl ym 1924 – a bu'n dioddef ar ei hyd oes o'r darfodedigaeth, afiechyd a'i trechai yn y diwedd ym 1945 ac yntau ar y pryd yn ddim ond pedair a deugain mlwydd oed.[106] Yr afiechyd hwnnw oedd ei unig esgus: 'petawn o gwmpas fy mhethau ac mewn iechyd yn ystod yr amser y paratowyd y ddrama hon i'r wasg ac y darllenwyd ei phroflenni, y mae'n bur debyg y buaswn wedi gohebu a chwi, Syr'.[107] Sicrhaodd Cynan hefyd na fwriadodd yr awdur 'ddim drwg i'r Orsedd o gwbl',[108] ond nid ymatebodd yn ei lythyr o gwbl i'r trydydd amod yn llythyr Cynan sef ei fod yn datgelu enw a chyfeiriad yr awdur; hynny yw, gwarchodwyd y gwir enw y tu ôl i'r un llenyddol a hynny, fe ddyfelir, rhag gwneud niwed i David Matthew Williams yn broffesiynol. Dywedodd hefyd mai ychydig iawn o gopïau a oedd ar y farchnad a bod y mwyafrif llethol yn nwylo cwmnïau; anfonwyd at y rheini yn gofyn iddynt ddychwelyd y copïau. O gael cytundeb y Pwyllgor Gweinyddol, bwriedid pastio tudalennau newydd dros yr hen rai er mwyn osgoi gwastraffu papur – a hithau'n amser rhyfel, roedd papur yn gynnyrch prin – 'a hynny yn hollol ddiogel'.[109] Roedd y wasg hefyd 'yn barod i dalu unrhyw gostau cysylltiedig â'ch gohebiaeth'.[110] Yn ei lythyr i swyddfa'r Arglwydd Siambrlen dywedodd Prosser Rhys fod y wasg yn barod i dderbyn 'reasonable deletions' petai'r dileadau hynny'n dderbyniol ganddynt.[111] Roedd y penderfyniad i wrthod trwydded yn ddiamod yn un eithafol, ac wrth awgrymu ateb i gynnig Prosser Rhys, roedd hi'n amlwg fod Cynan wedi teimlo'r mater i'r byw: 'The whole spirit of the original version is so malicious, I feel it is for the author himself to revise it and not for us to suggest deletions, which in any case will have to be bridged over by new matter written by the author.'[112] Ond mewn gwirionedd, pan ddaeth fersiwn diwygiedig i law nid oedd unrhyw faddeuant i'w gael:

> This version as submitted, while cutting out from the dialogue the express words of bribery and corruption, still seeks to convey the original libel by sneering innuendo, and still retains dialogue and business calculated to injure the Gorsedd of Bards by misrepresenting its degrees and robes on the stage as objects of public contempt and malicious ridicule. Despite the publisher's apology to the Gorsedd, the author writing under an assumed name appears unwilling or unable to make amends by immediately deleting all malicious and offensive matter from his revised version.

> In fact all his references to the Gorsedd remain in the same libellous spirit.

> For these reasons I could not recommend the play for the Lord Chamberlain's Licence unless a third version were submitted conforming to all the cuts indicated in this returned copy.[113]

Roedd Cynan yn dal i ohebu'n uniongyrchol ar ran Gorsedd y Beirdd â Prosser Rhys yn Chwefror 1944: cwynai fod copïau o'r ddrama ar werth o hyd mewn siopau fel un J. R. Morris yng Nghaernarfon a rhai eraill wedi eu hanfon i'w hadolygu.[114] Fis yn ddiweddarach, roedd y wasg yn dal i dderbyn archebion am y ddrama.[115] Yna, ar 1 Ebrill 1944, caed clo ar yr holl bennod. Ar ddiwedd llythyr ato, meddai Cynan wrth Prosser Rhys: 'Am y ddrama dair-act a barodd gymaint o drafferth i ni'n dau ers y Nadolig, rwy'n anfon llythyr swyddogol gyda'r un post â hwn a fydd yn dirwyn y mater i ben yn foddhaol i'r ddwy ochr mi gredaf'.[116]

Fodd bynnag, nid dyna ddiwedd y mater oherwydd yng Ngorffennaf 1947, a Prosser Rhys erbyn hynny yn ei fedd, cyhoeddodd Gwasg Aberystwyth ddrama arall gan Ieuan Griffiths o'r enw *Tarfu'r C'lomennod*, drama a ymddangosai ar yr olwg gyntaf yn syndod o debyg i *Deryn Dierth*.[117] Ond o graffu'n fanylach, fersiwn glastwreiddiedig ydyw o'r ddrama wreiddiol: cafwyd gwared o unrhyw gyfeiriadau at lwgrwobrwyo er mwyn cael mynediad i'r Orsedd, ni chaed sôn am ddwyn gwisg werdd, ac yn lle hynny comisiynwyd Demetrius i gyfansoddi cerdd fawl i Carnolyn y bwriadai ef ei darllen gerbron Cymry Chicago gan dalu'r bardd gydag un siâr yn y cwmni aur am bob llinell o'r gerdd.[118] Er i Ieuan Griffiths gynnwys ar ddechrau *Deryn Dierth* nodyn yn cyhoeddi mai 'Cymeriadau a digwyddiadau dychmygol sydd yn y ddrama hon'[119] – pwysleisiwyd drachefn gan Kitchener Davies yn ei adolygiad o *Tarfu'r C'lomennod* nad '"drama gymdeithasol" i feirniadu na sefydliad na thylwyth nac unigolyn'[120] oedd hi – mae'n amlwg o'i ymateb nad felly y gwelai Cynan bethau. Ond gan mai fel trwyddedwr dramâu yr ystyriai'r Arglwydd Siambrlen ei rôl rhagor sensor, ymdrechai i ganiatáu dramâu i gymaint graddau â phosib yn hytrach na'u gwahardd, ac er bod *Deryn Dierth* wedi tramgwyddo Cynan yn bersonol, pasiwyd y fersiwn newydd o'r un ddrama ganddo ym 1947:

> This is the play which, under the title "Deryn Dierth" by Ieuan Griffiths, in December 1943 was refused a licence owing to its libellous attack on the honour of the Officers of the Gorsedd of Bards. I am

pleased to report that none of the offensive material remains in the version as now submitted.[121]

Yng ngohebiaeth yr Arglwydd Siambrlen a chofrestr Cynan, nodir yn glir enw'r awdur fel David Matthew Williams sy'n awgrymu bod Cynan, o leiaf erbyn 1947, yn gwybod yn iawn pwy a guddiai'r tu ôl i'r *nom de plume* Ieuan Griffiths.

* * *

Tynnodd y 1940au i ben gyda drama a barodd gryn drafferth i Cynan sef un deiract o'r enw *Jonathan* gan Tom Griffiths, 'comedi yng Nghymraeg y Sowth', chwedl ei hawdur a oedd yn berchen ar gwmni argraffu yn Llanelli.[122] 'I think this is the silliest and smuttiest Welsh play I have ever read' meddai Cynan yn ei adroddiad ar 13 Awst 1948 cyn mynd ati i ymhelaethu: 'The story is fantastic: Jonathan, a Welsh colliery worker aged 70, a widower, surprises his family and friends by announcing that he has decided to go to London for re-juvination through a "monkey-gland operation".'[123] Llawdriniaeth oedd hon a arloeswyd rhwng y 1920au a'r 1940au gan y Rwsiad Serge Voronoff a olygai drawsblannu chwaren o geilliau mwnci i un ddynol er mwyn adfywio'r claf yn rhywiol.[124] Aeth rhagddo i amlinellu cynnwys y ddrama:

> They are all annoyed at the project except his neighbour and old sweetheart Lisa the Gossip, who lends him money for the trip in happy expectation of the sexual result. But when Jonathan returns home, instead of marrying old Lisa he marries his brother Josh's attractive young widow just arrived from Africa. On to this story a great deal of irrelevant and grossly offensive matter has been plastered so that the plot – such as it is – becomes a mere framework for coarse and indecent 'jokes' and business.

> Even words as innocent in themselves as 'flowers', 'two coconuts', 'stones' and 'instruments' acquire a ribald meaning from their context and are quite

obviously intended to convey respectively 'menstruation', 'testicles', 'testules' [sic] and 'penis' – all with the air of a comedian who says after the laugh 'That was not what I meant at all. You must have dirty minds.'[125]

I enghreifftio'i ddadl, cyfieithodd Cynan un olygfa a oedd yn llawn o'r hyn a eilw'n 'puerile double entendre' a nodweddai hiwmor y dramodydd gyda'r defnydd llawn awgrymusedd o'r enw 'offeryn' yn ganolog iddi. Nid oes gan Cynan air da i'w ddweud am y ddrama hon gyda'i 'cheap laugh' a'i 'obscene leer'.[126] At hynny, cwynodd fod arddull lenyddol yr awdur cynddrwg â'i jôcs ac y byddai unrhyw gynulleidfa Gymraeg yn 'still further shocked and pained at the way in which he mixes his ribaldry with blasphemous quotations from the most revered of Welsh funeral hymns'.[127] Argymhelliad Cynan oedd dychwelyd y ddrama i'w hawdur a'i hysbysu na ellid ei thrwyddedu dan reoliadau'r Arglwydd Siambrlen. Petai am ailgyflwyno fersiwn wedi ei ddiwygio yn llwyr, gan dynnu ohono'r holl bethau a ddilewyd ar y sgript gan Cynan, a phetai hefyd yn addo y byddai'r ddrama'n cael ei llwyfannu'n unol â'r fersiwn diwygiedig, gellid o bosib ailystyried y gwaharddiad arni. Cefnogodd yr Arglwydd Siambrlen argymhelliad Cynan: roedd *Jonathan* yn un o restr ddethol o 65 drama a waharddwyd rhwng 1945 a 1968, er i Cynan yn y pen draw argymell trwyddedu fersiwn diwygiedig o'r ddrama ar 23 Medi 1948.[128]

* * *

A rhoi cynnwys y sgriptiau i'r naill ochr, un o'r materion a barai bryder i Cynan oedd cydymffurfiaeth â'r ddeddf a'r ffaith fod rhai unigolion a chwmnïau fel petaent yn ddi-hid o'r drefn drwyddedu. Mae'r hyn a ddigwyddodd yn ystod y pum mis rhwng diwedd Hydref 1951 a dechrau Chwefror 1952 yn destun drama yn ei hawl ei hun, drama gegin sy'n cynnwys elfennau o gybydd-dod, cyfrwystra, twyll, diniweidrwydd, traha ac awdurdod. Mae'n achos sydd hefyd yn profi mor anhyblyg oedd y rheoliadau ynghylch sensro, h.y. ar yr un telerau y triniwyd cwmnïau bach amatur a gyflwynai ddramâu er difyrrwch cymdeithasol ac i godi arian at achosion da â chynyrchiadau mawr masnachol ar lwyfannau'r West End.

Ar 29 Hydref 1951 anfonodd Cynan lythyr cyfrinachol i swyddfa'r Arglwydd Siambrlen oherwydd fod 'considerable slackness' o hyd ymhlith rhai cwmnïau drama Cymraeg, rhai de Cymru'n enwedig, o safbwynt anfon copïau o'u dramâu i'w trwyddedu cyn eu perfformio'n gyhoeddus: 'They decide to run the risk, as the police in South Wales are not so strict about the licensing regulations as the police of Caernarvonshire'.[129] Er enghraifft, cyfeirir at adroddiad yn rhifyn y diwrnod hwnnw o'r *Western Mail* (29 Hydref 1951) yn cyhoeddi bod Cwmni Drama Dan Matthews o Bontarddulais wedi perfformio comedi newydd o'r enw *Trysor yr Hen Grydd* yn Neuadd Eglwys Dinefwr, Llandeilo nos Sadwrn, 27 Hydref, a phoster arall yn cyfeirio at berfformiad o'r un ddrama yn Aberteifi ar 1 Tachwedd 1951. Nid oedd cofnod yng nghofrestr Cynan fod y ddrama wedi ei thrwyddedu ac amheuai'n fawr a oedd hi ar restr yr Arglwydd Siambrlen o ddramâu Cymraeg trwyddedig. Dywed nad oedd rheswm fod actor a chynhyrchydd o brofiad Dan Matthews ddim yn gyfarwydd â'r drefn drwyddedu gan ei fod wedi derbyn copi o'r cyfarwyddiadau sawl gwaith, yn Gymraeg a Saesneg. Disgrifia'r cwmni fel un 'semi-professional in the sense that they run their company as a money-making concern, although the standard of their plays and presentation is pretty low'.[130] Cyfeiria at gais ar 22 Medi 1951 i drwyddedu ar frys ddrama a oedd eisoes wedi ei llwyfannu yn ne Cymru sef *Arthur Wyn yr Hafod*.[131] Roedd y rheswm am hyn i Cynan yn amlwg: roedd cwmni Dan Matthews newydd dderbyn cais i'w pherfformio ym Mhen-y-groes, Sir Gaernarfon, a 'knowing the strictness of the Caernarvonshire police in these matters he feared to risk staging an unlicensed play outside his own area'.[132] Hyderai Cynan y byddai'r Goruchwyliwr Cynorthwyol o'r un farn ag yntau y dylid dangos i Dan Matthews 'that this wilful disregard of the law simply does not pay'.[133] Awgryma y dylai'r heddlu rwystro'r perfformiad yn y Pafiliwn yn Aberteifi ac erlyn y cynhyrchydd a'i gwmni am eu bod eisoes wedi perfformio drama heb ei thrwyddedu yn Llandeilo; teimlai Cynan y câi'r cyhoeddusrwydd 'a salutory effect on other companies who have been "clever" enough to get away with it'.[134]

Diolchodd y Goruchwyliwr Cynorthwyol, y Brigadydd Syr Norman Gwatkin, i Cynan am ei lythyr gyda throad y post.[135] Pe gellid cadarnhau'r ffeithiau yna byddid yn gweithredu yn erbyn Dan Matthews a'i gwmni, ond gan mai'r polisi oedd osgoi gweithredu'n retrosbectif petai modd, roedd am ofyn i heddlu Aberteifi fynd i berfformiad 1 Tachwedd ar ei ran. Anfonodd yr un diwrnod at brif gwnstabl Ceredigion ac arolygydd heddlu Aberteifi yn dweud y byddai'n 'most obliged' petai swyddog o'r heddlu'n gallu mynd i'r perfformiad i gadarnhau a oedd arian yn cael ei gyfnewid wrth y drws, i dystio i'r perfformiad, ac yna i ofyn a oedd trwydded gan yr Arglwydd Siambrlen ar gael i berfformio'r ddrama'n gyhoeddus. Ar 4 Tachwedd ysgrifennodd y Rhingyll A. I. Williams lythyr at yr Arolygydd E. O. Williams yng ngorsaf heddlu Aberteifi yn cadarnhau ei fod yn bresennol ar 1 Tachwedd yn y Pafiliwn, Aberteifi mewn noson a noddwyd gan Gymdeithas y Bobl Ieuainc, Ramoth, Aber-cych, Sir Benfro gyda'r elw yn mynd at y gronfa adeiladau. Roedd tocynnau a rhaglenni ar werth a rhyw 450 o gynulleidfa'n bresennol. Cyfeiriodd Dan Matthews ar goedd at y cynhyrchiad fel 'drama newydd' a berfformiwyd unwaith o'r blaen ac y gobeithid ei pherfformio eto yn Nhyddewi y Sadwrn canlynol. Pan holwyd Dan Matthews ar ôl y perfformiad, cyfeiriodd at y ddrama fel gwaith S. T. Davies, Godre'r Graig, Ystalyfera (er mai enw E. T. Lewis o'r un cyfeiriad a roed ar raglen y noson). Mewn llythyr a ddyddiwyd 3 Tachwedd gan Dan Matthews at arolygydd heddlu Aberteifi, honnwyd bod y ddrama wedi ei thrwyddedu fel *Box Arian Shon* ar 5 Ebrill 1943. Os dyna'r gwir, meddai'r rhingyll yn ei lythyr, camarweiniwyd y gynulleidfa i gredu mai drama newydd oedd *Trysor yr Hen Grydd*; ni welodd ef ei hun erioed mo ddrama 1943, ond pe câi olwg ar sgript ohoni yna gallai farnu ai'r un oedd y ddwy ddrama. Ar 8 Tachwedd diolchodd Norman Gwatkin i brif gwnstabl Ceredigion am 'excellent report' y Rhingyll Williams a chynhwysodd gopi o *Box Arian Shon* er mwyn iddo gael ei chymharu gyda *Trysor yr Hen Grydd*.

Ar 17 Tachwedd paratodd y Rhingyll Williams adroddiad ar gyfer yr arolygydd ar ôl iddo ddarllen *Box Arian Shon*: er mai'r un oedd thema honno â *Trysor yr Hen Grydd*, cynhwysai'r ail ddrama ychwanegiadau a newidiadau. Dwy act a oedd yn *Box Arian Shon* o gymharu â thair yn *Trysor yr Hen Grydd*; cyfatebai act gyntaf y ddwy ddrama'n union a chyfatebai act 2 y naill i act 3 y llall, ond yn fersiwn 1951 ychwanegwyd act arall rhwng dwy act drama wreiddiol 1943. At hynny, cyfnewidiwyd cymeriad Mrs Davies am Mr Davies a pharatodd y Rhingyll Williams amlinelliad gofalus o'r gwahaniaethau. Ar 19 Tachwedd anfonodd Evan T. Lewis lythyr i swyddfa'r Arglwydd Siambrlen a hynny ar bapur ysgrifennu swyddogol Sefydliad Abertawe a De Cymru ar gyfer y Deillion yr enwyd ef yn drefnydd ar ei gyfer. Honnai yn y llythyr ei fod wedi gwneud camgymeriad: trwyddedwyd drama o'r enw *Y Teligram* ddwywaith a thrwyddedwyd *Box Arian Shon* hefyd, ond methodd yn lân â dod o hyd i'r trwyddedau, felly gofynnai am gyngor ynghylch yr hyn y dylai ei wneud.

Yn ystod y misoedd nesaf o ymchwilio a llythyru, profodd Evan T. Lewis yn greadur llithrig ac osgoilyd: yr awgrym cryf yw mai awydd i arbed talu gini yn ychwanegol er mwyn trwyddedu fersiwn diwygiedig o ddrama a drwyddedwyd eisoes a'i cymhellodd i gamarwain Dan Matthews a swyddfa'r Arglwydd Siambrlen! O sylweddoli hyn, cydymdeimlai Cynan fwyfwy â Dan Matthews, ond yn ôl y ddeddf, gyda chynhyrchydd y ddrama y gorweddai'r cyfrifoldeb am sicrhau bod drama wedi ei thrwyddedu'n briodol, nid yr awdur, ac er mai Evan T. Lewis oedd y dihiryn, y perygl oedd mai Dan Matthews a fyddai o flaen ei well. A'r ohebiaeth am yr achos yn ymestyn dros ddau fis, difrifolodd pethau ar 8 Ionawr pan anfonodd Syr Terence Nugent o swyddfa'r Arglwydd Siambrlen ddogfen dair ochr yn amlinellu'r achos at Syr Theobald Mathew, y Cyfarwyddwr Erlyniadau Cyhoeddus a gŵr a ddeuai'n enwog ym 1960 fel yr un a awdurdodai ddwyn achos yn erbyn cwmni cyhoeddi Penguin gan eu cyhuddo o anlladrwydd ar ôl iddynt gyhoeddi *Lady Chatterley's Lover* gan D. H. Lawrence. Datgelir barn oddrychol Terence Nugent ar yr holl fater mewn llythyr personol – 'Dear

Tim' – ar ddechrau'r ddogfen, llythyr sydd hefyd yn cadarnhau ei fydolwg metropolitan a'i ragfarnau gwrth-Gymreig:

> I am sending you herewith the details of a somewhat tedious case, rendered the more tiresome by the fact that the proceedings are in Welsh, the persons concerned of a negligible importance, and the scene of the offence is furthest Wales.

> I do feel that the facts warrant prosecution, although I shall, as ever, defer to your advice on that point; at the same time I have a doubt in my mind as to whether you will wish to see one of your highly trained officers disappearing on such a long journey by reason of such a comparatively minor crime.[136]

O'r dystiolaeth a gyflwynwyd iddo, roedd yr Arglwydd Siambrlen o'r farn fod Dan Matthews yn 'guilty of acting and presenting "for hire" parts of a stage play before the same had been licensed by the Lord Chamberlain, contrary to s. 15 of the Theatres Act'.[137] Ei obaith ef oedd y gellid erlyn Dan Matthews. Ar 14 Ionawr, anfonodd Syr Theobald Mathew at Syr Terence Nugent yn dweud, os am erlyn yn llwyddiannus, y byddai'n dda iawn wrth fargyfreithiwr a allai'r Gymraeg ac y byddai'n dewis un mewn ymgynghoriad â phrif gwnstabl Ceredigion. Fodd bynnag, er ei fod yn cydymdeimlo'n llwyr â'r awydd i ddisgyblu cynhyrchwyr Cymraeg a chynnal refeniw trwyddedu, nid oedd yn hyderus o gwbl y gellid erlyn Dan Matthews yn llwyddiannus yn yr achos dan sylw. Drwy groen ei ddannedd y llwyddodd Dan Matthews yn y pen draw i osgoi cael ei erlyn oherwydd trannoeth derbyn ei lythyr, rhoddodd Syr Terence Nugent wybod i Syr Theobald Mathew, yng ngoleuni ei gyngor ef, mai ei benderfyniad oedd ceryddu'r cynhyrchydd yn llym 'and hope that he, at any rate, will lead a virtuous life for the future'.[138]

*　　　*　　　*

Roedd pryder ynghylch tramgwyddo ar dir crefyddol yn rhywbeth a boenai Cynan o hyd yn y 1950au. Yn adroddiad y Cydbwyllgor Seneddol Dethol ym 1909 a sefydlwyd i adolygu trefniadau sensoriaeth, argymhellwyd y dylai dramâu ar thema grefyddol gael eu trwyddedu cyn belled nad oeddent yn amharchus, ond dylid gwrthod trwydded o hyd i ddramâu a bortreadai'r Duwdod.[139] Cadarnhawyd felly amodau Deddf Theatrau 1843 a oedd yn berthnasol i ddramâu a gyflwynwyd i'w trwyddedu o'r flwyddyn honno ymlaen. Parai hyn anachroniaeth gan nad oedd yn rhaid wrth sêl bendith yr Arglwydd Siambrlen yn achos hen ddramâu moes a miragl, ac nid oedd yn rhaid wrth ei drwydded ychwaith ar gyfer unrhyw ddrama grefyddol a berfformid mewn eglwys, hyd yn oed os portreedid Crist ynddi, gan na chyfrifid hynny'n 'adloniant llwyfan'. Serch hynny, o fewn y theatr, arwyddid y Duwdod gan lais oddi ar y llwyfan neu olau llachar,[140] ac un o'r achosion enwocaf o wahardd oedd drama Marc Connelly, *Green Pastures* (1930), y gwrthodwyd rhoi trwydded lwyfan iddi am dri deg pedair o flynyddoedd.[141] Ac eto, ym 1936, dangoswyd fersiwn ffilm ohoni, anghysondeb a hurtrwydd y tynnwyd sylw ato ar y pryd: 'So it would seem that Lord Tyrrell [Cadeirydd y BBFC] has passed for a million people to see on the screen what the Play Censor will not permit thousands to see on the stage'.[142] Daliodd y gwaharddiad llwyfan hwn mewn grym tan 1968, felly pan ddaeth addasiad Olwen Mears o *Pobun* gerbron i'w drwyddedu ym 1958, bu'n rhaid i Cynan ymyrryd. Drama firagl Saesneg o'r bymthegfed ganrif oedd hon yn wreiddiol, ac fe'i haddaswyd gan yr Awstriad Hugo von Hoffmannsthal ym 1911; ar gyfer Eisteddfod Genedlaethol Wrecsam ym 1933 fe wahoddwyd T. Gwynn Jones i gyfieithu *Jedermann* i'r Gymraeg mewn cynhyrchiad uchelgeisiol dan nawdd yr Arglwydd Howard de Walden.[143] Y bwriad ddiwedd y 1950au oedd cyflwyno addasiad o'r ddrama fel rhan o Ŵyl Ddrama Genedlaethol Cymru yn Neuadd y Dref, Llangefni, ond mae'n amlwg nad oedd gan Cynan fawr o olwg ar y fersiwn diweddar: 'Miss Olwen Mears has tried to modernise the story – not very successfully – by substituting for the mediaeval scenes such contemporary settings as a night-club and a bar. The additional dialogue she has written for this purpose falls far below the standard of the original version'.[144] Canmolwyd cyfieithiad T. Gwynn Jones gan Cynan fel 'brilliant version' o waith Hoffmannsthal, ond er gwaethaf ei ymateb gwerthusol i addasiad Olwen Mears, mater arall a barai bryder iddo: 'One piece of stage instruction calls for excision. The Prologue opens with a speech delivered by "The Lord God" – discovered seated upon his throne. As no physical representation of the Deity is allowable, this speech must be spoken by an actor off stage', ac ar yr amod hwnnw'n unig y trwyddedwyd y perfformiad.[145]

Nid dyma'r unig ddrama o natur a chefndir crefyddol a ddaeth i ran Cynan i'w sensro yn ystod ail hanner y 1950au. Un arall oedd *Absalom fy Mab*, drama gomisiwn gyntaf yr Eisteddfod Genedlaethol a ysgrifennwyd ganddo ef ei hun ar gyfer ymweliad y brifwyl â Llangefni ym Môn. Dyma ddrama feiblaidd uchelgeisiol ei sgôp y dywedodd un sylwebydd y byddai angen llwyfan maint y London Palladium ar ei chyfer ac,[146] fel yn achos *Hywel Harris* o'i blaen, un a drwyddedwyd yn ddiamod gan yr Arglwydd Siambrlen ar sail argymhelliad Cynan ei hun.[147] Ond cymaint oedd yr awdurdod y meddai Cynan arno fel Darllenydd Cymraeg yr Arglwydd Siambrlen fel nad oedd hi'n ddim ganddo ymyrryd â gwaith artist mor ddifrif â Saunders Lewis serch ei statws fel dramodydd pwysicaf y theatr Gymraeg. Pan ddaeth *Esther*, ei ddrama yntau gyda chefndir beiblaidd, gerbron i'w thrwyddedu ym 1959, mentrodd Cynan ei sensro. A'r ddrama i'w hactio yn Neuadd y Dref, Llangefni fel rhan o'r Ŵyl Ddrama Genedlaethol a drefnwyd gan Gyngor Gwlad Môn, tynnodd Cynan sylw'r Arglwydd Siambrlen at eiriau'r prif gymeriad yn yr act gyntaf: 'Mae'r goron ohoni ei hun mor ffiaidd gen i â chadach misglwyf': 'Although the words used here by Esther occur in that version of the Book of Esther which appears in the Apocrypha, the LC may decide that such a comparison would give offence in a public performance today and that a licence should be granted subject to the deletion of this line from the stage play'.[148] Ond gan nad oedd mandad y sensor drama yn ymestyn i gynnwys dramâu printiedig, y geiriau a fwriadodd yr awdur gyntaf a ymddangosodd yn fersiwn cyhoeddedig y ddrama.[149] Er bod y 1960au rhyddfrydig ar y trothwy, mewn rhai materion barnai Cynan fod chwaeth y gynulleidfa Gymraeg yn fwy delicet nag mewn canrifoedd a fu. Mae'r ffaith fod Cynan yn meddu ar y moeth i sensro cyfeiriad o'r fath gan Saunders Lewis o bawb yn dweud rhywbeth am gyflwr y ddrama Gymraeg ar y pryd: onid awgrym o'i diffyg menter a'i cheidwadaeth yw'r ffaith nad oedd deunydd mwy herfeiddiol o lawer i'w boeni? Ni chymharai hyn â'r cythrwfl a fu ynghylch y ddrama deledu *Excelsior* gan Saunders Lewis, drama gomisiwn a ddarlledwyd ar y BBC Ddygwyl Dewi 1962 ac y bu cryn gyfreitha yn ei chylch oherwydd cyhuddo ei hawdur o enllib.[150]

Drama a lwyfannwyd yn Eisteddfod Genedlaethol Caerdydd ym 1960 oedd *Eisteddfa'r Gwatwarwyr* gan Tom Richards, drama amserol iawn gan ei bod hi'n ymwneud â'r brifwyl ei hun. Cyfeiriai'r teitl at yr ystafell newyddion y tu cefn i lwyfan yr Eisteddfod Genedlaethol ac yno y deuir o hyd i'r newyddiadurwr byd-enwog, Glan Morris, sydd wedi dychwelyd i'w famwlad i ohebu am yr wythnos ar gyfer papur newydd *The Journal*; cyn ymuno â'r BBC, dilynodd yr awdur ei hun yrfa fel newyddiadurwr gyda'r *Cambrian News* a'r *Western Mail*.[151] Ymesyd yn ei erthygl gyntaf un yn filain ar yr Eisteddfod gan beri i awdurdodau'r brifwyl omedd sedd i'r *Journal* wrth fwrdd y wasg hyd nes yr ymddiheura. Er nad ydynt o reidrwydd yn cytuno gyda'i feirniadaeth, mae ei gydnewyddiadurwyr drwy eu hundeb yn bygwth boicotio'r Eisteddfod oherwydd yr hyn a ddehonglir ganddynt yn gyfyngiad ar ryddid y wasg. Yr un sy'n achub y dydd yw hen gariad Glan, Eluned: datrysir y sefyllfa drwy gael golygydd Glan i'w alw'n ôl o'r Eisteddfod, a chyfeddyf Glan wrth Eluned fod ei agwedd chwerw tuag at y brifwyl yn deillio o gam a gafodd yn fachgen bach. Mae a wnelo is-blot â Thelynores Cletwr sy'n codi helynt o fewn yr Orsedd drwy fynnu bod y gwisgoedd a gynlluniwyd gan Hubert Herkomer yn y bedwaredd ganrif ar bymtheg yn hen ffasiwn. Comisiynodd wniadwraig enwog o Baris i gynllunio gwisg orseddol newydd a beiddgar, un a fyddai'n rhwym o blesio'r merched gan ei bod yn datgelu mwy o siâp y corff benywaidd. Hedfenir Cymraes ifanc o'r enw Rhiannon Parry draw yn unswydd o Ffrainc i'r Eisteddfod er mwyn iddi gael modelu'r wisg. Er gwrthod cefnu ar draddodiad drwy dderbyn y wisg newydd, swynwyd swyddogion yr Orsedd i'r fath raddau gan Rhiannon fel y penderfynant ei hethol yn aelod er anrhydedd o'u sefydliad.

Profodd *Deryn Dierth* ym 1943 fod gwir berygl i ddramodwyr dramgwyddo'r sensor Cymraeg drwy wneud hwyl am ben yr Eisteddfod a'r Orsedd. Dyma ddwy fuwch sanctaidd gan Cynan, rhai yr oedd mor warcheidiol ohonynt fel ei fod yn gyndyn o ganiatáu hyd yn oed gellwair yn eu cylch: er enghraifft, ar ôl i un o'r newyddiadurwyr, cymeriad o'r enw Ron, gyhoeddi yn y wasg enw enillydd y Goron cyn y seremoni, dywed am y Pwyllgor Gwaith nad yw'r 'Gestapo ddim ynddi hi' ac etyb ei gydweithiwr, Gwyn: 'Mae gan y Pwyllgor Gwaith ei ddull arbennig o wneud i bobl siarad', cyfeiriad a groeswyd allan gan y sensor.[152] Dilewyd hefyd linell a awgrymai fod awdurdodau'r Eisteddfod yn sensro gwybodaeth, ac felly hefyd y sgwrs ysgafn hon rhwng dau hac: Gwyn: 'Falle y cei di dy wneud yn aelod o'r Orsedd cyn y diwedd, Ron'. Ron: "Na fe, a gneud tipyn bach o "rock and roll" 'da Telynores Cletwr'.[153] Mewn llythyr ar ddechrau ei adroddiad ar y ddrama i'r Goruchwyliwr, Syr Norman Gwatkin, honnodd Cynan ei fod wedi ceisio ymagweddu mor ddiduedd â phosib at y ddrama:

> I have tried to report quite objectively on this offensive play on the Royal National Eisteddfod and the Gorsedd without demurring to any criticism of them as institutions, but I think I am entitled equally to take exception to a libellous innuendo on the morals of the Recorder even though he is also the Lord Chamberlain's Welsh Reader.[154]

A chan ragfynegi'r bennod pan enllibwyd Cynan yn *Lol* ym 1967, cyfeiria eto at 'a libellous innuendo against the character of the Recorder of the Gorsedd of Bards, who has held office since 1937'.[155] Yr olygfa a ganlyn a ddigiodd Cynan fwyaf:

TELYNORES: Pam na elli di alw'r Cofiadur yma nawr?

LLEW: Wel, mi rydw i'n meddwl y basa fo'n licio gweld Miss Parry heb fod y riportars yma'n bresennol.

RON: Ah-ha!

BRYN: Reit i wala.

ALUN: 'Dwy'n siwr y basa fo.

GWYN: Felly wir.

LLEW: Peidiwch â nghamddeall i.

RON: O, na.

ALUN: Byth. Rhag dy gywilydd di.[156]

Ar yr amod fod yr ensyniad enllibus yn y llinellau hyn yn cael ei ddileu, bodlonodd Cynan i argymell trwyddedu'r ddrama hon.

*   *   *

Erbyn diwedd y 1950au a dechrau'r 1960au, roedd to newydd o ddramodwyr Saesneg fel John Osborne, Harold Pinter a John Whiting wrthi'n gwthio'r ffiniau yn thematig ac yn ieithyddol. Ac awduron wedi mynd ati'n fuan iawn wedyn i drosi amryw o'u testunau heriol i'r Gymraeg, tasg anodd fyddai datgysylltu'r hyn a ymddangosodd ar lwyfannau Lloegr oddi wrth yr hyn a ymddangosodd ar lwyfannau Cymru. Gellid dadlau mai dyma'r deunydd mwyaf mentrus erioed i gyrraedd llwyfannau drama Cymraeg, ond mewn gwirionedd, swyddogaeth retrosbectif oedd un Cynan wrth ddarllen y cyfieithiadau hyn: roedd y dadlau mawr yn eu cylch eisoes wedi digwydd pan ddaeth y fersiynau gwreiddiol gerbron i'w sensro. Dilyn y sensor Saesneg a wnâi Cynan yn achos y trosiadau Cymraeg, ond er bod ei allu i ymyrryd wedi ei gyfyngu'n arw, ni olygai hynny na chodod lais gwrthwynebus os cymedrol o bryd i'w gilydd. Yn ystod yr un cyfnod yr oedd y theatr Gymraeg hefyd wrthi'n ymbroffesiynoli: sefydlwyd Cwmni Theatr Cymru gyda nawdd y BBC a Chyngor Celfyddydau Cymru, datblygiad a'i gwnâi'n bosib i actorion ennill bywoliaeth am actio drwy gyfrwng y Gymraeg. Wedi dweud hynny, daliai'r ffin rhwng y sector proffesiynol a'r un amatur yn annelwig: er ei fod wedi ei gyflogi gan y BBC, roedd Emyr Humphreys, er enghraifft, hefyd yn un o hoelion wyth Cwmni'r Gegin, Cricieth, ac nid oedd dim yn amaturaidd am uchelgais amryw gwmnïau, gan gynnwys rhai myfyrwyr, o ran eu *repertoire* er mai ar lefel wirfoddol y gweithredent.

Drama a fyddai'n sefydlu enw da Cwmni'r Gegin oedd *Y Gofalwr*, cyfieithiad Elis Gwyn Jones o *The Caretaker* Harold Pinter y gwnaed cais am drwydded i'w pherfformio yn Neuadd y Dref, Pwllheli ar 16 Ebrill 1964.[157] Yn ei adroddiad arni dywedododd Cynan fod

> a rather coarse English expression is used thrice untranslated – "Piss off". If this was allowed by the Lord Chamberlain in the original English stage version, it should be allowed to remain in the Welsh version; but if it was deleted there it should be deleted here. I shall be grateful to know his Lordship's decision.[158]

A hithau eisoes wedi ei llwyfannu'n breifat mewn clwb i aelodau'n unig lle y perfformid dramâu'n ddidrwydded er mwyn osgoi gofynion sensoriaeth, gwnaed cais i swyddfa'r Arglwydd Siambrlen am drwydded i gyflwyno *The Caretaker* mewn perfformiad cyhoeddus ym Mai 1960. Fe'i disgrifiwyd gan y Darllenydd gwreiddiol, Syr Vincent Troubridge, fel 'a piece of incoherence in the manner of Samuel Beckett, though it has not that author's vein of nihilistic pessimism, and each individual sentence is comprehensible if irrelevant'.[159] Gwaharddwyd ymadroddion fel 'up your arse', 'bugger it', 'buggered' a 'piss off' ym 1960, ac oherwydd y cynsail hwn, bu'n rhaid i Elis Gwyn Jones fodloni ar 'get off' yn lle 'piss off'. Ond pan ddaeth cais gan weinyddwr y Nottingham Playhouse yn Nhachwedd 1965 i adfer y tri 'piss off' ar gyfer cynhyrchiad newydd, a hynny gyda chefnogaeth Harold Pinter ei hun, fe'i caniatawyd. Llwyddwyd i wneud hynny drwy dynnu sylw at y ffaith fod fersiwn ffilm o'r ddrama ym 1963 wedi cynnwys yr ymadrodd, ac oherwydd polisi swyddfa'r Arglwydd Siambrlen erbyn hynny o gydgerdded i gymaint graddau â phosib â'r BBFC, sef y sensoriaid ffilm, fe'i derbyniwyd.[160] Petai Cwmni'r Gegin wedi dadlau ar yr un tir ym 1964, dichon y byddai'r cynhyrchiad wedi ennill ei le mewn llyfrau hanes fel yr un cyntaf i gynnwys 'piss off' awdurdodedig ar lwyfan theatr gyhoeddus yn holl wledydd Prydain!

Flwyddyn yn ddiweddarach, ym 1965, y cyflwynwyd cyfieithiad John Gwilym Jones o *Look Back in Anger* (1956) dan y teitl *Cilwg yn Ôl*, i'w hactio yn Neuadd Pritchard Jones, Bangor ar 9 Chwefror. Ar sail y ddrama hon yr enillodd ei hawdur, John Osborne, y llysenw 'Angry Young Man' iddo'i hun ac yn ogystal â'r fersiwn llwyfan o'r ddrama, ymddangosodd hefyd ar y teledu ac yn y sinema. Dyma ddrama ddadleuol, felly, ond canmolwyd y cyfieithiad ohoni gan Cynan yn ei adroddiad: 'An excellent Welsh version of the well-known West End play ... The script has quite a number of "bloodies" and expressions like "arse-licking", but if these were allowed in the original, exception cannot be taken in a close translation'.[161] Er i'r Arglwydd Siambrlen ei hun nodi ar y sgript 'Please let me see', trwyddedwyd y cyfieithiad i'w berfformio.[162] Ond os parodd *Look Back in Anger* broblemau i'r Arglwydd Siambrlen yn ail hanner y 1950au, aeth pethau o ddrwg i waeth ddechrau'r 1960au pan gyrhaeddodd *The Devils* John Whiting ei swyddfa. Seiliwyd y ddrama hon ar nofel hanesyddol Aldous Huxley, *The Devils of Loudun* (1952), ac fel drama Arthur Miller, *The Crucible*, a gyhoeddwyd hefyd ym 1952, cyffyrddai'r nofel â themâu fel erledigaeth grefyddol, sataniaeth, a rhai a gyhuddwyd o gael eu meddiannu gan y diafol yn ystod hanner cyntaf yr ail ganrif ar bymtheg. Nid cymuned Salem ym Massachusetts ond tref fechan Loudun yng ngorllewin Ffrainc oedd lleoliad y digwyddiadau, a chyhuddwyd yr offeiriad Urbain Grandier gan y Chwaer Jeanne, Uchel Chwaer Cwfaint Santes Ursula, o'i witsio. Dygir achos yn erbyn Grandier, ac ar ôl ei gael yn euog, ei losgi'n gyhoeddus. A hithau'n ddrama realaidd a graffig, cynhwysai elfennau heriol fel lesbiaeth, enemâu, cabledd, sadistiaeth, mastwrbeiddio, hysteria ac artaith. O ystyried y fath goctêl, nid yw geiriau proffwydol un o ddarllenwyr yr Arglwydd Siambrlen ar ddechrau siwrnai'r sgript drwy'r swyddfa, 'This is going to be a difficult play', yn unrhyw syndod; yn wir, mae'r ffeil drwchus amdani wedi ei rhannu'n dair adran a'r drafodaeth yn ei chylch yn ymestyn dros gyfnod o chwe mis a mwy, o 11 Awst 1960 pan gyflwynwyd hi gyntaf i'w thrwyddedu hyd 16 Chwefror 1961.[163] Er gwaetha'r bwriad gwreiddiol i'w chyflwyno yn Rhagfyr 1960, roedd hi'n 20 Chwefror 1961 ar y ddrama ddadleuol hon yn cael ei *première* hirddisgwyliedig a hynny ar lwyfan Theatr yr Aldwych a oedd newydd ei chyhoeddi'n gartref newydd i gwmni'r Royal Shakespeare yn Llundain.[164] Ar sail y darlleniad cyntaf o'r sgript, cyfeiriodd swyddogion yr Arglwydd Siambrlen at gyfanswm o bump ar hugain o bethau i'w newid, ac arweiniodd hyn at gyfres o gyfarfodydd rhwng cynrychiolwyr y ddwy ochr.

O ystyried hyn oll, mae menter Cymdeithas Ddrama Gymraeg Abertawe yn comisiynu D. Tecwyn Lloyd i gyfieithu drama John Whiting – 'who has been accepted as a leader by most of the younger dramatists upon the strength of four resounding and unimpressive flops' yng ngeiriau goddrychol Syr Vincent Troubridge, yr Archwiliwr Cynorthwyol[165] – a hynny i'w pherfformio yng Ngŵyl Ddrama Genedlaethol Cymru ar lwyfan Neuadd y Dref, Llangefni ar 9 Hydref 1965 yn fwy trawiadol byth.[166] Yn ei adroddiad ef ar *Y Cythreuliaid*, tynnodd Cynan sylw at rai pethau, gan gydnabod y gellid bod wedi eu pasio yn y fersiwn Saesneg trwyddedig: 'I would suggest to the Lord Chancellor that certain deletions should be made in this translation before licensing it for public performance, – unless of course these have been allowed in the original English stage-version.'[167] Gwrthwynebodd y defnydd o'r gair 'cachu':

> I have never heard this extremely coarse Welsh word used at a public meeting or in any polite society. It has the same meaning as the English SHIT, but it would have a far more offensive and shocking effect on a Welsh audience. In this context the town scavenger is apologising to Father Grandier for having inadvertently shovelled 'CACHU' (SHIT) on his holy purple.[168]

Bwgan arall oedd noethlymundra a'r cyfarwyddyd llwyfan hwn yn benodol: 'Gwelir Phillipe yn noethlymun yn ymrain gyda Grandier. Tra pery geiriau Jeanne, gwelir hwy felly, yng nghwlwm ffurfiol caru'.[169] Chwedl Cynan, 'I cannot imagine that such a scene would be allowed on any stage!'[170] Y drydedd enghraifft a wrthwynebwyd gan Cynan oedd ateb y ferch Phillipe i'w gŵr oedrannus: fe'i cynhyrfwyd ef yn rhywiol ar ôl gweld yr offeiriad Grandier yn cael ei losgi yn sgwâr y pentref, ac er bod ei wraig ifanc yn feichiog ar y pryd â phlentyn Grandier, gofynnodd iddi a fyddai'n fodlon cael cyfathrach rywiol ag ef gydag iddynt gyrraedd adref: yn ôl cyfieithiad Cynan, 'Jesus! Yes, I will. I can show you a trick or two. Home we go, darling'.[171] Natur gableddus y cyfeiriad a gythruddai Cynan eto: 'To my mind the public use of the name *Jesus* as a swear-word in this sexual allusion is sheer blasphemy, and is entirely uncalled for'.[172] Ar yr amod fod y tri chyfeiriad hyn yn cael eu dileu y trwyddedwyd y cyfieithiad Cymraeg yn y diwedd.[173]

Cyfieithiad arall a anfonwyd at Cynan i'w sensro oedd un Emyr Edwards o Goleg Morgannwg, Y Barri o *Y Fam Gwroldeb*, cyfieithiad o fersiwn Saesneg o ddrama Bertolt Brecht, *Mother Courage*, a oedd i'w lwyfannu ar 2–3 Rhagfyr 1966.[174] Unwaith eto, tynnodd Cynan ei feiro goch drwy 'a piece of pointless and uncalled for blasphemy which cannot but give offence to a Welsh audience'.[175] Mae'r fam gwroldeb yn gorchymyn ei merch, Kathrin, i fynd i lanhau'r geudai ac i beidio â llusgo traed 'fel yr Iesu yng Ngethsemane'; cytunodd y cyfieithydd i ffeirio'r gyffelybiaeth 'fel delw' am yr un wreiddiol.[176] Rhywbeth tebyg a dynnodd sylw Cynan yn y cyfieithiad o ddrama gyntaf yr Americanwr, Edward Albee, *The Zoo Story* (1958), drama un act a leolir ar fainc yn Central Park yn Efrog Newydd. D. Gareth Edwards a'i cyfieithodd ar ran Cymdeithas Ddrama Gymraeg Coleg Prifysgol Cymru Aberystwyth, ac roedd i'w pherfformio ar 31 Mawrth 1967 yng Ngholeg y Drindod, Caerfyrddin. Ni chyfeiriodd Cynan at ei chynnwys thematig mentrus, e.e. y cyfeiriadau at hoywder un o'r ddau gymeriad, Jerry, ond ar ôl Adroddiad Wolfenden ym 1957, cododd yr Arglwydd Siambrlen ei waharddiad ar drafod y thema ar lwyfan felly ni fyddai ar dir i'w gwrthwynebu dan y pen hwnnw;[177] yn wir, go brin bod hoywder wedi codi fel thema ddifrif mewn drama lwyfan Gymraeg tan y 1970au a'r 1980au, flynyddoedd ar ôl i swydd y sensor ddod i ben a hynny mewn dramâu fel *Y Cadfridog* (1979) Meic Povey ac *Wastad ar y Tu Fas* (1986) Siôn Eirian. Unwaith eto yn achos drama ddadleuol o'r fath, dilyn y sensor Saesneg a wnâi Cynan: a chynhyrchiad ar gyfer y llwyfan yn Lloegr eisoes wedi ei ganiatáu, dyma'r unig beth yr argymhellodd Cynan ei wahardd:[178]

> There is a fair amount of swearing, which I have allowed to stand without comment with the exception of the quite unnecessary and blasphemous oath, which I have marked in red ink on page 11 – "IESU MAWR, 'rwyt ti'n codi cyfog arna i." ("Great Jesus! You make me want to vomit.") The expression IESU MAWR has a much more shocking quality in Welsh and is bound to give great offence to a Welsh audience.[179]

Ar yr amod fod y 'cabledd' hwn wedi ei ddileu, trwyddedwyd *Y Sŵ.*

*   *   *

O ran dramâu gwreiddiol Cymraeg yn y 1960au rhagor cyfieithiadau, y ddau awdur y bu Cynan yn sensro fwyaf ar eu deunydd oedd W. S. Jones neu Wil Sam a Gwenlyn Parry, dau awdur proffesiynol gyda'r naill yn hunangyflogedig a'r llall yn gweithio i'r BBC. Ac eto, pan gymherir yr hyn a sensrwyd gan Cynan gyda dramâu Saesneg yr un cyfnod, cymedrol iawn oedd yr hyn y mynnodd ei ddileu neu ei newid yn eu sgriptiau mewn gwirionedd.

Yn achos *Y Dyn Swllt* (1960) gan Wil Sam, drama deiract ysgafn a oedd i'w pherfformio yn Neuadd Goffa Cricieth, barnai Cynan y byddai dau o'r cyfeiriadau ynddi'n peri tramgwydd – 'would give offence in a public performance' – ac fe'i trwyddedwyd ar yr amod fod 'cachwrs' a 'Mi gicia i dy din di o fan'ma i Buenos Aires' yn cael eu dileu o'r sgript.[180] Drama deiract oedd *Gwalia Bach* (1963) hefyd ac roedd i'w llwyfannu gan fyfyrwyr Coleg Prifysgol Gogledd Cymru yn Neuadd Pritchard Jones, Bangor. Y tro hwn, yr ymadrodd y barnai Cynan a fyddai'n siŵr o dramgwyddo cynulleidfa Gymraeg oedd 'Coesa 'dat ei thin medda Dic Bach', a bu'n rhaid ei ddileu er mwyn sicrhau trwydded i'r ddrama.[181] Drama un act a oedd i'w pherfformio mewn festri ym Meddgelert oedd *Y Gadair Olwyn* (1963) a'r geiriau a ganlyn a dynnodd sylw'r sensor y tro hwn:

IFAN: Deud bod Ann Griffis yn dinboeth.

GWEN: Oedd hi?

IFAN: Be wn i. A pha ots oedd hi. Mae'n gas gin i emynau ac emynwyr.[182]

Wrth gyfieithu ymadrodd Wil Sam yn 'Ann Griffiths was hot-arsed', eglurodd Cynan:

> Ann Griffiths is a much-loved Welsh mystic of the 18th century whose erotic religious hymns to the Spiritual Bridegroom may be compared to the poems of Christina Rossetti. There is no tittle of evidence to support this coarse and outrageous libel that she was a wanton. The remark would both shock and disgust a Welsh audience.[183]

Ar yr amod fod enw da yr emynyddes o Faldwyn yn cael ei warchod y trwyddedwyd y ddrama hon yn y diwedd. Mae'n ddiddorol nodi bod y ddwy ddrama hon wedi eu darlledu ar y radio cyn iddynt weld golau dydd ar y llwyfan a bod y fersiwn o'r *Dyn Swllt* a argraffwyd yn *Pum Drama Fer* (1963) gan Wil Sam yn cynnwys 'mi gicia i dy din di o fanma i Beunos Eurus, y trafaeliwr sacha diawl' a'r fersiwn cyhoeddedig o *Y Gadair Olwyn* hefyd yn cynnwys y cyfeiriad llawn at Ann Griffiths.[184] Gyda golwg ar yr anghysondeb hwn, mae'n werth tynnu sylw at eiriau Geoffrey Robertson: 'Discriminatory and extra-legal controls over stage and screen have traditionally been justified on the ground that life-like presentations carry a more immediate impact than the written word'.[185]

Ond cynrychiolai'r gagendor o hyd rhwng yr hyn y gellid ei gyhoeddi, yn enwedig oddi ar achos llys *Lady Chatterley's Lover* ym 1960, a'r hyn a allai ymddangos ar lwyfan cyhoeddus anghysondeb yr âi'n fwyfwy anodd ei gyfiawnhau a'i gynnal wrth i'r 1960au fynd rhagddynt. Wedi dweud hynny, mae disgrifiad

Wil Sam o Cynan yn awgrymu'r gyd-ddealltwriaeth rhagor tyndra a nodweddai'r berthynas gyda'r sensor Cymraeg: 'Dyn yn gwneud ei waith o, wrth gwrs, ac o ran tegwch â'r dyn, mi basiodd un neu ddau o bethau heb eu gweld nhw'.[186] Cyfeiria, er enghraifft, at Cynan yn caniatáu 'bygyr' yn *Bore Fory Ddaw*, cyfieithiad Wil Sam ei hun o *Philadelphia, Here I Come* (1964) gan Brian Friel, ac yn trwyddedu'r ddrama i'w pherfformio ym 1968 – heb sylweddoli nad oedd gan Gwmni'r Gegin ganiatâd i'w chyfieithu hi yn y lle cyntaf![187] Bu 'bugger' yn air tabŵ gan swyddfa'r Arglwydd Siambrlen bron iawn hyd y diwedd un: pan newidiodd ei bolisi o ran caniatáu trafodaeth ar hoywder ar y llwyfan ym 1958, 'We will allow the word "pansy", but not the word "bugger"' oedd y cyfarwyddyd cyfrinachol i'r darllenwyr ar y pryd.[188] Roedd hi felly'n 1966 ar 'bugger' yn cael ei drwyddedu ar gyfer y llwyfan cyhoeddus yn Lloegr ac yn 1967 mewn ffilm sinema.[189] Tystia'r adroddiad swyddogol mai argymhelliad Cynan ar gyfer y cyfieithiad o ddrama Brian Friel oedd cyfyngu'r defnydd niferus o 'bygyr' i ddim ond dwy enghraifft, a dileu amrywiad lliwgar fel hwn: 'bygyrs, bygyr, bygyres, bygyrw, bygyret' gan mai 'its *culminative* effect would give offence to a Welsh audience'.[190] Anghytunodd y Goruchwyliwr Cynorthwyol ag ef gan argymell caniatáu 'bygyr' drwy'r ddrama, ond eto, derbyniodd Elis Gwyn Jones ar ran Cwmni'r Gegin mai ar yr amod fod y cyfeiriad wedi ei ddileu y trwyddedid y cyfieithiad.[191] A'r ddrama i'w pherfformio ar 6 Gorffennaf 1968 a'r ddeddf sensoriaeth yn dod i ben ar 26 Medi 1968, nid yw'n glir ai wfftio'r awdurdodau a llwyfannu fersiwn yn llawn 'bygyrs' a wnaeth y cwmni yn y pen draw neu barchu'r gwaharddiad a chyfyngu'r defnydd o'r ffurf i ryw ddwy enghraifft ohoni'n unig.

*   *   *

Ym Mawrth 1964, cyflwynwyd cais gan Goleg Prifysgol Gogledd Cymru i berfformio drama un act o'r enw *Poen yn y Bol* gan Gwenlyn Parry, drama a ddisgrifiwyd gan Cynan fel un wedi'i hysgrifennu 'in a comic-satirical vein and the dialogue at times borders on coarseness. The use of sacred names twice in such a context gives a blasphemous shock and I feel that the expressions I have bracketed in red ink ... should be deleted'.[192] Wrth ymateb i swyddfa'r Arglwydd Siambrlen, dyma a ysgrifennodd Gwenlyn Parry:

Annwyl Syr

Dyma'r newid yr hoffwn ei wneud yn fy nrama, "Poen yn y Bol".

Tudalen 5

Gadael allan: "Fath a Iesu Grist.

                  Beth?

                  Fath a Iesu Grist."

Rhoi i mewn: "Fath a 'tasa chi wedi cael eich croeshoelio, syr.

                  Beth?

                  Eich croeshoelio, syr!"

Tudalen 12

Gadael allan: " … Y Tad a'r Mab a'r Ysbryd Glan …"

Rhoi i mewn: " … Sion a Sian a Siencyn …"[193]

A gaf i dynnu eich sylw hefyd mai **Mr** Gwenlyn Parry ydwyf ac nid **Miss** Gwenlyn Parry, ac y buaswn yn hoffi bob gohebiaeth bellach oddi wrthych yn Gymraeg.[194]

A Chymdeithas yr Iaith Gymraeg wedi ei ffurfio er 1962, dyma enghraifft anarferol o ohebu'n uniongyrchol â swyddfa'r Arglwydd Siambrlen yn Gymraeg a mynnu gohebiaeth yn yr iaith honno. Ond er i Cynan gyfeirio at rywedd Gwenlyn Parry, ni chrybwyllodd ei gyfeiriad at gyfrwng iaith yr ohebiaeth yn ei lythyr at y Goruchwyliwr Cynorthwyol Eric Penn. Dyma enghraifft brin hefyd o ddramodydd Cymraeg yn herio penderfyniad yr Arglwydd Siambrlen, ond nid oedd ei gyfnewidiad wrth fodd Cynan: roedd cyfeirio at groeshoeliad 'out of place in its burlesque context … The reference should be omitted altogether'.[195] Ar 3 Mawrth, anfonodd Gwenlyn Parry, yn Saesneg y tro hwn, at Eric Penn yn dweud ei fod wedi bod yn trafod ar y ffôn gyda Cynan a'i fod yn fodlon ar y geiriad hwn:

"Run fath a merthyr, syr.' 'Beth?' ''Fath a merthyr, syr.'[196] Yn y diwedd, trwyddedwyd y ddrama ar 9 Mawrth: a'r ddrama i fod i gael ei llwyfannu ar 11 Mawrth, tybed ai'r pwysau i sicrhau trwydded ar ei chyfer mewn pryd a barodd i Gwenlyn Parry gyfaddawdu'n ieithyddol yn y diwedd?

Bu'r un dramodydd yn fwy lwcus gyda'r ddrama nesaf a gyflwynwyd ganddo i'w thrwyddedu sef *Hwyr a Bore*, drama un act a oedd i'w pherfformio yn Theatr y Grand yn ystod ymweliad yr Eisteddfod Genedlaethol ag Abertawe ym 1964. Yn ei adroddiad, gresynai Cynan at y rhegfeydd ynddi:

> It is a pity that this otherwise commendable little comedy is peppered with swear-words and vulgarisms. Taken singly, none of these is perhaps over-shocking, but the culmative effect of so many of them in a brief half-hour on stage cannot but give offence to the average Welsh audience. Before licensing, the author himself should curtail them to half the present number at least, say 4 or 5 instead of 9 or 10.[197]

Y ffaith nad oedd sylwadau Cynan yn ddigon penodol a achosai broblem: ysgrifennodd un swyddog yn swyddfa'r Arglwydd Siambrlen mewn inc coch, 'How can we put Jones's suggestion with instructions?',[198] ac ategwyd ei sylw gan gydweithiwr arall:

> As we don't understand Welsh we can't do anything ourselves. In the present case I should be inclined to pass this, and tell Cynan we do so as we can't hold up the play any longer. Ask him in future to make specific deletions and explain them.[199]

A dyna a ddigwyddodd: eglurodd y Goruchwyliwr Cynorthwyol Eric Penn wrth Cynan ar 10 Gorffennaf 1964, gan nad oedd neb ar gael yn y swyddfa a ddeallai Gymraeg, na fu'n bosib argymell unrhyw newidiadau i'r Arglwydd Siambrlen a bod y ddrama felly wedi ei thrwyddedu fel ag yr oedd. Wrth gloi, gwnaeth gais cwrtais: 'I should be most grateful on another occasion if you would state the actual words to be disallowed.'[200]

Yr hyn sy'n ddiddorol am ddwy ddrama a enillodd eu lle bron yn syth fel dwy o glasuron Gwenlyn Parry, sef *Saer Doliau* ym 1966 a *Tŷ ar y Tywod* ym 1968, yw pa mor foel yw sylwadau Cynan amdanynt. Ar ddiwedd tri pharagraff disgrifiadol am *Saer Doliau*, un yr un ar gyfer pob act, nodwyd yn unig 'Recommended for licence'[201] a'r un patrwm a ddilynodd yn achos *Tŷ ar y Tywod* ym 1968,[202] y ddrama olaf ond un iddo'i thrwyddedu; *Problemau Prifysgol* Saunders Lewis oedd y ddrama olaf un, a'r un mor foel oedd ei sylwadau amdani hithau.[203] Yn sicr, nid oes unrhyw awgrym fod trobwynt arwyddocaol wedi digwydd fel a gaed yn rhagair Aneirin Talfan Davies i fersiwn cyhoeddedig *Saer Doliau*: cyfeiriodd at 'noson wefreiddiol, ysol' ei pherfformio ac ar ôl crybwyll dylanwad Harold Pinter, Samuel Beckett ac Eugène Ionesco arni, daliodd na fu erioed 'y fath drafod ar ddrama; ni fu erioed y fath chwilio i'r simbolau sy'n ei chynnal'.[204] Nid oedd paratoi sylwadau gwerthusol yn rhan o swyddogaeth Cynan, ond ni olygai hynny na allai ymatal rhag gwneud hynny bob tro: fel 'A play of extraordinary merit, to which no synopsis can hope to do justice', er enghraifft, yr oedd wedi disgrifio *Ffarwel i Addysg* Kate Roberts ar ddechrau ei dymor fel sensor ym 1932.[205] Ai mater ohono'n mynd trwy'r mosiwns, ychydig yn *blasé*, ar ddiwedd ei gyfnod fel Darllenydd oedd minimaliaeth ei sylwadau erbyn ail hanner y 1960au, neu awgrym nad oedd ganddo fawr o feddwl o'r theatr newydd a oedd ohoni erbyn hynny?

*   *   *

Ac eto, flwyddyn ynghynt, yn Eisteddfod Genedlaethol y Bala ym 1967, nid oedd unrhyw awgrym fod y sensor yn hepian neu'n gorffwys ar ei rwyfau. Yn dra uchelgeisiol, anfonodd Cwmni Theatr Cymru ddwy sgript i swyddfa'r Arglwydd Siambrlen gyda golwg ar eu perfformio ym mhrifwyl Penllyn.[206] Aeth yr un a fyddai'n ennyn fwyaf o ymateb, sef y ddrama gomisiwn *Cymru Fydd* gan Saunders Lewis, drwy ddwylo'r sensor yn ddisylw;[207] ond am y rifîw *Deud Yda Ni*, profodd yn ddarn o theatr wleidyddol ry fentrus i Cynan ymatal rhag ymyrryd.

Disgrifiwyd *Deud Yda Ni* fel 'Detholiad o hiwmor, dychan a phrotest gan Gwenlyn Parry (Golygydd), W. S. Jones, John

58

Roberts, Bruce Griffiths, Dafydd Glyn Jones, Rhydderch Jones';[208] a Gwenlyn Parry a Rhydderch Jones yn aelodau o staff y BBC, roedd y cyflwyniad yn arwydd o'r cydweithio ar y pryd rhwng y gorfforaeth ddarlledu a Chwmni Theatr Cymru a ffurfiwyd ddwy flynedd ynghynt.[209] Dyma gyfnod o greadigrwydd arloesol ym maes y celfyddydau perfformiadol drwy'r Gymraeg, cyfnod o broffesiynoli a ganiatâi i dalentau fel Gwenlyn Parry, Rhydderch Jones, Ryan Davies a Wilbert Lloyd Roberts flodeuo tra oedd Meredydd Evans yn bennaeth adloniant ysgafn yn y BBC yng Nghaerdydd.[210] Ym 1965 y lansiwyd y rhaglen ddychanol *Stiwdio B*, un a enynnodd gymaint o feirniadaeth o du Cyngor Darlledu Cymru fel yr ystyriwyd ei dwyn i ben.[211] Rhydderch Jones, Gwenlyn Parry a Wil Sam oedd yn bennaf cyfrifol am sgriptiau *Stiwdio B*, yn ôl yr actor Stewart Jones.[212] Mae'n debyg mai'r rhaglen a ysbrydolodd *Stiwdio B* oedd *That Was the Week that Was*, rhaglen ddychan gyfoes a ddarlledwyd rhwng 1962 a 1963 ar y BBC ac a ddaethai'n ddraenen yn ystlys y sefydliad, i gymaint graddau fel yr ysgogwyd Cyfarwyddwr Cyffredinol y BBC yn Llundain, Hugh Greene, un a gyfrifid yn rhyddfrydig ei agwedd, i anfon gair o ymddiheuriad at y Prif Weinidog Harold Macmillan yn Rhagfyr 1962 oherwydd sgets ar y rhaglen a aeth yn ei dyb ef 'beyond reasonable limits'.[213] Ond roedd y theatr fyw yr un mor wleidyddol ar y pryd, ac erbyn y 1960au tueddai swyddfa'r Arglwydd Siambrlen i gyfrif ffigyrau cyhoeddus, fel gwleidyddion, yn dargedau derbyniol mewn sgetsys; yn y rifiw *Beyond the Fringe* ym 1961, er enghraifft, gwnaed hwyl am ben Harold Macmillan gan Peter Cook, aelod o dîm creadigol *That Was the Week that Was*.[214]

Cynhwysai *Deud Yda Ni* wyth sgets: 'Dewis Aelodau'r Cyngor'; 'Jiwbili Jiwbilant'; 'Tedi Boi yn yr Eisteddfod'; 'Glanhau'r Teledu', sgets a wnâi hwyl am ben sensoriaeth – ers canol y 1960au, bu Mary Whitehouse a'i National Viewers' and Listeners' Association yn ymgyrchu yn erbyn y BBC; 'Saer Doliau' sef parodi digri ar y ddrama o'r un enw a'i hawdur ei hun ymhlith y tîm sgriptio; 'Seiat Cymraeg' sef parodi ar drafodaeth stiwdio ar yr un ddrama; 'Dysgu Cymraeg'; a 'Ras yr Eisteddfod' a ddarluniai'r Eisteddfod fel ras geffylau ar ffurf cystadlaethau'r Gadair a'r Goron. Yr actorion oedd

Gaynor Morgan Rees, Mari Griffiths, Olwen Rees, Stewart Jones ym mhersona Ifas y Tryc, a Ryan Davies a Ronnie Williams 'yn cyd-actio am y tro cyntaf erioed'.[215] Gwnaed hwyl am ben amryw enwogion Cymreig fel John Eilian, Hywel Gwynfryn, Gwyn Erfyl, Shirley Bassey, Iorwerth Peate a hyd yn oed Cynan ei hun, e.e. yn y sgets 'Dysgu Cymraeg' gwelwyd Ryan yn ceisio egluro cerdd dant i gynulleidfa ddi-Gymraeg drwy ei chyfieithu'n 'tooth music' a chyflwynwyd cyfieithiad yr un mor llythrennol o 'Anfon Nico'! Pa un a oedd Cynan yn gweld y jôc yn achos y trosiad o'i delyneg boblogaidd a'r hiwmor gwrthfrenhinol sy'n gwestiwn, ond fe'u pasiodd. Fodd bynnag, roedd hi'n fater arall yn achos sgets gyntaf y rifîw: 'Of the eight slight sketches, numbers II-VIII are fairly innocuous if puerile stuff and can be recommended for licensing, but number I "Dewis Aelodau'r Cyngor" "Choosing Members for the Council" raises a serious and objectionable matter.'[216] Eglurodd Cynan mai'r cyngor dan sylw oedd yr un ymgynghorol newydd a argymhellwyd ar gyfer Cymru gan yr Ysgrifennydd Gwladol, Cledwyn Hughes, a bod cryn anghytundeb ar y pryd a ddylai aelodau'r corff hwn fod yn rhai etholedig neu wedi eu henwebu gan y Swyddfa Gymreig:

> To my mind this is a scurrilous and well-nigh libellous misrepresentation of the Minister by an obvious enemy in the Welsh Nationalist Party, and it ill befits the non-political atmosphere of Eisteddfod week, where it may well cause a riot – especially as Mr Cledwyn Hughes is visiting the Eisteddfod.
>
> Moreover, when I was appointed Welsh Reader of Plays to the Lord Chamberlain in 1935, I was told by Lord Clarendon that no living person can be enacted on the stage.[217]
>
> "Cledwyn Hughes" himself appears as the main character in this sketch, grossly travestied as the arch-enemy of Wales today, and I trust the Lord Chamberlain will agree to tell the Producer, Mr Wilbert Lloyd Roberts, that the rest of the script of "DEUD YDA NI", as submitted, will be licensed for

public performance but not the offensive sketch "DEWIS AELODAU'R CYNGOR", which I have marked in red ink square brackets from page 2 of the script to page 5.[218]

Gyda'r cloc yn tician – ysgrifennodd Cynan ei adroddiad ar 26 Gorffennaf ac roedd y cyflwyniad i'w berfformio wythnos a hanner yn ddiweddarach rhwng 9 a 12 Awst – nid oedd gan Wilbert Lloyd Roberts ddewis mewn gwirionedd ond derbyn penderfyniad swyddfa'r Arglwydd Siambrlen.[219] Serch hynny, mae'r ffaith ei fod yn nodi mewn man arall mai 'rhyw chwarter awr o waith newydd' oedd yn *Deud Yda Ni* yn codi'r posibilrwydd fod 'Dewis Aelodau'r Cyngor' eisoes wedi ei pherfformio ar *Stiwdio B.* Os felly, dyma enghraifft arall o anghysondeb, y tro hwn rhwng sensoriaeth llwyfan a sensoriaeth teledu, yn ystod y 1960au.[220]

A rhoi'r sgets yn ei chyd-destun hanesyddol a gwleidyddol, roedd Cledwyn Hughes wedi olynu James Griffiths fel ail Ysgrifennydd Gwladol Cymru yng ngweinyddiaeth Lafur Harold Wilson gan wasanaethu am ddwy flynedd union, rhwng 6 Ebrill 1966 a 6 Ebrill 1968.[221] Awgryma Rhys Ifans fod Syr Ifan ab Owen Edwards yn siarad 'ar ran trwch y sefydliad gwladgarol'[222] pan anfonodd at Cledwyn Hughes i'w longyfarch ar ei benodiad: 'fe ddysgwyd na all y Blaid Genedlaethol o dan amodau heddiw byth lwyddo fel plaid wleidyddol ac mai'r Blaid Lafur bellach yw Plaid Genedlaethol Cymru'.[223] Ymhlith y sefydliad gwladgarol hwnnw gellid cynnwys rhai fel Huw T. Edwards, Frank Price Jones a Cynan ei hun.[224] Ym mis Ebrill 1967 cyflwynodd Cledwyn Hughes ei Bapur Gwyn ar lywodraeth leol a awgrymai sefydlu'r hyn a alwodd yn Gyngor Newydd i Gymru:

> The proposed Council's powers were weak. Composed of nominated and indirectly elected members only, the council was explicitly to be denied the 'substantial executive responsibilities of Ministers'. Rather, it was envisaged as playing an advisory, promotional and coordinating role in the fields of tourism, the arts, economic development and transport.[225]

Yn gefndir i argymhellion Cledwyn Hughes, roedd isetholiad hanesyddol Caerfyrddin yng Ngorffennaf 1966 pan etholwyd Gwynfor Evans fel yr aelod seneddol cyntaf dros Blaid Cymru, datblygiad a newidiodd y tirlun gwleidyddol yng Nghymru: cynyddwyd y disgwyliadau ymhlith cenedlaetholwyr ac ychwanegwyd at y pwysau ar Cledwyn Hughes ei hun.

Mae'r episod hon yn un ddiddorol am sawl rheswm. Dyma enghraifft brin o sensoriaeth wleidyddol gan Cynan; ar dir chwaeth neu am resymau technegol y cafodd achos i ymyrryd amlaf yn ystod ei yrfa fel sensor. Mae'r bennod hefyd yn datgelu closrwydd y gymuned Gymraeg: bu Wilbert Lloyd Roberts a Cynan yn gyfeillion ac yn gymdogion, ac i'w gyd-bysgotwr y cyflwynodd Cynan y gerdd hyfryd 'Teifi'.[226] At hynny, gyda'i gyfaill William Morris paratodd Cynan sgript *Byd a Betws* a bu'n rhan o daith y cynhyrchiad ym 1965, un o'r rhai cyntaf un dan faner Cwmni Theatr Cymru.[227] Ar y llaw arall, roedd Cynan hefyd yn gyfaill i Cledwyn Hughes, ac os nad yn aelod ffurfiol o'r Blaid Lafur, yn agos at aelodau Cymreig y blaid a fu mewn grym er 1964. Dychmygir hefyd fod ganddo empathi personol tuag at ŵr a ddaliwyd yn y canol rhwng gwahanol garfanau: y to o genedlaetholwyr anghyfansoddiadol a boliticeiddiwyd yn sgil ffurfio Cymdeithas yr Iaith Gymraeg; cenedlaetholwyr cyfansoddiadol o fewn Plaid Cymru fel Gwynfor Evans; Llafurwyr a chanddynt gydymdeimlad cenedlaetholaidd fel Elystan Morgan a Gwilym Prys Davies; a chanolwyr o fewn ei blaid ei hun na fynnai ildio dim i genedlaetholdeb fel Ysgrifennydd Gwladol yr Alban, William Ross, a'r Sosialydd Cymreig Ness Edwards.[228] Ac fel un o wŷr amlwg y sefydliad yng Nghymru – targedwyd Cynan a Cledwyn Hughes ill dau a'u cartwneiddio'n gyson ar dudalennau *Lol* a *Tafod y Ddraig* yn ystod y 1960au – greddf Cynan oedd gwarchod ei fuddiannau ac felly rwystro beirniadaeth mor ddeifiol ar Cledwyn Hughes. Rhan o amddiffyniad Cynan dros wahardd y sgets oedd awyrgylch anwleidyddol wythnos yr Eisteddfod, ond erbyn canol y 1960au, onid delwedd a berthynai'n nes at ddelfryd naïf nag at realiti blêr oedd honno?[229] Mynegiant o rwystredigaeth gan rai a oedd yn ddiamynedd yn eu hawydd i weld newidiadau cyfansoddiadol a gaed yn y sgets dramgwyddus, ond siawns nad gorymateb a wnaed wrth awgrymu y gallai'r sgets gychwyn reiat a'r Ysgrifennydd Gwladol ei hun yn ymweld â'r brifwyl! Bu Cynan, wrth gwrs, ar hyd ei yrfa fel Darllenydd, mewn sefyllfa o awdurdod; flwyddyn cyn dwyn ei swydd i ben, dyma enghraifft brin sy'n codi cwestiynau ynghylch maint ei wrthrychedd wrth arfer yr awdurdod hwnnw. Yn eironig, un o'r rhesymau a roddir gan gymeriad Cledwyn Hughes yn y sgets dros ddewis rhywun nad oes ganddo gysylltiad o gwbl â Chymru yn aelod o'r cyngor yw er mwyn '[g]wrthbwyso'r cyfeillion 'ma sydd â chysylltiad agos iawn a Chymru, ac a fydd, efallai'n analluog i edrych ar bethau'n wrthrychol, mae isio rhywun all roi sabwynt annibynnol hefyd, rhywun eang ei orwelion fel chi'.[230] Yn yr achos hwn, tybed nad oedd Cynan yn rhy agos at y sefyllfa 'i edrych ar bethau'n wrthrychol' ac i 'roi safbwynt annibynnol'?

*   *   *

A swydd y sensor wedi ei chreu yn y lle cyntaf am resymau politicaidd, nid tan ddiwedd cyfnod Cynan fel Darllenydd Dramâu Cymraeg i'r Arglwydd Siambrlen y gwelwyd ef yn ymyrryd yn y fath fodd ar sail gwleidyddiaeth plaid. A hithau mor hwyr yn y dydd â hynny, efallai fod sail i'r sylw a briodolir i Cynan ym 1966 sef mai'n anaml iawn y digwyddai sensoriaeth yng Nghymru.[231] Gyda synnwyr trannoeth, mae dyn yn gweld mor ddiniwed oedd y rhan fwyaf y mynnwyd ei sensro, hyd yn oed yn y 1960au, tra yn y 1970au, gweithredwyd math o hunanreoleiddio gwirfoddol: saith mlynedd ar ôl i ddeddfau sensoriaeth ffurfiol ddod i ben, er enghraifft, ni theimlai John Gwilym Jones y dylid rhoi'r cyfrifoldeb o gyhoeddi drama fuddugol yr Eisteddfod Genedlaethol ar y sefydliad hwnnw 'oherwydd yr iaith arw' yn *Geraint Llywelyn* William R. Lewis.[232] Mor ddiweddar â 2010 cwyno nad oedd hanner digon o herio'r sensor o du dramodwyr Cymraeg a wnâi Gareth Miles gan ychwanegu mai hunansensoriaeth a deyrnasai yn eu plith.[233] Am Cynan, er gwaethaf ambell argymhelliad ecsentrig a mympwyol a'r ffaith ei fod weithiau'n rhy agos at ddigwyddiadau i allu barnu'n wrthrychol, y gwir amdani yw ei fod wedi gweithredu yn rhesymol, yn deg ac yn gytbwys. Fel trwyddedwr rhagor sensor y cyfrifai'r Arglwydd Siambrlen ei hun: 'he considered it his duty to allow all plays submitted to him unless there seemed to be clear and unmistakable reasons to disallow them',[234] a thra ceir tystiolaeth fod amryw ddramâu Saesneg na welodd erioed lwyfan cyhoeddus oherwydd gwaharddiad llwyr y sensor arnynt,[234] teyrnged i ryddfrydiaeth Cynan yn y pen draw yw'r ffaith nad oes yr un ddrama Gymraeg, hyd y gwyddys, a rwystrwyd yn sgil ei argymhelliad ef rhag gweld golau dydd, mewn rhyw ffurf neu'i gilydd ac yn hwyr neu'n hwyrach, rhwng 1931 a 1968.

ATODIAD

'DEWIS AELODAU'R CYNGOR'

GOLYGFA: SWYDDFA

PERSON 1:   Pam ces i fy newis, 'dwi ddim yn gwybod.

PERSON 2:   Na finna chwaith. Rhyw gynnig o ran hwyl nes i.

PERSON 3:   Mi fydd yn rhywbeth i basio'r amser yn bydd ...

PERSON 2:   O, bydd. Fe ddylai fod gan ddyn ddiddordeb heblaw ei waith, fydda i'n meddwl ...

PERSON 1:   Wnes i erioed freuddwydio basa nhw'n fy newis i. Faswn i ddim wedi trio heblaw am y wraig acw ...

PERSON 3:   Mae gen i ddiddordeb mawr mewn gwaith cymdeithasol erioed cofiwch ...

PERSON 2:   Rydw inna ddigon parod i ddysgu ...

ENTER CLEDWYN HUGHES EFO RHYW FATH O
WALKIE-TALKIE AR EI GEFN

CLEDWYN: Croeso ichi i gyd. Falch iawn o'ch cyfarfod chi.

PAWB YN YSGWYD LLAW AC EISTEDD

Wel, gyfeillion, allan o'r miloedd anfonodd eu henwau i mewn, fe ddaeth eich enwau chi allan o'r het i fod ymhlith y nifer bychan o bobl a fydd yn ffurfio Cyngor Apwyntiedig cyntaf Cymru.

Llongyfarchiadau ichi. (PAWB YN NODIO'N DDIOLCHGAR)

PERSON 1: Ym, ga'i ofyn, os gwelwch yn dda, Mr Hughes, ai mater o lwc yn unig oedd o?

CLEDWYN: Mater o lwc yn rhannol. Tynnu allan o het i ddechrau, ond rydan ni yn chwilio am gymwysterau gwirioneddol ar gyfer y swydd hefyd. Ac mae gan bob un ohonoch chi gymwysterau ardderchog, 'does dim rhaid imi ddweud – rydach chi'n sylweddoli hynny wrth gwrs …

PERSON 2: Wel, 'roedd fy hen daid i'n hanner Cymro, dwi'n meddwl …

PERSON 3: Mae gen innau dŷ haf yn Benllech …

CLEDWYN: Hollol, mae gynnoch chi'ch dau gysylltiadau agos iawn â Chymru. Dyna un rheswm pam y dewiswyd chi.

PERSON 1: Ond 'does gen i ddim cysylltiad â Chymru o gwbl, am wn i.

CLEDWYN: Dyna'r rheswm pam y dewiswyd chithau, syr. Rhaid gochel rhag cenedlaetholdeb cul, wyddoch chi. I wrthbwyso'r cyfeillion 'ma sydd â chysylltiad agos iawn â Chymru, ac a fydd, efallai'n analluog i edrych ar bethau'n wrthrychol, mae isio rhywun all roi safbwynt annibynnol hefyd, rhywun eang ei orwelion fel chi. Efo'ch profiad maith yn tyfu bambŵ yn Ibadan, mae gynnoch chi gymhwyster arbennig i ofalu am … beth ddwedwn ni … addysg yng Nghymru er enghraifft …

PERSON 1: Ie, wel, hwyrach gallwn i fod yn help yn fanna … Ond rhaid imi gyfaddef, wn i ddim byd o gwbwl am addysg yng Nghymru, cofiwch.

CLEDWYN: Peidiwch â phoeni. Dim isio ichi wybod dim byd. Dechrau efo llechen lân ydi'r peth gorau bob amser …

PERSON 2: Dwn innau ddim byd am lywodraeth leol chwaith, tasa hi'n mynd i hynny ...

PERSON 3: Na finna, affliw o ddim ...

CLEDWYN: Dyna ichi reswm arall pam y dewiswyd chi. Doedd y bobl sydd yn gwybod rhywbeth ddim yn fodlon dod ar y Cyngor o gwbl. Dyna pam daru ni hysbysebu am geisiadau o bob rhan o'r byd. Doedd neb yng Nghymru â diddordeb yn y job.

PERSON 2: Maddeuwch imi am ddweud hyn, ond cystal imi gyfaddef cyn mynd ddim pellach, dwn i ddim byd o gwbl am Gymru. 'Dwi ddim yn siŵr iawn lle mae'r lle i ddechau ...

PERSON 3: O, rydw i'n gwybod tipyn am y Cymry. Mae nhw'n licio canu ac mae gynnyn nhw ryw iaith quaint iawn... pethau fel'na'n iawn yn eu lle wrth gwrs ... Mi rydw i wedi cyfarfod llawer o'r peasants Cymreig yn ystod fy ngwyliau haf, a mae angen i rywun ddysgu tipyn bach o ddiwylliant iddyn nhw. Rhai ohonyn nhw heb fedru siarad Saesneg. Yn 1967 ...

CLEDWYN: Dyna'r ysbryd iawn. Ac mi gewch chi lenyddiaeth fydd yn dweud wrthoch chi bopeth y dylid ei wybod am Gymru. (PASIO'R LLYFRAU ROWND) Dyma chi ... Shell Guide ... Under Milk Wood ... a hwn (DALEN FECHAN FACH O BAPUR I BOB UN)

PERSON 1: Bedi hwn?

CLEDWYN: O, y Cynllun Economaidd i Gymru ydi hwnnw. Bydd gofyn ichi astudio hwnna'n fanwl. A dyna ni. Dyna'r cyfan.

PERSON 2: Dyna'r cyfan?

CLEDWYN: Ie, y cyfan o baratoi. Dim ond derbyn ein cyfarwyddiadau rwan. Barod?

PERSON 3: Wel ... ym ... ydan, os ydach chi'n deud ...

CLEDWYN: O'r gorau, hanner munud imi gael tiwnio i mewn i Lundain ... (CHWARAE A BYSEDD Y WALKIE TALKIE NES CLYWED RHYW NODYN UCHEL. CLEDWYN HUGHES YN CAEL EI DRAWSNEWID YN SYDYN. SEFYLL YN SYTH BIN. DAL EI FREICHIAU STIFF O'I FLAEN.) Cyngor Cymru'n barod. Cyngor Cymru'n barod. (YN RADDOL EI LAIS YN TROI'N DDALEKAIDD)[235] Beth yw'r gorch-ymyn? (DISTAWRWYDD) Ufudd-haf. (PWYNTIO A'I FRAICH AT PERSON 1):

PERSON 1: Uf-udd-haf ...

(AT PERSON 2 A 3 YR UN MODD)

CLEDWYN: Bodd-i cym-oedd.[236]

PERSON 1, 2, 3: Bodd-i cym-oedd.

(AR EI ÔL. DDIM CWEIT GYDA'I GILYDD FEL BYDD DALEKS)

CLEDWYN: Cau rheil-ffyrdd Cym-ru.[237]

PERSON 1, 2, 3: Cau rheil-ffyrdd Cym-ru.

CLEDWYN: Cau Ysg-ol-ion Gwled-ig.

PERSON 1, 2, 3: Cau Ysg-ol-ion Gwled-ig.

(Y PEDWAR YN DECHRAU SYMUD O GWMPAS FEL DALEKS GAN AILADRODD YN BEIRIANNOL):

"Bodd-i Cym-oedd: Cau Ysg-ol-ion: Cau rheil-ffyrdd Cym-ru; Ufudd-haf; Din-ist-rio etc."

Nodiadau

1   Cydnabyddir yn ddiolchgar gyfraniad o Gronfa Grantiau Bach y Coleg Cymraeg Cenedlaethol i gefnogi rhan o'r ymchwil a fu'n sail i'r erthygl hon.
2   Gw. *Lol*, 3 (Eisteddfod y Bala 1967), [7].
3   Gw. Gerwyn Wiliams, 'Pob Beirniadaeth Drosodd? Diwedd Teyrnasiad Cynan', *Llên Cymru*, 35 (2012), 70-1.
4   Am gefndir cyfoethog i'r ysgrif hon gw. Hazel Walford Davies (gol.), *Llwyfannau Lleol* (Llandysul: Gwasg Gomer, 2000); idem (gol.), *Y Theatr*

Genedlaethol yng Nghymru (Caerdydd: Gwasg Prifysgol Cymru, 2007);
O. Llew Owain, *Hanes y Ddrama yng Nghymru 1850-1943* (Lerpwl:
Gwasg y Brython ar ran Cyngor yr Eisteddfod Genedlaethol, 1948), ac Ioan
Williams, *Y Mudiad Drama yng Nghymru 1880-1940* (Caerdydd: Gwasg
Prifysgol Cymru, 2006).

5 Gw. Anthony Aldgate a James C. Robinson, *Censorship in the Theatre and
Cinema* (Edinburgh: Edinburgh University Press, 2005), 3, lle y dywedir,
wrth gyferbynnu gweithgaredd swyddfa'r Arglwydd Siambrlen gyda
gwaith y bwrdd sensro ffilmiau, fod y BBFC [British Board of Film
Classification] wedi sefydlu'r arfer o gyhoeddi adroddiadau blynyddol yn
fuan ar ôl ei sefydlu ym 1913: 'There was never any Lord Chamberlain's
equivalent of the BBFC annual report, so that the ordinary man or woman
in the street languished in ignorance of what was carried out in his or her
name over theatre censorship unless relevant reports appeared in the
national press.'

6 Gw. John Johnston, *The Lord Chamberlain's Blue Pencil* (London: Hodder
and Stoughton, 1990), a Dominic Shellard, Steve Nicholson gyda Miriam
Handley, *The Lord Chamberlain Regrets...: British Stage Censorship and
Readers' Reports from 1824 to 1968* (London: British Library, 2004). Yr
ymdriniaeth fanylaf â sensoriaeth ar lwyfannau Prydain yw'r gyfres o
bedair cyfrol gan Steve Nicholson, *The Censorship of British Drama, 1900-
1968* (Exeter: University of Exeter Press, 2003-14).

7 *The Lord Chamberlain's Blue Pencil*, 125.

8 Gw. 'Cynan y Sensor – 1931-1968', *Y Genhinen*, 27/2 (1977), 81-6; 'Cynan
y Sensor II', 28/1 (1978), 37-41; 'Cynan y Sensor III', 28/2,3 (1978), 112-18.
Gw. hefyd D.R. Davies, 'Sensor y Ddrama yn Ugain Oed', *Y Genhinen*, 3/3
(Haf 1953), 140-6.

9 'Rhestr o Ddramodau Cymraeg', mân adnau, 1129B, LlGC [Llyfrgell
Genedlaethol Cymru].

10 R. Wallis Evans, 'Cynan y Sensor II', 112.

11 'Drama Heb Drwydded', *Y Brython*, 20 Ionawr 1931, toriad papur newydd
yng Nghasgliad D.R. Davies, Aberdâr, 26/1, LlGC. Ffaith sy'n awgrymu
dieithrwch yr achos yw'r cyfeiriadau at 'Lord Chamberlain' ac 'Arglwydd
Ystafellydd', h.y. y ddwy ffurf ar y teitl yn yr un adroddiad; pan ddeuai'r
trefniadau newydd i rym at yr 'Arglwydd Siambrlen' neu 'Siamberlain' y
cyfeirid, er mai'r ffurf a arddelai Cynan ei hun oedd 'Siamrlaen'.

12 David G. Jones i swyddfa'r Arglwydd Siambrlen, 8 Rhagfyr 1930, Ffeiliau
Gohebiaeth Dramâu yr Arglwydd Siambrlen, LCP Corr. LR [Licence
Refused] 1931/3, BL [British Library].

13 C.L. Gordon at David G. Jones, 12 Rhagfyr 1930, LCP Corr. LR 1931/3, BL.

14 Edward Williams i swyddfa'r Arglwydd Siambrlen, 22 Rhagfyr 1930, LCP
Corr. LR 1931/3, BL.

15 G.A.C. Crichton at Edward Williams, 24 Rhagfyr 1930, LCP Corr. LR
1931/3, BL.

16 'Drama Heb Drwydded'.

17 Ibid.

18 Ibid.

19 Ibid.

20 Ionawr 1931, toriad papur newydd yng Nghasgliad D.R. Davies, 26/1, LlGC.

21 *Hanes y Ddrama yng Nghymru 1850-1943*, 16.

22 Dyma farn yr arbenigwr ar sensoriaeth yn theatrau Prydain, Steve Nicholson: 'I don't believe there were any other official readers in relation to other languages. Certainly there were specific people to whom the Lord Chamberlain's Office would send scripts that were submitted in, say, German (though I don't recall anything in relation to Gaelic or other minority languages). I think they usually relied on one of the official readers for French. But I don't think anyone else was named as a Reader.' Neges e-bost at yr awdur presennol, 17 Mehefin 2013.

23 Adroddiad George S. Street, LCP Corr. LR 1931/3, BL.

24 Gw. Laurence Housman, *A Substitute for Capital Punishment* (London: National Council for the Abolition of the Death Penalty, 1929).

25 Gwilym R. Jones i swyddfa'r Arglwydd Siambrlen, 17 Ionawr 1931, LCP Corr. LR 1931/3, BL.

26 Adroddiad, 20 Ionawr 1931, Ffeiliau Gohebiaeth yr Arglwydd Siambrlen, LCP Corr. 1931/10197, BL.

27 Ionawr 1931, toriad papur newydd yng Nghasgliad D.R. Davies, 26/1, LlGC. Caed adolygiad ar y ddrama gan Caradog Prichard, 3 Chwefror 1931, a hefyd yn *Y Brython*, Chwefror 1931; toriad papur newydd yng Nghasgliad D.R. Davies, Aberdâr, 26/1, LlGC. Gw. hefyd O. Llew Owain, *Hanes y Ddrama yng Nghymru 1850-1943*, 169-70, sy'n cyfeirio ati fel drama boblogaidd a actiwyd ddeg ar hugain o weithiau.

28 Gw. 'Cynan yn Sensor', *Y Ford Gron*, 1/10 (Awst 1931), 11, lle y llongyferchir Cynan 'ar ei benodi gan yr Arglwydd Siamrlaen yn un o'i bwyllgor cynghorwyr ar sensoriaeth dramau, sef i fod yn sensor ar ddramau Cymraeg', a lle y diolchir 'i'r Major Goronwy Owen, A.S., am ei ddycnwch wrth fynnu bod egni Cymru ym myd y ddrama yn cael ei gydnabod fel hyn'.

29 Gwybodaeth oddi wrth Steve Nicholson mewn neges e-bost at yr awdur presennol, 19 Mehefin 2013.

30 Clip o Cynan yn trafod ei swyddogaeth fel sensor a gynhwyswyd yn y gyfres o dair rhaglen ddogfen, *Cynan*, a ddarlledwyd gyntaf ym 1995 i arwyddo canmlwyddiant geni Cynan ac a gynhyrchwyd gan Ffilmiau Eryri Cyf. ar gyfer S4C.

31 11 Awst 1931, toriad papur newydd yng Nghasgliad D.R. Davies, 26/1, LlGC.

32 Hydref 1931, toriad papur newydd yng Nghasgliad D.R. Davies, 26/1, LlGC.

33 1931, toriad papur newydd yng Nghasgliad D.R. Davies, "26/1, LlGC.

34 Gw. 'Welsh Plays Censor', *Western Mail*, Medi 1931, a '"Cynan" to Sit on Advisory Committee', *Daily Herald*, 3 Medi 1931, toriadau papur newydd yng Nghasgliad D.R. Davies, 26/1, LlGC.

35 'Welsh Play Censor. What the Authors Must Do. Lord Chamberlain's Announcement', *Western Mail*, 30 Tachwedd 1931, toriad papur newydd yng Nghasgliad D. R. Davies, 26/1, LlGC.

36 27 Hydref 1931, toriad papur newydd yng Nghasgliad D. R. Davies, 26/1, LlGC.

37 Eleri O'Connor yn siarad ar y gyfres deledu *Cynan* a ddarlledwyd gyntaf ym 1995.

38 Yn dilyn argymhellion y Cydbwyllgor Seneddol Dethol ar Sensoriaeth yn y Theatr ym 1909 y mabwysiadodd yr Arglwydd Siambrlen y categorïau hyn yn bolisi swyddogol. Gw. Anthony Aldgate a James C. Robinson, *Censorship in the Theatre and Cinema*, t. 1.

39 'Censor's Own Play may go to Lord Chamberlain. Who Will Censor the Welsh Censor?', *Daily Herald*, Chwefror 1932, toriad papur newydd yng Nghasgliad D. R. Davies, 26/1, LlGC.

40 *Daily Herald*, Chwefror 1932, toriad papur newydd yng Nghasgliad D. R. Davies, Aberdâr, 26/1, LlGC.

41 Gw. Saunders Lewis, 'Hywel Harris yn "Fodrwy ar Fys Bach Madam Gruffydd"', *Y Ford Gron*, 2/5 (Mawrth 1932), 107: 'Yn fy marn i nid yw hon yn ddrama bwysig ac nid oes mawredd ynddi.' Gw. hefyd Ioan Williams, *Y Mudiad Drama yng Nghymru 1880-1940*, 187-9.

42 Ar y castio a oedd 'yn hollol anghymwys' y rhoddodd Rhys Puw y bai am fethiant y cynhyrchiad yn ei adolygiad, 'Perfformiad Cyntaf "Hywel Harris"', *Y Ford Gron*, 2/7 (Mai 1932), 153. Gw. hefyd Gwynfor, 'Gwynfor yn ei Amddiffyn ei Hun', *Y Ford Gron*, 2/8 (Mehefin 1932), 181.

43 17 Gorffennaf 1932, toriad papur newydd yng Nghasgliad D. R. Davies, 26/1, LlGC.

44 'Hywel Harris', 27 Gorffennaf 1932, toriad papur newydd yng Nghasgliad D. R. Davies, 26/1, LlGC.

45 'Rhestr o Ddramodau Cymraeg', mân adnau, 1129B, LlGC.

46 Dyfynnwyd yn *North Wales Chronicle*, toriad papur newydd yng Nghasgliad D. R. Davies, 26/1, LlGC

47 Gw. *The Lord Chamberlain Regrets...*, 73-9.

48 Gw. David Jenkins, *Thomas Gwynn Jones: Cofiant* (Dinbych: Gwasg Gee, 1973), 274: 'Pan gyhoeddwyd y ddrama daeth Gwynn ar ei union o dan gabl "holl garedigion moes."'

49 Dyfynnwyd yn *The Lord Chamberlain Regrets ...*, 78.

50 *North Wales Chronicle*, toriad papur newydd yn Cynan, 'Rhestr o Ddramodau Cymraeg', mân adnau, 1129B, LGC.

51 Dyfynnwyd yn 'Cymro' [D. R. Davies, Aberdâr], 'Cynan's censor role ceases to exist', *Liverpool Daily Post*, 27 Medi 1968.

52 Gw. *The Lord Chamberlain Regrets...*, 100-104.

53 'Cynan's censor role ceases to exist'.

54 Ibid.

55 Ibid.

56 LCP Corr. 1934/12778, BL.

57 Ibid.

58 Ibid.

59 Telegram o swyddfa'r Arglwydd Siambrlen at Tom Davies, 14 Chwefror 1934, LCP Corr. 1934/12778, BL. Ceir peth dryswch yn yr ohebiaeth gyda chyfeiriadau at Tom *Phillips* a *Davies*, ond dichon mai at Tom Phillips y cyfeiria'r ddwy ffurf.

60 Telegram o swyddfa'r Arglwydd Siambrlen at Brif Gwnstabl Aberdâr, 15 Chwefror 1934, LCP Corr. 1934/12778, BL.

61 J.D. Howells at Cynan, 15 Chwefror 1934, LCP Corr. 1934/12778, BL.

62 Telegram Cynan at y Goruchwyliwr Cynorthwyol, 15 Chwefror 1934, LCP Corr. 1934/12778, BL.

63 Telegramau, 15 Ebrill 1934, LCP Corr. 1934/12778, BL.

64 Cynan at y Goruchwyliwr Cynorthwyol, 17 Chwefror 1934, LCP Corr. 1934/12778, BL.

65 'Yr Hen Actor', *Cerddi'r Gaeaf* (Dinbych: Gwasg Gee, 1952), 30-1.

66 J.D. Howells at C.L. Gordon, 22 Chwefror 1934, LCP Corr. 1934/12778, BL.

67 Gwynfor at yr Arglwydd Siambrlen, 26 Chwefror 1934, LCP Corr. 1934/12778, BL.

68 C.L. Gordon at David Thomas, Cyfarwyddwr Addysg Sir Gaernarfon sef cyflogwr Gwynfor, 27 Chwefror 1934, LCP Corr. 1934/12778, BL.

69 J.D. Howells, *Yr Arch Olaf*, fersiwn teipysgrif, LCP 1934/7, BL.

70 Ibid.

71 Cynan at D.R. Davies, 22 Chwefror 1934, Casgliad D.R. Davies, 26/1, LlGC.

72 'Y Sensor yn Ymyrryd a Drama', *Y Brython*, 22 Chwefror 1934, toriad papur newydd yng Nghasgliad D.R. Davies, 26/1, LlGC.

73 *Baner ac Amserau Cymru*, Chwefror 1934, toriad papur newydd yng Nghasgliad D.R. Davies, 26/1, LlGC.

74 *Western Mail*, 31 Mawrth 1934, toriad papur newydd yng Nghasgliad D.R. Davies, 26/1, LlGC.

75 Ibid.

76 Ibid.

77 17 Mawrth 1934, toriad papur newydd yng Nghasgliad D.R. Davies, 26/1, LlGC.

78 3 Ebrill 1934, toriad papur newydd yng Nghasgliad D.R. Davies, 26/3, LlGC.

79 7 Ebrill 1934, toriad papur newydd yng Nghasgliad D.R. Davies, 26/1, LlGC.

80 'Actio'r Arch Olaf', 10 Mawrth 1934, toriad papur newydd yng Nghasgliad D.R. Davies, 26/1, LlGC.

81 Ibid.

82 Ceir copi o'r ddrama yn Manon Rhys a M. Wynn Thomas (gol.), *James Kitchener Davies: Detholiad o'i Waith* (Caerdydd: Gwasg Prifysgol Cymru, 2002), 127-96.

83 Gw. Hywel Teifi Edwards, *Arwr Glew Erwau'r Glo: Delwedd y Glöwr yn Llenyddiaeth y Gymraeg 1850-1950* (Llandysul: Gwasg Gomer, 1994), tt. 185-201, a hefyd Alan Llwyd, *Blynyddoedd y Locustiaid: Hanes Eisteddfod Genedlaethol Cymru 1919-1936* (Llandybïe: Cyhoeddiadau Barddas, 2007), 228-34.

84 Adroddiad Cynan, 27 Awst 1934, LCP Corr. 1934/13210, BL.

85 Ibid.

86 Ceisiwyd sicrhau trwydded ar gyfer perfformiad cyhoeddus o *Mrs Warren's Profession* droeon rhwng 1898 a 1924; gw. *The Lord Chamberlain Regrets* ..., tt. 67-73.

87 LCP Corr. 1934/13210, BL. Dan un teitl yn unig y rhoddid trwydded i ddrama.

88 Gw. llun o'r cast yn Hywel Teifi Edwards, *Codi'r Llen* (Llandysul: Gwasg Gomer, 1998), 67, a hefyd lun o gynhyrchiad Cymdeithas Ddrama Gymraeg Abertawe yn Rhydaman yn Chwefror 1935, 66. Llai llwyddiannus fu cais myfyrwyr Bangor i lwyfannu *Cwm Glo* yn Rhagfyr 1934: gwrthododd senedd y brifysgol roi caniatâd iddynt wneud hynny. Gw. 'Students Choice of Play Vetoed. Senate Opposed Production of "Cwm Glo"', *Western Mail*, 29 Rhagfyr 1934, Casgliad D. R. Davies, 26/1, LlGC.

89 'Welsh Play Banned by the Censor. Post-mortem Scene to be Altered', *Daily Express*, 9 Ebrill 1936, Casgliad D. R. Davies, 26/1, LlGC.

90 Gw. y cofnod amdano yn Meic Stephens (gol.), *Cydymaith i Lenyddiaeth Cymru* (Caerdydd: Gwasg Prifysgol Cymru, 1997), t. 770, ac yn *Y Bywgraffiadur Ar-lein*, *yba.llgc.org.uk/cy/c4-WILL-MAT-1900.html*; ymwelwyd â'r wefan ar 22 Awst 2012. Esbonnir gan R. Wallis Evans, a oedd yn arolygydd ysgolion ei hun, mai'r ffaith fod D. Matthew Williams yn arolygydd ysgolion a'i rhwystrai rhag ysgrifennu dan ei enw ei hun. Gw. 'Cynan y Sensor II', *Y Genhinen*, 41.

91 Cyfeiria Elsbeth Evans, *Y Ddrama yng Nghymru* (Lerpwl: Gwasg y Brython, 1947), 44, at apêl drama Ieuan Griffiths: 'Drama arswyd gydag elfen o gomedi a gafodd ac a haeddodd lawer iawn o boblogrwydd yw *Lluest y Bwci* Ieuan Griffiths.'

92 *Geiriadur Prifysgol Cymru*, Cyfrol 1 A-Ffysur (Caerdydd: Gwasg Prifysgol Cymru, 1950-1967), 1277.

93 Ieuan Griffiths, *Deryn Dierth* (Aberystwyth: Gwasg Aberystwyth, [Hydref] 1943), 16-17.

94 Ibid, 40.

95 Adroddiad Cynan, LCP Corr. LR 1943/4, BL.

96 Ibid.

97 Ibid.

98 Ibid.

99 Ibid.

100 Gw. John Johnston, *The Lord Chamberlain's Blue Pencil*, t. 153, lle y cyfeirir yn benodol at *Deryn Dierth*.

101 Cynan, llythyr diddyddiad, 22725, Casgliad Cyffredinol Archifdy Prifysgol Bangor.

102 Ibid.

103 Ibid.

104 Cynan at E. Prosser Rhys, 9 Rhagfyr 1943, Papurau Kate Roberts III, 5685, LlGC.

105 E. Prosser Rhys at Cynan, 14 Rhagfyr 1943, Papurau Kate Roberts III, 5686, LlGC.

106 Gw. Rhisiart Hincks, *E. Prosser Rhys 1901-45* (Llandysul: Gwasg Gomer, 1980),182: 'Wrth olrhain bywyd Edward Prosser Rhys, y mae'n anodd ac eto'n hollbwysig cofio natur barhaol ac ysbeidiol ei afiechyd.'

107 E. Prosser Rhys at Cynan, 14 Rhagfyr 1943, Papurau Kate Roberts III, 5686, LlGC.

108 Ibid.

109 Ibid.

110 Ibid.

111 E. Prosser Rhys i swyddfa'r Arglwydd Siambrlen, 11 Rhagfyr 1943, LCP Corr. LR 1943/4, BL.

112 Cynan at G.A. Pitman, 15 Rhagfyr 1943, LCP Corr. LR 1943/4, BL.

113 Cynan at G.A. Pitman, 31 Rhagfyr 1943, LCP Corr. LR 1943/4, BL.

114 Cynan at E. Prosser Rhys, 21 Chwefror 1944, Papurau Kate Roberts III, 5688, LlGC.

115 Anfonodd Annie M. Jones, ysgrifennydd Cymdeithas Pobl Ifainc Hermon, Treorci, archeb at Wasg Aberystwyth ar 14 Mawrth 1944; gw. Papurau Kate Roberts III, 5698, LlGC.

116 Cynan at E. Prosser Rhys, 1 Ebrill 1944, Papurau Kate Roberts III, 5689, LlGC. Methwyd â dod o hyd i gopi o'r llythyr arall y cyfeirir ato ac a anfonwyd yr un pryd.

117 'Yr un ddrama a "Deryn Dieithr"' yw'r disgrifiad o *Tarfu'r C'lomennod* yn *Dramâu Cymraeg Hir* (Aberystwyth: Pwyllgor Addysg Ceredigion, 1957),39. Howell Jones a baratodd y rhestr, ac mae'n ymddangos felly fod *Deryn Dierth*, er y cytundeb rhwng Gwasg Aberystwyth a Phwyllgor Gweinyddol yr Eisteddfod ym 1943, yn dal ar gael i gwmnïau a wnâi gais i'w hactio: gw. tt.34-5 a hefyd tt.33-9 sy'n cynnwys crynodeb o ddramâu eraill Ieuan Griffiths.

118 Am y prif newidiadau, cymh. tt.16-17 a 39-42 yn Ieuan Griffiths, *Deryn Dierth*, gyda tt.18-20 a 42-4 yn *Tarfu'r C'lomennod* (Aberystwyth: Gwasg Aberystwyth, [Gorffennaf] 1947). Arwydd o boblogrwydd *Tarfu'r C'lomennod* yw'r ffaith fod ailargraffiad ohoni wedi ymddangos yn Ionawr 1948.

119 Ieuan Griffiths, *Deryn Dierth*, [3].

120 J. Kitchener Davies, adolygiad ar *Tarfu'r C'lomennod*, *Y Fflam*, 5 (Mai 1948),56.

121 Adroddiad Cynan, LCP Corr. LR 1947/8238, BL.

122 Llythyr Tom Griffiths at Cynan, 7 Awst 1948, LCP Corr. LR 1948/2, BL.

123 Ibid.

124 Gw. 'Science Vault: Monkey to Human Testicle Transplant', *ScienceBlogs*, scienceblogs.com/retrospectacle/2007/06/05/science-vault-monkey-to-human (cyrchwyd 10 Medi 2012).

125 Adroddiad Cynan, 13 Awst 1948, LCP Corr. LR 1948/2, BL.

126 Ibid.

127 Ibid.

128 Gw. 'Appendix: Licenses refused – 1945-1968', *The Lord Chamberlain Regrets...*, *tt.*178-81. Ceir nodyn ar waelod llythyr Cynan, 23 Medi 1948, yn cyfeirio at fersiwn trwyddedig o'r ddrama sef LCP 1948/9568, BL.
129 Cynan i swyddfa'r Arglwydd Siambrlen, LCP Corr. 1952/3753, BL.
130 Ibid.
131 Drama gan y Parch. E. Arthur Morris a gyhoeddwyd ym 1922.
132 Cynan, LCP Corr. 1952/3753, BL.
133 Ibid.
134 Ibid.
135 Llythyr y Brigadydd Syr Norman Gwatkin at Cynan, 30 Hydref 1951, LCP Corr. 1952/3753, BL.
136 LCP Corr. 1952/3753, BL. Er mai 8 Ionawr 1952 yw'r dyddiad ar y ddogfen yn amlinellu'r achos, 9 Ionawr yw dyddiad y llythyr personol ac felly'r dyddiad anfon a ddaeth gyda'r ddogfen.
137 Ibid.
138 Ibid.
139 Gw. *The Lord Chamberlain's Blue Pencil*, t. 64.
140 Ibid, 100.
141 Ibid, 100-103.
142 Angus Quell, 'People and Places', Tachwedd 1936, toriad papur newydd yng Nghasgliad D.R. Davies, 26/1, LlGC. Pan basiodd Pwyllgor Trwyddedu Darlundai Cyngor Sir Arfon o blaid dangos y ffilm, fel hyn yr ymatebodd y Parch. Esmor Owen ar ran Gweinidogion Eglwysi Rhyddion tref Caernarfon: 'Ynddi portreadwyd Duw fel hen weinidog hynaws o Negro. Mewn un olygfa dangosir Duw yn cael dadl gyda Noah parthed faint o gasgenni o wirodydd a ddylid fynd i'r arch, a dengys un arall Negroes ifanc yn ceisio fflyrtio gyda Duw. Mae'n amhosibl dychmygu yr effaith a gaiff y portread hwn o Dduw ar feddyliau ifanc.' Gw. *Y Genedl*, 15 Chwefror 1937, toriad papur newydd yng Nghasgliad D.R. Davies, 26/1, LlGC.
143 Gw. David Jenkins, *Thomas Gwynn Jones: Cofiant* (Dinbych, 1973), 324, a Hazel Walford Davies, 'Howard de Walden a Chwaraedy Cenedlaethol Cymru, 1927-40', yn Hazel Walford Davies (gol.), *Y Theatr Genedlaethol yng Nghymru* (Caerdydd: Gwasg Prifysgol Cymru, 2007), 56-9.
144 Adroddiad Cynan ar *Pobun*, LCP Corr. 1958/1310, BL.
145 Roedd y gwrthwynebiad hwn yn gyson â phenderfyniad yn achos cyfieithiad Leslie Harris ym 1944 o fersiwn Saesneg o *Pobun*; gw. LCP Corr. 1944/5400, BL. Ym 1956 hefyd gwrthodwyd trwydded i ddrama J.W. Brannigan, *The Life of Christ*, a bortreadai Grist, er bod yr Arglwydd Siambrlen o'r farn ei bod hi'n ddrama gwbl urddasol a chwaethus; gw. *The Lord Chamberlain Regrets* ..., 152-3.
146 Gw. Dafydd Owen, *Cynan* (Cardiff: University of Wales Press, 1979), 83.
147 Gw. adroddiad Cynan ei hun ar *Absalom fy Mab*, 12 Gorffennaf 1957, LCP Corr. 1957/215, BL.
148 Adroddiad Cynan ar *Esther*, LCP Corr. 1959/240, BL.

149 Gw. *Esther* yn Ioan Williams, (gol.) *Dramâu Saunders Lewis: Y Casgliad Cyflawn: Cyfrol II* (Caerdydd: Gwasg Prifysgol Cymru, 2000), t. 225 a n. 24 t. 269, sy'n cyfeirio at weddi Esther yn *Y Beibl Cymraeg Newydd* (1988), Yr Aprocyffa, 73.

150 Gw. Haydn Hughes, 'Saunders yr Enllibiwr', *Taliesin*, 122 (Haf 2004), 24-35. Nid tan 1980 y cyhoeddwyd fersiwn argraffedig o'r ddrama.

151 Am fanylion bywgraffyddol, gw. ysgrif goffa Meic Stephens, 25 Mehefin 1998, *www.independent.co.uk/arts-entertainment/obituary-tom-richards-1167334.html* (cyrchwyd 16 Awst 2012). Gw. hefyd y cofnod am Thomas Richards yn Meic Stephens (gol.), *Cydymaith i Lenyddiaeth Cymru* (Caerdydd: Gwasg Prifysgol Cymru, 1997), 624, a'r ysgrif hunangofiannol a gyfrannodd i Meic Stephens (gol.), *Artists in Wales* (Llandysul: Gwasg Gomer, 1971), 82-9.

152 Tom Richards, *Eisteddfa'r Gwatwarwyr*, LCP 1960/992, BL.

153 Ibid.

154 Adroddiad Cynan ar *Eisteddfa'r Gwatwarwyr*, 19 Gorffennaf 1960, LCP Corr. 1960/992, BL.

155 Ibid.

156 Tom Richards, *Eisteddfa'r Gwatwarwyr*, LCP 1960/992, BL.

157 Gw. Roger Owen, 'Theatr y Gegin a Chwmni'r Gegin', *Llwyfannau Lleol*, 105-07 a 132, a hefyd Stewart Whyte McEwan Jones, *Dwi'n Deud Dim, Deud Ydw I ...* (Caernarfon: Gwasg Gwynedd, 2001), 98.

158 Adroddiad Cynan ar *Y Gofalwr*, LCP Corr. 1964/4158, BL.

159 Adroddiad ar *The Caretaker*, LCP Corr. 1960/904, BL.

160 Gw. *The Lord Chamberlain's Blue Pencil*, 194-5.

161 Adroddiad Cynan ar *Cilwg yn Ôl*, LCP Corr. 1965/4752, BL.

162 Ibid.

163 Nodyn yn y ffeil, 21 Awst 1960, LCP 1961/1425, BL.

164 Gw. *www.rsc.org.uk/downloads/rsc-performance-history-2011.pdf* (cyrchwyd 16 Awst 2012).

165 Adroddiad Syr Vincent Troubridge, 14 Awst 1960, LCP 1961/1425, BL.

166 Am drawsolwg o hanes y cwmni, gw. Dafydd Arthur Jones, 'Cymdeithas y Ddrama Gymraeg, Abertawe', *Llwyfannau Lleol*, 71-94.

167 Adroddiad Cynan ar *Y Cythreuliaid*, 6 Medi 1965, LCP Corr. 1965/219, BL.

168 Ibid.

169 Dyfynnwyd yn ibid.

170 Adroddiad Cynan, ibid.

171 Dyfynnwyd yn ibid.

172 Adroddiad Cynan, ibid.

173 Rhestrir y cynhyrchiad yn 'Atodiad F: Cynhyrchiadau Gŵyl Ddrama Genedlaethol Cymru, Llangefni 1954-1975', yn O. Arthur Williams, *Hanes y Ddrama Gymraeg ym Môn 1930-1975* (Caernarfon: Gwasg y Bwthyn ar ran yr awdur, 2008), 309.

174 Dyfelir mai cyfieithiad Eric Bentley ar gyfer cynhyrchiad 1965 y National Theatre yn Llundain oedd sail trosiad Emyr Edwards.

175 Adroddiad Cynan ar *Y Fam Gwroldeb*, LCP Corr. 1966/1181, BL.

176 Llythyr David Emyr Edwards at y Goruchwyliwr Cynorthwyol, John Johnston, 24 Tachwedd 1966, LCP Corr. 1966/1493, BL.

177 Gw. *The Lord Chamberlain's Blue Pencil*, 171-3.

178 Ar 25 Ionawr yn yr Arts Theatre y bu *première The Zoo Story* yn Llundain; gw. Ronald Hayman, *Edward Albee* (London: Heinemann, 1971), t. xii.

179 Adroddiad Cynan ar *Y Sŵ*, LCP Corr. 1967/1493, BL.

180 Adroddiad Cynan ar *Y Dyn Swllt*, 4 Mawrth 1960, LCP Corr. 1960/713, BL.

181 Adroddiad Cynan ar *Gwalia Bach*, LCP Corr. 1963/3228, BL.

182 W. S. Jones, *Y Gadair Olwyn*, LCP 1963/3740, BL.

183 Adroddiad Cynan ar *Y Gadair Olwyn*, LCP Corr. 1963/3740, BL.

184 Drama radio a ddarlledwyd ym 1958 oedd *Y Dyn Swllt* ac fe'i cynhwyswyd yn W. S. Jones, *Pum Drama Fer* (Aberystwyth: Gwasg y Glêr, 1963), gyda'r cyfeiriad dan sylw i'w gael ar d. 52. Darlledwyd *Y Gadair Olwyn* ar y radio ym 1961 a'i hargraffu yn *Pum Drama Fer* lle y deuir o hyd i'r cyfeiriad perthnasol ar d. 106. Darlledwyd y ddrama hon hefyd ar y radio, ym 1961, a dyma a ymddangosodd yn y copi print: 'Deud bod Ann Gryffis yn dinboeth.' 'Oedd hi?' 'Be wn i. A pha ots os oedd hi. Mae'n gas gin i emynau ac emynwyr.'

185 *Obscenity: An Account of Censorship Laws and their Enforcement in England and Wales* (London: Weidenfeld and Nicolson, 1979), 245.

186 Wil Sam yn yr ail o dair rhaglen ddogfen, *Cynan* (1995).

187 Gw. Roger Owen, 'Theatr y Gegin a Chwmni'r Gegin, Cricieth', *Llwyfannau Lleol*, tt. 112-13.

188 Gw. Mark Brown, 'Yes to pansy but no to bugger: letters show censors' war on permissiveness', *The Guardian*, 26 Awst 2008, *www.guardian.co.uk/artanddesign/2008/aug/26/exhibition.gayrights* (cyrchwyd 10 Medi 2012).

189 Gw. Anthony Aldgate, *Censorship and the Permissive Society: British Cinema and Theatre 1955-1965* (Oxford: Clarendon Press, 1995), 89-117, sy'n trafod y ddrama *Saturday Night and Sunday Morning*, a seiliwyd ar nofel Alan Silitoe a gyhoeddwyd ym 1958 ac a addaswyd yn ffilm ym 1960, a hefyd y ffilm *Up the Junction*.

190 Adroddiad Cynan ar *Bore Fory Ddaw*, LCP Corr. 1968/2415, BL.

191 Llythyr Elis Gwyn Jones, 3 Gorffennaf 1968, LCP Corr. 1968/2415, BL.

192 Adroddiad Cynan ar *Poen yn y Bol*, LCP Corr. 1964/3987, BL.

193 Y fersiwn sensoredig hwn sy'n ymddangos yn *Dramâu Gwenlyn Parry: Y Casgliad Cyflawn* (Llandysul: Gwasg Gomer, 2001), 44.

194 Llythyr Gwenlyn Parry, 17 Chwefror 1964, LCP Corr. 1964/3987, BL.

195 Llythyr Cynan, 19 Chwefror 1964, LCP Corr. 1964/3987, BL.

196 Llythyr Gwenlyn Parry, 3 Mawrth 1964, LCP Corr. 1964/3987, BL. Dyma'r fersiwn sy'n ymddangos yn *Dramâu Gwenlyn Parry*, 38.

197 Adroddiad Cynan ar *Hwyr a Bore*, LCP Corr. 1964/4315, BL.

198 LCP Corr. 1964/4315, BL.

199 Ibid.

200 Ibid.

201 Adroddiad Cynan ar *Saer Doliau*, LCP Corr. 1966/752, BL.

202 Adroddiad Cynan ar *Tŷ ar y Tywod*, LCP Corr. 1968/2440, BL.

203 Adroddiad Cynan ar *Problemau Prifysgol*, LCP 1968/2441, BL.

204 'Rhagair' i Gwenlyn Parry, *Saer Doliau* (Llandybïe: Llyfrau'r Dryw, 1966), [7].

205 Adroddiad Cynan ar *Ffarwel i Addysg*, LCP Corr. 1932/11659, BL.

206 Fel y mae Lyn T. Jones yn ei nodi, roedd mynd ati i gyflwyno dau gynhyrchiad yn y Bala yn gryn sialens o ystyried yr anawsterau a wynebai'r cwmni ifanc ar y pryd: 'Bu'r flwyddyn 1967 yn un anodd i Gwmni Theatr Cymru, ond llwyddwyd i oroesi'r stormydd gwleidyddol a chyllidol.' Gw. 'Theatr Genedlaethol i Gymru, 1964-82', *Y Theatr Genedlaethol yng Nghymru*, 175.

207 Am grynodeb o'r ymatebion a enynnwyd gan y ddrama wleidyddol hon, gw. Ioan Williams, 'Cyflwyniad', yn Ioan Williams (gol)., *Dramâu Saunders Lewis: Y Casgliad Cyflawn: Cyfrol II*, 543-58.

208 *Deud Yda Ni*, LCP 1967/1709, BL.

209 Gw. Lyn T. Jones, 'Theatr Genedlaethol i Gymru, 1964-82', 172: 'sefydlwyd cyfundrefn a fyddai'n caniatáu teithio cynyrchiadau yn yr iaith Gymraeg o 1965 ymlaen, a hynny yn sgil cytundeb cydweithredol unigryw a wnaed rhwng y Pwyllgor Cymreig [Cyngor y Celfyddydau] a'r BBC.'

210 Yn ôl John Davies, *Broadcasting and the BBC in Wales* (Cardiff: University of Wales Press, 1994), 271, ym 1963 y penodwyd Meredydd Evans.

211 Ibid, 321.

212 Stewart Whyte McEwan Jones, *Dwi'n Deud Dim, Deud Ydw I ...*, 122.

213 Dyfynnir yn Anthony Aldgate, *Censorship and the Permissive Society: British Cinema and Theatre 1955-1965* (Oxford: Clarendon Press, 1995), 5.

214 *The Lord Chamberlain's Blue Pencil*, t. 110. David Frost a gyflwynai *That Was the Week that Was* ac ymhlith y tîm sgriptio talentog roedd Dennis Potter, John Cleese, Richard Ingrams, a Kenneth Tynan.

215 Lyn T. Jones, 'Datblygiad Theatr Genedlaethol i Gymru, 1964-82', 175.

216 Adroddiad Cynan ar *Deud Yda Ni*, 26 Gorffennaf 1967, LCP Corr. 1967/1709, BL.

217 Mewn gwirionedd, ym 1931 y penodwyd Cynan a'r Arglwydd Siambrlen ar y pryd oedd yr Iarll Cromer; nid tan 1938 y penodwyd y chweched Iarll Clarendon i'r swydd.

218 Adroddiad Cynan, 26 Gorffennaf 1967, LCP Corr. 1967/1709, BL.

219 Anfonodd John Johnston at Wilbert Lloyd Roberts ar 28 Gorffennaf 1967, a hefyd at Cynan yn cadarnhau bod yr Arglwydd Siambrlen yn cyd-fynd â'i argymhelliad; cytunodd Wilbert Lloyd Roberts â'r amodau mewn llythyr a ysgrifennwyd ar 31 Gorffennaf 1967. LCP Corr. 1967/1709, BL.

220 Wilbert Lloyd Roberts mewn llythyr at Dafydd Glyn Jones, 3 Ionawr 1963, XD68/Add/3/2/4, Papurau Cwmni Theatr Cymru, Archifdy Gwynedd, Caernarfon.

221 Gwybodaeth yn David Lewis Jones, 'Hughes, Cledwyn, Barwn Cledwyn o Benrhos (1916-2001)', *Y Bywgraffiadur Ar-lein*, *yba.llgc.org.uk/cy/c8-HUGH-CLE-1916.html* (cyrchwyd 20 Awst 2012).

222 Rhys Ifans, *Gwynfor: Rhag Pob Brad* (Tal-y-bont: Y Lolfa, 2005), 270.

223 Ifan ab Owen Edwards, dyfynnwyd yn *Gwynfor*, t. 270.

224 Gw. Emyr Price, *Yr Arglwydd Cledwyn o Benrhos* (Pen-y-groes: Cyhoeddiadau Mei, 1990), 49.

225 Richard Wyn Jones a Roger Scully, *Wales Says Yes: Devolution and the 2011 Welsh Referendum* (Cardiff: University of Wales Press, 2012), 29.

226 Gw. Wilbert Lloyd Roberts, 'Dyn Drama a Theatr ac Actio', yn Ifor Rees (gol.), *Dŵr o Ffynnon Felin Bach: Cyfrol i Ddathlu Canmlwyddiant Geni Cynan* (Dinbych: Gwasg Gee, 1995), 81-3. Gw. hefyd Cynan, 'Teifi (I'm cyfaill a'm cyd-bysgotwr, Wilbert Lloyd Roberts)', *Cerddi Cynan* (Lerpwl: Hugh Evans a'i Feibion, 1967), 185.

227 Gw. Lyn T. Jones, 'Datblygiad Theatr Genedlaethol i Gymru, 1964-82', 172.

228 Gw. Kenneth O. Morgan, *Rebirth of a Nation: Wales 1880-1980* (Oxford: Oxford University Press, 1982), 390, a hefyd *Wales Says Yes*, 29-31, sy'n dangos fel y llyffetheiriwyd y cynllun mwy uchelgeisiol a gyflwynodd Cledwyn Hughes ar gyfer newidiadau cyfansoddiadol ym Mawrth 1968 cyn i'w gyfnod fel Ysgrifennydd Gwladol Cymru ddod i ben yn Ebrill yr un flwyddyn.

229 Gw. Gerwyn Wiliams, 'Pob Beirniadaeth Drosodd? Diwedd Teyrnasiad Cynan', *Llên Cymru*, 68-115, sy'n darlunio'r math o dirlun gwleidyddol y gweithredodd Cynan o'i fewn yn ail hanner y 1960au.

230 Teipysgrif *Deud Yda Ni*, XD68/1/11, Papurau Cwmni Theatr Cymru, Archifdy Gwynedd, Caernarfon.

231 Gw. John Johnston, *The Lord Chamberlain's Blue Pencil*, 125.

232 Gw. ei feirniadaeth ar gystadleuaeth y ddrama hir, yn T. M. Bassett (gol.), *Cyfansoddiadau a Beirniadaethau Eisteddfod Genedlaethol Bro Dwyfor 1975* (Llandysul: Gwasg Gomer dros Lys yr Eisteddfod Genedlaethol), 143: "dydym ni yng Nghymru ... ddim wedi cyrraedd y cyflwr herfeiddiol soffisticaidd y mae Lloegr efo Joe Orton a Pinter ac Osborne, ac yn enwedig dramodwyr diweddar America, wedi ei gyrraedd. Mae'n moesau Piwritanaidd ni, er nad ydym yn ei gwrthod [h.y. 'iaith arw'] yn ddigon llithrig ar dafod, yn ei gwrthod ar bapur.' Pan gyhoeddwyd *Geraint Llywelyn* gan Wasg y Glaslyn ym 1977, caed ffurfiau sensoredig ynddi fel 'B____d' (t. 89) a 'ff____n' (t. 90).

233 Eitem ar y rhaglen gelfyddydol *Pethe* a gynhyrchwyd gan Gwmni Da ar gyfer S4C a'i darlledu gyntaf ar 6 Ebrill 2010.

234 *The Lord Chamberlain's Blue Pencil*, 21. Gw. hefyd Anthony Aldgate, *Censorship and the Permissive Society*, 151-2: 'Censorship was neither

fixed nor immutable, uncompromising or unyielding. It depended on its interpretation and application upon a number of key individuals, several of whom showed they were genuinely liberal in outlook and more than willing to engage in mutually beneficial bouts of give-and-take'.

235 Gw. Dominic Shellard, *The Lord Chamberlain Regrets* ..., t. x, sy'n cyfeirio at weithiau 'which were banned and never saw the light of day. Many of these still languish in the archives of the British Library'. Yn ôl yr ystadegau yn nhabl 1, t. 175, gwaharddwyd 79 drama rhwng 1945 a 1965; o ystyried bod 21,459 o sgriptiau wedi eu derbyn i'w sensro yn ystod yr un cyfnod, cynrychiolai hyn ganran o 0.36% a waharddwyd.

236 Anfarwolwyd y Daleks yn y gyfres ddrama ffuglen wyddonias boblogaidd *Dr Who* a ddarlledwyd ar deledu'r BBC o 1963 ymlaen.

237 Esgorodd penderfyniad Cyngor Dinas Lerpwl i foddi Cwm Tryweryn ym Meirionnydd ar ymgyrch wleidyddol genedlaethol rhwng canol y 1950au a'r 1960au a gadawodd ôl annileadwy ar y seici Cymreig.

238 Effeithiwyd yn arw ar ganolbarth Cymru gan gau'r rheilffyrdd yn ystod y 1960au: gw. John Davies, *Hanes Cymru* (London: Allen Lane, The Penguin Press, 1990), 610: 'Yr oedd y rhan hon o Gymru, gyda'i phoblogaeth denau a'i heconomi fregus, mewn sefyllfa eithriadol wan. Doedd y rheilffyrdd ddim yn talu'u ffordd, a chaewyd y rhan fwyaf ohonynt wedi cyhoeddiad Adroddiad Beeching yn 1963; erbyn canol y chwedegau, roedd gan Gymru lai o gilometrau o gledrau nag a fuasai ganddi ganrif ynghynt.'

MÂN ESGYRN: YR AWDUR A'R NOFEL – DWY DAITH YN UN?

Sian Owen

Pam mae rhywun yn penderfynu ysgrifennu nofel gyntaf? Beth yw'r cymhelliad dros gychwyn a'r ysgogiad sy'n gyrru'r broses yn ei blaen? A oes perthynas rhwng cynnwys y nofel a chefndir y nofelydd newydd, a beth yw dylanwad amodau allanol ar natur y cynnyrch llenyddol? Ac yn ystod y broses, i ba raddau y bydd datblygu'r nofel yn esgor ar ddatblygiad personol y nofelydd ei hun? Bûm yn archwilio'r maes hwn o safbwynt profiad personol wrth ysgrifennu *Mân Esgyrn*.[1]

Bu'r nofel ar y gweill am flynyddoedd. Wrth ddechrau ei hysgrifennu, nid oedd gennyf unrhyw syniad o'r daith oedd o'm blaen. O ystyried y dechreuad hwnnw yn awr, mae'n debyg bod fy rhesymau dros benderfynu mynd ati i ysgrifennu nofel lawn mor allweddol ag oedd llwybr trofaus ei datblygiad; ac ni fyddai'r nofel yr hyn ydyw heb y profiad a enillais yn ystod y cyfnod y bûm yn ei hysgrifennu.

Roedd dewis ysgrifennu nofel yn benderfyniad ymwybodol. Ers tair neu bedair blynedd cyn hynny, fymryn cyn troad y milflwydd, bûm yn ysgrifennu cerddi. Nid cyd-ddigwyddiad, rwy'n sicr, yw i'r cerddi hynny ddechrau ymddangos yn fuan wedi i ni fel teulu symud yn ôl i fro fy mebyd ym Môn ym 1995 wedi cyfnod o ddegawd yn byw yn y brifddinas. Â thri o blant bach i'w magu, roedd cyffro bod yn ôl ymysg pethau cyfarwydd yn esgor ar fwrlwm o'r newydd wrth i mi eu hail-weld trwy lygaid y plant. Roedd yma leisiau a synau cyfarwydd, ond byddai cwestiynau'r plant yn gwneud i mi feddwl o'r newydd am ystyron geiriau, a pherthynas pobl a phethau. O edrych yn ôl, sylweddolaf gynifer o'r cerddi cynnar hynny sy'n tarddu o sŵn geiriau – byddai ambell air neu ymadrodd yn arwain at ddatblygu syniad ar gân, a'r straeon o fewn y cerddi hynny, er o fewn fy mhrofiad, yn rhai nad oeddynt yn perthyn yn uniongyrchol i mi fy hun. Hynny yw, cerddi yn adrodd hanes (dychmygol) rhywun arall ydynt.

Deuthum yn ymwybodol o batrwm felly yn fy ngwaith – disgrifio profiad dychmygol trwy lens profiad personol. Yr un math o arwahanrwydd sy'n apelio am gyfrwng y nofel: cael rhannu profiad yn llais rhywun arall, heb fy natgelu fy hun yn y broses. Ond a yw hynny'n bosibl? A yw hi'n bosibl i waith creadigol beidio â datgelu'r unigolyn sydd y tu cefn iddo? Wedi byw gyda'r nofel hon am rai blynyddoedd, rwy'n amau hynny.

Daeth y plant i oed gwersi ar ôl ysgol, yn nofio, piano a chôr. Gwnes benderfyniad ymwybodol i eistedd yn y car ac ysgrifennu. Roeddwn yn ddarllenwraig frwd, ond yn methu dod o hyd i'r math o nofelau y mwynhawn eu darllen yn Saesneg – rhai tyn, cyfoes, credadwy – yn Gymraeg. Dechreuais weithio ar syniad niwlog, uchelgeisiol. Fe allwn i ysgrifennu nofel, roeddwn i'n siŵr o hynny.

Gydag arddeliad un na wyddai faint y dasg, euthum ati i gynllunio. Dyma gam a fwynheais yn fawr – i'r fath raddau nes i'r cynllunio ymestyn ac ymestyn i lenwi misoedd lawer. Mynd ati i ysgrifennu am 'yr hyn a wyddoch' yw'r cyngor sylfaenol. Yn wreiddiol, a minnau newydd dreulio deng mlynedd yng Nghaerdydd, dechreuais gynllunio nofel am ferch yn gweithio mewn caffi yn un o faestrefi'r brifddinas. Nofel yn trafod perthyn fyddai hon ar un lefel, yn cyferbynnu profiadau mewnfudwr o dramor â merch o'r gogledd yn y ddinas fawr. Buan y sylweddolais, fodd bynnag, ar ôl dychwelyd i gefn gwlad, nad oedd gennyf awydd treulio oriau yn ail-greu strydoedd, traffig a thorfeydd yn fy nychymyg. Roedd y bwrlwm a'r prysurdeb naturiol, gwledig o'm cwmpas yn fwy diddorol o lawer ac, er bras adnabod yr ardal lle'r oeddem wedi ymgartrefu, yr oedd dieithrwch atyniadol yno hefyd.

Rhywun yn dychwelyd, felly? Rhywun yn dychwelyd i ardal a oedd yn gyfarwydd, eto'n ddieithr? I un a fu drwy gyfnod o ymaflyd â gwefr perthyn a bendithion peidio â pherthyn, rwy'n sicr fod yr agwedd hon ar sefyllfa Carol, prif gymeriad nofel *Mân Esgyrn*, yn tarddu'n naturiol o'm hamgylchiadau ar y pryd.

Roedd gennyf ddiddordeb mawr yn nghymeriad Carol. Tyfodd yn fy meddwl. Cyn bo hir, gwyddwn sut un oedd ei mam, gwaith ei brawd, hyd yn oed ei chanlyniadau Lefel O. Gwyddwn lle'r aeth hi ar ôl gadael ysgol. Gwyddwn pam. Gwyddwn ei hoed i'r flwyddyn: nid cyd-ddigwyddiad oedd bod hynny yn union yr un oed â mi. Yna dechreuais feddwl mwy am ei bywyd heddiw. Beth fyddai'n digwydd yn y stori? Beth fyddai hanfod y nofel hon? Os dychwelyd, pam roedd Carol yn dod yn ôl? A beth fyddai'n digwydd o ganlyniad i hynny? Efallai fod y nofel yn symud, ond heblaw am fyrdd o nodiadau, nid oedd yr un gair ar bapur. O ystyried cyn lleied o ryddiaith a ysgrifennais cyn hynny, roedd yn sicr yn fenter uchelgeisiol.

Yn ystod gwanwyn 2002, treuliais gyfnod anghyffredin yn Ysgol Syr Thomas Jones, Amlwch yn eu cynorthwyo trwy ddysgu ffiseg, ddeuddydd yr wythnos. Yno profais y teimlad cyfarwydd ond dieithr hwnnw eto: dyma lle bu blwyddyn gyntaf fy addysg uwchradd; bu fy mam yno'n athrawes am flynyddoedd; eto ni chroesais drothwy'r ysgol ers blynyddoedd maith. Fe'm cefais fy hun yn pensynnu ynghylch y newidiadau anorfod sy'n digwydd mewn ugain mlynedd a mwy, ac am raddfeydd cymhleth y newidiadau hynny: gall rhai pethau ymddangos yn ddigyfnewid, ond oherwydd datblygiad yr unigolyn yn y cyfamser bydd eu pwysigrwydd, neu eu dylanwad, yn ymddangos yn gwbl wahanol gyda phellter amser. Yn fy nofel, a allwn i wrthgyferbynnu merch a adawodd, â merch a arhosodd? Drwy ffenestri mawr y labordy ar ail lawr yr ysgol gwelwn lethrau Mynydd Parys. Clywais fod modd mynd ar daith i'w grombil. Dechreuais ddarllen am hanes y mynydd; gwnes nodiadau am gemeg y lle; am amryfal weddau copr; am ei gyfansoddion. Cynlluniais ragor. A bûm yn meddwl.

Yn raddol, dros y flwyddyn neu ddwy nesaf, yn sgil ennill ambell gystadleuaeth a magu mwy o brofiad, magais hefyd rywfaint yn fwy o hyder; dim llai o amheuaeth. Eto, o ymroi i ysgrifennu'r nofel gyda chymorth grant gan yr Academi i'm rhyddhau oddi wrth waith cyfieithu am gyfnod, roeddwn yn falch o'r ffaith fy mod wedi ymrwymo yn feddyliol i 'wneud hyn'. Meddyliwn yn siŵr y byddai fy mam yn falch o'r penderfyniad hefyd.

Pa mor ymwybodol oeddwn i fy mod yn teimlo hynny? Mae'n anodd dweud. Er colli fy mam bron i ugain mlynedd ynghynt, rwy'n amau fod y ffaith i ni symud yn ôl i Fôn a'i hatgofion wedi gwneud i mi wynebu'r golled o'r newydd, a'i hwynebu'n iawn am y tro cyntaf o bosibl. Bellach roeddwn innau'n fam. Yn y pethau a wnawn gyda'r plant, teimlwn adleisiau'r hyn a wnaem ninnau gyda hi, ddegawdau ynghynt. Er nad oedd hi yno, mewn pob math o wahanol sefyllfaoedd, dibynnwn arni. Hidlwn benderfyniadau drwy feddwl beth fyddai ei chyngor a chan ddychmygu sut y byddai hi wedi ymateb. Gwaetha'r modd, hunan-dwyll oedd llawer o hynny, rwy'n ofni. Mor allweddol yw'r geiriau 'hidlo' a 'dychmygu'. Oherwydd ni allwn i, fwy na neb arall, hawlio gwybod beth fyddai ymateb fy mam.

Mae gennyf gof – cof? – cryf iawn o'r pethau yr oedd fy mam yn hoff ohonynt ac yn eu parchu. Cofiaf hefyd rai o'r pethau y byddai hi'n brygowthan yn eu cylch, gan gynnwys diogi o flaen y teledu; pobl yn amharchu'r Gymraeg; a bwyta gormod o fenyn. Wrth eu rhestru, rwy'n ymwybodol mor fympwyol a digyswllt ydynt. Ond dyna'r pwynt. Uchafbwyntiau a gofiwn, a'r rheini trwy lygad plentyn; yr uchafbwyntiau a fyddai wedi gwneud argraff ar y plentyn ar y pryd. Gyda bwlch ei marwolaeth hyd y dydd heddiw, ni ddaeth lluniau newydd, aeddfetach, mwy cymhleth i ddisodli'r atgofion hynny. A allwn i hyd yn oed eu galw'n atgofion? Argraffiadau, efallai. Ac os hynny, a yw ein gweithredoedd ni heddiw yn cael eu gyrru gan rym argraff plentyn? Yn f'achos i, rwy'n sicr o hynny. Gwn hefyd nad oeddwn hanner mor ymwybodol o hynny cyn ysgrifennu'r nofel hon.

Y cymeriadau a ddaeth flaenaf yn y broses o ysgrifennu *Mân Esgyrn* a hynny'n bennaf am fy mod yn awyddus i sicrhau uwchlaw popeth arall fod gennyf gymeriadau credadwy, real; rhai y gallaswn ymroi'n llwyr iddynt petawn yn darllen y nofel hon fy hun.

Wrth ddatblygu'r stori roedd sicrhau hygrededd o'r pwys mwyaf. Roedd yn bwysig bod y cymeriadau yn rhai credadwy a bod eu hymwneud â'i gilydd yn realistig, o ran rhediad y digwyddiadau ac o ran seicoleg eu perthynas â'i gilydd. Eisoes roedd cymeriad Carol, y ferch a ddychwelai i'w hardal enedigol, wedi'i sefydlu. Apeliai'r syniad o osod dwy ferch yn erbyn ei gilydd, mewn sefyllfa lle byddai un yn erlid y llall, o bosibl; gan archwilio'r berthynas rhwng dwy o statws alffa a beta. Anorfod mewn sefyllfa o'r fath, yn y math o stori yr oeddwn yn awyddus i'w chynhyrchu, yw triongl, a dewisais gynnwys presenoldeb dyn. Felly ai stori garu fyddai hon? O'r dechrau, gwyddwn fod hynny'n bosibilrwydd. Ond roeddwn yn awyddus iddi fod yn fwy na hynny hefyd.

Yn wreiddiol, arbrofais â'r syniad o lunio trasiedi. Er mwyn esgor ar y stori drasig a oedd gennyf dan sylw ar y dechrau, byddai angen i'r ail gymeriad – sef Helen, y ferch leol – fod yn ansad mewn rhyw ffordd. Treuliais gryn amser yn ymchwilio i gyflyrau meddwl a allai ansefydlogi rhywun a ymddangosai'n gymharol normal ar yr wyneb. Ar y pryd, rhoddid llawer o sylw yn y wasg a'r cyfryngau – am y tro cyntaf, o bosibl – i'r cyflwr 'anhwylder deubegynol', gydag enwogion fel Stephen Fry yn cyflwyno cyfres o raglenni teledu am y cyflwr, a'i begynau o iselder ac ymddygiad manig. Penderfynais y byddai Helen yn dioddef o anhwylder meddyliol o'r fath ac er na ddatgelid union natur ei salwch, y byddwn yn graddol ddatgelu ei effeithiau arni hi a'r bobl o'i hamgylch.

Un o sgil-gynhyrchion y cyfnod ymchwil manwl hwn oedd cyfres o gerddi yn archwilio'r profiadau a allai ddod i ran merch ifanc yn dioddef o'r cyflwr manig. Trwy ddatblygu'r cerddi, gallwn wneud defnydd o'r gormodedd ymchwil na fyddai'n cael ei ddefnyddio yn *Mân Esgyrn* ond a fyddai'n rhoi sail gredadwy i'r cyfan a ysgrifennwn am gymeriad Helen. Credaf ei bod yn arwyddocaol i mi droi at farddoniaeth er mwyn archwilio datblygiad cymeriad Helen, gan mai dyma'r cyfrwng yr oeddwn fwyaf cyfarwydd ag ef ar y pryd. Trwy wthio'r ffiniau arferol a neilltuo amser yn ystod y dydd i ddatblygu'r cerddi, roeddwn hefyd yn dechrau archwilio'r profiad o neilltuo amser penodol i'w roi i ysgrifennu'r nofel. Mae cymeriad Helen yn gryfach o ganlyniad i'r cerddi hynny.

Ar gwrs ysgrifennu yn Nhŷ Newydd, mynnodd Siân Eirian Rees Davies, awdur *I Fyd Sy Well,* mai ei chymeriadau oedd yn rheoli ei chyfansoddi a bod yn rhaid iddi 'fynd lle bynnag y byddan nhw'n fy arwain'. Ond mewn sesiwn yng Ngŵyl Tŷ Newydd, wrth ymateb i gwestiwn o'r gynulleidfa, dywedodd Eigra Lewis Roberts yn ddiamwys mai *hi* oedd yn rheoli – bod angen rheolaeth ar eich cymeriadau, ond wrth ysgrifennu 'eich bod yn dod i'w hadnabod yn well'.

O brofiad ysgrifennu *Mân Esgyrn*, cytunaf ag Eigra Lewis Roberts. Yn ei hanfod, mae'n amhosibl i'r cymeriadau reoli'r broses, gan mai creadigaethau ydynt sy'n ddibynnol ar ganiatâd yr awdur er mwyn bodoli. Os yw cymeriad yn 'penderfynu' gweithredu'n genfigennus (dyweder) tuag at gymeriad arall, a bod hyn yn tarddu'n ymddangosiadol naturiol o gorff y testun hyd at hynny, yna, o fod yn ymwybodol o drywydd arfaethedig ei nofel, yr awdur fydd yn penderfynu a ganiateir i'r emosiwn hwnnw gael ei le yn y nofel a rheoli'r digwydd, ai peidio. Fe'i disgrifiaf fel hyn: wrth ysgrifennu, mae'r awdur yn dechrau darllen rhwng ei linellau ei hun. O wneud hynny, yn anymwybodol efallai, bydd y dychymyg yn cael ei danio i gyfeiriadau newydd, nad oeddynt yno ar y dechrau. Bydd yr awdur wedyn yn dewis o blith y posibiliadau newydd hyn yn ogystal â'r rhai gwreiddiol; bydd y cymeriadau a'r stori yn tyfu, yn ymgyfoethogi – yn newid efallai – ond llaw'r awdur fydd wrth y llyw.

Yn achos *Mân Esgyrn*, penderfynais yn fuan yn y broses y lleolid y digwyddiadau mewn ardal debyg i Amlwch ym Môn ac y byddai'n nofel gyfoes a gyfyngid i gyfnod byr. Gwyddwn yn gymharol fuan y byddai'r stori yn troi o amgylch dychweliad Carol, ond yn cydsymud â hanes merch leol arall, sef Helen. O gyflwyno dyn, gellid sicrhau gwrthdaro amlwg rhyngddynt. Un peth yr oeddwn yn benderfynol o'i wneud, fodd bynnag, oedd osgoi yr amlwg, o ran stori a chymeriadu.

O safbwynt llunio'r cymeriadau eu hunain, euthum ati'n fwriadol i osgoi bod yn arwynebol a rhagweladwy. Dyma her a fwynheais, gan fod blino ar ddarllen gormod o nofelau Cymraeg gyda chymeriadau arwynebol a ymatebai i sefyllfaoedd cyfarwydd mewn ffyrdd stoc, rhagweladwy yng nghefn fy meddwl drwy'r adeg ac yn fy ngyrru i archwilio a chreu dewisiadau gwahanol bob tro. Wedi dweud hynny, y mae rhai elfennau cyfarwydd yn rhwym o hwyluso taith nofel sydd, yn ei hanfod, yn ceisio bod yn nofel boblogaidd a fydd yn apelio at garfan benodol o ddarllenwyr, sef pobl o'r un chwaeth darllen â mi fy hun. Anorfod felly, yw bod rhai elfennau yn *Mân Esgyrn* yn adlewyrchu'r hyn y byddwn i yn hoffi ei weld mewn nofel, a bod rhai o'r rheini yn elfennau stoc. Er enghraifft, rwy'n hoff o archeoleg. Gwirionwn ar raglen deledu archeolegol 'Time Team'. Penderfynais y gallasai Luc – y prif gymeriad o ddyn – fod yn archeolegydd: un tal, byr ei wallt, a digon golygus. Yn ôl y disgwyl confensiynol, felly, nid yw Luc yn hyll na thwp. Eto, penderfyniad ymwybodol oedd sicrhau nad oedd ychwaith yn ddyn heb ei broblemau. Nid arwr gwyngalchog mohono, o bell ffordd.

Gydag ymddangosiad Luc y daeth cwmpas amser *Mân Esgyrn* i'r fei. Fe fyddai Luc yno oherwydd cysylltiad â Gŵyl y Llychlynwyr, sef gŵyl go iawn a gynhelir yn Amlwch bob yn ail flwyddyn. Byddai digwyddiadau'r ŵyl yn gefnlen i'r cyfan a'i threfn yn llinyn amser bras i'r nofel. Lleolid y digwydd rhwng un prynhawn Gwener a'r nos Sul ganlynol: cwmpas tyn o lai na thridiau.

O safbwynt y stori, o'r un awydd i osgoi'r amlwg y tarddodd perthynas gudd Helen â Bryn (sef cyn-ŵr Carol) gan roi dwy stori garu bosibl i'w cyflwyno a'u gwrthgyferbynnu yng nghorff y nofel. Cyflwynir gweddau negyddol ar Bryn ar ddechrau *Mân Esgyrn*, ond erbyn y diwedd, yn ôl y bwriad gwreiddiol a amlinellir uchod, gwelwn nad ellyll mohono yntau yn y pen draw.

Yn raddol, er mwyn llenwi'r llwyfan, datblygais gymeriadau Hywel a Nel Parry, sef rhieni Helen; a Mervyn, Ian a Huw, ei chydweithwyr; a'u cefndiroedd a'u cyfraniadau hwythau i'r tridiau. Eto, nid oedd hynny ychwaith yn ddigon, oherwydd o fewn y cymysgedd cymhleth o berthnasau oedd yn dechrau ymddangos, roedd yn rhaid cael stori i'w datgelu yn raddol. Byddai'r hyn a ddigwyddodd i'r bobl hyn ers talwm, ac a oedd yn dal i ddylanwadu ar eu bywydau hyd heddiw, yn parhau'n ddirgelwch i'r darllenydd bron tan ddiwedd y nofel.

Rhagwelwn gywair. Roeddwn yn mwynhau arddull rhai nofelau Saesneg/Americanaidd cyfoes. Nofelau i ymgolli ynddynt yw'r rhain, yn ymdrin yn gynnil eto'n gyffrous â pherthynas pobl â'i gilydd, ond gyda digwyddiad penodol – mympwyol neu annisgwyl, yn aml – yn ysgogiad i'r cyfan. Er mwyn dod o hyd i'r llais newydd hwn, llais cynnil ond awdurdodol wrth ymdrin ag emosiwn, bûm yn arbrofi trwy gyfieithu darnau o destunau Saesneg a edmygwn, megis gwaith Anita Shreve, Annie Proulx, Alice Munro a Helen Dunmore. Rhoddai hyn linell sylfaen wahanol i'w hystyried wrth ddatblygu'r nofel; fwy nag unwaith fe'm cefais fy hun yn cyfeirio'n ôl at y cyfieithiadau gwreiddiol hyn er mwyn ffrwyno f'arddull: chwynnu geirfa amhriodol a sicrhau uniondeb emosiynol yr olygfa oedd prif fyrdwn y cam hwn bob tro.

Mae'r awdur Michael Ondaatje yn disgrifio'r modd y mae ei waith yn aml yn pontio rhwng rhyddiaith a barddoniaeth. Cred mewn barddoniaeth fel man lle bydd awdur a darllenydd yn cwrdd â'i gilydd, a bod yn rhaid sicrhau digon o wagle a thawelwch mewn cerdd, fel bod lle i'r darllenydd chwarae ei ran yn ogystal. Y mae'n credu yn yr un gwagleoedd a bylchau mewn rhyddiaith hefyd:

> I don't think the novelist knows everything. I don't like being talked down to as a reader. I want tact and silence, something left unsaid.[2]

Roedd yr un parch hwn at ddeallusrwydd y darllenydd yn bwysig i mi yn *Mân Esgyrn*. O'r dechrau, bwriadwn iddi fod yn nofel y byddai'n rhaid i'r darllenydd weithio wrth ei darllen. Y gamp fyddai taro ar y cydbwysedd gorau posibl rhwng datgelu a chelu, egluro ac awgrymu, gogr-droi a chwipio symud.

Sylweddolwn hefyd na allwn, ar y pryd, wahanu'r profiad o ysgrifennu barddoniaeth a rhyddiaith. Gwahanol ffurfiau ar gyfansoddi oedd y ddau. Mwynhawn ryddid y brawddegau hirach, ond fe'm cawn fy hun yn meddwl drwy'r adeg yn dynn a delweddol. Arbrawf oedd pob brawddeg. Her i'w mwynhau. Gan sylweddoli cymaint o'r datblygu oedd yn digwydd yn fy mhen yn bennaf, a heb ei gofnodi, penderfynais gadw dyddiadur er mwyn croniclo agweddau ar y broses greadigol a'm hargraffiadau ynghylch datblygiad *Mân Esgyrn*.

O edrych yn ôl ar y cofnodion, ar y dechrau gwelaf mai cipluniau yn unig oedd gennyf o ddarpar olygfeydd yn fy meddwl – byddwn yn nodi ambell linell o ddeialog neu ddarn o olygfa, yn cofnodi braslun sefyllfa. Datblygai fy syniadau a'm hadnabyddiaeth o'r cymeriadau drwy'r amser. Wrth ysgrifennu deialog ar gyfer golygfa a ddaeth, maes o law, i fod yn rhan o bennod 27 y nofel, sylweddolais y gallasai cymeriad Carol fod yn berson sylfaenol gryfach a miniocach na'r hyn a ystyriais ar y dechrau. Dyma a gofnodais ddechrau Mai 2007:

> Golygfa yn fflat Helen. Tiwtor yn canmol y 'disgrifio gofod mewnol'. Deialog yn gryf. Tro annisgwyl (i mi hefyd) yng nghymeriad Carol wrth ysgrifennu'r olygfa hon.

Llifai'r ddeialog tua diwedd yr olygfa a theimlai geiriau pigog Carol yn anghyffredin, eto'n ddilys i'w chymeriad. Dyma enghraifft bendant o gymeriad a momentwm sgwrs yn cynnig trywydd newydd i ddeialog, ond yr awdur yn penderfynu a ddylid cadw'r datblygiad annisgwyl ai peidio.

Meddyliais lawer am y ffordd y byddai cymeriad Carol yn cael ei gyflwyno i'r gynulleidfa a phenderfynais mai da o beth fyddai cadw'r datblygiad hwn – y gwytnwch newydd a ymddangosodd i mi – *rhag* y darllenwyr, ar y dechrau. Sylweddolais y gallasai hon fod yn dechneg i'w defnyddio gyda phob un o gymeriadau *Mân Esgyrn*. Apeliai hyn ataf. Beth petai'r darllenydd yn cael argraff gyntaf o'r cymeriadau yn sgil yr hyn a gyflwynid ar y dechrau, ond yn raddol yn dod i sylweddoli nad dyna'r darlun cyflawn? Dyma ddull pendant o osgoi cymeriadu arwynebol. Nid yn unig y byddwn yn ymdrechu i greu cymeriadau llawn a chrwn, da a drwg oddi mewn iddynt eu hunain, ond buaswn hefyd yn ceisio dadlennu'r amryfal agweddau hynny ar eu cymeriadau i'r gynulleidfa, yn gynyddol, wrth i'r digwydd fynd rhagddo.

Gan mai tridiau yw cwmpas amser y nofel, gallwn gadw golwg agos ar y cynnydd. Gyda 'nos Wener' a 'bore Sadwrn' eisoes yn datblygu (er bod bylchau'n parhau) roeddwn yn awyddus i feddwl yn fwy gofalus am natur y cydbwysedd emosiynol rhwng Luc a Carol ar y pryd, ond sylweddolais fod rhannau helaeth o fywyd Luc yn parhau'n ddirgelwch i'r darllenydd. Yn y dyddiadur, nodais y cwestiynau amlwg:

> Pam ddylen ni fod â diddordeb ynddo fel unigolyn?
> Be fu o'n ei wneud ers 20 mlynedd?

O safbwynt datblygu'r stori yn gadarn a seicolegol driw, mater arall yr oedd angen ei archwilio oedd cymhellion Luc wrth ymwneud â'r ddwy ferch yn y stori. A yw Luc yn gymeriad diffuant ai peidio? Hyd yma yn y nofel, ni ddadlennwyd yn glir sut un ydyw; a yw'n chwarae'n deg? A yw'n trin y ddwy yn wahanol o fwriad? A fydd y ffaith ei fod yn ymddwyn yn wahanol tuag at y ddwy ohonynt yn ddigon i ddylanwadu ar argraffiadau Carol ohono, gan olygu na fydd hi o'r herwydd yn gallu ymddiried yn y dyn anghyson hwn? O safbwynt Carol, fe allai'r amwysedd hwnnw fod yn ddigon i wneud iddi beidio ag ymroi i berthynas ddyfnach â'r cymeriad anwadal hwn. O'i ddadansoddi felly, Luc fyddai'n gyfrifol am ei 'fethiant' ei hun.

Bûm yn plotio rhagor o olygfeydd, megis yr olygfa yn Eglwys Llaneilian ar y nos Sadwrn. Nid oes dim yn digwydd yno fel y cyfryw, ond dyna'r pwynt. Y dasg oedd dod o hyd i drywydd drwy'r olygfa hon a fyddai'n rhyddhau gwybodaeth allweddol am gefndir Carol a Luc, a datblygu'r sefyllfa emosiynol rhyngddynt, gan wneud defnydd o'r lleoliad cyfoethog a'r gwrthrychau yn yr eglwys; y gamp fyddai gwneud hynny'n realistig a soffistigedig. Yn reddfol, gwyddwn y byddai'r cyfan yn tarddu o'u sgwrs. O brofiad, gwyddwn y byddai angen i mi ofalu cynnwys digon o elfennau naratif er mwyn arafu'r cyfan.

11 Mehefin, Garej Pentraeth [wrth aros i'r car gael MOT]. Dechrau teimlo fy mod yn dod i adnabod fy 'ffordd i' o weithio.

Erbyn hyn, roedd patrwm yn ymddangos. Er enghraifft, yma, gwyddwn eisoes am y gwahanol elfennau a fyddai'n cael sylw – yr eglwys ei hun (y sgrin bren/llun y diafol/carreg fedd/paent coch/ffenestr liw); a'r cefndir yr oeddwn yn awyddus i'w ddadlennu – hanes Carol yn ffoi ers talwm a chefndir teuluol Luc.

Cyrhaeddais y rhan lle mae'r ddau yn eistedd yn yr eglwys yn trafod Carol yn ffoi oddi wrth Bryn ers talwm. Sylweddolais fy mod yn awyddus i droi'r sgwrs at y paent coch anghyffredin yn y gangell ond na wyddwn sut i wneud hynny. Fe'm cefais fy hun yn pryderu hefyd am rwyddineb y ddeialog, h.y. fod y cyfan yn rhy gyffredin a rhwydd. Yn ôl yr arfer, wedi darllen yn ôl dros gynnyrch dwy neu dair awr fel hyn, fy mhatrwm naturiol fyddai oedi. Ni allwn fwrw ymlaen heb fod wedi cnoi cil dros y cynnydd hyd yma: petai angen newid rhywbeth, boed fawr neu fach, byddai hynny'n effeithio ar yr hyn a ddilynai. Yn yr enghraifft arbennig hon, gyda phellter noson o gwsg, fe'i darllenais drachefn:

Amau fod angen defnyddio'r ffenest liw rywsut yn
ffordd o arwain y sgwrs at liwiau, ergo'r paent. Ddim
yn siŵr sut, rŵan, ond mi ddaw.

Nid oeddwn yn gwbl sicr o'r cam nesaf, ond gwyddwn y byddai'n dod yn glir gydag amser. Gwyddwn hefyd nad oedd unrhyw bwrpas bwrw ymlaen â'r olygfa hyd nes y deuai'r un cam bychan ond allweddol hwnnw yn eglur neu fe allai'r gweddill fynd ar ôl ysgyfarnog amhriodol.

Does gen i ddim mo'r amser na'r awydd i sgwennu er
mwyn sgwennu. Felly meddwl, cerdded, darllen o'i
gwmpas [sef ymchwilio i'r elfennau materol y cyfeirir
atynt uchod], arbrofi yn y meddwl, mynd i'r eglwys,
ac mi ddaw.

Yn y cofnod hwn, nid datganiad o hyder yn y broses yn unig a welwn uchod. Y mae hefyd, rwy'n amau, yn arwydd o ymdrech gennyf ar y pryd i'm hargyhoeddi fy hun i ymddiried yn y broses, i gofio fod trefn debyg wedi gweithio yn y gorffennol a thrwy hynny y dylwn ymlacio ac ymroi i'r gwaith heb boeni.

Fel rhan o'r broses, ailedrychais ar lyfrau nodiadau cynnar gennyf lle'r oedd cyfeiriad at bresenoldeb copr yn ogystal â sylffwr yn y mwyn ar Fynydd Parys, ac ymchwil ddilynol ynghylch priodweddau gwyddonol yr elfennau hyn. Nodais yn gynnar iawn yn y broses y gallai Carol gynrychioli copr; Helen, sylffwr. Mae'r cyferbyniad rhwng y ddwy elfen hyn sy'n rhan annatod o gemeg Mynydd Parys yn sylfaenol i gymeriadau'r ddwy ferch. Carol yw'r copr hydwyth, hyblyg; yr hyn yr oedd chwilio mor frwd amdano ar y llethrau ac yng nghrombil y mynydd ers talwm. Helen yw'r sylffwr melyn, y sgil-gynnyrch budr, sy'n beryglus o'i gyfuno. Ac os cyfuno'r 'merched' hyn, yna Luc yw'r ocsigen rhwng y ddwy.

Rhydd copr ac ocsigen gyfansoddyn sefydlog, hirymarhous, sef copr ocsid, gwyrdd ei liw. O gyfuno sylffwr ac ocsigen, ceir nwyon gwenwynig: sylffwr ocsid, deuocsid a'u tebyg. O gyflwyno dŵr, dyna greu asid sylffwrig. Pigiadau chwerw'r asid hwnnw a deimlwn yn hydreiddio Helen, druan. Felly, er mwyn adleisio'r delweddu hwn, yn yr olygfa yn yr eglwys, lle mae Carol yn hawlio ein sylw a lle deuwn i wybod ffeithiau pwysig am ei gorffennol, euthum ati i gynnwys mwy nag un cyfeiriad at gopr. Mwynheais y datblygu a theimlo'r olygfa yn ymrithio wrth i mi blethu'r gwahanol linynnau.

Tua'r un pryd cofnodais ddarllen cyfweliad byr â Rose Tremain (awdur *Restoration,* ymhlith eraill) yng nghylchgrawn *FT Magazine:*

> QUESTION: Do you like the sound of your own voice?
>
> ANSWER: Only when I find it saying things I didn't realise I knew.[3]

Dyma yr hoffwn ddod o hyd iddo yn fy ngwaith: gallu dweud pethau yr wyf fi a phawb arall yn eu deall ac yn gyfarwydd â hwy, ond gwneud hynny mewn ffordd annisgwyl, wahanol, a thrwy hynny fy synnu fy hun yn ogystal â phobl eraill. Yn y dieithrwch diogel hwnnw mae gwefr arbennig.

Tua'r un cyfnod, disgrifiaf fynd am dro gan chwarae golygfa'r eglwys yn fy meddwl. Dechreuais adrodd darnau o ddeialog bosibl rhwng y ddau, a sylweddolais fy mod yn gwneud hynny yn Saesneg. Pam? Oherwydd bod fy nghlust yn fwy hyderus i adnabod beth sy'n gweithio yn Saesneg? Dydw i ddim yn credu hynny. Un posibilrwydd yw ei fod yn ffordd o edrych ar y cyfan 'y tu hwnt i iaith', h.y. er mwyn i'r olygfa weithio, bod yn rhaid i'r digwyddiadau, y cyd-destun, y symud o bwnc i bwnc, ac yn y blaen, weithio'n naturiol a chredadwy. Mae'r pethau hynny y tu hwnt i iaith, felly gallwch roi prawf arnynt, neu arbrofi â nhw, yn unrhyw iaith. Trwy eu symud o'r famiaith i ail iaith cyflwynir elfen o wrthrychedd hefyd.

Ar ben hyn, sylweddolais nad oeddwn yn llwyddo i symud ymlaen os nad oedd y gwaith fwy neu lai yn ei le – nid yn gwbl derfynol, ond bod y rhediad hwn drwyddo yn hollol gadarn a chredadwy. Gwaetha'r modd, weithiau, er gweld trywydd clir neu lunio bwriad pendant, deuai pethau eraill i rwystro'r cynnydd.

25 Mehefin Wedi cael wythnos wael o ran sgwennu. Rhoi'r laptop yn mŵt y car brynhawn Sul diwethaf gan fwriadu gweithio tra oedd y plant yn ymarfer ar gyfer cyngerdd Glanaethwy, ond rhy flinedig. Aeth dechrau'r wythnos i ddarn o waith cyfieithu, gan fod bil treth diwedd Gorffennaf yn pwyso, ac aeth gweddill yr wythnos i betheuach – beunyddioldeb... Ond y prif rwystr mewn gwirionedd, rwy'n amau, oedd diffyg telyneg ar gyfer y Talwrn.

Byddai gofynion teuluol yno'n gyson, er y deuai cyfnodau prysurach na'i gilydd, ac ar y cyfan gallwn weithio o'u hamgylch. Byddai gofynion creadigol eraill, fodd bynnag – er enghraifft cerdd ar gyfer *Talwrn y Beirdd* ar Radio Cymru – yn golygu rhoi *Mân Esgyrn* o'r neilltu yn llwyr. Ni allwn gario dau fyd creadigol yn fy mhen ar yr un pryd.

Hyd yn oed pan na allwn 'greu', gallwn gofnodi. Roedd gwahaniaeth rhwng cadw dyddiadur am y broses ysgrifennu ac ysgrifennu'r nofel ei hun. Ar gyfer y dyddiadur, byddai gennyf nifer o bwyntiau perthnasol yn hofran yn fy meddwl, a phe deuai cyfle, byddwn yn awyddus i'w cofnodi. Petawn yn anghofio pwynt neu ddau, bid a fo am hynny. Llif yr ymwybod. I lawr ag ef, heb fawr o sylw i sut. Ond dechreuais deimlo fy mod yn cofnodi 'sut deimlad yw ysgrifennu' yn hytrach na 'sut rwy'n ysgrifennu' a phenderfynais gadw gwell cofnod o'r cwestiynau, y dewisiadau a'r penderfyniadau oedd yn codi, gan wneud hynny yn y fan a'r lle, yn hytrach nag wrth gloriannu'r cynnydd ymhen tridiau. Weithiau byddwn yn cofnodi f'argraffiadau yn dilyn cyfarfod â'r tiwtor, a byddai'r cofnodion hynny yn adlewyrchu'r crynhoi sy'n rhwym o ddigwydd wrth geisio crisialu syniadau, meddyliau a datblygiadau cyn ac yn ystod cyfarfodydd o'r fath. Erbyn y deuai, wedyn, yn amser i'w groniclo, byddai'r cyfan wedi'u hidlo o leiaf ddwywaith trwy hidl amser a sgwrs, a byddai'r tân gwreiddiol – yr O, na! neu'r Aha! – wedi'i golli.

28 Mehefin Mae sgwennu'r nofel yn hollol wahanol. Efo geiriau'r nofel, mae'r hidlo yn hollbwysig. Mae'r syniad yn dechrau byblo yn fy isymwybod; yn dechrau cyd-daro efo'r elfennau eraill yn yr olygfa dan sylw ar y pryd. Rydw i naill ai'n teimlo rhyw barodrwydd (rheidrwydd?) i drio'i roi ar bapur, neu fel arall yn cael fy nghymell gan un o nifer o bethau – fel rhwystredigaeth diffyg cynnydd yn wyneb dedlein cyfarfod (amhrisiadwy), neu euogrwydd diwrnod sgwennu gwag heb unrhyw gynnyrch i gyfiawnhau'r 'aberth' oni bai fy mod i'n gafael ynddi. Wedyn mae'r geiriau'n dechrau cael eu gosod. Fesul brawddeg. Llinell o ddeialog. Oedi. Mymryn mwy. Oedi. Ailddarllen. Meddwl. Adeiladu'r camau drwy'r olygfa yn rhesymegol. Cloffi. Mynd am dro. Hidlo'r syniadau wrth gerdded. Ydi o'n taro deuddeg? Ydi o'n gredadwy? Digon? Gormod? Ac os bydd 500 gair mewn diwrnod, mae hynny'n gynnydd da. A go brin y bydd angen cael gwared ar ormodedd ohonynt.

Mae'r awdur Mary Loudon yn cymharu ei gwaith arferol fel nofelydd gyda chynnwys ei llyfr ffeithiol, *Relative Stranger*. Ynddo mae'n ysgrifennu am ei chwaer, a ddiflannodd am flynyddoedd, ac y daeth i wybod amdani ar ôl ei marwolaeth yn unig. Dywed Loudon fod ysgrifennu am bethau a ddigwyddodd iddi hi yn bersonol yn eu gwneud yn llai personol, rywsut.

> This is because writing about an experience of your own entails taking a step backwards from it. Objectifying an experience is part of the distillation necessary to turn it into something readable and it tends consequently to render the experience itself more manageable, emotionally speaking.[4]

Yn ddi-os, roedd cofnodi'r broses greadigol o ysgrifennu *Mân Esgyrn* ar ffurf dyddiadur yn rhan werthfawr o'r gwaith. Mae caboli'r dyddiadur hwnnw yn ddogfen gyhoeddus wedi golygu edrych yn wrthrychol ar y broses gyfan a dwyn ynghyd yr elfennau pwysicaf a'r mwyaf perthnasol o'u plith a arweiniodd at gwblhau *Mân Esgyrn*. Gyda'r gwrthrychedd angenrheidiol, gwelaf i hyn arwain at fwy na hynny hefyd, oherwydd datblygais innau yn bersonol ochr yn ochr â'r deipysgrif.

Am ysgrifennu nofel, yn hytrach na chofiant, dywed Mary Loudon ei bod yn broses groes i'r distyllu a ddisgrifia uchod:

> Writing about things that happen to other people has the opposite effect. Bringing to life the experience of somone else demands that you take imaginative steps towards it, which amplifies it.[5]

Wrth lunio *Mân Esgyrn*, serch hynny, credaf fod elfen o'r ddwy broses uchod yn berthnasol i mi. Er mai ysgrifennu am bobl ddychmygol a wnaf yn y nofel, yr oedd 'distyllu' yn rhan allweddol o'r drefn. Ceisiais fy rhoi fy hun yn esgidiau'r cymeriadau i'r fath raddau nes fy mod yn gallu credu'n llwyr ynddynt, bron fel petai'n brofiad personol i mi. Ond wedyn mynnais amser i hidlo'r digwyddiadau a'r ymatebion dychmygol yn olygfeydd mesuredig, rheoledig. Gyda'r asgwrn cefn canolog hwnnw yn ei le, gallwn wedyn ddechrau ysgrifennu, a mynd ati i gyflwyno bywyd i'r olygfa ddychmygol, ar ffurf deialog, disgrifiadau a chyfoeth iaith, sef y 'mwyhau' y cyfeiria Loudon ato uchod.

A yw'r amser sydd ar gael yn rheoli siâp nofel? Ydi, mae'n debyg. Mae'n anorfod, er enghraifft, fod eich hwyliau yn effeithio ar y cynnwys; y lleoliad lle'r ydych yn ysgrifennu hefyd. Felly, pam na ddylai amser ddangos ei ôl? Er ymroi i roi f'amser i'r nofel dros yr wythnosau a aethai heibio, oherwydd y fframwaith prysur y digwyddai hynny o'i fewn, roedd yn anorfod mai mewn hyrddiau byrion o ganolbwyntio y gweithiwn, cyn gorfod codi i wneud rhywbeth arall.

O ysgrifennu fesul dwyawr, ceid golygfeydd bychain, tyn, fel siot camera agos, o fewn sefyllfa ehangach. Rhaid, wedyn, oedd medru camu'n ôl a sicrhau bod y cynllun mawr yn cyfuno'r lluniau llai yn olygfa, a'r golygfeydd eang wedyn yn stori gyflawn. Yn rhannau cynharaf *Mân Esgyrn* cawsai'r pytiau byrion eu hymgorffori mewn naratif ehangach dros amser – dros gyfnod o

fisoedd weithiau. Bellach, rhaid oedd sicrhau cysondeb drwy'r
nofel gyfan, er mwyn i'r darllenydd ymlacio ac ymddiried yn yr
arddull.

17 Awst Rhyddid. Ken am fynd â'r plant i Landudno
tua 2 ac wedyn i'r pictiwrs.

Prynhawn ar fy mhen fy hun. Yswn am fwrw ymlaen, eto fe'i
cawn yn anodd gwagio fy meddwl yn y gegin, felly cerddais i
dafarn y pentref. Yn fy meddwl, roedd dwy sefyllfa yn cydredeg,
sef y ddamwain yn y gwaith bromin, a Luc a Carol yng
Nghaswallon yr un bore Sul [penodau 35-36]. Ar y pryd, fe'u
rhagwelwn ill dwy yn gwau o amgylch ei gilydd, gyda'r stori yn
neidio yn ei thro o un olygfa i'r llall. Ond ni welwn drywydd
pendant. Ni welwn y 'bachyn' i mewn i'r stori.

17 Awst Methu setlo'n y tŷ. Mynd i'r Parciau. Darllen
dros. Darllen am y 'windrose' – am y tŵr gwyntoedd
yn Athen. Wedyn darllen y nodiadau pensil wnes i
ar sgerbwd yr olygfa yn ystod y cyfarfod efo Ian Roth
[cyn weithiwr mewn gwaith cemegol yn Amlwch].
Sylweddoli bod <u>gwynt</u> yn allweddol i'r ddwy olygfa
[gwynt yn cario'r cwmwl bromin; cofeb cyfeiriadau'r
gwynt yn gof am Kathy]. Bingo. Gallaf weithio'r
ddwy olygfa trwy ei gilydd gan ddefnyddio delwedd
y gwynt. Rywsut.
Rwy'n gwybod yn reddfol, yr eiliad yma – 10 munud
ar ôl 'gweld' syniad y gwynt – mai'r cam nesaf rŵan
fydd symud at y cyfrifiadur. Gallaf fwrw iddi.

Agorwyd y drws yn fy mhen a gellid mynd ati i chwilio am lwybr
drwy'r ddwy sefyllfa ar y sgrin. Ni fyddai unrhyw fantais oedi
gyda'r syniadau cyfredol ar bapur. A byddai'n anodd cynllunio
fawr pellach ymlaen yn y nofel, oherwydd byddai hynny'n
dibynnu ar ddatblygiad y golygfeydd dan sylw. Gwyddwn hefyd
y byddai fy meddwl, fy isymwybod, eisoes yn ceisio rhagweld y
trywydd y tu hwnt i'r golygfeydd hyn. Ac wrth iddynt ymffurfio,
y byddai pob darpar syniad yn newid ac ymaddasu yn ei dro. Ond
cyfnod prysur yw gwyliau'r haf efo tri o blant. Mewn panig, heb

gyflawni digon dros yr haf a chan fethu mynd yn ôl i drefn ar ddechrau tymor ysgol newydd, pendronais lle i fynd am dridiau o ysgrifennu dwys.

10 Medi Carafán? Bwthyn gwyliau? Gwesty? Rhywle ddim yn rhy bell. Gwesty'r Imperial, Llandudno? Edrych ar luniau ar y we ond y lle yn llawn – ddim yn siŵr fedrwn i sgwennu yno beth bynnag – beth petai'r llofft yn llawn ffrils hen ffasiwn a ffabrigau synthetig – mi faswn isio rhedeg adra!

Trefnais ddwy noson yng ngwesty newydd y Quay yn Neganwy. Seicoleg o chwith oedd hyn: dyma westy moethus lle byddai'n hawdd iawn gwneud dim ond ymlacio a loetran yn y sba; eto mae'n ddigon digymeriad fel nad oes dim i'ch hudo i oedi yn y bar na'r lolfa. Y mae hefyd yn gymharol ddrud, felly byddai'n rhaid i mi weithio'n galed gan esgor ar ddigon o gynnyrch i gyfiawnhau'r gost.

Ar y prynhawn Gwener yn y Quay, bwriais ati'n syth i weithio mwy ar hanes y ddamwain yn y gwaith cemegol. Cofiais am Ian Rothwell Jones yn sôn bod y bechgyn weithiau'n dringo i ben twr y cyddwysydd, fin nos, i weld yr olygfa. Penderfynais mai cymeriad Huw fyddai'n cael ei anafu yn fwyaf difrifol. Roedd angen hefyd i Helen deimlo euogrwydd am y digwyddiad; dyma un o'r prif bethau fyddai'n gyrru Helen dros y dibyn yn feddyliol.

16 Medi Os mai i Huw y digwydd y ddamwain, rhaid i'r storïwr ddweud ei stori o am dipyn.

Beth amser ynghynt bûm yn darllen nofel yn ail-greu ymweliad Freud a Jung ag America, gyda haen ddychmygol yn seiliedig ar ddatrys achos o lofruddiaeth.[6] Fe'i cefais yn nofel ddifyr ond anodd ei dilyn ar brydiau gan fod yno lawer iawn o gymeriadau ymylol. Pendronais uwch hynny wrth feddwl am nifer y gweithwyr ymylol a fyddai gennyf innau yng ngolygfeydd y gwaith bromin. Fel y dywedodd Ymerawdwr Awstria, Joseff II, am gerddoriaeth Mozart yn nrama Peter Shaffer, *Amadeus:* 'Gormod o nodau'.[7]

Er gochel rhag cyflwyno gormod o gymeriadau yn y gwaith bromin, mewn ystafell dawel, chwaethus yn y gwesty, heb ddim i fynd â'm sylw ond sgrin y gliniadur o'm blaen ar fwrdd bychan wrth y ffenestr (dim golygfa a dim rhyngrwyd), tyfodd cymeriad Huw. Mwynheais ymgolli yn ei fywyd. Rhoddais reswm iddo ddringo'r tŵr. Wrth i'r paragraffau o gefndir ymgasglu, dechreuais ganolbwyntio mwy ar yr arddull a chyflwyno awyrgylch o lonyddwch arallfydol pan fyddai Huw ar ben tŵr y cyddwysydd.

Wrth fynd ati i ysgrifennu, roeddwn yn ymwybodol na chwiliais ar hyd ac ar led am y 'bachyn' arferol a fyddai'n fy arwain drwy'r sefyllfa, ond bodloni yn hytrach ar syniad cynnar yn defnyddio lòg diogelwch fel dyfais i ddadlennu'r digwydd. Ai enghraifft o ymlacio oedd hyn i dderbyn bod mwy nag un ffordd bosibl o gyflwyno stori, heb ymboeni am ddod o hyd i'r 'un ffordd orau'? A fyddai'r olygfa ar ei cholled oherwydd hynny? Ysgrifennais 1,780 o eiriau ar y nos Wener. Erbyn diwedd y dydd Sadwrn roedd gennyf 4,700 gair newydd. Ar y nos Fawrth ganlynol, roeddwn yn hapus â'r cynnyrch:

> Mae'r darn am y ddamwain yn OK – gormod o ogor-droi yma ac acw, a gormod ar blât i'r darllenydd hefyd mae'n debyg. Chwynnu, felly – ond ddim rŵan. Bwrw ymlaen yn bwysicach.

Fersiwn cyntaf oedd hwn a gwyddwn y byddai newidiadau. Ond mae'r sylw am fwrw ymlaen er gwaethaf hynny yn awgrymu newid yn f'agwedd. A oeddwn, o bosibl, yn ymlacio hefyd i gredu mwy yn fy ngallu; yn dechrau dysgu ystyried drafft fel un cam yn y broses tuag at y terfynol, yn hytrach nag ymboeni am gyrraedd y terfynol ar bob cam yn ystod y daith? Ar y llaw arall, ymhen deuddydd, roeddwn yn fwy beirniadol, yn ôl fy arfer:

> **20 Medi** Maes parcio Plas Arthur, Llangefni. Darllen dros waith Deganwy [eto] heddiw. Y darn technegol lle mae'r hogiau'n trafod archebion ac ati yn llawdrwm iawn. Bydd angen tocio.

Pryderai'r tiwtor y byddwn yn tocio gormod wrth olygu maes o law, yn enwedig wedi i mi fynegi cydymdeimlad ag Ondaatje, a dreuliodd bum mlynedd yn ysgrifennu ei nofel ddiweddaraf, a dwy yn ei golygu. Fe'i gwelai'n ddiddorol hefyd fy mod yn cyfeirio at stori Huw a golygfa'r ddamwain gan ddweud ei bod hi 'lawer yn hirach nag oeddwn wedi'i fwriadu', yn ogystal â mynegi siom na lwyddais i fynd ymhellach na'r olygfa hon yn ystod y cyfnod yn Neganwy. A oedd hyn (eto) yn enghraifft o'r 'ysgrifennu yn ehangu i ffitio'r amser oedd ar gael'? A phetai ond ychydig oriau ar gael, a fyddai golygfa'r ddamwain yn fyrrach o'r hanner? (Diddorol yw nodi i mi hepgor bron i hanner yr hyn a ysgrifennais yn Neganwy erbyn drafft terfynol *Mân Esgyrn*.)

Yn yr erthygl a grybwyllwyd eisoes,[3] mae Ondaatje hefyd yn sôn am dorri'n ôl ar yr ysgrifennu (*'paring down'*) nes nad oes dim ar ôl ond yr hanfodion:

> Readers may feel tantalised by secrets and gaps. But, for Ondaatje, the white space makes us equal participants.[8]

Dyma arddull sy'n apelio ataf, ond gall fod yn brofiad darllen heriol. Dyfynna Ondaatje y trwmpedwr Miles Davis, wrth chwarae, yn ymdrechu *'to listen to what I can leave out'*. Maes o law, ystyriais innau'r hepgor hwn wrth ddarllen yn ôl dros hanes adladd y ddamwain yn y gwaith: gall gorgyflwyno gwybodaeth fod lawn mor feichus â gorgynildeb.

Wrth ddatblygu *Mân Esgyrn*, brwydrwn â'r awydd hwn i fynnu cynildeb, gan fy nheimlo fy hun yn cael fy nhynnu'n hawdd at arddull ac arferion cyfarwydd barddoniaeth. Ofnwn y byddai pris i'w dalu am gynnwys adrannau gorlenyddol. Eto, gydag afiaith y nofelydd newydd, gwirionwn ar sŵn fy ngeiriau fy hun. Yn y pen draw, o edrych yn ôl, tociais lawer, ond cedwais rai paragraffau mwy llenyddol na'r gweddill. Er cydnabod y gallai rhai ohonynt fod yn arafu'r dweud, penderfynais eu cynnwys. Erbyn diwedd y broses o ysgrifennu fy nofel gyntaf roeddwn yn fodlon cydnabod beiau; yn fodlon caniatáu rhyfaint o ryddid 'methiant' i mi fy hun.

Wrth drafod datblygiad *Mân Esgyrn* o'r fan hyn i'w diwedd, nododd y tiwtor ei bod yn teimlo'r cyfan yn dechrau tynnu at y terfyn:

> Y tiwtor yn teimlo nad oes yna ddim coblyn o ffordd bell i fynd rŵan. Nag oes – ond mae yna'n dal rai pethau sylfaenol i'w datgelu am bawb, bron. Sy'n beth da, am wn i. Cadw'r stori i fynd reit at y diwedd.

Eto, parhau yr oedd fy mrwydr innau i sicrhau cynnydd.

> **15 Hydref** Tywydd braf ers pythefnos. Gormod o waith cyfieithu. Yr ardd angen sylw cyn y gaeaf. Noson i ffwrdd efo ffrindiau. Cerdded traeth Aberdaron bnawn Sadwrn ac egluro, er bod y nofel yng nghefn fy meddwl drwy'r amser, bod wythnosau weithiau'n mynd heibio cyn bydd cyfle i droi ati. Rhwystredigaeth mynd dros hen dir wedyn er mwyn ailafael. Ond pythefnos clir o fy mlaen rŵan.

Trefnais i aros mewn bwthyn wrth lan y môr ym Mhontllyfni am yn agos i wythnos: cyfnod anghyffredin, gan y byddwn yn gallu rhoi f'amser yn llwyr i ysgrifennu am bum niwrnod cyfan, heb feddwl am neb na dim ond mi fy hun. Yno, yn sgil clywed am salwch ffrind, a'i gwroldeb yn wyneb ei sefyllfa, cefais f'atgoffa mor gymhleth yw bywyd – mor llawn o wrthgyferbyniadau – da a drwg, cyfarwydd a dieithr yn gymysg oll i gyd ac yfory'n amhosibl ei ragweld. Y tyndra hwn, rhwng yr arferol a'r annisgwyl, yw un o hanfodion stori afaelgar; dyma'r *arferol cymhleth* y chwiliwn amdano. Ceir boddhad rhyfedd hefyd o ddarllen am sefyllfa lle teimlwch gydymdeimlad greddfol ag unigolyn arall, yn gymysg â'r rhyddhad mai'r rhywun arall hwnnw neu honno sy'n gorfod wynebu'r broblem. Yn fy nyddiadur, archwiliais f'ymateb:

> Yn aml, bydd teimlo'r rhyddhad hwnnw yn esgor ar euogrwydd, felly yn ddelfrydol, i leddfu'r gydwybod, byddai yna dystiolaeth o'r unigolyn yn gallu <u>codi uwchlaw'r cyfan</u>, a fyddai'n eich gadael chithau'n

dawelach eich meddwl (yn gwbl naïf, o bosib) y bydd pethau'n iawn o hyn ymlaen. Ai dyna fydd yn digwydd yn *Mân Esgyrn*?

O'r cofnodion a gedwais yn ystod y broses ysgrifennu, gwelaf mai dyma'r cyfeiriad cyntaf at wir drywydd diweddglo *Mân Esgyrn*, sef diweddglo a ddibynnai ar ddatblygiad teimladau yn hytrach na digwyddiadau. Yn wir, gan adleisio'r geiriau a danlinellwyd uchod, dyma yn union a wna Carol yn yr olygfa olaf un, sef sefyll ar y mynydd uwchlaw'r dref yn meddwl am y cyfan a ddaeth i'w rhan a theimlo'i hun uwchlaw'r cyfan oll, rywsut. Nid ysgrifennais yr olygfa honno am ragor na blwyddyn ar ôl y cyfnod yn y bwthyn ym Mhontllyfni, ond yn ddiarwybod i mi, ymddengys fod y syniadau terfynol eisoes yn f'isymwybod hyd yn oed bryd hynny.

Aeth yr hydref heibio. Treuliais aml i ddiwrnod cyfan y gaeaf hwnnw yn teithio yn ôl a blaen o Fôn i Bwllheli, i ofalu am hen fodryb i mi. Teithiau rhwystredig o ddyletswydd oeddynt, gydag oedi hirfaith wrth oleuadau traffig dirifedi gan fod y ffordd yn cael ei thrin rhwng Pontllyfni a Llanaelhaearn. Ond, o ganlyniad, treuliwn oriau ar fy mhen fy hun yn y car. Cawn y weithred o yrru car yn debyg i gerdded – un o'r tasgau ailadroddus, mecanyddol (fel gwneud crempog) sy'n cadw ochr chwith yr ymennydd yn brysur gan ryddhau'r ochr dde i fod yn greadigol.

Sgil-gynnyrch buddiol i'r teithio, felly, oedd amser i feddwl a hwnnw'n feddwl eang, crwydrol, agored. Eto, ni all dim ymddangos o wagle. Er enghraifft, ar un daith roeddwn angen cerdd arall i *Dalwrn y Beirdd*. Er y byddai'r teitl dan sylw sef 'Damwain' yn ei gynnig ei hun i ddehongliad llawer mwy llythrennol, o bosibl, gyda'r holl yrru gwael ar y ffyrdd rhwng Môn a Llŷn, datblygodd cerdd gynilach o lawer. Fe'i hysgogwyd gan fflach o atgof am ddrama 'Amadeus', gan Peter Shaffer, a gyfieithwyd i Gymraeg gan fy ngŵr rai blynyddoedd ynghynt. Ynddi dywed Salieri eiddigeddus mai 'damwain ffodus' yw cerddoriaeth ysgubol Mozart, a ph'run bynnag, nad yw'n ei hystyried yn gerddoriaeth lwyddiannus am fod ynddi 'ormod o nodau'[9] (sef y geiriau a atseiniai yn fy mhen fisoedd ynghynt yng nghyd-destun nofel Rubenfeld am Freud, ac wrth feddwl am nifer y cymeriadau gennyf yn y gwaith bromin).

Mae'r ffaith fod y dyddiadur a gedwais dros gyfnod ysgrifennu *Mân Esgyrn* yn troi'n ôl fwy nag unwaith, wedi cyfnodau meithion weithiau, at yr un pwnc neu'r un thema/syniad yn dangos mai ar hyn a hyn o brofiadau y tynnwn mewn cyfnod neilltuol. Gyda'r prysurdeb ymarferol yn fy mywyd ar y pryd, unwaith yn rhagor fe'm cefais fy hun yn chwilio'n ddyfnach o fewn yr un cronfeydd hynny er mwyn dod o hyd i weledigaeth newydd a deilyngai gerdd i'r Talwrn.

Hercio yn ei blaen yr oedd *Mân Esgyrn*. Yn y cyfnod hesb hwn, tua diwedd Ionawr 2008, darllenais mewn cylchgrawn papur Sul am nifer o lyfrau a allai eich cynorthwyo i 'lwyddo' mewn amryfal feysydd, gan gynnwys cyfeiriad at lyfr o'r enw *Creative Visualisation*.[10] Cofnodais, yn hanner o ddifrif:

> **7 Chwefror** Efallai ei bod hi'n bryd i minnau fynd ati 'i fy ngweld fy hun' yn sgwennu, ac 'yn llwyddo' i orffen y nofel yma, ac y daw hynny, o ganlyniad, i fod.

Serch hynny, yn ymarferol, oherwydd y prysurdeb y cyfeiriais ato uchod, erbyn y 29ain o Ebrill ni allwn ond cofnodi mai dyna'r tro cyntaf mewn wythnosau i mi deimlo y gallwn roi 'oriau' clir i feddwl am y nofel, gan geisio'i gweld yn gyfan yn fy ffeil weithio goch.

> **1 Mai** Trio llunio trywydd clir i'r diwedd. Shankland yn boeth. Bwrw ymlaen i roi trefn ar olygfa Caswallon. Dod â'r llinynnau at ei gilydd – rhoi darnau/pytiau oedd gen i mewn trefn. Angen gwaith ond yr asgwrn cefn yno rŵan, dwi'n meddwl. Angen mwy o densiwn. Dyma uchafbwynt emosiynol y nofel, dwi'n meddwl – lle mae Carol yn sylweddoli nad oes perthynas i fod.

O'r dyddiadur ar y pryd, mae'n amlwg fy mod hefyd, o lwyddo i ailgydio, yn f'amau fy hun drachefn. Dyma gofnod wythnos yn ddiweddarach, a minnau bellach wedi prynu'r llyfr y cyfeiriais ato ym mis Ionawr.

> **8 Mai** Darllen am dechneg 'unblocking' yn y llyfr *Creative Visualisation*. Mi rydw i am roi cynnig ar

hyn. Mae yna rywbeth yn fy rhwystro, rwy'n amau. Ddim yn credu yn fy hawl i wneud hyn? Ddim isio gorffen y nofel 'rhag ofn na fydd hi'n ddigon da'? Mi ddylai fod yn ymarferiad gwerthfawr.

Yna ni cheir cofnod arall am bron i dri mis.

17 Awst Oedi mawr eto. Amgylchiadau. Rhwystredig iawn. Eisoes yn ymwybodol y byddai cyfnod arholiadau TGAU Gruffydd yn hawlio rhywfaint o sylw, ond ddim cweit wedi disgwyl popeth arall ddaeth yr un pryd. Fel byw mewn nofel! Cyfuniad o bethau fel peli eira ers y Nadolig. Fwyaf diweddar – cael G. a'r plant yn aros yma ar ôl iddi adael ei gŵr. Tair wythnos drawmatig. Andros o ymwybodol ei bod hi'n haf eto.

Ond yn y cofnod hwn ym mis Awst 2008, hefyd, disgrifiais rywbeth a ddigwyddodd bron i fis ynghynt, ac y cymerodd rai wythnosau i'w fewnoli cyn gallu ei gofnodi'n wrthrychol. Rwy'n disgrifio'r hanes mewn manylder, gan fod yma nifer anghyffredin o elfennau sy'n cyd-daro ag agweddau pwysig ar yr holl gyfnod y bûm yn ysgrifennu *Mân Esgyrn* a'r amryfal bethau a ystyriais ac a sylweddolais yn ystod y cyfnod hwnnw. Roedd hwn yn drobwynt yn y broses.

Bûm yn darllen y llyfr *Creative Visualisation* a gyflwynai wahanol dechnegau i'w dilyn er mwyn 'gweld' llwyddiant a thrwy hynny ei sicrhau. Os na welid cynnydd, awgrymai fod yno rwystr. Gan deimlo'r angen i symud pa bynnag rwystr – a phob rhwystr – a'm cadwai rhag gorffen y nofel, rhoddais gynnig ar ymarferiad symud rhwystrau a ddisgrifir yng nghefn y llyfr. Bu'n brofiad annisgwyl o ddirdynnol.

Roedd gennyf awr i'w llenwi tra oedd y genod yn yr ysgol uwchradd yn Amlwch yn ymarfer sioe cyn diwedd tymor yr haf a manteisiais ar y cyfle i fynd i Borth Amlwch. Teimlwn angen i ailymgyfarwyddo â'r porthladd, gan na fûm yno ers tro. Byddai'n gyfle i 'deimlo' y lle o'r newydd, gan y rhagwelwn ysgrifennu golygfa llosgi'r cwch yno cyn hir. Parciais wrth ymyl y ffordd uwchlaw'r cei a dilynais y camau symud rhwystrau yn y llyfr.

Y cam cyntaf a awgrymwyd oedd ymateb ar bapur, ar ffurf rhestr gyflym, i'r cwestiwn agoriadol cyffredinol: pam na fedraf gael yr hyn y mae arnaf ei eisiau? Wedi rhestru cynifer o bethau â phosibl, heb feddwl gormod, rhaid oedd symud at restr fwy penodol, gan adael i'r isymwybod ddewis y cwestiwn hwnnw. Penderfynais archwilio f'ymateb i gwestiwn mwy penodol, eto'n eang ei ystod, sef pam na fedrwn i gael y 'bywyd perffaith'. Yr hyn a olygwn wrth y disgrifiad delfrydol hwnnw oedd cyfuniad boddhaus ac adeiladol o ysgrifennu, cadw tŷ (a holl elfennau'r swyddogaeth honno, gan gynnwys bod yn rhiant i dri yn eu harddegau), garddio (a roddai bleser mawr i mi), ymarfer corff a bwyta'n iach (hanfodol ond diflas) a gwaith o ryw fath, er mwyn ennill arian i gynnal y cyfan.

Wedi taflu rhestr o ymatebion i'r ail gwestiwn ar y papur, ymlaen at drydedd rhestr, yn manylu mwy eto. Teimlwn nad oeddwn yn gofalu amdanaf fy hun i'r eithaf, felly y tro hwn dewisais ystyried fy mhatrymau bwyta: pam na fedraf fwyta ac yfed fel y gwn y dylwn?' (gormod o fara/ menyn (Mam!)/ caws/ coffi cryf/gwin coch/dim digon o ddŵr ...).

Deuai nifer o themâu i'r golwg yn y tair rhestr frysiog, yn arbennig y gair 'indulgent'. Yn ôl f'ymatebion, ymddangosai y byddai cael 'bywyd perffaith' yn rhy 'indulgent' a bwyta'r hyn yr hoffwn ei fwyta (mwy o ffrwythau a physgod) nid yn unig yn rhy ddrud, ond yn rhy 'indulgent' yn ogystal! Wedi chwilio am themâu, rhaid oedd gadael i'ch greddf eich tynnu at yr ambell air neu ymadrodd a oedd fel petai yn taro nerf, yn enwedig os oedd yno ailadrodd, cyn mynd ati i nodi'ch ymateb iddynt.

Ac wrth wneud hynny digwyddodd rhywbeth rhyfedd iawn. Yn ôl y gofyn, dechreuais roi cylch am eiriau neu ymadroddion a safai allan i mi ac ymateb iddynt mewn geiriau syml. Er enghraifft, mewn ymateb i'r sylw yr 'hoffwn petawn yn bwyta mwy o ffrwythau', nodais 'nad oeddwn yn hoff o ffrwythau, fel y cyfryw, ond y buaswn yn bwyta mefus a mafon oni bai eu bod mor ddrud...'. Wedyn cylchais y gair 'indulgent' a ymddangosai ar y papur fwy nag unwaith, a'r peth nesaf roedd hi fel petai gan y bensil ei bywyd ei hun. Ymatebwn a'r geiriau'n llifo, a'r un peth yn dod allan drosodd a throsodd ond bod y geiriad fymryn yn wahanol bob tro, a'r cyfan, linell ar ôl llinell, yn dweud fwy neu lai yr un peth, sef: o ganiatáu pethau i ti dy hun, mi fyddi farw. Y peth rhyfeddaf un, efallai, o edrych yn ôl, yw mai yn Saesneg y daethai'r llif geiriau dieithr, a'r cyfan rywbeth yn debyg i 'Indulge and you will die/ Spend too much and death will follow'. Mewn gwaed oer, gwrthrychol, mae hyn yn rhyfedd ac ychydig yn ddychrynllyd. Ar y pryd, er yn od, nid oedd yn codi ofn arnaf o gwbl. Er ei fod yn brofiad rhyfedd, teimlai'n gwbl o ddifrif. A chyda phob un o'r brawddegau annisgwyl hyn a ysgrifennwn, roedd y cyfan yn gwneud mwy a mwy o synnwyr i mi, fel petai'r weithred o'u hysgrifennu yn agor drws a thu ôl iddo wybodaeth yr oeddwn yn ei gwybod ond yn methu ei gweld.

Gwyddwn yn union o ble deuai hyn i gyd. Âi'n ôl i'r adeg y bu farw fy mam. Yn sydyn, roedd y cyfan yn syml iawn.

Yn 1987, a minnau wedi gadael coleg ac yn gweithio i'r BBC yng Nghaerdydd, digwyddwn fod gartref ym Môn yn annisgwyl fwrw'r Sul ar ddiwedd cyfnod o wyliau. Roedd hi'n wythnos cyn diwedd tymor yr haf, a 'nhad a mam yn paratoi i fynd ar wyliau yn y garafán ar eu pennau eu hunain am y tro cyntaf. Roedd bywyd yn braf. Cofiaf hwy'n trafod sut yr oedd swydd fy mam, yn Ddirprwy Brifathrawes yn Ysgol Uwchradd Bodedern ers blwyddyn, yn golygu fod pethau'n haws yn ariannol arnynt a bod arian i'w sbario am y tro cyntaf ers blynyddoedd (bu tri o blant i'w cynnal, a bu'n rhaid i'm tad droi'n ôl at waith saer yn dilyn toriadau yn y gwaith alwminiwm rai blynyddoedd ynghynt). Cefais weld y pethau newydd yr oeddynt wedi'u prynu yn ddiweddar – popty, rhewgell – a 'nhad yn cwyno fod 'popeth yn darfod efo'i gilydd, achos eu bod nhw wedi'u prynu ar yr un pryd'.

Rhywbeth arall a ddangoswyd yn falch y penwythnos hwnnw oedd camera newydd. Yn fwy penodol, dywedodd fy nhad fod '... Mam wedi prynu camera newydd i mi'. Roeddwn innau newydd brynu camera, gyda chyflog misoedd cyntaf o waith, ac wedi mwynhau ei ddefnyddio ar wyliau tramor y pythefnos cynt. Tynnais lun o Mam: fy hoff lun ohoni, yn ei chadair esmwyth wrth y lle tân, ei thraed wedi'u codi dan ei sgert, Y Faner ar fraich y gadair, a hithau'n pwyso i un ochr, gyda hanner gwên ond yn gwrthod edrych i lygad y lens. Llun naturiol, braf. O fewn wythnos roedd hi wedi marw.

Un o'r pethau rwy'n eu cofio o'r adeg honno – a chofiaf i ddim llawer (o fwriad?) – yw fy nhad yn pwysleisio mor ffeind fu Mam efo fo yn ddiweddar, gan gyfeirio drachefn at y pryniannau ac ati. Cof niwlog sydd gennyf, ond credaf ei bod yn arwyddocaol mai dyma a gofiaf, yn hytrach na dim arall. 'Roedd pethau'n dechrau dŵad yn haws i ni...' meddai fy nhad. Ac wedyn roedd hi wedi marw.

Rwy'n grediniol fy mod wedi llunio pont rhwng y ddau beth hyn, yn gwbl ddiarwybod i mi fy hun. O ddadansoddi'r sefyllfa, credaf y bûm ers blynyddoedd – yn f'isymwybod – yn gweithredu mewn ffordd neilltuol ar sail brith atgofion, sef yn credu hyn: os yw 'pethau da' yn dechrau dod i fod, fe fydd rhywbeth dychrynllyd yn digwydd wedyn. Wrth gwrs, un canlyniad posibl yn sgil meddyliau o'r fath yw meddwl efallai y byddai'n well peidio â gadael iddynt ddod i fod yn y lle cyntaf.

I mi, roedd sylweddoli hyn – gweld y cysylltiad – yn rhyfeddol. Gwnâi gymaint o synnwyr. Y f'achos i, fe'i gwelwn yn glir yn yr adegau y byddwn yn cwblhau tasgau bron hyd eu heithaf ond wedyn yn 'colli diddordeb'. Dros y blynyddoedd eglurais hyn wrthyf fy hun trwy ddweud fod yr her wedi mynd o'r prosiect, fy mod yn gwybod sut i orffen y dasg, y gallaswn ei gorffen, ac o'r herwydd nad oedd angen gwneud hynny (oni bai fod cymhelliad allanol yn mynnu bod rhaid).

I roi enghraifft ddomestig syml, ar ôl edrych ymlaen am flynyddoedd, buom yn adeiladu estyniad i'r tŷ gyda chegin fawr braf. Cyn bo hir roedd popeth wedi'i gwblhau heblaw rhoi teils y tu ôl i'r popty. Gwyddwn pa rai oedd eu hangen. Gwyddwn eu lliw, eu pris, eu lleoliad ar y silff yn y siop. Ond buom hebddynt am ymhell dros flwyddyn. Gwelaf yn awr y byddai eu prynu yn gyfystyr â rhoi diwedd ar brosiect y gegin – byddai rhywbeth gwych yn dod i ben, ac roedd yn bwysig osgoi hynny rhag ofn i rywbeth dychrynllyd ddigwydd yn ei sgil.

Credaf fod 'ysgrifennu unrhyw beth o gwbl' yn perthyn i gategori 'y pethau da a allai ddod i fod' ac y bûm, yn ddiarwybod i mi fy hun, yn gosod rhwystrau rhag cyflawni yn y maes hwn, a rhwystrau, yn sicr, rhag cwblhau.

Cam allweddol yn y broses symud rhwystrau, o'u darganfod, yw eu cydnabod er mwyn gallu eu dileu. Er y teimlai'r cam hwn yn llai derbyniol i'm meddwl rhesymegol, gwyddonol, nid oedd dim i'w golli. Ym Mhorth Amlwch, dilynais y cyfarwyddiadau a meddwl am yr emosiwn oedd yn perthyn i'r cyfnod a arweiniodd at y syniadau rhyfedd a ddatgelwyd. Ar ddarn bach o bapur, nodais y geiriau 'cariad', 'ofn' a 'dychryn', gan eu hegluro mewn brawddeg. Dilyn y camau wedyn, gan deimlo braidd yn hunan-ymwybodol, a rhwygo'r papur yn ddarnau mân, cyn eu taflu i'r gwynt a 'gollwng y gorffennol'. '*I release the past*,' meddwn, yn ôl y gofyn. Ond doedd dim yn digwydd. Dim yn digwydd, nes i mi feddwl tybed ddylwn i geisio dweud y geiriau yn Gymraeg? Oherwydd, er i'r geiriau rhyfedd cynt lifo ohonof yn Saesneg, ni theimlai'r geiriau '*I release the past*' fel petaent yn perthyn i mi o gwbl. Pan ddechreuais ddweud, 'Dw i'n gollwng y gorffennol,' teimlwn rywbeth yn wahanol yn syth a gwyddwn yn reddfol fod angen ychwanegu un gair. 'Dw i'n gollwng y gorffennol, Mam,' mentrais. A chyda hynny, rhyw ollyngdod rhyfeddaf.

Bûm yn trafod fy sefyllfa wedyn, gyda ffrind agos, gan egluro sut y methwn gysoni'r fath effaith 'lesteiriol' yn tarddu o berthynas mor ymddangosiadol gadarnhaol ag oedd rhyngof fi a'm mam. Fy ngalluogi i gyflawni hyd yr eithaf fyddai ei dymuniad i mi, nid codi rhwystrau. Wrth gwrs, y fi fu'n codi rhwystrau, nid y hi. Ni chysylltwn ofn a dychryn â'm hatgofion amdani ychwaith; eto, fel y nododd fy ffrind mor ddidaro, 'Ond farwodd hi.'

Wedi datgelu'r cysylltiadau dyfnion hyn â'r gorffennol, a pha bynnag effeithiau a ddeuai yn eu sgil, torri'r cylch oedd raid wedyn. Ni wn a oedd hynny'n digwydd yn ymwybodol ai peidio, ond wythnosau'n unig yn ddiweddarach cofnodwn hyn:

> **27 Awst** Wedi cael pyliau da o sgwennu. Shankland. Adra. Treysgawen. Claudia Williams, yr artist, yn dweud yng nghylchgrawn *Cambria* bod yn rhaid iddi

deimlo'n '*detached and unworried*' er mwyn gallu paentio.[11] Dwi'n deall hynna. Mi fedrais sgwennu'n dda ddydd Sul am y rheswm syml bod y tŷ'n wag – dim gwaith yn galw, dim swper i'w baratoi (y genod yn nhŷ nain, ni'n mynd allan). Y gwagle hwnnw, y 'gallu gwagio'. Mae'n beth prin iawn.

3 Medi Teimlad gwahanol? Tymor newydd. Cyfnod gweithredol iawn.

9 Medi Wedi addo cyflwyno drafft cyflawn i'r tiwtor ymhen pythefnos. Sgwennu'n solat (pan nad oes angen trafod plastro/covings/sgyrtin ar gyfer y rŵm fawr sydd ar ganol ei thrin). Rhywbeth sylfaenol wedi newid. Gweld y diwedd? Y symud rhwystrau yn rhoi rhyddid newydd? O'r blaen, mi fuaswn wedi cytuno efo Ken bod angen mynd i chwilio am garped ar fyrder ac 'aberthu' pnawn Sadwrn (gwag) er mwyn gwneud hynny. Y tro hwn, fy nghael fy hun yn gwrthod: 'Mae'n rhaid i mi sgwennu.'

O fewn llai na thri mis, byddai *Mân Esgyrn* yn gyflawn.

Trwy gydol y misoedd olaf, wrth i'r stori ddatblygu, roedd nifer o olygfeydd yn parhau heb eu hysgrifennu er eu trafod fwy nag unwaith, sef yn benodol y golygfeydd lle byddai Helen yn mynd i'r orsaf, ac wedi hynny i'r ysbyty. Fe'm cawn fy hun yn cloffi wrth ystyried mynd i'r afael â hwy, ond ni ddeallwn pam. Yr oedd angen i Helen wybod am y llythyrau diswyddo (fod y gwaith yn cau); roedd angen iddi fod wedi bod yn yr ysbyty a gweld effaith ddychrynllyd y ddamwain ar ei chydweithwyr; roedd angen i rywun gasglu Sera o'r orsaf. Rhagwelwn ôl-gyfeiriadau at yr holl bethau hyn (a rhagor) oddi mewn i olygfa fawr dros ginio Sul, ond o'u rhestru, ymddangosai y byddai yma ormod o edrych yn ôl. Ailystyriais. Cyn cynnull pawb wrth y bwrdd bwyd, gallwn weld y byddai'n syniad da cael golygfa neu ddwy o 'ddigwydd' – golygfeydd byrion, cyflym a syml. Eto, nid oedd arnaf awydd eu llunio o gwbl. Pam? Am nad oeddwn wedi meddwl amdanynt yn iawn? Am y byddai'n golygu mwy o waith (h.y. mwy o amser) nag oeddwn wedi'i ragweld, a minnau'n nesáu at y diwedd? Eto, sylweddolwn hefyd, pe na bai'r stori yn gweithio hebddynt, y byddai'n rhaid rhoi mwy o amser i'r cyfanwaith beth bynnag.

Mae John Braine yn crisialu'r cyfyng-gyngor a wynebwn. I bob pwrpas, cyhudda'r nofelydd o ddiogi – yn enwedig y nofelydd 'llenyddol' – os oes yna olygfeydd sy'n angenrheidiol i'r darllenydd er mwyn y stori, ond nad ydynt yn cael digon o sylw gan yr awdur, a chan hynny fod y nofel yn dioddef.

> His instincts, if he really is a novelist, tell him that he should write the scene in question; but such scenes always present a problem. It's as if they were especially for the reader, and the other scenes were just for oneself. Or so one rationalizes it. The truth is that the scenes one leaves out are more explanatory than dramatic; the problem is how to make them readable, how to keep the impact of the story.[12]

Dyfynnir Irving Wallace, *The Writing of One Novel*, eto'n ymdrin ag osgoi'r olygfa anodd.

> I have since found that this fear (of avoiding challenges) is common among writers not only when attacking an overall subject but when facing up to a single scene inside a novel. Too many authors will avoid what threatens to be an impossibly difficult scene, although an obligatory scene, and instead will write around it rather than into it, simply from fear that they do not possess the perception or skill to master it. This detour into exposition or past tense or summary, as a substitute for daring to dramatise or play out a crucial confrontation, may be entirely unconscious.[13]

O ran *Mân Esgyrn*, dyma'n union yr oeddwn yn bwriadu ei wneud â golygfa'r ysbyty – ei chynnwys ar ffurf crynodeb yn y gorffennol! Meddai Braine wedyn:

> I shall only say that if you avoid the difficult, whether the difficult subject or the difficult scene, then you'll

not only not progress as a writer, but will actually decline, even dry up.[14]

O ganlyniad, treuliais gyfnod yn gwneud ymchwil weithredol i faterion y bûm yn osgoi eu harchwilio, megis llosgiadau bromin a chanolfannau llosgiadau, a thrwy hynny fy nheimlo fy hun yn dod yn nes at yr olygfa aneglur. Ni welwn ei hyd a'i lled, na'i chynnwys, ond gwyddwn fod yn rhaid cynnwys cyfeiriadau penodol at yr ysbyty ac effaith y bromin. Rhywsut, fe ddaeth.

Profiad cymhleth oedd ceisio cymryd cam yn ôl a gweld y cyfanwaith wrth agosáu at y diwedd. Roeddwn yn fodlon gyda'r ffaith bod Carol, sef prif gymeriad y nofel i mi, yn symud yn ei blaen ac yn dod i wybod pethau amdani ei hun. Roedd datblygiad yng nghymeriadau'r gweddill hefyd, ond cynnil iawn. Tybed a oedd hynny yn rhy gynnil? Daw'r darllenwyr i adnabod yr unigolion, eu hanes, eu perthynas â'i gilydd trwy gyffyrddiadau yn unig. Trwy gyfrwng yr adeiladwaith tyn, gofalus, gobeithiwn eu tywys i sylweddoli bod mwy yn perthyn i'r unigolion na'r hyn a ddisgwylient ar y dechrau ac nad yr argraff gyntaf yw'r argraff gywir bob tro.

Eto, er gweld y pethau hyn oll, nid oeddwn yn gwbl sicr o hyd o'r ffordd y byddai *Mân Esgyrn* yn gorffen:

> Felly dyna lle'r ydw i rŵan. Disgrifio wrth Ken 'mod i'n teimlo fel tawn i'n sefyll ar gwr – nid clogwyn – ond cors. Rhwng hyn a diwedd y nofel mae gen i syniadau am nifer o fân olygfeydd o fewn y brif olygfa cinio Sul sydd ar ddigwydd, ond dwi'n teimlo fel tawn i'n edrych ar gors a dim ond gweld ambell ddarn o lwybr drwyddi yma ac acw. Dwi angen yr Aha! Angen hofrennydd i ddod o rywle i daflu goleuni dros y cyfan er mwyn i mi weld lle mae'r llwybrau'n croesi a chyffwrdd…

Yna, un prynhawn, syrthiodd llawer o ddarnau i'w lle. Er mwyn ymneilltuo, awn weithiau i gampfa Treysgawen, lle'r oeddwn yn aelod a lle gallwn eistedd wrth y pwll nofio yn gwbl ddisylw. Weithiau byddai sgwrsio swnllyd yno, ond ar y dyddiau gorau ni fyddai neb yn tynnu sgwrs, dim sŵn heblaw sŵn dŵr y pwll a swigod y jacŵsi a'r lle'n gynnes, hyd yn oed ganol gaeaf. Roedd ymgolli yno am ddwyawr o ganolbwyntio cystal â diwrnod cyfan yn rhywle arall. Yn fy nyddiadur, cofnodaf i brynhawn y pumed o Fedi 2008, fod yn allweddol.

5 Medi Pnawn pwysig. Wedi copïo'r darn yma o'r nodiadau gwreiddiol yn y ffeil goch:

Erbyn hyn, dydw ddim yn meddwl y dylai Helen gael gwybod am salwch ei mam. Mi fydd cyflwr Helen yn dirywio nes ei bod hi'n 'gorfod' cyfaddef wrth ei mam:

'Mami, dwi'n meddwl bod yna rywbeth yn bod arna'i.'
'Mae'n iawn, cariad.'
'Dwi jest ddim yn teimlo'n dda iawn.'
'Mae'n olreit. Mi fydd popeth yn iawn.'

h.y. y cyfan o chwith. Sympathi o <u>du</u> ei mam (y '*denial*' yn parhau). Helen yn troi at ei mam am gymorth <u>heb</u> gael gwybod am ei chanser hithau.

Luc a Carol (yn ôl ar y mynydd – adlais o'r darn agoriadol)

'...*a Sera yr oed ag ydi hi!*'

'*Scary*' meddai Luc wrth Carol (h.y. <u>ti</u>'n rhy ifanc...)

'Ti'n gwybod beth sy'n *scary*?' meddai Carol.

Dysgu gollwng gafael.

Wedi meddwl yn ofalus a chofnodi gwahanol syniadau ac argraffiadau fel hyn am rai oriau, am 2.36 pm oedais, a mynd yn ôl at y geiriau uchod i gofnodi mewn print bras, mewn inc ac ysbryd gwahanol:

2.36 pm wrth ymyl y pwll nofio yn Nhreysgawen. Dwi'n meddwl mai dyma'r allwedd i'r cyfan. Mae Carol yn dod yn ôl er mwyn cael rhywbeth i ddal gafael ynddo. O gyrraedd yn ôl, mae hi'n sylweddoli ei bod hi bellach yn gallu gollwng.

Ar hynny, felly, syrthiodd nifer o ddarnau i'w lle. A sylweddolais mai dyna'n union sy'n digwydd ym mywyd Carol yn ystod y penwythnos. Newidiwyd llinell gyntaf Pennod 1 y nofel i gynnwys yr union eiriau hynny.

Yn wreiddiol:

O edrych yn ôl, mae'n debyg mai'r diwrnod y bu farw'r ci y dechreuodd pethau **fynd o'u lle.**

yna

O edrych yn ôl, mae'n debyg mai'r diwrnod y bu farw'r ci y dechreuodd pethau **syrthio i'w lle.**

Bellach roedd y darn agoriadol, cyn Pennod 1, yn gwneud mwy o synnwyr hefyd. Tan hynny bûm yn poeni amdano: bu yno ers y dechrau, yn gipolwg atmosfferig ar ddigwyddiad yn y gorffennol, ond i ba bwrpas? Bellach, fe'i gwelwn yn rhan o'r cyfanwaith gan y byddai'r olygfa olaf ar y mynydd yn ei adleisio – byddai'r un cymeriadau yn yr un man, ond byddai cynifer o bethau wedi newid yn eu profiad yn sgil yr ugain mlynedd a mwy a aeth heibio yn y cyfamser. O ran perthynas y ddau ohonynt, sef Carol a Luc (h.y. a fyddai yna berthynas ai peidio?), bellach gwyddwn hynny hefyd: na fyddai. Erbyn hyn deallwn pam. Cryfder i Carol fyddai peidio.

Y diwrnod hwnnw, gwnaed nifer o benderfyniadau pwysig, ar sail wythnosau os nad misoedd o hidlo a myfyrio. Sylweddolais, pan nad wyf yn ysgrifennu'n weithredol, fy mod drwy'r adeg yn meddwl am y cyfuniadau posibl – y gwahanol ffyrdd y gallai'r ffeithiau gyfuno a datblygu. Yr hyn a wnaf yw *golygu yn fy mhen*, cyn ysgrifennu, a gall hynny gymryd llawer iawn o amser. Byddaf yn golygu nes fy mod yn fodlon ar y stori a bryd hynny'n unig y byddaf yn barod i ddechrau cofnodi ar bapur. Mae'n fwy na phosibl y bydd gwaith gwella ar y drafft cyntaf hwnnw wedyn, ond o edrych yn ôl ar ddrafftiau cyntaf nifer o'r golygfeydd, yr un fydd y gwaith yn ei hanfod.

18 Tachwedd Dal i'w chael yn anodd bwrw ymlaen i'r diwedd. Eisiau gogr-droi efo'r gweddill drwy'r amser. Gwneud nodiadau am y pytiau byrion [pennod 44]. Teimlo'n well wedyn. Y cyfan yn dechrau syrthio i'w le pan ddaeth y llinell gyntaf: 'Roedd rhywbeth yn od yn y tywyllwch y noson honno, rhywbeth yn wyliadwrus yn y dorf...' Gweld darnau byrion am bob un ohonynt, wedyn, yn eu tro. Synnu 'mod i'n gweld eisiau Mervyn yno, a theimlo drosto wrth sgwennu'r darn – ei fod o wedi disgwyl y câi weld Nel yno, a gofalu amdani. Synnu hefyd mor ffwrbwt oedd cyfraniad Hywel Parry – eto mae'n teimlo'n iawn.

Eto, wrth lunio'r pytiau byrion hyn, cofnodais fy anfodlonrwydd:

Teimlo braidd yn fflat wrth sgwennu'r darnau yma. Fel taen nhw'n rhy amlwg. Rhy gyfarwydd. Wrth gwrs, rydw i – i ryw raddau – yn gwybod y cynnwys yma ers wythnosau, os nad misoedd, felly dydi hynny ddim yn syndod. Y perygl – er hynny – ydi gorymateb, a cheisio gorsgwennu yma. Gwneud pethau'n rhy dynn.

Sylweddolais fy mod yn ymdrechu'n rhy galed i roi 'pwys' i bob brawddeg yn lle gadael i'r brawddegau eu hunain ddweud yr hanes yn syml. O ganolbwyntio ar hynny, teimlwn yn fwy bodlon. Bodlonais hefyd ar anfon drafft byr pennod 44 at y tiwtor ar ddiwedd y dydd er mwyn fy ngorfodi fy hun i adael llonydd iddi.

Distyllwyd yr holl fyfyrio a phensynnu ynghylch clo'r nofel (Pennod 45) i ddeuddydd dwys o ysgrifennu, gan ddwyn yr holl syniadau ynghyd.

19 Tachwedd Wel, wel, wel. Wedi dod i mewn ar gyfer cwrs sgiliau dysgu. Ymlaen wedyn i'r Shankland er mwyn cael canolbwyntio. O fewn hanner awr, daeth rhyw lun o drywydd.

Roedd y syniad o gael y ddau [Carol a Luc] ar y mynydd yn yfed siampên wedi dod i mi neithiwr neu'r noson cynt, rhwng cwsg ac effro. Y syniad y bydden nhw ar ben y mynydd yn rhannu potel yr oedd Luc newydd ei chael ar ddiwedd y ffilmio. Eto, ddim yn siŵr a oedd hyn yn sefyllfa 'driw,' h.y. does yr un o'r ddau yn bobl siampên. Ond pan ddechreuais i sgwennu am Luc yn cynnig llwncdestun – 'I...' a phendroni cyn mynd ymlaen, mi sylweddolais y byddai'n gweithio'n berffaith (gair peryg). Mae'n gyfle iddyn nhw grisialu'r tridiau, o'u safbwynt personol. Ac yn gyfle iddynt geisio rhagfynegi safbwyntiau ei gilydd. O ran Luc ('I werthu Caswallon...') mae'r tri gair yn siarad cyfrolau. O ran Carol, fy synnu fy hun (er nid mor annisgwyl â hynny, mae'n debyg, ar ôl meddwl) o ddarganfod mai'r hyn yr oedd hi isio gwneud llwncdestun iddo... oedd 'cael Sera adra' (er nad oes yma 'adra', ac na fydd yna...) 'Adra' i Carol, bellach, ydi lle bynnag y mae hi ar y pryd.

Ac er nad ydi hi'n olygfa 'hapus' o ran perthynas Luc a Carol, mae yma fodlonrwydd, dwi'n meddwl. Mae yma'n sicr ollwng gafael, a symud ymlaen, ac mae hynny ynddo'i hun yn haeddu siampên!

Awr werthfawr!

20 Tachwedd 12.50 pm (o mai god) Achos dyna'n onest yr ebychiad gen i yn y car, cynt. Trio cofnodi'r teimlad yma, rŵan.

Wedi teipio'r olygfa olaf y bore yma. Dechrau'n fuan a fflio mynd drwy'r bras nodiadau sgwennais i yn y llyfrgell ddoe. Teimlo'r cyfan yn disgyn i'w le. Geiriau'n dod o unlle. Delweddau o wahanol rannau o'r llyfr yn neidio ataf, yn eu cynnig eu hunain. Geiriau, e.e. swigod/nwy/cerddorfa/canhwyllau... a chyfuniadau, e.e. cydio a dim ond dal/cwlwm llac/ ac wedyn/... Lecio'r ffordd y mae ambell air/ymadrodd wedi newid lle/cymeriad drwy'r llyfr erbyn cyrraedd y diwedd (yn enwedig golygfa'r cwch). Tybed sylwith unrhyw un ond fi?!

Y cyfan yn llifo'n dda nes dod at y man lle'r oeddwn i eisiau ymgorffori stori'r gwenyn, oedd gen i cynt. Yn y drafft gwreiddiol, roedd Carol a Luc yn cofleidio – ddim yn glir pa mor agos – ond dydi'r cyd-destun ddim yn gwneud hynny'n gwbl addas yma rŵan. Gweithio arni nes sefydlu'r teimlad iawn rhyngddyn nhw. A'r darn olaf yn disgyn i'w le pan sgwennais amdani hi'n 'Cydio a dim ond dal. Dal, a gollwng gafael'.

Achos dyna hanfod diwedd y nofel. Ei bod hi'n barod i ollwng gafael.

Teimlo'n reit sâl erbyn amser cinio! Gormod o goffi? Isio bwyd. Ddim isio bwyd. Rhyw ryddhad sylfaenol. Ffiw!

Cyfarfod y tiwtor wedyn yn y pnawn. Rhywbeth yn fy mhoeni. Mae'r drafft cyfan yn gorffen efo, 'Ond celwydd fyddai hynny'. Egluro mai fy mhryder am hyn oedd fod y cyfan yn gorffen yn negyddol yn hytrach na chadarn dawel/bodlon. Sylw'r tiwtor oedd fod y nofel yn gorffen efo Carol yn ei mesur ei hun mewn perthynas â Luc – yr hoffai ei gweld yn gorffen efo Carol 'ar ei thelerau ei hun'.

Y broblem efo fo ar y funud, dwi'n meddwl, ydi'r diffyg ymateb h.y. mae'r naratif yn dweud beth *allai hi fod wedi'i* ddweud, ond ddim yn rhoi ei *gwir* ymateb llafar hi. Mae angen hwnnw, dwi'n meddwl, boed mewn gair neu weithred.

[Roedd y drafft gwreiddiol yn darfod fel hyn:

... Yn ei ochenaid, mae'r blynyddoedd yn diflannu dros ymyl y dibyn, ymhell bell allan i'r môr.

— *Sori, Carol.*

Ac mae hi bron â dweud.

— *Mae'n iawn.*

Ond celwydd fyddai hynny.]

22/23 Tachwedd Sadwrn/Sul. Tynhau'r bennod gyfan. Ailddrafftio'r diwedd un. Carol yn gryfach.

[Dyma'r drafft terfynol:

... Yn ei ochenaid, mae'r blynyddoedd yn diflannu dros ymyl y dibyn, ymhell bell allan i'r môr.

— *Sori, Carol.*

Ac mae hi bron â dweud, — *Mae'n iawn.*

Ond celwydd fyddai hynny.

Yr hyn y mae hi'n ei wneud yw camu yn ei hôl a gwenu arno. Dal ei law a phlethu bysedd, a sefyll yno'n edrych ar y cyfan.

Dal a gollwng gafael, yn uchel yno, uwch y dref.

— *Dw i'n iawn*, meddai.]

Wrth drafod cyrraedd y diwedd un, a'r penderfyniadau a wnaethpwyd ynghylch cau llinynnau'r straeon neu eu gadael yn benagored, holodd fy ngŵr a oedd deunydd ail gyfrol am y cymeriadau. Atebais ar f'union, 'Oes, llwyth!' Ond yr hyn a olygwn wrth hynny oedd y bydd nifer o gwestiynau yn aros heb eu hateb ac y bydd bywydau'r bobl hyn i gyd yn dal i fynd yn eu blaenau. Bydd eu stori yn parhau, ond ni chredaf y byddaf yn ysgrifennu yr un gair yn rhagor amdanynt.

O ddadansoddi'r cyfan, gwelaf fod fy nghymhelliad dros ysgrifennu fy nofel gyntaf yn tarddu'n uniongyrchol o'm cefndir personol, yn arbennig y profiad o golli rhiant. Sylweddolaf hefyd, er yn ddiarwybod i mi ar y pryd, gynifer o'm nodweddion personol a'm diddordebau a adlewyrchir yn y stori a phrif gymeriadau *Mân Esgyrn*, ei lleoliad, a'i thema ganolog. Effeithiodd amodau allanol megis cyfyngder amser, addaster lleoliadau, amgylchiadau teuluol a nofelau awduron eraill ar natur y cynnyrch llenyddol hefyd.

Nid proses arunig yw cyfansoddi nofel, mae bywyd yr awdur yn rhan annatod o'r gwaith ac ni ellir diystyru dylanwad amgylchiadau, boed yn y gorffennol neu ar y pryd, yn ymarferol a meddyliol, ar union natur y gwaith terfynol. Bu ysgrifennu *Mân Esgyrn* yn broses hir. Tyfodd y nofel; datblygais innau. Ochr yn ochr â dod i adnabod ardal a set o gymeriadau, deuthum i'm hadnabod fy hun yn well yn eu sgil.

Nodiadau

1 Sian Owen, *Mân Esgyrn* (Llandysul: Gwasg Gomer, 2009).
2 Michael Ondaatje, 'Rhymes of the Ancient Narrator', 'Culture', *The Sunday Times*, 16 Medi 2007, 5. Gweler: www.thesundaytimes.co.uk/sto/culture/books/article71387.ece
3 Rose Tremain, 'Small Talk', *FT Magazine*, 8 Mehefin 2007, 15.
4 Mary Loudon, *Relative Stranger – A Life After Death* (Edinburgh: Canongate Books, 2006).
5 Ibid., .
6 Jed Rubenfeld, *The Interpretation of Murder* (London: Headline Review, 2007).
7 Peter Shaffer, *Amadeus*, cyfieithiad Ken Owen (Llandysul: Gomer, 2004).
8 'Rhymes of the Ancient Narrator', 5.
9 *Amadeus*.
10 Shakti Gawain, *Creative Visualisation* (California: Nataraj Publishing, 2002), 126.
11 Frances Davies, 'The Bold, Carefree Craft of Claudia Williams', *Cambria* (Mai-Mehefin 2008), 54.
12 John Braine, *How to Write a Novel* (London: Methuen, 2000), 131.
13 Ibid., 134.
14 Ibid.

KEYWORDS RAYMOND WILLIAMS A 'PRESELI' WALDO WILLIAMS

Simon Brooks

Yn yr ysgrif fer hon, defnyddir un gyfrol o theori ddiwylliannol er mwyn llunio ymateb i un gerdd. Wrth reswm, mae cenadwri a chyd-destun pob darn o lenyddiaeth yn sylweddol helaethach na hynny. Ac eto, mae i ymarferiad o'r fath ei ddefnyddioldeb, gan y gall cyfyngu ar led astudiaeth ganiatáu i sylw gael ei hoelio ar fater canolog. A chyda hynny o gyfiawnhad, dyma droi at *Keywords* Raymond Williams (1976), un o astudiaethau enwocaf prif feddyliwr diwylliant Saesneg Cymru yn yr ugeinfed ganrif, er mwyn amgyffred yn well y gerdd 'Preseli' gan Waldo Williams.

Meddyliwr Marcsaidd pwysig oedd Raymond Williams, ond un gwahanol i'r cyffredin. Mewn rhai dadansoddiadau Marcsaidd o ddiwylliant, eir i'r afael â llenyddiaeth yn fecanyddol braidd. Yn ôl Marcsiaeth uniongred, 'sylfaen' economaidd, a'r 'moddau cynhyrchu' sydd ynghlwm wrthi, sy'n pennu nodweddion eraill y gymdeithas, gan gynnwys natur ei sefydliadau gwladwriaethol, ei harferion crefyddol a'i diwylliant. Ffurfia'r priodoleddau hyn 'uwchadeiledd' sydd uwchben y sylfaen economaidd, ond yn deillio ohoni. Megis y berthynas rhwng daear a nen (er na fyddai Marcsiaid, mae'n siŵr, yn hoffi'r gymhareb), perthynas led unffordd sydd rhwng y sylfaen a'r uwchadeiledd. Adlewyrchu amodau cymdeithasol ac economaidd yn hytrach na dylanwadu arnynt a wna diwylliant a llenyddiaeth: nid ydynt, gan hynny, yn ffurfiannol bwysig yn natblygiad y gymdeithas.

Pwysigrwydd Raymond Williams fel meddyliwr yw iddo herio'r dyb hon gan ddangos fod swyddogaeth diwylliant a llenyddiaeth yn llawer lletach, gan ddadlau eu bod yn meddu ar elfen o awtonomi oddi wrth y sylfaen economaidd. Yn wir, gan mai o safbwynt bydolwg diwylliannol neilltuol y deillia pob dirnadaeth o'r byd, gall diwylliant ddylanwadu ar ymddygiad cymdeithasol ac felly ar rawd datblygiadau economaidd. Ystyrier, er enghraifft, ddadl Max Weber yn *Die protestantische Ethik und der Geist des Kapitalismus* (Y Foeseg Brotestannaidd ac Ysbryd Cyfalafiaeth)

(1905) fod twf Protestaniaeth wedi bod wrth galon datblygiad cyfalafiaeth.

Mewn nifer o gyfrolau pwysig megis *Culture and Society* (1958), *The Long Revolution* (1961) a *The Country and the City* (1973) bwria Raymond Williams olwg ar gydberthynas diwylliant, cymdeithas a newidiadau economaidd mewn modd soffistigedig. Perthyn *Keywords* i'r olyniaeth hon, a dug y ddadl i wastad newydd a dyfnach wrth dyrchu i faes iaith. Dengys sut y newidia geiriau unigol eu hystyr yn wyneb datblygiadau cymdeithasol ac economaidd. Mae hynny i'w ddisgwyl, ond dengys hefyd sut y mae'r ystyron newydd hyn yn pwyso yn eu tro ar ganfyddiadau o realiti cymdeithasol. Wedi'r cwbl, ni ellir rhoi mynegiant i unrhyw realiti ond mewn disgwrs, sef mewn geiriau. Gall newid cynnil i ystyr gair fod yn ffurf bwysig felly o drosi tybiaethau penodol am gymdeithas, ideolegau hyd yn oed, a gall iaith ddylanwadu ar ffurfiant cymdeithas. Cais Raymond Williams brofi hyn gydag astudiaeth o hanes diwylliannol ac ystyron cyfoes rhai geiriau unigol; 'allweddeiriau' (*keywords*) a ystyria'n neilltuol o bwysig i hunanddiffiniad y gymdeithas Brydeinig, geiriau fel *community, country, culture, family, humanity, man, modern, society* a *tradition*:

> I called these words *Keywords* in two connected senses: they are significant, binding words in certain activities and their interpretation; they are significant, indicative words in certain forms of thought.[1]

Nid geiriau unigol sy'n bodoli ar wahân i'w gilydd yw'r allweddeiriau hyn. Er cyfeirio at wrthrychau gwahanol, cyfnerthant yn aml yr un math o syniadaeth neu ymdeimlad ynghylch syniadaeth, gan ffurfio rhwydwaith o ystyron cydgysylltiedig. Cyfeiria Raymond Williams atynt fel

> a cluster, a particular set of what came to seem interrelated words and references, from which my wider selection then developed. It is thus an intrinsic aim of the book to emphasize interconnections, some of which seem to me in some new ways systematic...[2]

Beth sydd a wnelo hyn oll â Waldo Williams? Un o nodweddion amlycaf ei farddoniaeth yw defnydd dwys o eiriau clwm sy'n ffurfio'r cwmwl o 'interrelated words and references' y sonia Raymond Williams amdanynt. Sylwyd droeon fod y rhain yn britho ei waith, ond ceir tueddiad i ymdrin â hwy fel geiriau *symbolaidd* ac nid fel allweddeiriau. Ystyrier y defnydd o'r gair 'tŷ' yn y llinellau isod o gerddi yn y gyfrol *Dail Pren* (1956):

'Cadarnach y tŷ anweledig a diamser' ('Geneth Ifanc')

'Oherwydd ein dyfod i'r tŷ cadarn' ('Oherwydd ein Dyfod')

'y tŷ sydd allan ymhob tywydd' ('Cwmwl Haf')

'Yn y tŷ, lle clymir clod
Bardd a beirdd oedd cyn ein bod.' ('Yn y Tŷ')

'Cadw tŷ
Mewn cwmwl tystion.' ('Pa beth yw Dyn?')[3]

Yn y cerddi hyn mae 'tŷ' yn golygu preswylfa ond mae iddo hefyd arwyddocâd amgen sy'n symbolaidd. Symbol yw'r 'tŷ' o'r angen sydd ar fodau dynol am loches ysbrydol a metaffisegol, ac yn wir o'u bodolaeth yn y byd. Arwydd ydyw hefyd o wareiddiad a goroesiad.

Nid oes dim o'i le ar astudiaeth o symbolaeth Waldo; yn wir, dyma fan cychwyn priodol unrhyw ddehongliad cyfrifol o'i waith. Ond er bod geiriau symbolaidd yn gadwyn weledol a syniadol mewn cerdd, tybed a all rhai ohonynt gyflawni swyddogaeth fel allweddeiriau hefyd? Canolbwyntiwn yn yr ysgrif hon ar rai o'r geiriau hynny y gellid eu cyfrif yn allweddeiriau, yn enwedig y rhai sydd ag oblygiadau gwleidyddol, gan awgrymu y gall fod perthnasedd neilltuol iddynt gan y bu i farddas Waldo gael dylanwad mawr y tu allan i gylch hunangyfeiriadol ei farddoniaeth ei hun. Gwnaed defnydd ohonynt gan bleidwyr ideoleg frogarol a bychanfydol sy'n wythïen bwysig, os mwy ymylol erbyn hyn, mewn cenedlaetholdeb Cymreig. Mae dylanwad geirfa farddonol Waldo yn drwm ar yr athronydd J. R. Jones (1911-70) a roes gyfiawnhâd athronyddol i'r syniad o Fro Gymraeg, ynghyd ag ar Emyr Llywelyn, prif ladmerydd mudiad Adfer yn y 1970au, ac mewn cyhoeddiadau fel *Y Faner Newydd* a gysylltir â'r garfan heddiw.

Enghraifft dda o'r eirfa Waldoaidd hon yn cael ei dwyn i faes diwylliant a gwleidyddiaeth y Gymru Gymraeg yw 'bro'. Fel y gwelir yn y man, allweddair pwysig ym marddoniaeth Waldo ydyw (fe'i ceir yn 'Ar Weun Cas' Mael', 'Daw'r Wennol yn ôl i'w Nyth', 'Diwedd Bro' ac mewn swrn o gerddi eraill). Ond fe'i politiceiddiwyd yn y 1960au pan fabwysiadwyd y term 'y Fro Gymraeg' gan rai cenedlaetholwyr mewn ymdrech hunanymwybodol i osod hunaniaeth gydlynol ar ardaloedd Cymraeg eu hiaith. Nid oedd yr eirfa hon yn annadleuol, ond bu'n ddigon dylanwadol ymhlith rhai Cymry ifainc i'w hannog i aros mewn cymunedau Cymraeg neu symud i fyw iddynt. Byddai i frogarwch y 1970au sgileffeithiau economaidd cadarnhaol wrth i genedlaetholwyr gychwyn busnesau ffyniannus mewn bröydd Cymraeg gyda'r nod o gyflogi Cymry lleol. Deillia o leiaf peth o'i rym ysbrydol o farddoniaeth Waldo. Gweler felly y gall barddoniaeth gael effaith ar economi.

Ceisir darlleniad yn awr o'r gerdd 'Preseli' yn null Raymond Williams, gan graffu ar ei hallweddeiriau pwysicaf, cynnig diffiniad byr ohonynt a cheisio eu deall. Yn amlach na pheidio, cychwynna astudiaeth o air unigol yn *Keywords* â sylw a godwyd o'r *Oxford English Dictionary* neu eiriadur arbenigol cyffelyb, ond ymestynnir y diffiniad geiriadurol dechreuol i sôn am le'r gair yn y cwmwl tystion geirfaol sy'n diffinio natur y gymdeithas gyfoes. Yn yr ymdriniaeth hon â'r gerdd 'Preseli', fodd bynnag, troir at *Geiriadur Prifysgol Cymru* (GPC) yn ffynhonnell gychwynnol, gan ehangu'r pwyslais bob tro i'r syniadaeth a arwyddoceir gan ddefnydd Waldo ei hun o'r geiriau hyn.

'Preseli'

Mur fy mebyd, Foel Drigarn, Carn Gyfrwy, Tal Mynydd,
Wrth fy nghefn ym mhob annibyniaeth barn.
A'm llawr o'r Witwg i'r Wern ac i lawr i'r Efail
Lle tasgodd y gwreichion sydd yn hŷn na harn.

Ac ar glosydd, ar aelwydydd fy mhobl –
Hil y gwynt a'r glaw a'r niwl a'r gelaets a'r grug,
Yn ymgodymu â daear ac wybren ac yn cario
Ac yn estyn yr haul i'r plant, o'u plyg.

Cof ac arwydd, medel ar lethr eu cymydog.
Pedair gwanaf o'r ceirch yn cwympo i'w cais,
Ac un cwrs cyflym, ac wrth laesu eu cefnau
Chwarddiad cawraidd i'r cwmwl, un llef pedwar llais.

Fy Nghymru, a bro brawdoliaeth, fy nghri, fy nghrefydd,
Unig falm i fyd, ei chenhadaeth, ei her,
Perl yr anfeidrol awr yn wystl gan amser,
Gobaith yr yrfa faith ar y drofa fer.

Hon oedd fy ffenestr, y cynaeafu a'r cneifio,
Mi welais drefn yn fy mhalas draw.
Mae rhu, mae rhaib drwy'r fforest ddiffenestr.
Cadwn y mur rhag y bwystfil, cadwn y ffynnon rhag y baw.

Ceir yn y gerdd hon nifer o eiriau ac iddynt arwyddocâd symbolaidd megis daear, wybren, haul, arwydd, ffenestr, trefn a fforest. Mae'r rhain yn bwysig, ond pwysicach yw'r allweddeiriau sydd fel pe baent yn cynnal yr ideoleg sy'n cynnig cyd-destun i symbolau o'r fath. Allweddeiriau yw'r rhain sydd, bob un ohonynt, yn ffurfio ideoleg ganolog y gerdd, sef cenedlaetholdeb ethnig Cymraeg. Bwrir golwg yn awr ar rai o'r allweddeiriau hyn:

ALLWEDDEIRIAU

mur – 'Gwal, wal, magwyr, rhagfur, amgaer', medd *GPC*, ond hefyd, '(Un sy'n gweithredu fel) amddiffynfa neu noddfa, gwarchodwr, cynheiliad'. 'A'r gŵyr fuant yn dda iawn wrthym ni, ac ni wnaed sarhaed arnom ni ... *Mûr* oeddynt hwy i ni nôs a dydd', meddir ym Meibl William Morgan (1588), I *Sam* xxv. 15-16. Yr ail ystyr sydd gan Waldo, mur yn gwarchod er creu man diogel o'i mewn. Diriaethir hyn ar ffurf bychanfyd bro ei febyd yn y Preseli, 'Mur fy mebyd, Foel Drigarn, Carn Gyfrwy, Tal Mynydd', cyn gwneud haniaeth rymus ohoni yn y llinell olaf apocalyptaidd, 'Cadwn y mur rhag y bwystfil, cadwn y ffynnon rhag y baw'.

aelwyd – gair pwysig yn y Gymraeg er byrred y cyfeiriad ato yn *GPC*. 'Tân, lle tân' yw'r ail ystyr a roddir iddo yno, ond yr un sydd gan Waldo yw'r diffiniad cyntaf, 'cartref, annedd', megis mewn enghraifft ddadlennol o'r 12fed ganrif, 'yn kyuanhedu *ayluyt* ar y tyr'. Gallasai'r dyfyniad hwn sy'n cysylltu'r aelwyd â chyfanheddiad fod wedi'i lunio gan Waldo ei hun. Yng ngeirfa Waldo dynoda aelwyd 'dŷ' ond cyfeiria hefyd at 'fro'. Diddorol hefyd yw awgrym *GPC* fod ystyr arall ymhlyg yn 'aelwyd', sef 'Tylwyth: *stock, kin*' ac felly, trwy awgrym, yr *ethnie*, y grŵp ethnig. Noda *GPC*, 'Llew o *aelwyd* Llywelyn' (*c*. 1470) yn enghraifft o'r defnydd penodol hwn. Mae'r ystyron hyn i gyd yn bresennol yn y defnydd o 'aelwyd' sydd gan Waldo yn 'Preseli': 'Ac ar glosydd, ar aelwydydd fy mhobl – '. Cysylltir yr aelwyd â 'fy mhobl', ac felly â'r *ethnie* y perthyn Waldo iddo. Yn nefnydd Waldo o 'aelwyd' sefydlir cyswllt agos rhwng preswylfod, pobl, tiriogaeth a chenedl.

pobl – amlyga 'pobl' yr *ethnie*; yn anad dim, y Cymry. 'Bodau dynol yn gyffredinol' yw ymgais gyntaf *GPC* ar ddiffinio'r gair, ond nid dyna sydd gan Waldo wrth iddo sôn am 'fy mhobl'. Callach yw awgrym nesaf *GPC* y gall 'pobl' gyfeirio hefyd at grŵp neilltuol, megis un a ddiffinnir gan iaith neu drwy hir gyfanheddiad ar ddarn o dir. Ceir yr un math o ieithwedd yn athroniaeth J. R. Jones sy'n sôn am 'Bobl Gymreig' a 'Phobl Seisnig'. Ceir yr ymadrodd ar lafar gwlad hefyd yn y dywediad, 'pobl Gymraeg'.

hil – o blith yr holl allweddeiriau sydd yn y gerdd, 'hil' yw'r mwyaf dadleuol. Nid *race* yw ei ystyr cywir; impiad diweddar yw hwnnw, ac yn dangos sut mae cyfieithu geiriau Cymraeg i ateb y Saesneg yn union yn orthrwm ar deithi'r iaith. Nid 'hilgi' na 'hiliwr' mo Waldo wrth iddo sôn am 'hil y gwynt a'r glaw a'r niwl a'r gelaets a'r grug'. Ni olyga hyn nad oes i 'hil' gynodiadau biolegol a biorywiol. Un o ddiffiniadau'r geiriadurwr John Davies o 'hil' yn ei *Dictionarium Duplex* (1632) yw '*semen*'. Serch hynny, *ethnie* yw ei ystyr craidd. Mae'r 'hil' yn cyfeirio at y 'bobl' na thrig yn unman ond ym mro'r Preseli. Yr 'hil' yw'r 'nyni': 'pobl' Waldo sy'n trigo oddi mewn i 'fur' bryniau'r 'fro'.

bro – yn arferol, 'ardal, gwlad, tir, cymdogaeth, cynefin' yn ôl *GPC*. Nodir yn *Dictionarium Duplex* fel a ganlyn: '*bro*, patria, regio'. Mae'r cyfeiriad at 'patria' yn awgrymu y gall fod elfen o berchentyaeth ethnig ynghlwm wrth fro. Ystyr 'patria' yw gwlad ein tadau, sy'n dwyn achyddiaeth a thiriogaeth ynghyd. Nid syniad daearyddol yn unig mo bro ond diriaeth gymdeithasegol-hanesyddol (mewn amser). Dadlennol hefyd yw sut y'i diffinnir mewn gofod. Ail ystyr *GPC* yw 'Goror, ffin, terfyn: *border, limit, boundary, march*'; cadarnhad fod rhaid i fro gael ffiniau, neu 'fur', chwedl Waldo.

O blith geiriau symbolaidd y gerdd, siawns nad 'fforest' yw'r pwysicaf gan iddo gyfleu'r hyn sydd y tu allan i'r 'tŷ' Waldoaidd: y tu allan i'r 'mur' a'r 'aelwyd', ac felly y tu allan i'r 'bobl' a'r 'hil'. 'Mae rhu, mae rhaib drwy'r fforest ddiffenestr'; dyma'r distryw sydd yn fygythiad i'r ddynoliaeth yn gyffredinol, ac eto'n ddisgrifiad o berygl neilltuol i'r mur / aelwyd / pobl / hil Gymraeg. Lluniwyd 'Preseli' yn ymateb uniongyrchol i gynlluniau'r llywodraeth i feddiannu tir yn ardal y Preseli a'i ddefnyddio'n faes saethu. Ond er bod yr heddychiaeth sy'n rhan o ymateb Waldo i hyn oll yn elfen amlwg yng nghefndir y gerdd, nid yw'n amlwg yn y testun gan nad dyna ei neges graidd, o safbwynt ei hallweddeiriau o leiaf. Cerdd am y bygythiad i'r grŵp Cymraeg ei iaith yw 'Preseli'. Serch hynny, mae'n bwysig nodi nad oes unrhyw gyfeiriad uniongyrchol at na Chymry na Saeson ynddi: bygythiad ethnig cyffredinol a geir i'r Cymry, nid un diriaethol o du rhyw grŵp ethnig penodol.

O graffu ar allweddeiriau 'Preseli', gwelir bod ystyron y gerdd yn cael eu tynnu gan ddisgyrchiant ideolegol yn ôl i'r un man. Rhedant yn ôl at yr *ethnie*, at y grŵp ethnig, at y 'nyni'. Bid siŵr, mae hynny'n ddadleuol, gan y gellid gofyn yn deg beth fyddai tynged y sawl nad ydynt yn perthyn i'r 'nyni' mewn cymdeithas a seilir ar y 'nyni' hwnnw? Ac eto, *ethnie* tra anniffiniedig, ac yn yr ystyr hwnnw 'agored', yw hwn. Ni ddywedir byth nad oes modd i ddieithriaid ddynesu ato.

Yn wir, dyna fu hanes Waldo ei hun yn grwt ifanc saith mlwydd oed pan symudodd o dde sir Benfro, Saesneg ei hiaith, i Fynachlog-ddu Gymraeg ym mro'r Preseli, a dysgu'r Gymraeg yn ail iaith. Yn wir, cerdd am ganlyniad y profiad hwnnw, a'r fagwraeth a gafodd, yw 'Preseli'. Nid 'Cymro cynhenid' oedd Waldo, ond un a ddaeth yn Gymro trwy gymhathiad, fel sy'n wir am gynifer yn ein bröydd Cymraeg heddiw. Di-Gymraeg ydoedd, ond dysgodd yr iaith a dod yn un o'r 'bobl' a'r 'hil' y mae cymaint o sôn amdanynt yn ei gerddi.

Nodiadau

1   Raymond Williams, *Keywords: A Vocabulary of Culture and Society* (London: Fontana, 1976 [1985]), 15.
2   Ibid., 22:
3   Daw pob dyfyniad o farddoniaeth Waldo Williams o'r gyfrol *Dail Pren* (Llandysul: Gomer, 1956 [1982]).

BLYNYDDOEDD CYNNAR S4C: GWRAIDD EI THRAFFERTHION?

Elain Price

Bu'r flwyddyn 2010 yn gyfnod enbyd o anodd yn hanes S4C, a gellid dadlau mai hwn oedd y cyfnod mwyaf cythryblus yn ei hychydig dros ddeng mlynedd ar hugain o ddarlledu. Yn ystod y flwyddyn arswydus hon gwelwyd cyfres o ddigwyddiadau a sicrhaodd fod y chwyddwydr cyhoeddus wedi ei hoelio ar y sianel. Gellid dadlau mai hwn oedd y tro cyntaf ers blynyddoedd cynnar ei bodolaeth ac ansicrwydd ei chyfnod prawf y rhoddwyd cymaint o sylw i'r sianel wrth i erthyglau yn y papurau newydd Prydeinig honni nad oedd cynulleidfa yn gwylio'r sianel, wedi i'r *Western Mail* gyhoeddi manylion ffigyrau gwylio o sero i oddeutu 200 o'i rhaglenni;[1] beirniadaeth bod ei phatrymau comisiynu yn blaenoriaethu cwmnïau cynhyrchu annibynnol mawrion ar draul y cynhyrchydd llai ac amrywiaeth y gwasanaeth;[2] bygythiad y deuai newidiadau sylweddol i setliad ariannol y sianel o San Steffan,[3] – a fu'n gatalydd i ymddiswyddiad disymwth Prif Weithredwr benywaidd cyntaf y sianel, Iona Jones;[4] yna creisis oddi mewn i'r Awdurdod wrth iddynt geisio apelio yn erbyn a cheisio osgoi'r toriadau i'r gyllideb;[5] y cyhoeddiad, fel rhan o Adolygiad Cynhwysfawr o Wariant Llywodraeth Geidwadol David Cameron, y byddai'r rhan helaeth o gyllideb y sianel yn cael ei thalu o goffrau'r BBC o 2013 ymlaen[6] – a gododd gwestiynau a thrafodaeth frwd am ddyfodol annibyniaeth y sianel Gymraeg ac yna ymddiswyddiad anelwig o flêr y Cadeirydd, John Walter Jones, cyn diwedd y flwyddyn honno.[7] Er bod y trafferthion hyn i'w gweld ar yr olwg gyntaf yn rhai unigryw yn hanes y sianel, bwriad yr erthygl hon yw edrych ar rai o'r helbulon hyn, sydd yn ymwneud â materion rhaglenni, yng nghyd-destun hanes blynyddoedd cynnar ei darlledu gan geisio dangos bod eu gwreiddiau i'w darganfod yn y ffordd y sefydlwyd y sianel a bod y dystiolaeth gynnar yn arwyddo'r hyn a oedd ar y gorwel. Yn ystod y tudalennau nesaf felly trafodir dwy astudiaeth achos, sef ffigyrau gwylio y sianel a'r newidiadau i'w pholisiau comisiynu rhaglenni gan gynhyrchwyr annibynnol er mwyn dangos cysylltiadau clir rhwng dyddiau cynnar y sianel a'i blynyddoedd diweddar.

Mae tuedd ynom ni'r Cymry, yn academyddion a'r gynulleidfa leyg yn gyffredinol, i edrych ar ddyddiau cynnar S4C gan eu hystyried yn oes aur y sianel. Clodforwn y dyddiau hynny gan edrych yn ôl ar lwyddiant y swyddogion cyntaf i sefydlu'r sianel mewn cyfnod byr a'i llywio trwy ddyfroedd tymhestlog ei chyfnod prawf rhwng 1981 ac 1985.[8] Cofiwn am raglenni eiconig sydd wedi aros yn y cof megis *SuperTed* (Siriol, 1982–86), *Wil Cwac Cwac* (Siriol, 1982–87), *Minafon* (Ffilmiau Eryri, 1985–90), *Joni Jones* (Sgrin '82, 1982), *Yr Alcoholig Llon* (Francis, 1984), *Rhosyn a Rhith* (Ffilmiau'r Ceiliog Coch, 1986) ac yn y blaen. Cofiwn hefyd am rai o'r rhaglenni nad oedd yn cyrraedd y safon ddisgwyliedig a ddarlledwyd sydd heb fynd yn angof am resymau cwbwl wahanol, rhaglenni megis *Madam Wen* (Bwrdd Ffilmiau Cymraeg, 1982). Ond wrth feirniadu cynnwys y sianel heddiw, gan awgrymu nad oes digon o raglenni i'n plesio ac edrych ar y blynyddoedd cynnar fel oes aur, rydym yn anghofio am y degau os nad cannoedd o raglenni eraill a ddarlledwyd gan y sianel sydd wedi hen ddiflannu o'r cof ac wedi disgyn i bwll ebargofiant. Cofiwn, hefyd, am weithredoedd llwyddiannus y cyfnod o dawelu'r anghydfod ymhlith y gynulleidfa ddi-Gymraeg a oedd yn anfodolon â rhaglenni Cymraeg yn tarfu ar eu nosweithiau o raglenni Saesneg, o werthu *SuperTed* i gwmni Disney a darlledu anturiaethau'r arth arbennig mewn hanner cant o wledydd ar draws y byd,[9] o ddosbarthu degau o raglenni eraill i ddarlledwyr rhyngwladol, o arddangos ffilmiau megis *Yr Alcoholig Llon*, *Aderyn Papur* (Bayly, 1984) a *Wil Six* (Turner, 1985) ar Channel 4,[10] ac o sefydlu diwydiant cynhyrchu annibynnol llewyrchus, gyda nifer o'r cynhyrchwyr hynny yn ymsefydlu mewn ardaloedd o ogledd-orllewin Cymru gan eu gosod eu hunain yng nghanol y cymunedau a ystyrid yn gynulleidfa graidd i'r sianel.[11] Ond, mae'r gwirionedd, wrth gwrs, yn llawer mwy cymhleth a chymysg nag y mae'r darlun unlliw hwn yn ei awgrymu. Bwriedir dadlau hefyd fod y ffeithiau a'r llwyddiannau hyn a oedd yn denu llawer o sylw yn y wasg, ac o ganlyniad, yn aros yn hwy yn y cof cyhoeddus, wedi cuddio'r ffaith na fu blynyddoedd ffurfiannol y sianel yn llwyddiant digamsyniol. Bu'n frwydr gyson yn ystod y cyfnod prawf i sicrhau bod y sianel yn parhau wedi'r adolygiad seneddol ym 1985 ac fe noda swyddogion y sianel o'r cyfnod ffurfiannol hwnnw eu bod yn ymwybodol o fagl methiant o amgylch eu gyddfau'n gyson wrth geisio llunio polisïau a chomisiynu rhaglenni a fyddai'n apelio at y gynulleidfa Gymraeg.[12] Ymddengys, o ddarllen cofnodion yr Awdurdod, mai brwydr barhaus oedd sicrhau arian digonol gan yr Awdurdod Darlledu Annibynnol (ADA) er mwyn darparu'r amrywiaeth o raglenni safonol a fynnai ac a ddisgwyliai'r gynulleidfa.

Dau o'r trafferthion 'cudd' hyn fydd pwnc yr ysgrif hon, sef sut y bu'r sianel yn ymdopi gyda ffigyrau gwylio is na'r disgwyl a chwtogi ar dwf aruthrol y sector annibynnol pan oedd y datblygiad ar ei anterth, a hynny oherwydd diffyg nawdd gan yr ADA. Er y bu colofnau di-rif rhwng cloriau'r *Western Mail* a'r *Daily Post* yn gwyntyllu'r materion hyn, nid yw'r trafferthion penodol hyn wedi aros yn y cof.[13] Fe ellid priodoli hyn yn rhannol i'r tawelwch sydd wedi bod dros y blynyddoedd ynghylch trafod gwendidau'r sianel Gymaeg, a hynny rhag ofn i gwyno'r gynulleidfa graidd arwain at roi'r sianel mewn perygl.[14] Tawelwch a fu'n rhannol gyfrifol yn ôl rhai, am sefyllfa'r sianel yn ystod 2010.[15] Ond hefyd fe ellid ei briodoli yn sicr i strategaeth amlwg a bwriadol a geid ymysg swyddogion y sianel yn ei blynyddoedd cynnar i sicrhau bod llwyddiannau nodedig yn cuddio, neu'n gywirach, yn amlycach o ran eu cyhoeddusrwydd, na'r trafferthion a'r problemau. Y gobaith oedd pan ddeuai Adolygiad Seneddol y sianel ar ddiwedd ei chyfnod prawf, y byddai'r farn gyhoeddus a swyddogol yn cael eu llywio yn llawer mwy gan yr hanesion o lwyddiannau arloesi a buddsoddiad economaidd yn hytrach na'r gwendidau creiddiol hyn. Er mwyn sicrhau hynny wrth gwrs yr oedd angen gwneud y sianel Gymraeg newydd yn elfen anhepgor o'r tirlun darlledu Cymraeg ac yn rhan hollbwysig o dirlun diwylliannol ac economaidd Cymru. Gwyddai swyddogion ac Awdurdod S4C fod angen i'r sianel wneud mwy na chomisiynu rhaglenni er mwyn sicrhau ei dyfodol a chreu'r argraff angenrheidiol, ac aethpwyd ati i weithredu strategaeth a fyddai'n gwreiddio'r sianel yn nwfn yng ngwead Cymru. Rhai o'r gweithgareddau allweddol a ddeilliodd o'r strategaeth hon oedd sefydlu'r adain fasnachol Mentrau a fyddai'n mynd ati i sicrhau incwm ychwanegol ar gyfer y sianel a llwyfannau newydd ar gyfer cynnyrch Cymreig a Chymraeg. Sbardun arall i sefydlu'r adain fasnachol hon oedd yr angen i greu incwm newydd gan nad oedd sicrwydd y deuai digon o arian yn flynyddol o'r fformiwla ariannol a bennwyd ar gyfer S4C a Channel 4.

PERTHYNAS Â'R CYNHYRCHWYR ANNIBYNNOL

O sawl safbwynt ystyriwyd y fformiwla ariannu a sefydlwyd yn wreiddiol ar gyfer Channel 4, ac a addaswyd er mwyn ymgorffori costau ychwanegol S4C, yn un hynod effeithiol a llwyddiannus. Credid hynny gan ei fod yn cynnig sicrwydd i'r ddwy sianel y byddai arian ar gael ar eu cyfer, doed a ddelo, gan sicrhau nad oedd rheidrwydd arnynt i ddenu'r cynulleidfaoedd mwyaf posibl er mwyn apelio at yr hysbysebwyr a'u hannog i brynu gofod rhwng y rhaglenni. Rhoed rhyddid felly i S4C ac i Channel 4 i gomisiynu ac amserlennu rhaglenni a fyddai'n apelio at eu cynulleidfaoedd yn hytrach na chwmnïau cynnyrch masnachol. Er hynny, nid oedd y patrwm ariannu yn cynnig sicrwydd i'r sianel y byddai yn derbyn yr arian y gofynnid amdano bob blwyddyn, ac i'r perwyl hwnnw bu sicrhau arian digonol i'r sianel yn ymdrech gyson i'r swyddogion a'r Awdurod trwy gydol y cyfnod prawf. Ar gyfer y deunaw mis o baratoi a'r pum mis cyntaf o ddarlledu, cytunwyd ar ffigwr o £20 miliwn gyda'r ADA er mwyn sicrhau seiliau cadarn i'r sianel. Er i'r swm hwnnw gael ei glustnodi ar gyfer gweithgareddau costus megis sefydlu strwythurau ac adeiladwaith y sianel ynghyd â stoc o raglenni, yr oedd angen gwarantu symiau cyfatebol, os nad uwch ar gyfer y blynyddoedd dilynol er mwyn parhau gyda'r patrwm comisiynu a fabwysiadwyd yn ystod y flwyddyn gyntaf. Yn wir bu'n rhaid dechrau'r trafodaethau ar gyfer y flwyddyn 1983 rai misoedd cyn i'r sianel ddechrau darlledu ar yr awyr; ond yn ystod mis Mehefin 1982 daeth yn amlwg nad oedd sicrwydd y byddai S4C yn derbyn yn flynyddol y swm o arian a wnaed cais amdano.[16] Anfonwyd cais am £25.7 miliwn gan y sianel i'r ADA, ond yn hytrach na chadarnhad o'r swm hwnnw derbyniwyd gohebiaeth yn nodi y byddai'r ffigwr yn debygol o fod yn llai na'r hyn y ceisiwyd amdano, gyda'r tebygolrwydd y byddai'r ffigwr yn £24 miliwn.[17] Erfyniodd S4C am ragor o arian, gan nodi mai £24.5 miliwn oedd y lleiafswm y gellid ymdopi ag ef heb effaith andwyol ar y gwasanaeth.[18] Mewn llythyr gan John Whitney, Cyfarwyddwr Cyffredinol yr ADA, at Owen Edwards ar ddiwedd Tachwedd, ceir cadarnhad o'r penderfyniad terfynol gan aelodau'r ADA ar lefel incwm S4C ar gyfer y flwyddyn 1983, wrth iddo nodi bod £24.6 miliwn wedi ei glustnodi ar gyfer y sianel Gymraeg.[19] Byddai £6 miliwn o'r swm hwnnw yn cael ei gyfrif tuag at dri mis olaf y flwyddyn ariannol 1982/3 ac felly yn rhan o'r £20 miliwn gwreiddiol hwnnw y cytunwyd arno rhwng y ddau Awdurdod.[20] O ganlyniad £18.6 miliwn a fyddai'n weddill er mwyn cynnal y gwasanaeth hyd ddiwedd y flwyddyn galendr. Ceir cydnabyddiaeth gan Gyfarwyddwr Cyffredinol yr ADA yn y llythyr, y byddai'r sianel Gymraeg yn debygol o fod yn siomedig gyda'r incwm, gan nad oedd yn gadael llawer o le i'r sianel wneud unrhyw gamgymeriadau gwariant neu gomisiynu.[21] Gwallau a oedd yn ddigon tebygol o ddigwydd o ystyried mor ifanc oedd y sianel a'r enghreifftiau a gaed o orwario sylweddol yn ystod ei blwyddyn gyntaf gomisiynu gyda *Madam Wen* a *SuperTed*. Er y siom o dderbyn swm a oedd yn llai na'r disgwyl, bu'n rhaid cydnabod nad oedd modd gwasgu rhagor o arian o goffrau cwmnïau ITV yn ystod y flwyddyn hon, gan fod y swm o £123 miliwn a lwyddwyd i'w gasglu o arian hysbysebu'r cwmnïau annibynnol yn union 18 y cant o Incwm Hysbysebu Clir (*Net Advertising Revenue* – NAR), sef ar lefel uchaf y cytundeb a arwyddwyd yn ôl ym 1981.[22] Yr oedd y cyfanswm a gasglwyd gan gwmnïau ITV filiwn yn llai na'r hyn y gobeithid amdano, ac mewn perthynas â'r gwahaniaeth rhwng cais S4C a'r swm y dyfarnwyd iddi gan yr ADA, gellid honni mai o gyllideb y sianel Gymraeg yn unig y daeth yr arbedion, gan gynnig y swm cyfan yr ymgeisiwyd amdano i Channel 4. Ond byddai datganiad o'r fath yn mynd yn erbyn y rheol anffurfiol a sefydlwyd ar ddechrau hanes y ddwy sianel y byddai S4C yn derbyn 20 y cant o'r arian a gasglwyd o NAR cwmnïau ITV, gyda Channel 4 yn derbyn y gweddill. Mae'r dystiolaeth o du Channel 4 hefyd yn dangos nad oedd hi'n bosib i'r ADA gynnig arian digonol iddi ychwaith, gan i'r Bwrdd Rheoli anfon cais am £123 miliwn i'r ADA ym Mehefin 1982 a derbyn £98.4 miliwn, bron i wyth miliwn ar hugain yn llai na'r gofyn.[23] Gellid deall sylwadau John Whitney yn ei lythyr at Owen Edwards felly, pan nododd: 'The problem was simply that, within an overall figure of £123m, Members did not feel able to squeeze Channel 4 any harder.'[24] Dengys tystiolaeth yma o ymrwymiad yr ADA i lwyddiant S4C yn y trafodaethau hyn, gan na welid gwasgu cyllideb S4C yn ormodol er mwyn diwallu anghenion Channel 4. Glynwyd at y cytundeb anffurfiol hwnnw gan sicrhau bod S4C yn derbyn ugain y cant o'r arian a oedd ar gael hyd yn oed pan oedd arian yn dynn.

Er bod cynnydd cymharol fychan wedi bod rhwng yr amcan gwreiddiol a gaed gan yr ADA o £24 miliwn, yr oedd canlyniadau sylweddol i'r sianel ac yn enwedig i'r cynhyrchwyr annibynnol. Yn Rhagfyr 1982 cyflwynwyd dogfen i'r Awdurdod a oedd yn ceisio dod i'r afael ag effaith y lefel hon o incwm, ac ynddi nodir y byddai tipyn yn llai o arian i'w wario ar gynyrchiadau annibynnol, gan amcangyfrif mai dim ond £7.1 miliwn a fyddai ar gyfer y cynhyrchwyr annibynnol o'i gymharu â'r £9 miliwn a wariwyd yn ystod y flwyddyn ariannol gyntaf.[25] Mewn gwirionedd cyllideb y cynhyrchwyr annibynnol oedd yr unig elfen hyblyg a gaed yng nghyllideb y sianel a hynny gan fod y cytundeb gydag HTV mor gaeth o ran y swm a oedd yn ddyledus i'r darlledwr am raglenni, a'r ffaith fod y gwariant ar elfennau cyfundrefnol S4C yn gymharol fychan.[26] O ganlyniad, byddai rhai cwmnïau ar eu colled. Rhagwelwyd y byddai rhai o'r cwmnïau Saesneg y bu i'r sianel droi atynt yn ystod y flwyddyn gyntaf yn diflannu, cwmnïau megis Opix Films o Lundain a gynhyrchodd raglenni Cymraeg ar drip Max Boyce i Galiffornia ac un o ffilmiau cynnar y sianel, *Owain Glyndŵr*, a Jack Bellamy Productions o Fryste fu'n cynhyrchu rhaglenni coginio o'r enw *Blas o'r Gorffennol*.[27] Ond ni chaewyd y drws yn gyfan gwbl ar gynhyrchwyr annibynnol o'r tu allan i Gymru yn y flwyddyn 1983, gan i'r sianel barhau i gomisiynu rhaglenni gan gwmnïau Wyvern Television o Swindon, Imago Films o Clevendon a chomisiynwyd cynhyrchwyr newydd i'r sianel o du allan i Gymru hefyd gyda Bumper Films o Weston Super-Mare a Red Rooster Films o Lundain (a elwid hefyd yn Ffilmiau'r Ceiliog Coch ac a sefydlwyd o amgylch talentau Stephen Bayly a Linda James).[28] Ond nid cwmnïau y tu hwnt i glawdd Offa yn unig a fu ar eu colled y flwyddyn honno gan i ambell gwmni Cymreig na lwyddodd i gyflwyno ei waith o fewn y gyllideb wreiddiol yn ystod blwyddyn gyntaf y sianel golli ei le yn yr amcangyfrifon. Ni fu i'r Bwrdd Ffilmiau dderbyn rhagor o gomisiynau yn dilyn trafferthion enbyd *Madam Wen*,[29] a lleihawyd nifer comisiynau Na Nog oherwydd trafferthion mewnol, a Sgrin '82 gan, yn ôl swyddogion rhaglenni S4C, fod safon y syniadau newydd a gynigwyd yn isel.[30] Yr oedd y lleihad hefyd yn debygol o gael effaith andwyol ar y cwmnïau a oedd yn darparu adnoddau atodol i'r diwydiant, cwmnïau megis Tegset a oedd yn adeiladu setiau i gynyrchiadau. Er hynny, byddai eraill ar eu hennill yn dilyn y lleihad hwn yng nghyllideb y cynhyrchwyr annibynnol, gan y byddai'n ysgogiad iddynt geisio gwneud mwy â llai o arian, a'r newid cyntaf tebygol fyddai'r newid o ffilm i fideo. Rhagwelwyd felly y byddai uned allanol fideo Barcud ac Eco, y cwmni cymhathu sain, ar eu hennill gan y byddai mwy o gynhyrchwyr am ddefnyddio'r adnoddau fideo a gynigwyd gan y cwmnïau hyn.[31]

Er y pryder a fynegwyd ynglŷn â chyllideb 1983, yr oedd swyddogion y sianel ac aelodau'r Awdurdod yn ofni y gallai pethau waethygu'r flwyddyn ganlynol a hynny oherwydd y byddai canolfan ddarlledu newydd HTV yng Nghroes Cwrlwys yn barod i ddechrau cynhyrchu rhaglenni. Goblygiadau hyn i S4C oedd y byddai'r sianel bellach yn derbyn 9 awr yr wythnos yn hytrach na'r 7 awr a thri chwarter gan y darlledwr.[32] Er mwyn sicrhau nad oedd yr arian a ddefnyddid i dalu am yr oriau ychwanegol hyn gan HTV yn erydu'r nifer o oriau a gomisiynwyd gan y cynhyrchwyr annibynnol, byddai'n rhaid derbyn cynnydd mwy na chwyddiant yn yr arian gan yr ADA. Ond yr oedd yr ADA wedi rhagrybuddio'r sianel yn ystod y trafodaethau am gyllideb 1983 o'r posibilrwydd na fyddai'n bosibl iddo ariannu'r cynnydd yn oriau HTV a chadw'r nifer o oriau a gomisiynwyd gan y cynhyrchwyr annibynnol yn gyson, gan y byddai hynny'n gynnydd llawer mwy na chwyddiant.[33] Er y rhybudd hwn o du'r ADA, yr oedd yr Awdurdod a swyddogion y sianel yn awyddus iawn i beidio â chosbi'r cynhyrchwyr annibynnol oherwydd y cytundeb anhyblyg a luniwyd rhwng S4C ac HTV. O ystyried i'r cynhyrchwyr annibynnol ddod i'r adwy a darparu mwy na'r disgwyl gwreiddiol o gynyrchiadau i'r sianel, ac ymateb mor gadarnhaol i'r her a osodwyd iddynt, yr oedd y sianel yn awyddus i fod yn deyrngar iddynt. I'r perwyl hwnnw, felly, trefnwyd cyfarfod rhwng Cadeirydd S4C a Chadeirydd yr ADA, yr Arglwydd Thomson, ac ymbiliwyd am ragor o arian ac ystyriaeth arbennig wrth glustnodi cyllideb 1984/85, gan fod amcangyfrifon mewnol y sianel yn rhagweld y byddai angen £2.5 miliwn yn ychwanegol er mwyn prynu'r oriau newydd oddi wrth HTV.[34] Er yr erfyn taer, yr oedd yr Arglwydd Thomson yn ddiysgog wrth iddo nodi nad oedd unrhyw dystiolaeth y gellid darparu rhagor o arian i S4C ar gyfer 1984 a hynny gan fod y rhagolygon ar gyfer arian hysbysebu teledu masnachol yn isel. At hynny, rhagwelai y byddai cwmnïau ITV yn dymuno gweld y gyfran o NAR a fyddai'n ddyledus ganddynt i'r ADA yn disgyn yn nes at y lleiafswm, sef 14 y cant, yn hytrach na'r 18 y cant a delid yn ddiweddar, a hynny gan fod y cwmnïau'n siomedig â'r gyfran o'r arian a lwyddwyd i'w hadennill o'r buddsoddiad gwreiddiol a wnaed ganddynt yn rhwydwaith y bedwaredd sianel.[35] Yr oeddent wedi gobeithio llwyddo i adennill 80 y cant o'r buddsoddiad gwreiddiol er mwyn sefydlu'r ddwy sianel cyn iddynt ddechrau darlledu, ond mewn gwirionedd dim ond 20 y cant o'r buddsoddiad hwnnw yr oeddent wedi ei gael yn ôl.[36] Yr oedd y sefyllfa'n argoeli'n wael felly i incwm S4C ar gyfer 1984.

Wedi'r agwedd besimistaidd a fynegwyd gan Gadeirydd yr ADA ym Mawrth 1983, erbyn Ebrill yr oedd rhagolygon incwm hysbysebu ITV yn well na'r ofnau gwreiddiol.[37] Ac felly lluniwyd cais gan S4C am £29,258,563 a'i anfon at Peter Rogers, Cyfarwyddwr Cyllid yr ADA[38] – cais a oedd dros £4 miliwn yn fwy na'r arian a dderbyniwyd gan yr ADA ym 1983/4 ond a oedd yn cynnwys £2.4 miliwn ar gyfer yr awr a chwarter ychwanegol o raglenni a ddeuai oddi wrth HTV o Orffennaf 1984 ymlaen ynghyd â lefel dderbyniol o chwyddiant.[39] Fis yn ddiweddarach derbyniwyd adroddiad o ragolygon yr ADA ar gyfer yr incwm tebygol a ddeuai o goffrau arian hysbysebu cwmnïau ITV. Ynddo nodir bod y cwmnïau'n rhagweld cynnydd o 15 y cant yn eu harian hysbysebu, gan wireddu'r neges fwy gobeithiol honno a dderbyniodd Awdurdod S4C gan yr Arglwydd Thomson yn Ebrill 1983, wedi'r drafodaeth besimistaidd wreiddiol.[40] Byddai 18 y cant o NAR felly yn debygol o gynhyrchu £140 miliwn o incwm ar gyfer y bedwaredd sianel, gydag ugain y cant S4C yn dod i £28 miliwn, £1.2 miliwn yn llai na'r gofyn gwreiddiol, er bod Syr Goronwy Daniel mewn gohebiaeth â Chadeirydd yr ADA wedi nodi y gallai'r sianel dderbyn £28.5 miliwn 'fel yr isafswm lleiaf posibl' y gellid gwneud defnydd ohono.[41] Nododd aelod yr ADA ar Awdurdod S4C, Gwilym Peregrine, i Peter Rogers drafod yng nghyfarfod yr ADA anghenion arbennig y sianel Gymraeg yn y flwyddyn i ddod, gan nodi dyfodiad Croes Cwrlwys, y ffaith y byddai ymestyn ar yr oriau Cymraeg a gynhyrchid gan HTV a'r '…ddyletswydd foesol i gynnal y Cynhyrchwyr Annibynnol Cymreig.'[42] Mae'n ddadlennol iawn fod S4C a'r ADA yn y cyfnod hwn yn ystyried bod darparu arian digonol i'r cynhyrchwyr annibynnol yn gyfrifoldeb moesol, a dengys pwysigrwydd y sector hwn i'r sianel Gymraeg ar y pryd er bod y ganran o oriau a ddarperid i'r sianel yn parhau'n isel o'i chymharu â'r ddau ddarlledwr mwy. At hynny, gwelir o'r sylwadau hyn y teyrngarwch a gaed rhwng S4C a'i chynhyrchwyr annibynnol, gan i'r clwstwr bychan o gwmnïau ymateb yn frwd i'r alwad a ddaeth o du S4C i gynhyrchu mwy o raglenni, ac yn amlach na pheidio, yr oedd eu cynyrchiadau'n dangos y bu'r sianel yn gwbl gywir i ymddiried ynddynt. Dengys y trafodaethau hyn dystiolaeth o batrwm gweithredu ac agwedd tuag at ddarparwyr sydd wedi hen ddiflannu o'r byd teledu modern. Mae'r pwyslais dros y blynyddoedd diwethaf wedi bod ar ffurfio cwmnïau mawr cystadleuol nad ydynt yn llwyr ddibynnol ar S4C am eu comisiynau a'u bodolaeth, ac a all ddarparu mwy o werth am arian i'r sianel. O'r herwydd diflannodd nifer o'r cwmnïau llai.[43] Mae'r agwedd a fynegwyd ym mlynyddoedd cynnar y sianel felly yn darparu gwrthbwynt amlwg i'r amgylchiadau cynhyrchu cyfoes. Ac yn enwedig y rhai a welwyd yn y blynyddoedd yn arwain at 2010 lle bu beirniadaeth hallt ar sut yr ymdriniwyd â'r cynhyrchwyr annibynnol llai.[44]

Y sector annibynnol a oedd yn debygol o ddioddef fwyaf o'r diffyg hwn yng nghyllideb debygol y sianel unwaith yn rhagor. Anfonwyd llythyr gan Syr Goronwy Daniel at yr Arglwydd Thomson yn esbonio'n glir pam yr oedd staff S4C yn amharod i weld lleihad pellach yn yr arian a oedd ar gael i gynhyrchu rhaglenni gyda'r cwmnïau annibynnol. Nododd Cadeirydd Awdurdod S4C yn glir fod y cynhyrchwyr annibynnol yn hanfodol gan eu bod yn darparu rhaglenni o safon, a oedd yn ennill gwobrau gan sicrhau enw da i'r sianel, yn hawlio eu lle yn y siart wythnosol o'r pum rhaglen fwyaf poblogaidd ar S4C ac yn derbyn ymateb ffafriol yn yr arolygon gwerthfawrogiad cynulleidfa, a hynny i gyd am bris llai na'r rhaglenni a brynwyd gan HTV.[45] At hynny, dadleuodd yn blaen y gallai lleihad pellach ym 1984–85 fod yn niweidiol i'r sianel, gan fod y strategaeth a weithredwyd eisoes er mwyn ymdopi â'r diffyg yng nghyllideb 1983–84 wedi lleihau'r stoc o raglenni wrth gefn a chynyddu'r lefel o ailddangos rhaglenni.[46] Nodwyd yn blaen na ellid amsugno'r diffyg unwaith eto yn y modd hwn heb niweidio'r gwasanaeth a ddarparwyd i'r gynulleidfa. Pe ceid gwasgu pellach byddai'n rhaid i'r sianel gwtogi'r gwariant ymhellach mewn perthynas â'r cwmnïau annibynnol hynny a oedd wedi darparu gwasanaeth teg a theilwng i'r sianel. Fel hyn y ceisiodd Syr Goronwy Daniel ddarbwyllo'r ADA o effaith andwyol toriadau o'r fath: 'Significant further cuts … if made, will fall on companies who have given us good value for money and are located in Welsh rural and coal and steel industrial areas where their loss would be a serious blow.'[47] Ceir yma ymgais i bigo cydwybod aelodau'r ADA, gan y byddai'r aelodau yn llwyr ymwybodol o drafferthion economaidd yr ardaloedd diwydiannol hynny gan ddatgan, yn gam neu'n gymwys, y byddai colli'r cwmnïau cynhyrchu'n niweidio ymhellach yr ardaloedd hynny a oedd yn dioddef yn sylweddol yn sgil polisïau Llywodraeth Geidwadol y cyfnod. I gloi'r llythyr hwn sy'n erfyn ar yr ADA i ystyried yn llawn effaith unrhyw ddiffyg ariannol ar y sianel, ceir un erfyniad olaf ar synnwyr tegwch yr Arglwydd Thomson. Nodir y byddai amddifadu'r sianel o'r cyfle i ddefnyddio'r cynnydd o awr a chwarter yn narpariaeth HTV i gynyddu'r nifer o raglenni Cymraeg yn creu cymhariaeth anffafriol iawn gyda Channel 4, a oedd wedi gweld cynnydd sylweddol yn yr oriau Saesneg ers dyddiau'r cynllunio ym 1981.[48] Yr oedd Channel 4 wedi llwyddo i ddarlledu oddeutu hanner cant o oriau yr wythnos ers ei noson agoriadol a oedd yn sylweddol uwch na'r 35 awr y bwriedid eu darlledu yn wreiddiol. Mewn cymhariaeth â hyn, roedd S4C wedi darlledu dwy awr ar hugain yr wythnos ar gyfartaledd o raglenni Cymraeg, nifer o oriau a oedd yn parhau yn is na gofynion gwreiddiol y gwrthdystwyr a fynnodd mai pum awr ar hugain oedd y lleiafswm derbyniol er mwyn darparu gwasanaeth cyflawn yn y Gymraeg. Yr oedd rheidrwydd felly i'r gwasanaeth fanteisio ar y cynnydd yn narpariaeth HTV er mwyn diwallu anghenion a gofynion y gynulleidfa Gymraeg.

Er i Awdurdod S4C ganolbwyntio ar effaith andwyol y diffyg ariannol ar y cwmnïau annibynnol fe geir tystiolaeth y byddai HTV yn ogystal ar ei cholled mewn sefyllfa o'r fath. Ar 28 Medi 1983 anfonwyd llythyr at HTV, yn unol â gofynion y cytundeb rhaglenni, yn hysbysu'r cwmni o'r tebygolrwydd y byddai diffyg arian yn nodwedd ar y sianel, a hynny'n ddiffyg digon sylweddol i warantu lleihau'r arian a fyddai ar gael i HTV gynhyrchu rhaglenni i S4C.[49] Rhagwelwyd y byddai lleihad o oddeutu £175,000 wedi i'r stiwdio newydd yng Nghroes Cwrlwys agor ei drysau, gan olygu y byddai'n rhaid ystyried diddymu nifer o raglenni gan gynnwys un rhaglen materion cyfoes tramor hanner awr, dwy raglen sgwrsio dri chwarter awr, deg o raglenni chwarter awr ar gyfer plant meithrin ac un bennod hanner awr o ddrama gyfres ac ambell raglen arall a fyddai'n creu colled o 7 awr i gyd.[50] Effaith y difa hwn fyddai gorfodi'r sianel i gynyddu unwaith yn rhagor nifer yr ailddangosiadau o raglenni Cymraeg er mwyn sicrhau ei bod yn cyrraedd ei chyfanswm oriau wythnosol, gan leihau ymhellach y ddarpariaeth newydd i'r gynulleidfa, a fyddai'n anochel yn arwain at leihad, unwaith yn rhagor, yn y ffigyrau gwylio, fel y gwelir o'r trafodaethau isod.

Yn anffodus i'r tair carfan dan sylw, ni welwyd cynyddu'r ffigwr o £28 miliwn pan ddaeth hi'n gyfnod cadarnhau ffigwr terfynol y flwyddyn ariannol 1984/85, a hynny er i incwm hysbysebu cwmnïau ITV fod yn 'fywiog' yn ystod y cyfnod dan sylw. Yn wahanol i'r flwyddyn flaenorol, penderfynodd yr ADA beidio â mynnu'r 18 y cant o NAR, sef y mwyafswm, gan hawlio 17.5 yn ei le. At hynny, penderfynwyd peidio â chyflwyno'r £146 miliwn yn ei grynswth i goffrau'r bedwaredd sianel, gan hawlio £7 miliwn o'r cyfanswm hwnnw er mwyn ad-dalu dyled cwmnïau ITV i'r ADA ar raddfa gyflymach.[51] Er bod y ffigwr yn siomedig, yr oedd cyfanswm y bedwaredd sianel Gymraeg yn uwch na'r 20 y cant arferol, gan iddo ddringo fymryn yn uwch i gyrraedd 20.14 y cant, gan adael 79.86 y cant, neu £111 miliwn, i Channel 4.[52] Bu trafodaeth frwd ymysg aelodau'r Awdurdod am y priod ddull o ymateb i'r cynnig ariannol, a chafwyd trafodaeth a ddylid apelio i'r Ysgrifennydd Cartref, cam posibl o dan y Ddeddf Ddarlledu.[53] Penderfynwyd na ellid cyfiawnhau apêl a hynny gan nad oedd y gwahaniaeth rhwng y cynnig a wnaed i'r sianel a'r swm y ceisiwyd amdano yn ddigon i gyfiawnhau'r ddadl fod yr incwm yn tanseilio'r gwasanaeth. Er hynny, nid oedd yr Awdurdod am dderbyn y swm yn gwbl dawel, gan yr ofnid y byddai hynny'n rhoi'r argraff fod yr Awdurdod yn gofyn am fwy o arian nag oedd mewn gwirionedd ei angen, ac y byddai'r sianel yn derbyn triniaeth debyg pan ddeuai'n amser trafod cyllideb y flwyddyn ganlynol.[54] Bwydwyd felly ambell ddyfyniad i'r wasg Gymreig gan nodi pa mor siomedig oedd y sianel nad oedd yr ADA wedi darparu'r hanner miliwn ychwanegol ar gyfer y ddarpariaeth.[55] Diau y llwyddodd y negeseuon hyn i sicrhau bod y gynulleidfa Gymreig yn cydymdeimlo â'r sianel. At hynny yr oedd y negeseuon yn fodd o ffrwyno disgwyliadau'r gynulleidfa, gan eu paratoi o bosibl am ragor o ailddangosiadau a thwf llai na'r disgwyl yn y ddarpariaeth.

Oherwydd y ffigwr ariannol llai na'r gofyn am yr ail flwyddyn yn olynol, bu'n rhaid i S4C adolygu'n fanwl y patrymau gwaith a weithredwyd gyda'r cynhyrchwyr annibynnol. Yn nhymor yr hydref 1983 edrychwyd eto ar y patrwm o weithio gyda'r cynhyrchwyr annibynnol er mwyn gweld a ellid gwneud y broses yn fwy effeithiol a sicrhau mwy o raglenni am yr arian a oedd ar gael i'w wario. Yr oedd y patrwm comisiynu a ffurfiwyd yn ystod y misoedd cyntaf yn gymharol lac ac anffurfiol, ac fel rheol, os oedd cynhyrchydd yn cynnig syniad da a oedd yn werth ei gynhyrchu ym marn y swyddogion, byddai comisiwn yn dilyn yn fuan iawn wedyn. Dyma strategaeth a arweiniodd at gomisiynu rhaglenni gan 46 o gwmnïau ac unigolion gwahanol yn ystod dwy flynedd gyntaf y sianel. O'r 46 cwmni, yr oedd 22 ohonynt wedi derbyn comisiwn ym 1982/3 ac ym 1983/4. Ni dderbyniodd deuddeg cwmni a dderbyniodd gomisiwn yn ystod y flwyddyn gyntaf, fwy o gomisiynau yn yr ail flwyddyn, a chomisiynwyd naw cwmni newydd, na dderbyniwyd rhaglen ganddynt yn flaenorol yn ystod yr ail flwyddyn.[56] Mae 46 yn ffigwr sylweddol o ystyried nad oedd sector annibynnol yn bodoli cyn sefydlu'r sianel, ond nid dyma uchafbwynt nifer y cwmnïau a oedd yn derbyn comisiynau gan S4C oherwydd, erbyn 1997 yr oedd 54 o gynhyrchwyr annibynnol yn cyfrannu rhaglenni i'r sianel.[57] Roedd rhesymau eraill hefyd dros adolygu'r berthynas rhwng y sianel a'i chynhyrchwyr annibynnol. Gan mai staff cymharol fach a geid yn adran raglenni'r sianel newydd roedd gweithio gydag amrediad o gwmnïau a feddai ar sgiliau amrywiol iawn o ran cynhyrchu rhaglenni yn gallu bod yn llafurus.[58]

Er teimlo'n gryf fod angen newidiadau er lles y berthynas a'r orfodaeth ariannol ar y sianel i newid ei buddsoddiad yn y cynhyrchwyr annibynnol, roedd ymdeimlad o deyrngarwch, fel y crybwyllwyd eisoes, ymysg swyddogion y sianel, a hynny oherwydd y ffordd yr ymatebodd y cynhyrchwyr mor frwd i'r alwad am ddarparu rhaglenni amrywiol a difyr i'r sianel.[59] Ond nid oedd modd i'r teyrngarwch hwn arwain at sefyllfa o barhau â'r *status quo*, ac felly aethpwyd ati i aildrefnu mewn modd radical y ffordd y comisiynwyd rhaglenni. Ystyriwyd y dylid gwneud bywyd yn hawdd i staff rhaglenni'r sianel, trwy weithredu ar egwyddor o benderfynu faint o gwmnïau y gellid yn rhesymol eu cynnal gyda'r arian a dderbynnid gan yr ADA a thorri cysylltiad â'r gweddill, gan leihau'r nifer o gwmnïau y byddai'r staff yn delio â hwy'n sylweddol. Er apêl symlrwydd cynllun o'r fath, fe'i gwrthodwyd a hynny ar sail y ffaith y teimlid y gallai fod yn andwyol i'r gwasanaeth ac yn niweidiol i'r brwdfrydedd di-ben-draw a fodolai ymysg y cynhyrchwyr annibynnol. Gallai penderfyniad o'r fath dorri'r ysbryd a chwalu enaid y sector – yr elfennau creiddiol hynny a edmygid gan staff S4C. Meddai'r adroddiad: 'Camgymeriad fyddai trefn haearnaidd felly, gallai arwain at bylu'r fflam pe baem yn sefydlogi gormod ar y drefn, ac yn sicr gallasai fod perygl mawr o lithro i rigol esmwyth. Cryfder y sector annibynnol yw'r hyblygrwydd.'[60] Yr oedd y datganiad hwn yn un hirben a hynod graff o ystyried mai canlyniad ymdrechion diweddar y sianel i resymoli'r sector annibynnol oedd cynhyrchu rhaglenni nad oedd yn llwyddo i ddenu a swyno'r gynulleidfa Gymraeg. Deil yn amlwg o'r sylwadau hyn fod cystadleuaeth yn rhan hanfodol o'r ysbryd heintus hwnnw, ac yr oedd pryder sylweddol a dealladwy y byddai lleihau'r gystadleuaeth honno yn effeithio ar natur y syniadau a safon y cynyrchiadau a ddeuai o du'r cynhyrchwyr annibynnol. Er gwrthod y syniad hwnnw, nid oedd cefnogaeth i'r dewis arall a geid ym mhegwn pellaf y ddadl honno ychwaith, sef rhannu'r arian yn hafal rhwng pawb. Ni fyddai cynllun o'r fath yn ystyried y gwahaniaethau amlwg ac arwyddocaol o ran gallu a chreadigrwydd rhwng y cwmnïau.

Wedi gwyntyllu nifer o argymhellion penderfynwyd ar gynllun a fyddai'n rhannu'r sector yn dri chateogri a byddai pob grŵp yn derbyn lefel wahanol o gynhaliaeth a chymorth gan y sianel a'i staff rhaglenni. Rhoddid i'r cwmnïau a ystyrid yn gnewyllyn cadarnaf y sector annibynnol gynhaliaeth blwyddyn a fyddai'n eu galluogi i ddatblygu, paratoi a chynllunio o flaen llaw, yn hytrach na byw o gomisiwn i gomisiwn, heb sicrwydd y byddai un yn dod. Rhoddwyd deuddeg o gwmnïau yn y categori hwn gyda chwmnïau megis Ffilmiau'r Nant, Siriol, Teliesyn yn rhannu'r clod gyda chynhyrchwyr unigol megis Endaf Emlyn a Sion Humphreys.[61] Yn yr ail gategori rhoddwyd nifer o gwmnïau a fyddai'n derbyn cynhaliaeth rannol, a hynny gan na ddisgwylid iddynt ddarparu mwy nag un gyfres neu gynhyrchiad mawr bob blwyddyn. Teimlai swyddogion S4C nad oedd hi'n bosibl oherwydd y sefyllfa ariannol a wynebid gan y sianel i gynnig mwy o gynhaliaeth i'r cwmnïau hyn ac nad oedd gwerth iddynt wneud hynny ychwaith gan mai dim ond un cynhyrchiad sylweddol a ddisgwylid ganddynt.[62] Yn y categori hwn rhoddwyd cwmnïau megis Hanner Dwsin, Red Rooster a Chwmni'r Castell.[63] Hwn oedd y categori naturiol nesaf yn y system a ddyfeiswyd ond yr un mwyaf problematig i'r cwmnïau a osodwyd ynddo gan y byddent mewn man canol ansefydlog. Ni fyddai comisiwn gan S4C yn ddigon i'w cynnal am flwyddyn gron, ac os nad oedd modd cael gwaith neu gomisiwn gan ddarlledwyr eraill, byddai'n amhosibl i'r cwmnïau hynny gynnal swyddfa a chyfundrefn weinyddol. Cydnabuwyd y byddai hyn yn arwain at nifer o'r cwmnïau yn cau eu swyddfeydd am ran o'r flwyddyn pan nad oedd gwaith ar eu cyfer, gan golli'r arbenigedd gweinyddol a fagwyd eisoes, ac y byddai eraill yn penderfynu nad oedd modd iddynt oroesi gyda chynhaliaeth rannol o'r fath, ac y byddent yn penderfynu rhoi'r gorau iddi.[64] Er nad colli a lleihau nifer y cwmnïau oedd prif amcan yr adolygiad hwn, yr oedd yn un o'r canlyniadau anochel y byddai'n rhaid i'r sianel ddygymod ag ef, yn enwedig o ystyried y diffyg ariannol yr oedd yn ei wynebu.

Yr oedd a wnelo'r categori olaf â chwmnïau a oedd yn cynhyrchu un rhaglen y flwyddyn i'r sianel.[65] Oherwydd hyn nid oedd hi'n fwriad gan y sianel i ddarparu unrhyw gynhaliaeth iddynt y tu hwnt i'r cynhyrchiad a gâi ei gomisiynu. Er hynny nid oedd hyn yn adlewyrchiad o bwysigrwydd rhaglenni'r cwmnïau a osodid yn y categori hwn i'r amserlen, gan mai hwy a fyddai'n darparu'r hyblygrwydd a'r amrywiaeth i'r amserlen. Byddai'r cynhyrchwyr hyn yn cynnig amrediad o syniadau gwahanol a fyddai'n cydweddu â'r ddarpariaeth a gaed gan y cynhyrchwyr annibynnol mwy sefydlog, megis ffilmiau achlysurol neu raglenni chwaraeon arbenigol. Y cynhyrchwyr a osodwyd yn y categori hwn oedd Karl Francis, Jack Bellamy, Na-Nog a Fflic.[66] O'r rhestr gellir gweld bod cyfuniad ar y rhestr o wneuthurwyr ffilm unigol, megis Karl Francis, a fyddai'n defnyddio'r sianel i ariannu un cynhyrchiad, ac na fyddai'r system newydd felly yn newid byd iddynt, ond bod eraill yn gwmnïau mwy o faint a fu'n cynhyrchu nifer o raglenni i'r sianel ar un adeg megis Na-Nog a Sgrin '82, ond oherwydd methiannau ar eu rhan neu drafferthion mewnol, roeddent wedi colli tir.[67] Byddai'r cynllun newydd yn gweddnewid eu cynlluniau hwy ac o bosibl yn siom i nifer a oedd wedi gobeithio sicrhau bywoliaeth lwyddiannus trwy weithio i'r sianel.

Erbyn 1984, felly, yr oedd cynlluniau yn yr arfaeth a fyddai'n chwyldroi'r ffordd yr oedd y staff comisiynu'n ymwneud â'r cwmnïau annibynnol, gan roi strwythur cadarn i'r sector newydd a fu'n gymharol ddistrwythur yn ei blynyddoedd cynnar. Yr oedd model hyblyg o'r fath wedi sicrhau amrywiaeth eang ym mlynyddoedd cynnar y sianel pan oedd digon o arian i sicrhau rhaglenni a stoc wrth gefn, ond mewn cyfnod o gyfyngder ariannol, yr oedd yn rhaid aberthu'r amrywiaeth eang hwnnw er mwyn sicrhau nad oedd y sianel yn byw yn uwch na'i stad. Ac yr oedd pethau'n argoeli'n dda i'r cynllun newydd wedi trafodaethau cychwynnol gyda'r cwmnïau a fyddai'n derbyn cynhaliaeth lawn gan y sianel, gan y rhagwelid y byddai modd cynhyrchu 270 awr o raglenni am yr un arian a ddefnyddiwyd i gynhyrchu 221 o oriau wrth ddefnyddio'r hen batrwm llai ffurfiol o drafod a chomisiynu rhaglenni unigol gan y cynhyrchwyr annibynnol.[68] Yr oedd gwerth sylweddol felly i ailstrwythuro'r sector annibynnol, er nad oedd y cynllun newydd yn debygol o gael ei fabwysiadu'n gwbl ddirwgnach.

Gellir creu cymariaethau amlwg rhwng y polisi hwn a ddyfeiswyd ym 1983 a'r polisi o weddnewid y sector annibynnol a gyflwynwyd gan y sianel ychydig dros 20 mlynedd yn ddiweddarach yn 2004/05. Yn y polisi hwnnw, a elwid yn Strategaeth Rhagoriaeth Greadigol, gwelwyd cyhoeddi y byddai nifer fechan o gwmnïau yn derbyn arian datblygu rhwng £100,000 hyd at £1 miliwn a fyddai'n galluogi'r cwmnïau llwyddiannus, yn debyg i'r categori cyntaf hwnnw a drafodwyd uchod, i adeiladu strwythurau, arbenigedd a buddsoddi mewn hyfforddiant a gweithgareddau datblygu rhaglenni ar raddfa nas gwelwyd o'r blaen.[69] Y gobaith a fynegwyd ar y pryd oedd y byddai'r cytundebau newydd hyn yn arwain at nifer o'r cynhyrchwyr annibynnol yn cymryd mwy o rôl a chyfrifoldeb dros agweddau penodol o'r gwasanaeth.[70] Yn sgil trosglwyddo peth o'r cyfrifoldeb am agweddau o'r gwasanaeth i gwmnïau annibynnol, ailstrwythurwyd y tîm comisiynu yn S4C, ac israddiwyd comisiynwyr yn olygyddion cynnwys.[71] Canlyniad hyn wrth gwrs oedd bod nifer fechan o gwmnïau yn llewyrchu tra oedd eraill yn ei chael hi'n llawer anos i sicrhau comisiynau i'w rhaglenni. Fe ellid dadlau mai dyma oedd canlyniad yr ailstrwythuro ym 1983 hefyd, er na fu'r canlyniad yr un mor eithafol gan fod dros 20 o gynhyrchwyr yn parhau i dderbyn rhywfaint o gefnogaeth cyson gan S4C. Canlyniad y strategaeth yn 2004 oedd gweld nifer o gwmnïau bychain yn diflannu ac i'r rhai a oedd yn weddill roedd y sefyllfa yn broblemataidd. Yn wir cyfaddefodd y Cadeirydd John Walter Jones ar raglen Gwilym Owen yn mis Mawrth 2010 fod nifer o'r cwmnïau bychain hyn bellach yn cyflwyno eu syniadau trwy gyfundrefnau eraill, a olygai mewn gwirionedd fod rheidrwydd arnynt i droi at y cwmnïau a oedd wedi derbyn arian datblygu, gan golli, yn ôl rhai, eu heiddo deallusol yn y syniad a'r ffi reoli a ddaw gyda chomisiwn ac sy'n gwarantu elw i'r cynhyrchwyr annibynnol.[72] Ond yn fwy arwyddocaol na lleihau nifer y cwmnïau, yr hyn a gollwyd oedd yr amrywiaeth o leisiau a syniadau a welid ac a glywid ar y sianel, nid lleisiau cyflwynwyr a chyfranwyr, ond lleisiau'r cynhyrchwyr a'r cyfarwyddwyr a fynegai eu syniadau hwy am Gymru, y Cymry a'r byd y tu hwnt trwy eu rhaglenni. Dyma'r un peth yr oedd staff y sianel wedi ceisio gochel rhagddo trwy resymoli'r diwydiant cynhyrchu annibynnol yn ôl ym 1983, ond ugain mlynedd yn ddiweddarach roedd yr ystyriaeth honno a'r ymdeimlad o deyrngarwch tuag at y cynhyrchydd annibynnol bach wedi mynd yn angof. Gwahaniaeth sylweddol arall rhwng y polisi a weithredwyd yn 2004 a'r un a welwyd ym 1983 oedd amgylchiadau ariannol y sianel. Amgylchiadau ariannol caeth a diffyg yn ei hincwm a orfododd yr ailstrwythuro ym 1983, ond yn 2004 cyflwynwyd y newidiadau pan oedd arian y sianel yn cynyddu yn ôl graddfa mynegai prisiau manwerthu (*retail price index*) bob blwyddyn. Ideoleg economaidd ac nid amglchiadau ariannol caeth oedd y rhesymeg dros yr ailstrwythuro a rhesymoli'r diwydiant cynhyrchu annibynnol bryd hynny.

Mae adleisiau cryf rhwng dyddiau cynnar y sianel a'i phresennol i'w gweld yn glir yma er bod gwahaniaethau amlwg hefyd yn y ffordd y byddai swyddogion y sianel yn ymdrin â'r sector annibynnol. Ond yr hyn sydd yn gyson rhwng y ddau gyfnod yw mai'r sector annibynnol sydd wedi gweld y newidiadau mwyaf radical yn ei pherthynas â'r sianel dros y deng mlynedd ar hugain diwethaf, a hynny wrth gwrs gan mai comisiynu rhaglenni yw'r un agwedd ar fusnes sianel y gellid ei haddasu yn fwy nag unrhyw agwedd arall. Mae'r patrwm o dderbyn rhaglenni gan y BBC wedi aros yn gymharol gyson dros y blynyddoedd a hynny gan fod ffiniau'r berthynas wedi eu gosod ar statud. Yn wahanol iawn i hyn, mae'r berthynas gyda'r cynhyrchydd annibynnol yn rhywbeth a dyfodd yn llawer mwy organig ac felly yn fwy tebygol o fod yn agored i fympwy Prif Weithredwr os yw ef neu hi am roi ei stamp ei hun ar y gwasanaeth. Rhagwelir felly mai parhau i newid ac esblygu y bydd y berthynas hon wrth i'r sianel fentro tua'r dyfodol.

Yn yr un modd ag y gellir gweld cysylltiadau neu adleisiau o'r gorffennol yn y modd y mae y sianel yn ymdrin â'i chynhyrchwyr, fe welir atseiniau tebyg hefyd yn ei pherthynas â'i gwylwyr – hynny yw, yn y ffordd y mae ei ffigyrau gwylio'n bortread o'r berthynas honno. Dros y deng mlynedd ar hugain diwethaf galwyd am ffordd amgenach o fesur gwerth a llwyddiant S4C na ffigyrau gwylio. Dadleuodd Euryn Ogwen Williams yntau'n ddiweddar:

> ... in this world of unlimited choice, absolute numbers for particular programmes can be meaningless, particularly for a channel like S4C with a specific public service remit [...] we also need to understand that numbers are only a part of the answer in the world of on-demand communications.[73]

Mae'r rhain yn syniadau a wyntyllwyd hefyd gan un o ddamcaniaethwyr mwyaf maes astudiaethau diwylliannol, Roland Barthes, pan nododd yn ei ysgrif 'Myth Today': 'By reducing any quality to quantity, myth economizes intelligence: it understands reality more cheaply'.[74] Â Barthes ymlaen i drafod ystyriaethau'n ymwneud â safon a maintoli gwerth gweithgareddau diwylliannol yng nghyd-destun y theatr trwy drafod y gwrthgyferbyniad a geir rhwng natur theatr fel gweithgaredd sy'n siarad â'r galon a sut y bernir safon mewn perthynas â phris tocyn a'r arian a wariwyd ar y cynhyrchiad.[75] Er y gwrthwynebiad cysyniadol hyn, mae mesur ffigyrau gwylio a thechnegau meintiol yn parhau'n gonglfaen trafodaethau am wylwyr ac yn safon o lwyddiant i'r sector teledu. Mae hynny'n parhau ar draul y ffaith fod technegau ansoddol ac ethnograffig wedi eu datblygu ac yn cael eu defnyddio gan ymchwilwyr y diwydiant ac ym maes academia a fyddai'n darparu mesuriadau amgenach o gynulleidfa rhaglen a sianel. Deillia'r sefyllfa hon o'r ffaith bod ffigyrau gwylio yn cael eu cynhyrchu yn gyflym, gan amlaf dros nos, a gallant roi canlyniad sydyn i ddarlledwyr a chynhyrchwyr o lwyddiant eu rhaglen. Mewn diwydiant lle mae'r rhan helaeth o ddarlledwyr yn dibynnu ar ffigyrau gwylio iach er mwyn denu arian yr hysbysebwyr, mae ffigyrau gwylio sydyn yn hollbwysig.

Yn achos S4C, yr oedd hi'n anorfod y byddai ffigyrau gwylio yn chwarae rhan allweddol yn y ffordd y mesurid llwyddiant y sianel a hynny gan i'r Broadcasters' Audience Research Board (BARB) gael ei sefydlu fel rhan o'r un Ddeddf Ddarlledu a roddodd enedigaeth i S4C. Prif ffocws y sefydliad newydd hwn fyddai darparu gwybodaeth ystadegol, nad oedd wedi ei chasglu'n rheoliadd nac yn gyson cyn ei fodolaeth, er mwyn darparu syniad o batrymau gwylio'r gynulleidfa. At hyn fel y trafodwyd eisoes yng nghyd-destun patrwm ariannu S4C, telid am y sianel trwy arian a gasglwyd gan rwydwaith ITV a werthai'r gofod hysbysebu ar y bedwaredd sianel yng Nghymru a Lloegr. Angenrheidiol felly oedd casglu'r data a fynnai ITV er mwyn gwerthu hysbysebion. Oherwydd hyn roedd hi'n amhosibl dyfeisio system unigryw ar gyfer sianel leiafrifol fel S4C ac felly byddai'r arf newydd hon yn cael ei defnyddio wrth i'r sianel Gymraeg fwrw i'r dwfn a dechrau darlledu er mwyn mesur ymateb y gynulleidfa i'r sianel y bu galw chwyrn amdani ers degawd a mwy.

Yn wir, ar ddechrau ei hoes bu'r gwasanaeth newydd BARB yn fanteisiol er mwyn ennill enw da i'r sianel, gan y bu'r ymateb i ddarllediadau agoriadol y sianel ar y cyfan yn gadarnhaol a hynny yn nhermau'r ffigyrau gwylio a'r ymateb a dderbyniwyd i raglenni penodol. Yr oedd yr Awdurdod yn enwedig yn hapus iawn gyda'r arlwy, ac er y nodwyd mannau lle gellid gwella'r ddarpariaeth, yr argraff gyffredinol oedd i'r noson agoriadol lwyddo i gyflwyno natur, naws a phersonoliaeth y sianel newydd:

> Er bod gan yr Awdurdod rai sylwadau beirniadol ar rai rhaglenni, bach oedd y rhain o'u cymharu â'r argraff ffafriol iawn a wnaeth y gwasanaeth ar y cyfan arnyn nhw ac ar y rhelyw mawr o'u cydnabod. Buont yn canmol gwaith staff a gwneuthurwyr rhaglenni yn gosod stamp broffesiynol, hyderus, ond cartrefol ar y rhaglenni ac ar y sianel.[76]

Yr oedd ffigyrau gwylio BARB hefyd yn cadarnhau i'r sianel gael noson ac wythnos gyntaf lwyddiannus iawn gan iddi lwyddo i ddenu 12 y cant o'r gynulleidfa bosib yn ystod yr oriau brig, a chyfartaledd o 10 y cant o'r gynulleidfa bosibl gydol yr wythnos gyntaf. Yr oedd y ffigyrau hyn yn cymharu'n ffafriol gyda chanrannau'r darlledwyr eraill hefyd, a llwyddodd y sianel i guro cyfran BBC 2 o'r gynulleidfa yn yr oriau brig a oedd yn cyrraedd oddeutu 8 y cant. Ond yr oedd y ffigyrau hyn, er yn barchus iawn i sianel newydd a oedd yn ceisio ennill ei phlwyf, yn bell o dorri tra-arglwyddiaeth y ddwy brif sianel ar draws yr oriau brig, gan fod eu cyfran hwy o'r gynulleidfa yn parhau oddeutu 36 y cant yn achos BBC 1 a 43 y cant i HTV. Er hynny, yr oedd rhai rhaglenni yn ystod yr wythnos gyntaf wedi llwyddo i ddenu cynulleidfaoedd sylweddol, a hynny oherwydd newydd-deb y gwasanaeth a chwilfrydedd y gynulleidfa. Llwyddodd rhaglen groeso S4C i ddod yn ail i *Wales Today* a *Nationwide* ar y BBC ar y noson agoriadol, a'r noson ganlynol daeth nifer o raglenni yn ail i raglenni a ddarlledwyd ar HTV, megis *Newyddion Saith* yn ail i *Emmerdale Farm*, *Coleg* yn ail i *Give us a Clue*, a *Walter* un o ffilmiau Channel 4, yn ail i *The Agatha Christie Hour*.[77]

Ond yn dilyn ffigyrau gwylio addawol yr wythnos gyntaf, gwelwyd ochr negyddol ffigyrau gwylio parod pan ddaeth y cwymp anochel yn yr ail wythnos a bu'n rhaid i'r sianel ddechrau dadansoddi'n fanylach batrymau gwylio'r gynulleidfa a fu, am gyfnod byr iawn, mor frwd. Yn ôl ffigyrau BARB ar gyfer ail wythnos ddarlledu'r sianel yr oedd 5 y cant yn llai o bobl yn gwylio rhaglenni Cymraeg y sianel, a'i chyfran o'r gynulleidfa wedi disgyn ddau y cant o 12 i 10 y cant.[78] Er y cwymp hwn yr oedd y newid yn ffigyrau'r rhaglenni Cymraeg yn llawer llai syfrdanol na'r cwymp a gaed yn y ffigyrau cyfatebol ar gyfer rhaglenni Saesneg Channel 4 ar S4C. Yn ôl ffigyrau BARB yr un wythnos dangoswyd bod 35 y cant yn llai o bobl yn gwylio'r rhaglenni Saesneg ar S4C, gyda'r rhaglenni ar frig y siartiau gwylio'n disgyn o oddeutu 180,000 i 120,000 o wylwyr, cwymp a adlewyrchwyd yn y patrymau gwylio ledled Prydain. Yr oedd cyfran Channel 4 o'r gynulleidfa Brydeinig wedi disgyn o 6 i 5 y cant, a oedd yn siomedig i'w swyddogion a oedd wedi datgan eu dymuniad y byddai'r sianel yn denu un o bob deg o'r gynulleidfa bosibl.[79] Yr oedd y rhaglenni Cymraeg yn dal eu tir â'u cynulleidfa yn well na'r rhaglenni Saesneg, felly, ond yr oedd cwymp fel hyn yn anochel i'r ddwy sianel, a hynny gan fod ffigyrau wythnos agoriadol, er yn galonogol, yn ffigyrau afreal a gofnodai ddarllediadau unigryw. Bu i'r wythnosau agoriadol ddenu gwylwyr na fyddent yn dewis gwylio'r sianel fel rhan o'u patrymau gwylio arferol, ond a wyliodd y darllediadau agoriadol oherwydd chwilfrydedd naturiol. Nid yw'n briodol felly cymharu ffigyrau gwylio wythnos gyntaf y sianel â'r ystadegau a gyhoeddid ar gyfer yr wythnosau canlynol.

Er hynny, disgyn ymhellach a wnaeth ffigyrau gwylio'r sianel yn dilyn yr wythnosau a'r misoedd agoriadol. Cafwyd mis Rhagfyr braidd yn siomedig o'i gymharu â'r wythnosau agoriadol,[80] er i'r sianel fwynhau cyfnod llwyddiannus iawn ar ddydd Nadolig gyda thair o raglenni mwyaf poblogaidd yr wythnos wedi eu darlledu dros yr Ŵyl.[81] Tyfodd y ffigyrau trwy gydol Ionawr a Chwefror gan ddychwelyd at lefel yn agos at gyfartaledd gwylwyr y mis cyntaf llwyddiannus hwnnw, ac erbyn mis Mawrth yr oedd cyfartaledd y gwylwyr a wyliai'r pum rhaglen fwyaf poblogaidd wedi cyrraedd 120,000.[82] Diau y gellid esbonio'r twf hwn oherwydd y cynnydd tymhorol mewn ffigyrau gwylio yn ystod y gaeaf a hynny oherwydd bod nifer yr oriau o olau dydd yn is. Gellid hefyd honni y byddai arlwy deniadol y Nadolig cyntaf wedi denu rhai gwylwyr yn ôl wedi'r cwymp cynnar. Ysywaeth, bu cwymp sydyn yn ystod Ebrill i 98,000 ac yna leihad sylweddol pellach ym mis Mai i gyfartaledd o 64,000 o wylwyr ar gyfer rhaglenni mwyaf poblogaidd y sianel.[83] Wedi cyhoeddi'r ffigyrau hyn cafwyd trafodaeth onest ymysg aelodau'r Awdurdod am y rhesymau dros y cwymp, gyda'r aelodau'n darogan bod cyfnod y llewyrch cychwynnol ar ben. Gwrthodwyd y syniad fod nosweithiau goleuach yr haf yn llwyr esbonio'r dirywiad, a phriodolwyd y gostyngiad gan un aelod, mewn sylwadau di-flewyn-ar-dafod, i'r dirywiad yn safon y rhaglenni a ddarlledwyd gan y sianel bellach, ac mai prin oedd y rhaglenni a oedd yn ei ddenu ef i wylio hyd yn oed.[84] Os nad oedd y sianel yn llwyddo i ddenu aelodau ei Hawdurdod ei hun i wylio, yna yr oedd problem sylweddol yn wynebu'r staff.

Yr oedd hi'n amlwg i'r cwymp hwn yn y ffigyrau gwylio beri pryder sylweddol i'r Awdurdod wrth i'r Cadeirydd lunio adroddiad manwl yn dadansoddi'r dirywiad a gaed ar draws holl gategorïau'r ffigyrau gwylio. Yn yr adroddiad ceir dadansoddiad o'r lleihad a welwyd rhwng ffigyrau gwylio'r pum mis cyntaf o ddarlledu a ffigyrau Mai 1983, yn enwedig yr amser a dreuliai gwylwyr yn gwylio rhaglenni S4C, a ddisgynnodd o 98 munud yr wythnos i 60 munud yr wythnos.[85] Cafwyd cwymp cyffredinol ar draws y sianeli teledu i gyd, gyda lleihad o oddeutu 14 y cant yn yr amser gwylio, ystadegyn a ddengys fod cwymp yn nifer yr oriau gwylio'n nodweddiadol o batrymau gwylio'n gyffredinol yr adeg hon o'r flwyddyn. Ond yr oedd y cwymp yn ffigyrau S4C yn 38 y cant, ac felly yr oedd hi'n amlwg fod tuedd yr Awdurdod i feddwl nad oriau machlud yr haul oedd yr unig ffactor a effeithiai ar ffigyrau'r sianel yn gywir.[86] Yr oedd y dirywiad mewn rhai agweddau yn llai dramatig, gyda'r gyfran o'r gwylwyr posibl wedi disgyn o 8 i 6 y cant rhwng mis Mawrth a mis Mai, ffigwr a oedd yn parhau yn uwch nag un Channel 4 a oedd bellach wedi disgyn i 4 ac wedi aros yno'n gyson gydol y misoedd cyntaf o ddarlledu. Ond yr oedd ffigwr S4C bellach yn is na ffigyrau BBC 2 a oedd wedi dringo i 16 y cant ym mis Ebrill, a disgyn yn ôl i 9 y cant fis yn ddiweddarach.[87] Dangosodd dadansoddiad dyddiol o'r ffigyrau mai ar y penwythnosau yr oedd y sianel fwyaf ar ei cholled, gan ddangos nad oedd darpariaeth y sianel dros y Sul, rhaglenni megis *Twyllo'r Teulu, Madam Sera, Antur, Yr Awr Fawr* na hyd yn oed *SuperTed* na *Wil Cwac Cwac* yn llwyddo i ddenu'r gwylwyr oddi wrth y ddarpariaeth gyfarwydd a geid ar ITV a'r BBC.[88]

Casglwyd bod nifer o wersi i'w dysgu o'r ffigyrau hyn, gyda'r Golygydd Rhaglenni'n nodi yn ei ymateb i'r ddogfen fod nifer o elfennau ac agweddau y gellid eu haddasu a'u newid ar gyfer y dyfodol. Yn anffodus i'r sianel, er hynny, nid oedd hi'n bosibl gwneud unrhyw newidiadau sylweddol i'r amserlen er mwyn ymateb i'r ffigyrau gwylio gwael a chryfhau'r ddarpariaeth trwy gynnwys rhaglenni a fyddai'n debygol o apelio at y gwylwyr, a hynny gan fod yr amserlen wedi ei phennu'n gadarn hyd ddechrau Awst 1983. O ganlyniad dim ond pedair wythnos o amserlen yr haf y gellid ei haddasu er mwyn ceisio adfer ychydig ar y ffigyrau gwylio, cyn y byddai'r amserlen, a oedd yn un gref ym marn swyddogion y sianel, ar gyfer yr hydref yn dechrau.[89] Yma fe welir tystiolaeth o natur anhyblyg sianel deledu yn y cyfnod, hyd yn oed sianel gymharol fechan, gan ei bod bron yn amhosibl gwneud newidiadau sylweddol i amserlenni ar fyr rybudd. Dengys hefyd pa mor anodd oedd ymateb i dueddiadau gwylwyr pan ddeuai'r rheini i'r amlwg.

Er yr honnai S4C yn gyhoeddus, mewn datganiadau i'r wasg ac yn yr adroddiad blynyddol, mai'r newid ym mhatrwm gwylio cynulleidfaoedd yr haf a oedd yn gyfrifol am y dirywiad gan roi gogwydd cadarnhaol i'r ffigyrau, yn fewnol yr oedd y dadansoddiad unwaith yn rhagor yn llawer mwy agored a chignoeth.[90] Cydnabuwyd bod amserlen Ebrill wedi bod yn siomedig a bod y sianel wedi colli nifer o gyfresi poblogaidd wrth i'r rheini ddod i ben, heb unrhyw gyfresi tebyg i'w dilyn, a beirniadwyd y sianel yn gyhoeddus am iddi ddechrau ailddarlledu cynnwys mor fuan yn ei hanes.[91] Cofia Chris Grace hefyd fod stoc wrth gefn y sianel o raglenni Cymraeg wedi ei ddihysbyddu'n llwyr erbyn gwanwyn 1983. Yr oedd y stoc yn isel gan mai dim ond ychydig dros flwyddyn o amser cynhyrchu a fu cyn i'r sianel ddechrau darlledu, ac yn y cyfnod hwnnw, oherwydd yr anghydfod hirhoedlog rhwng S4C a HTV, yr oedd y stoc yn is na'r gofyn.[92] Fe geid yma hefyd dystiolaeth o ddiffyg hyder swyddogion y sianel yn ei chynhyrchwyr annibynnol gan iddi gomisiynu nifer o gyfresi byrion yn hytrach na chyfresi hwy a fyddai'n cynnal diddordeb ei gwylwyr a sicrhau ffigyrau gwylio cymharol gyson wrth i'r tymhorau fynd rhagddynt.[93] Yr oedd y sianel hefyd wedi darlledu'r goreuon i gyd yn ystod y misoedd cynnar a hynny er mwyn creu ymateb a denu gwylwyr i'r sianel newydd. Erbyn gwanwyn 1983 felly yr oedd y sianel yn dechrau crafu gwaelod y gasgen raglenni. Nodwyd hefyd nad oedd yr ymgyrch gyhoeddusrwydd wedi ei chynnal i'r un graddau ag ymdrech aruthrol y misoedd cyntaf. Mynegodd Euryn Ogwen Williams fod staff bychan y sianel wedi llwyr ymlâdd wedi'r gaeaf cyntaf hwnnw, ond, yn wahanol i'r amserlen, yr oedd hon yn sefyllfa y gellid ei haddasu ar fyr rybudd gan fuddsoddi rhagor o arian ac amser mewn cyhoeddusrwydd er mwyn ceisio adennill cyfran o'r gynulleidfa dros fisoedd yr haf.[94] At hynny, awgrymwyd yn yr adroddiad fod llwyddiant yr wythnosau cynnar wedi cael effaith negyddol yn hytrach na chadarnhaol ar staff y sianel ac ar y gwylwyr: 'We became over confident and assumed audience loyalty while the audience felt it no longer had an obligation to view if there was anything else that interested them.'[95] Dysgwyd gwersi caled yn gynnar yn hanes y sianel, felly, ac yn benodol nad oedd modd cymryd teyrngarwch unrhyw gynulleidfa yn ganiataol, a bod hyd yn oed y gwylwyr cyfrwng Cymraeg mwyaf ffyddlon yn debygol o droi at sianel arall pan nad oedd yr arlwy ar S4C yn apelio atynt. Gellid dadlau bod yr agwedd hon ymysg y gwylwyr hyd yn oed yn fwy amlwg erbyn heddiw, ond mae'n rhywfaint o syndod i dystiolaeth o'r agwedd hon ymddangos yn ystod blwyddyn gyntaf darlledu'r sianel.

Er i'r dirywiad mewn ffigyrau gwylio beri poen meddwl i'r sianel, un o argymhellion y papur dan sylw oedd na ddylid gorymateb na mynd i banig wrth eu hystyried. Ceid ychydig o amheuaeth hefyd a oedd y ffigyrau a ddeuai gan BARB yn ddibynadwy, amheuaeth a oedd mewn gwirionedd wedi bodoli ers ail wythnos ddarlledu'r sianel. Yr oedd y rhaglen *Y Mab Darogan* (Teledu'r Tir Glas, 1982) wedi derbyn ffigyrau gwylio isel iawn, ond wedi cael adborth llafar gwych.[96] Yr oedd yr anghysondeb tybiedig hwn wedi arwain at ddamcaniaethu ymysg swyddogion y sianel. Amheuid bod y rhaglen wedi bod yn 'anlwcus' wrth iddi fethu â denu'r unigolion a oedd â blychau cyfrif BARB i'w gwylio, ac felly fod y ffigyrau gwylio'n gamarweiniol o isel.[97] Yr oedd nifer o enghreifftiau eraill hefyd. Bu pryder am ffigyrau *Pobol y Cwm* wrth i nifer y gwylwyr ddisgyn 46 y cant o 220,000 i 119,000 mewn tair wythnos, er i'r nifer cartrefi aros yn gymharol gyson.[98] Tyfodd yr egin hwn o amheuaeth yng nghysondeb a chywirdeb y ffigyrau a dderbyniai'r sianel, ac erbyn diwedd 1983 yr oedd y sianel wedi gofyn i sefydliad ymchwil arall, Research and Marketing Wales and the West Limited, ymchwilio i'r ffigyrau 'anghredadwy' yr oedd y sianel yn eu derbyn gan y sefydliad ymchwil darlledu.[99] Yr hyn a ysgogodd y sianel i fynnu dadansoddiad pellach o'r ffigyrau a dderbynnid gan BARB oedd yr anghysondeb cynyddol a gaed rhwng nifer y gwylwyr a'r nifer o gartrefi a oedd yn gwylio rhaglen benodol. Enghraifft nodweddiadol o'r anghysondeb hwn oedd y ffigyrau a dderbyniwyd ar gyfer nos Wener, 18 Tachwedd 1983, lle honnodd BARB fod 65,000 o unigolion wedi gwylio *Pobol y Cwm* a hynny mewn 73,000 o gartrefi, ffigyrau a oedd yn gwbl amhosibl eu deall na'u hesbonio. Ysgogodd yr ystadegyn hwn i un darlledwr gellwair: 'It seems as if Welsh dogs, left alone in houses in the evening, are turning on the set for a spot of light relaxation'.[100] Yr oedd derbyn ffigyrau fel hyn yn gwneud i staff S4C gwestiynu'r ffigyrau eraill a dderbyniwyd gan BARB, yn enwedig gan fod ffigyrau cyfatebol y flwyddyn flaenorol yn dangos cynulleidfaoedd a oedd yn ddwbl maint y rhai a gyfrifwyd ar gyfer yr un wythnos a'r union amser yn yr amserlen ar gyfer 1983. Yr oedd y gofid a'r amheuaeth hon yn gwbl ddealladwy, yn enwedig gan fod ffigyrau'r pum rhaglen uchaf yn cael eu cyhoeddi yn y wasg, a'r pryder amlwg y gellid eu defnyddio er mwyn cymharu cost y sianel gyda nifer ei gwylwyr. Yn wir yr oedd y pryder hwn yn un y gellid ei gyfiawnhau gan fod y wasg yn dangos diddordeb mawr yn y ffigyrau gwylio a'r gost fesul pen, a cheid ambell gyhoeddiad yn proffwydo diddymu'r sianel yn sgil y ffigyrau gwylio cymharol isel, megis erthygl Tim Jones yn y *Times* a gyhoeddodd: 'Recent celebrations of the first anniversary of S4C, the Welsh language television channel, turned into something of a wake'.[101] Gwelir adlewyrchiad amlwg o hyn hefyd yn yr erthyglau a gyhoeddwyd yn y wasg yn 2010 lle bu trafod camarweiniol ar ffigyrau gwylio isel canran o raglenni plant ac ailddarllediadau'r sianel. Gellir gweld o drafodaethau o hanes y sianel fod ffigyrau gwylio isel wedi bod yn fêl ar fysedd newyddiadurwyr ers blwyddyn gyntaf ei bodolaeth.

Priodolwyd yr anghysondeb yn ffigyrau BARB yn rhannol i'r ffaith fod y sampl o gartrefi a ddefnyddiwyd gan y cwmni ystadegau darlledu er mwyn ffurfio'r ystadegau yn fach.[102] Yr oedd 220 o gartrefi yn rhan o'r sampl gyda 120 o'r rheini yn gartrefi lle ceid hanner trigolion y tŷ yn siarad Cymraeg a'r 100 a oedd yn weddill yn gartrefi di-Gymraeg neu lle'r oedd siaradwyr Cymraeg yn y lleiafrif. Er mwyn amcangyfrif y ffigyrau ar gyfer Cymru gyfan byddai'r ffigyrau hyn yn cael eu cyfuno ar gymhareb o 19 i 81, gan mai 19 y cant o boblogaeth Cymru'r cyfnod a siaradai Gymraeg.[103] Ond nid y rhaniad Cymraeg/di-Gymraeg oedd y broblem: un o'r prif drafferthion gyda'r model hwn oedd bod y defnydd o sampl bychan i gyfrifo canran fechan o wylwyr yn creu cyfeiliornad sylweddol yn y ffigyrau gwylio, yn enwedig wrth ystyried ffigyrau un rhaglen.[104] Yn ôl dadansoddiad y Cadeirydd gallai ffigur gwylio o 60,000 o wylwyr yn ôl y dull hwn o gyfrifo gyfeirio mewn gwirionedd at unrhyw ffigur rhwng 42,000 a 78,000, a ystyrid yn amrediad eang iawn.[105] Ffactor arall y cyfeiriwyd ato yn yr adroddiad blynyddol ar gyfer blwyddyn lawn gyntaf y sianel, sef cyfnod lle cofnodwyd rhai o'r ffigyrau gwylio mwyaf siomedig, oedd bod dadansoddiad manylach o'r ffigyrau'n dangos bod modd priodoli'r dirywiad sylweddol bron yn gyfan gwbl i batrymau gwylio'r 100 o gartrefi di-Gymraeg neu a oedd â lleiafrif o siaradwyr Cymraeg. Ymddengys felly fod nifer o'r cartrefi hynny wedi gwylio'r sianel yn ystod ei misoedd cyntaf, ond flwyddyn yn ddiweddarach prin iawn oedd y gwylwyr hynny, a chan fod patrymau gwylio'r 100 cartref yma yn cael eu lluosi â 81, i gynrychioli mwyafrif poblogaeth Cymru, yr oedd y newid yn y ffigyrau o un flwyddyn i'r llall yn afresymol o uchel.[106]

Nodwedd bellach a oedd yn meithrin drwgdybiaeth ynglŷn â'r ffigyrau gwylio oedd y darlun o lwyddiant y sianel a gafwyd o'r ffigyrau a gyhoeddwyd gan y Gwasanaeth Ymateb Cynulleidfa (*Audience Appreciation Service*), gwasanaeth a ddarparwyd ar gyfer BARB gan Adran Ymchwil Darlledu'r BBC.[107] Yn achos S4C, patrwm gwaith yr ymchwil hon oedd holi sampl o 720 o Gymry Cymraeg bob tri mis i raddio'r rhaglenni yr oeddent wedi eu gwylio.[108] O'u cymharu â ffigyrau gwylio BARB, yr oedd y ffigyrau gwerthfawrogiad hyn wedi aros yn uchel, ac yr oeddent yn gyson uwch na'r ffigyrau cyfatebol a gesglid gan y Gwasanaeth Ymateb Cynulleidfa ar gyfer y sianeli poblogaidd eraill.[109] Er enghraifft, o ystyried ffigyrau'r rhaglen *Newyddion Saith* dros gyfnod tri adroddiad blynyddol, gwelid bod ffigyrau gwerthfawrogiad y sianel wedi dechrau'n uchel yn y pum mis cyntaf o ddarlledu gan ennill sgôr o 80, yna yn ystod 1983/4 derbyniodd y rhaglen sgôr o 76, cyn dringo yn ôl i 79 yn ystod 1984/5. Gwelwyd patrwm tebyg gyda'r opera sebon *Pobol y Cwm*, a ddechreuodd â sgôr uchel o 83 cyn disgyn i 82 ym 1983/4 ac yna ddringo yn ôl a churo marc y pum mis agoriadol ym 1984/5 gyda 87.[110] O gymharu'r ffigyrau hyn â'r sianeli eraill yr oedd rhaglenni Newyddion a Materion Cyfoes y BBC, ITV a Channel 4 ar gyfartaledd yn derbyn sgôr o 74.5, ac fel y nodwyd eisoes yr oedd ffigyrau S4C ar gyfer ei fwletin newyddion yn ystod yr un cyfnod ychydig yn uwch.[111] Yn achos cyfresi a dramâu cyfres yr oedd cyfartaledd y BBC, ITV a Channel 4 oddeutu 73, tra oedd *Pobol y Cwm*, fel y nodwyd eisoes, yn yr un cyfnod wedi derbyn y sgôr sylweddol uwch o 82. Yr oedd gwerthfawrogiad y gynulleidfa Gymraeg o'r rhaglenni

Cymraeg, felly, yn llawer uwch na gwerthfawrogiad cynulleidfaoedd o raglenni Saesneg y sianeli eraill. Ymddengys y ceid deuoliaeth wrth wraidd y cysyniad o lwyddiant S4C, sef bod y rhaglenni a ddarlledid ganddi yn llwyddo i blesio'r gynulleidfa darged, ond gyda'r boddhad hwnnw yr oedd yn rhaid dygymod â'r ffaith mai nifer fechan o bobl a oedd yn gwylio'r arlwy difyr a diddorol a deledwyd. Yr oedd arlwy S4C felly yn llwyddo i fod yn boblogaidd ond yn ymddangosiadol amhoblogaidd ar yr un pryd.

Gellir gweld felly fod sialensiau di-rif wedi wynebu'r sianel trwy gydol ei hoes wrth iddi geisio ymdopi â ffigyrau gwylio ymddangosiadol isel, ac wrth iddi geisio datrys sut i osgoi y proffwydi gwae bob tro y byddai rhaglen yn colli gwylwyr wrth i ffigyrau BARB gael eu cyhoeddi'n wythnosol. Nid yw darlun ffigyrau gwylio'r blynyddoedd cynnar felly yr un mor llewyrchus ag y byddid yn ei ddisgwyl o gofio ein tyb mai dyma oedd 'oes aur' y sianel. Mewn gwirionedd, pe cymherir ffigyrau gwylio dyddiau cynnar y sianel a drafodwyd uchod, gyda'r ffigyrau y mae'r sianel yn eu cyhoeddi yn eu hadroddiadau blynyddol a'r ffigyrau gwylio wythnosol a gyhoeddir ar gyfer ei rhaglenni mwyaf poblogaidd ar ei gwefan, mae'r gymhariaeth yn un ffafriol ar gyfer y sianel heddiw.[112] Er enghraifft, os ystyriwn y ffigwr ar gyfer cyfartaledd rhaglenni mwyaf poblogaidd y sianel ym mis Mai 1983, sef 57,000, y ffigwr a achosodd cymaint o boen meddwl i'r sianel ac a sbardunodd drafodaethau a dadansoddi dwys ymysg y staff a'r Awdurdod, a'i gymharu â'r ffigur ar gyfer rhaglenni mwyaf poblogaidd y sianel yn ei *annus horibilis* – 2010, sef 28,000, gellir gweld mai dirywiad o ychydig dros hanner y gwylwyr a geir rhwng 1983 a 2010.[113] Er bod dirywiad o ychydig dros yr hanner yn nifer y gwylwyr yn swnio'n eithafol ac yn drychinebus, yr hyn sydd yn rhaid ei ystyried wrth gwrs yw'r hinsawdd cwbl wahanol a geir i'r byd darlledu heddiw. Mae'r chwyldro digidol wedi gweddnewid y byd darlledu. Ym 1983 ceid pedair sianel deledu analog yn cystadlu â'i gilydd. Heddiw fe geir cannoedd o sianeli digidol yn brwydro am sylw'r gynulledifa. At hynny wrth gwrs erbyn 2010 roedd nifer o ddyfeisiau eraill yn ceisio denu sylw'r un gynulleidfa oddi wrth y set deledu wrth i'n cyfrifiaduron, y we, a'n ffonau symudol hawlio mwy a mwy o'n hamser hamdden, a fyddai yn draddodiadol ym 1983 wedi ei neilltuo ar gyfer gwylio'r teledu. Fe ellid dadlau felly ei bod hi'n ddisgwyliedig y byddai ffigyrau gwylio S4C wedi disgyn i'r graddau hyn rhwng y ddau gyfnod. Nid S4C yw'r unig sianel sydd wedi gweld ei ffigyrau gwylio yn disgyn yn ystod y cyfnodau hyn. Mae'r sianeli eraill a sefydlwyd yn yr oes analog wedi dioddef cwymp cymharol yn eu ffigyrau hwy hefyd. Er enghraifft, ym 1985 roedd cyfran ITV 1 o'r gynulleidfa yn 46% ond erbyn 2010 roedd hynny wedi disgyn i 17% sydd yn gwymp o fwy na 60%.[114] Mae'r cwymp yn ffigyrau'r BBC ychydig yn llai trawiadol, gyda'r gyfradd o'r gwylwyr yn disgyn o 36% ym 1985 i 20.8% yn 2010 sy'n ddirywiad o oddeutu 40%.[115] Mae'r dirywiad felly yn nifer gwylwyr S4C yn cyfateb â'r patrwm a welir yng ngweddill darlledwyr cyhoeddus Prydain, ac felly yn gwbl ddisgwyliedig.

Gellid gwneud cymhariaeth arall hefyd sydd yn dangos bod S4C, a rhai rhaglenni'n benodol, wedi cadw ei gwylwyr yn llawer gwell nag y mae'r gymhariaeth uchod yn ei hawgrymu. Ym mis Ebrill 1983, un o'r misoedd a barodd ryw gymaint o anesmwythyd i'r sianel wrth iddi ddadansoddi ffigyrau gwylio ei blwyddyn gyntaf o ddarllen, derbyniodd un bennod o *Pobol y Cwm* a ddarlledwyd yn ystod wythnos 17 Ebrill 1983 64,000 o wylwyr.[116] Ar 17 o Ebrill 2013, ddeng mlynedd ar hugain yn ddiweddarach denodd rhifyn o'r sebon 50,000 o wylwyr.[117] Wythnos yn flaenorol ar 10 Ebrill 2013 roedd 65,000 o wylwyr wedi gwylio'r rhaglen.[118] Dengys y ffigyrau hyn nad yw'r dirywiad yn ffigyrau gwylio'r sianel mor enbyd ar draws pob rhaglen â'r hyn rydym weithiau'n ei ragdybio ac o'r herwydd gellid cwestiynu'r rhagdybiaeth y bu blynyddoedd cynnar S4C yn llwyddiant digamsyniol ac yn oes aur nad oes modd ei hadfer.

Gwelwyd yma felly fod gwreiddiau a thystiolaeth ynghylch rhai o'r trafferthion strwythurol a wynebodd S4C yn 2010 hefyd i'w gweld yn nyddiau cynnar y sianel. Bu'r berthynas rhwng y cynhyrchwyr annibynnol a S4C yn un gyfnewidiol trwy gydol ei hanes. Wedi'r cyfnod cynnar lle'r anogwyd cymaint ag yr oedd yn bosibl o unigolion i fentro ar eu pennau eu hunain i gynhyrchu rhaglenni, bu'n rhaid wynebu realaeth sefyllfa ariannol y sianel. Gwelwyd felly lunio a gweithredu strategaethau er mwyn rhesymoli'r berthynas rhwng y sianel a'i chynhyrchwyr annibynnol, gan arwain at leihau nifer y cynhyrchwyr a oedd yn darparu rhaglenni ar ei chyfer flwyddyn yn unig yn ei hanes, mewn cyfnod a ystyrid yn un o'r rhai mwyaf agored, ffyniannus a chyffrous i'r sector. Gellir dadlau mai esblygiad o'r polisi hwnnw a welwyd yn cael ei lansio a'i weithredu yn 2004–05, er bod y rhesymeg a'r ysgogiad y tu ôl i'w weithredu'n wahanol. Canlyniad i strwythurau'r sianel yw ei ffigyrau gwylio isel hefyd ac nid datblygiad diweddar yn ei hanes. Hyd yn oed yn ei blynyddoedd cynnar byddai'r sianel yn derbyn ffigyrau gwylio sydd yn cyfateb i'r ffigyrau a gofnodir ar gyfer rhai o'i rhaglenni heddiw, a hynny mewn oes lle mae'r gystadleuaeth am wylwyr yn llawer mwy brwd nag y bu erioed. Nid er mwyn denu nifer helaeth o wylwyr y crewyd y sianel ac er bod rhai rhaglenni yn cyrraedd ffigyrau o gan mil a mwy, y rhain yw'r eithriadau ym mhob wythnos ym 1983 ac yn 2013. Dengys y ddwy astudiaeth achos hyn felly pa mor bwysig yw dealltwriaeth gadarn o hanes cynnar S4C er mwyn mesur ei llwyddiannau a'i gwendidau mewn modd realistig yn hytrach na defnyddio'i gorffennol fel arf yn erbyn ei phresennol.

Nodiadau

1 Dienw, 'Football highlights show attracts zero viewers', 6 Ionawr 2010, *www.telegraph.co.uk/culture/tvandradio/6940572/Football-highlights-show-attracts-zero-viewers.html* (cyrchwyd Mai 2013); Dienw, 'Welsh television channel attracts "no viewers" for 200 shows', 10 Mawrth 2010, *www.telegraph.co.uk/culture/tvandradio/7413105/Welsh-television-channel-attracts-no-viewers-for-200-shows.html* (cyrchwyd Mai 2013); Martin Shipton, 'Figures reveal failure of S4C to attract TV audience', 10 Mawrth 2010, *www.walesonline.co.uk/news/wales-news/figures-reveal-failure-s4c-attract-1928634* (cyrchwyd Mai 2013); Dienw, '"Zero viewers" for Welsh TV shows', 11 Mawrth 2010, *news.bbc.co.uk/1/hi/entertainment/8562053.stm* (cyrchwyd Mai 2013); Daily Mail Reporter, 'The £100 million taxpayer-funded TV channel where one in four shows get Zero viewers', 11 Mawrth 2010, *www.dailymail.co.uk/news/article-1257157/The-100m-Welsh-TV-channel-shows-ZERO-viewers.html* (cyrchwyd Mai 2013); Lucy Connolly, 'Channel Snore', *The Sun*, 11 Mawrth 2010, 3. Rhaid cofio y bu ymateb chwyrn i'r honiadau a'r ffigyrau hyn gan S4C wrth iddynt ddangos bod y newyddiadurwyr wedi camddehongli'r ffeithiau gan fod 90% o'r rhaglenni a dderbyniodd ffigur o sero yn rhaglenni plant, 76% ohonynt yn rhaglenni plant meithrin nad yw BARB yn eu cyfrif yn eu hystadegau. Carys Evans, 'These are the facts about S4C, but why let them spoil a good headline?', 4 Tachwedd 2010, *www.walesonline.co.uk/news/local-news/facts-s4c-spoil-good-headline-1883876* (cyrchwyd Mai 2013).

2 Gwion Owain, 'Arbrawf Economaidd S4/C', *Barn*, 569 (Mehefin 2010), 18–19; Peter Edwards, 'S4C Debate 1: We need a new Welsh story', 17 Rhagfyr 2010, *www.clickonwales.org/2010/12/s4c-debate-1-we-need-a-new-welsh-story/* (cyrchwyd Mai 2013).

3 Dienw, 'Fears over impact on Welsh broadcasting of S4C "cut"', 24 Gorffennaf 2010, *www.bbc.co.uk/news/uk-wales-10749640* (cyrchwyd Mai 2013); Maggie Brown, 'S4C faces 24% cut in grant', 23 Gorffennaf 2010, *www.guardian.co.uk/media/2010/jul/23/s4c-grant-cut-dcms-wales* (cyrchwyd Mai 2013).

4 Dienw, 'S4C chief executive Iona Jones leaves her post', 28 Gorffennaf 2010, *www.bbc.co.uk/news/uk-wales-10797358* (cyrchwyd Mai 2013); Maggie Brown, 'Iona Jones, chief executive of S4C, quits', 28 Gorffennaf 2010, *www.guardian.co.uk/media/2010/jul/28/s4c-wales-chief-executive-quits* (cyrchwyd Mai 2013); Clare Hutchison, 'Chief executive Iona Jones leaves S4C', 29 Gorffennaf 2010, *www.walesonline.co.uk/news/wales-news/chief-executive-iona-jones-leaves-1910498* (cyrchwyd Mai 2013).

5 Dienw, 'Galw am ymchwiliad i S4C', *www.golwg360.com/Celfyddydau/cat85/Erthygl_14662.aspx* (cyrchwyd Rhagfyr 2010); Dienw, 'Former assembly civil servant to review S4C management', 19 Awst 2010, *www.bbc.co.uk/news/uk-wales-11021595* (cyrchwyd Mai 2013); Martin Shipton, 'S4C faces its biggest crisis', 28 Awst 2010, *www.walesonline.co.uk/news/wales-news/s4c-faces-its-biggest-crisis-1905312* (cyrchwyd Mai 2013).

6 Dienw, 'Welsh culture minister's concern at S4C funding deal', 20 Hydref 2010, *www.bbc.co.uk/news/uk-wales-11581340* (cyrchwyd Mai 2013); Dienw, 'BBC to fund S4C out of licence fee', 20 Hydref 2010, *www.walesonline.co.uk/news/wales-news/bbc-fund-s4c-out-licence-1892405* (cyrchwyd Mai 2013).

7 Maggie Brown, 'S4C Authority chair expected to quit', 18 Tachwedd 2010, *www.guardian.co.uk/media/2010/nov/18/s4c-authority-john-walter-jones* (cyrchwyd Mai 2013); Dienw, 'S4C: ddim ymateb am ddyfalu tros ddyfodol Cadeirydd', *www.golwg360.com/Hafan/cat46/Erthygl_17731.aspx* (cyrchwyd Tachwedd 2010); Dienw, 'S4C says chairman Jones has quit, but he denies it', 24 Tachwedd 2010, *www.bbc.co.uk/news/uk-wales-11833389* (cyrchwyd Mai 2013); Dienw, 'S4C turmoil follows "resignation" of John Walter Jones', 25 Tachwedd 2010, *www.bbc.co.uk/news/uk-wales-11836675* (cyrchwyd Mai 2013); Dienw, 'Cadeirydd S4C ddim yn gadael', 29 Tachwedd 2010, *news.bbc.co.uk/welsh/hi/newsid_9200000/newsid_9206200/9206200.stm* (cyrchwyd Mai 2013); Dienw, 'S4C chair John Walter Jones steps down from the post', 7 Rhagfyr 2010, *www.bbc.co.uk/news/uk-wales-11935705* (cyrchwyd Mai 2013)

8 Am drafodaeth bellach gweler Elain Price, 'S4C: Hanes ymgyrchu, sefydlu ac adolygu sianel, 1981–1985', (Traethawd PhD anghyhoeddedig, Prifysgol Abertawe, 2010).

9 Ibid.

10 Am ragor ar hyn gweler Elain Price, 'A Cultural Exchange – S4C, Channel 4 and Film' yn *Historical Journal of Film, Radio and Television*, 33:3 (Taylor and Francis, 2013).

154

11 Am ragor o drafodaeth ar sefydlu'r diwydiant cynhyrchu annibynnol yn sgil lansiad S4C, gweler Elain Price, 'Lleisiau newydd: sefydlu perthynas S4C â chynhyrchwyr annibynnol', *Cyfrwng*, 9 (2012), 56–70.

12 Cyfweliad gyda Chris Grace, Caerdydd, 29 Tachwedd 2010.

13 Yn Chwefror 2013, mewn erthygl ar wefan yr Institute of Welsh Affairs, nododd Euryn Ogwen Williams sut y byddai Clive Betts o'r *Western Mail* yn cysylltu'n wythnosol er mwyn trafod hynt ffigyrau gwylio S4C wedi cyhoeddi ystadegau diweddaraf BARB. Euryn Ogwen Williams, 'Mind S4C's quality as well as its width', 18 Chwefror 2013, *www.clickonwales.org/2013/02/mind-s4cs-quality-as-well-as-its-width/* (cyrchwyd Mai 2013).

14 'Arbrawf Economaidd S4/C', 18; Ron Jones, 'Sianel pawb neu sianel neb', *Barn*, 567 (Ebrill 2010), 14–15; Ian Hargreaves, *The Heart of Digital Wales: a review of creative industries for Welsh Assembly Government* (Caerdydd: Llywodraeth Cynulliad Cymru, 2010).

15 'Arbrawf Economaidd S4/C', 18.

16 Casgliad Sianel Pedwar Cymru (CS4C), *Cofnodion pumed cyfarfod ar hugain Awdurdod Sianel Pedwar Cymru*, 28–29 Mehefin 1982, 3.

17 Ibid. Yr oedd yr ADA yn gweithredu patrwm o hysbysu'r sianel o'i hincwm tebygol, cyn cadarnhau'r ffigur yn derfynol rai misoedd yn ddiweddarach. Os nad oedd y sianel yn hapus gyda'r ffigur cychwynnol, yr oedd y broses hon yn rhoi cyfle iddi apelio i'r ADA ac yna'r Ysgrifennydd Cartref pe bai'r swm yn annerbyniol o isel. At hynny, yr oedd hysbysiad rhag-blaen yn galluogi i'r sianel drefnu ei gwariant a chynllunio ei strategaeth raglenni.

18 CS4C, Llythyr oddi wrth John Whitney at Owen Edwards, 25 Tachwedd 1982, 1.

19 Ibid; Clive Betts, 'S4C gives pledge on service as grant cut', *Western Mail*, 23 Rhagfyr 1982; Ivor Wynne Jones, 'Cash curb blow for growth of Welsh TV', *Daily Post*, 29 Rhagfyr 1982; Dienw, 'ITV to pay £98m for 4, £24m for S4C, plus £15m', *The Stage and Television Today*, 30 Rhagfyr 1982.

20 Ibid.

21 Er i'r ADA sicrhau bod £6,159,000 ar gael i'r sianel i'w wario yn ystod tri mis olaf y flwyddyn ariannol 1983/4, sef chwarter swm y flwyddyn flaenorol gyda 6 y cant o chwyddiant a fyddai'n sicrhau nad oedd y sianel ar ei cholled oherwydd y cynnydd mewn costau, golygai hyn mai cyfanswm incwm y sianel ar gyfer y flwyddyn ariannol honno oedd £25,119,000; S4C, *Adroddiad Blynyddol a Chyfrifon 1983–84*, 5.

22 CS4C, Llythyr oddi wrth John Whitney at Owen Edwards, 25 Tachwedd 1982, 1.

23 Paul Bonner with Lesley Aston, *Independent Television in Britain, Volume 6 – New Developments in Independent Television, 1981 – 92* (Basingstoke; Palgrave Macmillan, 2003), 96; Dienw, 'C4 subs fixed – ITV companies liable for £123m', *Broadcast*, 13 Rhagfyr 1982, 5.

24 CS4C, Llythyr oddi wrth John Whitney at Owen Edwards, 25 Ionawr 1982, 1.

25 CS4C, *Amcangyfrifon 1983/84 (Papur 15.82(8)) – Papur atodol i Agenda unfed cyfarfod ar ddeg ar hugain Awdurdod Sianel Pedwar Cymru*, 3

Rhagfyr 1982, 2; Clive Betts, 'S4C programme-makers face squeeze', *Western Mail*, 7 Mawrth 1983, 7.

26 Yn ôl ffigyrau mewnol yr oedd lefel y gwariant ar gostau cyfundrefnol o amgylch 10 y cant o'r gyllideb gyfan (10.4 y cant ym 1983–84 a 10.1 y cant ym 1984–85), a olygai fod bron i 90 y cant o'r arian a dderbyniwyd gan yr ADA yn cael ei wario'n uniongyrchol ar raglenni (89.6 y cant ym 1983–84 a 89.9 y cant ym 1984–85). Yr unig gyfnod yn y blynyddoedd a astudir lle ceir gwyro o'r patrwm hwn oedd yn ystod cyfnod 1981–83 lle bu gwariant o 19.9 y cant ar gostau nad oeddynt yn ymwneud â rhaglenni, a hynny oherwydd mai dyma'r cyfnod lle bu gwariant sylweddol ar offer, adeiladau a'r ymgyrch farchnata cyn lansio'r gwasanaeth; CS4C, *S4C Income from ADA: 1981–85, Brief for Mr Peregrine for ADA meeting 7.9.83* – Papur atodol i Agenda deugeinfed cyfarfod Awdurdod Sianel Pedwar Cymru, 9 Medi 1983, Appendix II.

27 CS4C, *Adroddiad i'r Awdurdod ar effaith cyllideb 1983/84 ar y Cynhyrchwyr Annibynnol* – Papur atodol i Agenda ail gyfarfod ar ddeg ar hugain Awdurdod Sianel Pedwar Cymru, 13 Ionawr 1983; Clive Betts, 'S4C to drop English firms', *Western Mail*, 2 Ebrill 1982. Er i gwmni Jack Bellamy ddiflannu oddi ar restr y cynhyrchwyr annibynnol yn ail a thrydedd flwyddyn gynhyrchu'r sianel, derbyniodd gomisiwn pellach yn ystod 1985–86.

28 S4C, *Adroddiad Blynyddol a Chyfrifon Sianel Pedwar Cymru 1983–4*, 34.

29 Ceir trafodaeth bellach ar waith y Bwrdd Ffilmiau Cymreig yn Kate Woodward, 'Duwiau dychrynllyd ac Angylion arswydus: *O'r Ddaear Hen* (1981) a'r ymgais i ddatblygu diwylliant ffilm Cymraeg', *Cyfrwng*, 7 (2010), 57–72; K. E. Woodward, *Y cleddyf ym mrwydr yr iaith: Y Bwrdd Ffilmiau Cymraeg 1970–86*' (traethawd PhD anghyhoeddedig, Prifysgol Cymru Aberystwyth, 2007); Kate Woodward, *Cleddyf ym mrwydr yr iaith? Y Bwrdd Ffilmiau Cymraeg* (Caerdydd, Gwasg Prifysgol Cymru, 2013).

30 Mae'n debygol y bu i'r trafferthion ariannol a gaed gyda chynhyrchiad *Joni Jones* gael effaith ar farn staff y sianel o'r cwmni hefyd. CS4C, *Adroddiad i'r Awdurdod ar effaith cyllideb 1983/84 ar y Cynhyrchwyr Annibynnol* – Papur atodol i Agenda ail gyfarfod ar ddeg ar hugain Awdurdod Sianel Pedwar Cymru, 13 Ionawr 1983.

31 CS4C, *Adroddiad i'r Awdurdod ar effaith cyllideb 1983/84 ar y Cynhyrchwyr Annibynnol*.

32 Dienw, 'S4C needs £2–3m extra next year for HTV output', *The Stage and Television Today*, 31 Mawrth 1983.

33 CS4C, *Financial outlook for 1983–4 (Papur 15.82(7))* – Papur atodol i Agenda unfed cyfarfod ar ddeg ar hugain Awdurdod Sianel Pedwar Cymru, 3 Rhagfyr 1982.

34 CS4C, Llythyr oddi wrth Owen Edwards at Peter B. Rogers, 14 Mehefin 1983.

35 Yr oedd cwmnïau ITV wedi buddsoddi arian yn y bedwaredd sianel bymtheng mis cyn y gellid gwerthu unrhyw hysbysebion ar y sianeli hynny.

36 CS4C, *Cofnodion pedwerydd cyfarfod ar ddeg ar hugain Awdurdod Sianel Pedwar Cymru*, 4 Mawrth 1983, 1–2.

37 CS4C, *Cofnodion pumed cyfarfod ar ddeg ar hugain Awdurdod Sianel Pedwar Cymru*, 8 Ebrill 1983, 1.

38 CS4C, Llythyr oddi wrth Owen Edwards at Peter B. Rogers, Awst 1983.

39 Ibid.

40 CS4C, *Cofnodion pumed cyfarfod ar ddeg ar hugain Awdurdod Sianel Pedwar Cymru*, 8 Ebrill 1983, 1.

41 CS4C, *Cofnodion deugeinfed cyfarfod Awdurdod Sianel Pedwar Cymru*, 9 Medi 1983, 2. Nid oedd sicrwydd y byddai cwmnïau ITV yn talu 18 y cant o'u hincwm NAR i'r ADA, yn enwedig oherwydd eu pryderon, a drafodwyd eisoes, gan nad oeddent wedi llwyddo i adennill y swm disgwyliedig o'u buddsoddiad yn y bedwaredd sianel. Yr oedd hi'n debygol felly y gallent bwyso am dalu yn nes at 14 y cant o NAR, sef y lleiafswm derbyniol yn ôl eu cytundeb â'r ADA, a fyddai'n argoeli'n llawer gwaeth i S4C. Yn wir yn Awst 1983 bu gohebu di-flewyn-ar-dafod rhwng Owen Edwards a Paul Fox, Cadeirydd yr Independent Television Companies Association (ITCA), a hynny oherwydd yr hyn a welai Cyfarwyddwr y sianel Gymraeg yn nhermau ymgais cwmnïau ITV i lobïo er mwyn tynnu yn ôl o'r cytundeb i dalu am y bedwaredd sianel, a'u defnydd o newyddiadurwyr i wthio'u syniadau ac ymosod ar S4C. Gwrthod y cyhuddiadau yn chwyrn a wnaeth yr ITCA. Er hynny mae natur y llythyrau hyn yn dangos pa mor sensitif oedd y mater hwn i'r ddwy ochr; CS4C, Llythyr oddi wrth Owen Edwards at Paul Fox, 8 Awst 1983; Llythyr oddi wrth Paul Fox at Owen Edwards, 12 Awst 1983.

42 Ibid.

43 Cred Huw Jones fod y sianel yn parhau i geisio ymdopi â'r polisi cynnar hwn o annog cymaint â phosibl o gynhyrchwyr annibynnol i ffurfio, yr amgylchiadau ffafriol a gyflwynwyd i'r cynhyrchwyr a'r bugeilio agos a fu yn ystod blynyddoedd cynnar y sianel. Ers yr 1990au mae'r sianel wedi ceisio darganfod y strategaeth orau a fyddai'n arbed gwariant sylweddol ar gostau atodol gweinyddol, ond a oedd yn parhau i sicrhau bod y syniadau gorau ar gael i'r sianel. Ceir trafodaeth bellach ar benllanw'r datblygiadau hyn yn yn yr erthygl hon. Cyfweliad yr awdur gyda Huw Jones, Llandwrog, 2 Tachwedd 2010.

44 'Arbrawf Economaidd S4/C', 18–19; 'S4C Debate 1: We need a new Welsh story'.

45 CS4C, Llythyr oddi wrth Syr Goronwy Daniel at yr Arglwydd Thomson, 31 Awst 1983, 1.

46 Ibid., 2.

47 Ibid.

48 Ibid.

49 CS4C, *Arian o'r ADA ym 1984/85 (Papur 10.83(5)) – Papur atodol i Agenda unfed cyfarfod a deugain Awdurdod Sianel Pedwar Cymru*, 7 Hydref 1983, 2.

50 CS4C, Llythyr oddi wrth Euryn Ogwen Williams at Tim Knowles, Rheolwr Gyfarwyddwr Cynorthwyol HTV, 29 Medi 1983.

51 CS4C, Llythyr oddi wrth John Whitney at Owen Edwards, 19 Ionawr 1984; Raymond Snoddy, 'Fourth channels to get £139m', *Financial Times*, 21 Ionawr 1984.

52 CS4C, *Adroddiad y Cyfarwyddwr i'r Awdurdod (Papur 3.85(4))* – *Papur atodol i Agenda cyfarfod hanner cant a thri Awdurdod Sianel Pedwar Cymru*, 8 Mawrth 1985.

53 CS4C, *Cofnodion pumed cyfarfod a deugain Awdurdod Sianel Pedwar Cymru*, 10 Chwefror 1984, 4.

54 CS4C, *Amcangyfrifon 1984/5 a 1985/6, Nodyn gan y Cyfarwyddwr (Papur 2.84(6))* – *Papur atodol i Agenda pumed cyfarfod a deugain Awdurdod Sianel Pedwar Cymru*, 10 Chwefror 1984.

55 Derek Hopper, 'S4C's cash bid rejected', *South Wales Echo*, 20 Ionawr 1984; Clive Betts, 'S4C to get a £28m budget', *Western Mail*, 21 Ionawr 1984; Dienw, '£28 miliwn i'r sianel', *Y Cymro*, 24 Ionawr 1984.

56 CS4C, *Y Sector Annibynnol* – *pwyso a mesur (Papur 10.83(6))*, 1.

57 Nerys Fuller-Love, Aled G. Jones a Cheryl Dennis, *The Impact of S4C on Small Businesses in Wales* (Aberystwyth, 1999), tt. 89–90. Yn dilyn cyhoeddi Strategaeth Rhagoriaeth Greadigol gan y sianel yn 2004 a amlinellodd batrwm newydd o weithio gyda'r cynhyrchwyr annibynnol, disgynnodd y nifer o gynhyrchwyr annibynnol o 42 yn 2002 i 31 yn 2006. Yn 2010, honnwyd bod y sianel yn parhau i weithio â 30 o gynhyrchwyr annibynnol. Er hynny ymddengys fod y sianel yn cyflwyno'r rhan helaeth o gomisiynau'r sianel i bum prif gwmni mawr; S4C, *Effaith Economaidd S4C ar Economi Cymru 2002 – 2006*, Gorffennaf 2007, 8; Martin Shipton, 'S4C faces its biggest crisis', *www.walesonline.co.uk/news/welsh-politics/welsh-politics-news/2010/08/28/s4c-faces-its-biggest-crisis-91466-27154433/*, 28 Awst 2010 (cyrchwyd Tachwedd 2010).

58 Ceir trafodaeth helaethach ar yr amrywiol agweddau o berthynas S4C gyda'i chynhyrchwyr annibynnol yn ystod 1981-85 yn Elain Price, 'Lleisiau newydd: sefydlu perthynas S4C â'r cynhyrchwyr annibynnol'.

59 CS4C, *Y Sector Annibynnol* – *pwyso a mesur (Papur 10.83(6))*, 2.

60 Ibid., 4.

61 Y cwmnïau a'r cynhyrchwyr eraill a roddwyd yn y categori hwn oedd Ffilmiau Eryri, Tŷ Gwyn, Scan, Atsain, Teledu'r Tir Glas, Alan Clayton a John Pickstock. Ibid.

62 Ibid., 4.

63 Y cwmnïau eraill oedd Dinas, Ffilmiau'r Garth, Celtic Films, Teledu'r Tŵr, Gareth Lloyd Williams a Bumper Films. Ibid., 7.

64 Ibid., 4–5. Trafodwyd y gellid cynnig ateb posibl i'r broblem o gynnal swyddfeydd segur a cholli arbenigedd gweinyddol ac ariannol y cwmnïau hyn, trwy sefydlu tîm gweinyddol a fyddai ar gael i'w hurio i'r cwmnïau annibynnol ar gyfer y cyfnodau cynhyrchu. Cynigiwyd hefyd y gellid arbed miloedd o bunnoedd trwy sefydlu swyddfa a fyddai ar gael at ddefnydd y cwmnïau dros dro hyn, yn hytrach nag ariannu nifer sylweddol o swyddfeydd gweigion. Ni dderbyniodd y syniad sêl bendith yr Awdurdod. Credid y byddai annog y cwmnïau eu hunain i rannu arbenigedd yn gynllun llawer mwy llwyddiannus; CS4C, *Cofnodion unfed cyfarfod a deugain Awdurdod Sianel Pedwar Cymru*, 6.

65 CS4C, *Y Sector Annibynnol – pwyso a mesur (Papur 10.83(6))*, 5.

66 Ibid., 8. Yr enwau eraill a nodwyd yn y dosbarth hwn oedd Burum, Wyvern Television, Emyr Evans, Hugh David, Twl, Glansevin, Cineclair, Ffenics, Clive Paton, Anjou Productions, Narrowcast, Chatsworth Television, Imago Films, ODA Productions, Maple Dragon Productions, Ian Bodenham, Opix Films a Sgrin '82.

67 Daily Post Reporter, 'TV company is rocked by boardroom bust-up', *Daily Post*, 3 Ionawr 1983, 5; Dienw, 'Four quit board of TV firm', *Western Mail*, 5 Ionawr 1983; Dienw, 'Split in Welsh TV company', *Caernarvon & Denbigh Herald*, 7 Ionawr 1983; Dienw, 'Boardroom row at S4C ends in four resignations', *UK Press Gazette*, 10 Ionawr 1983; Dienw, 'Two axed at S4C firm', *Western Mail*, 12 Ionawr 1983; Dienw, 'Un dyn bach ar ôl', *Y Cymro*, 18 Ionawr 1983; Dienw, 'Big debts put S4C firm out of action', *Western Mail*, 9 Tachwedd 1983.

68 CS4C, *Cofnodion seithfed cyfarfod a deugain Awdurdod Sianel Pedwar Cymru*, 5 – 6 Ebrill 1984, 2. Yr oedd hi'n debygol y byddai'r ffigur hwnnw o 270 awr yn disgyn wedi i'r syniadau a drafodwyd gyda'r cwmnïau gael eu costio'n llawn, ond hyd yn oed wedi'r broses honno, yr oedd y cynnydd arfaethedig yn parhau'n un sylweddol. Ymddengys na lwyddodd y sianel i gynyddu oriau'r cynhyrchwyr annibynnol rhwng 1984–85 ac 1985–86 i'r graddau y gobeithid yn wreiddiol, gan mai 184 o oriau a gynhyrchid ganddynt ym 1984–85 a gynyddodd i 206 awr a 30 munud y flwyddyn ariannol ganlynol. At hynny, ni leihaodd cost rhaglenni'r cynhyrchwyr annibynnol ar gyfartaledd fesul awr gan mai £38,459 oedd cost yr awr ym 1984–85 a gynyddodd i £43,176 y flwyddyn ganlynol. S4C, *Adroddiad Blynyddol a Chyfrifon 1984–85*, 6; S4C, *Adroddiad Blynyddol a Chyfrifon 1985–86*, 25.

69 S4C, *Adroddiad Blynyddol* (Caerdydd, 2004), 12.

70 Ibid.

71 'Arbrawf Economaidd S4/C', 19.

72 Ibid.

73 'Mind S4C's quality as well as its width'.

74 Roland Barthes, *Mythologies* (Vintage, 1993), 153.

75 Ibid., 154.

76 CS4C, *Cofnodion degfed cyfarfod ar hugain Awdurdod Sianel Pedwar Cymru*, 3.

77 Dienw, 'Twelve per cent watched S4C in first week', *The Free Press*, 26 Tachwedd 1982.

78 Erbyn 2009 cyfran y sianel o'r gynulleidfa yng Nghymru oedd 2.1 y cant, gan gynyddu yn yr oriau brig i 3 y cant. Y ffigyrau cyfatebol yn 2008 oedd 2.7 y cant o'r gwylwyr yn yr holl oriau a 3.3 y cant yn ystod yr oriau brig. Anghyfrifol fyddai cymharu'r canrannau hyn gyda'r ffigyrau a gyhoeddwyd ym 1982, gan fod y tirlun darlledu wedi newid yn gyfan gwbl gyda dyfodiad teledu digidol a'r byd aml-sianel. S4C, *Adroddiad Blynyddol, Datganiad Ariannol 2009*, 62.

79 Clive Betts, 'Good news and bad for S4C in ratings', *Western Mail*, 24 Tachwedd 1982; Echo Reporter, 'It's a big switch-off for S4C in English', *South Wales Echo*, 23 Tachwedd 1982; Dienw, 'S4C drops in viewing

figures', *South Wales Evening Post*, 24 Tachwedd 1982; Garry Gibbs, 'Praise for S4C – and more tune in than for BBC2', *North Wales Weekly News*, 2 Rhagfyr 1982.

80 Er bod ffigyrau mis Rhagfyr ychydig yn siomedig i swyddogion y sianel, parhai ffigyrau gwylio S4C yn llawer iachach na ffigyrau Channel 4; James Lewis, 'Welsh ratings beat Channel 4 and BBC 2', *The Guardian*, 17 Ionawr 1983.

81 Emyr Williams, 'Ar Ddec S4C', *Cambrian News*, 31 Rhagfyr 1982; Dienw, 'Christmas "delight" for S4C', *South Wales Echo*, 11 Ionawr 1983; James Lewis, 'Welsh ratings beat Channel 4 and BBC 2', *The Guardian*, 17 Ionawr 1983. Nid oedd Iorwerth Roberts o'r *Daily Post* yr un mor frwdfrydig yn ei ddadansoddiad o amserlenni Nadolig y sianel; Iorwerth Roberts, 'A poor view', *Daily Post*, 23 Rhagfyr 1982.

82 Jan Morris, 'A Channel 4 that works' *Sunday Times*, 9 Ionawr 1982; James Lewis, 'Welsh ratings beat Channel 4 and BBC 2', *The Guardian*, 17 Ionawr 1983; Brenda Maddox, 'One-up to Wales', *The Listener*, 20 Ionawr 1983; Alwyn Roberts, 'Methiant "Channel 4" – dyfodol S4C', *Y Faner*, 21 Ionawr 1983, 11.

83 Clive Betts, 'Plunge in viewing of S4C a cash threat', *Western Mail*, 15 Mehefin 1983. Mae'r ffigur a gyhoeddwyd gan y *Western Mail* ar gyfer mis Mai yn uwch na'r ffigur a nodir gan yr Awdurdod ar ddirywiad y ffigyrau gwylio, sef 57,000. Gweler CS4C, *The deterioration in S4C's ratings since its initial five months of operation (Papur 7.83(5))*, Papur atodol i Agenda deunawfed cyfarfod ar hugain Awdurdod Sianel Pedwar Cymru, 1 Gorffennaf 1983. Gweler trafodaeth bellach o'r cwymp yn ffigyrau gwylio S4C yn yr erthyglau canlynol: Dienw, 'S4C is hit by big turn-off', *Television Weekly,* 24 Mehefin 1983; Dienw, 'Welsh TV hits sun snag', *The Guardian*, 27 Mehefin 1983; Clive Betts, 'Stale news "hits S4C figures"', *Western Mail*, 29 Mehefin 1983; Derek Hooper, 'Viewing figures shock for S4C', *South Wales Echo*, 28 Mehefin 1984.

84 CS4C, *Cofnodion ail gyfarfod ar bymtheg ar hugain Awdurdod Sianel Pedwar Cymru*, 3 Mehefin 1983, 3.

85 CS4C, *The deterioration in S4C's ratings since its initial five months of operation (Papur 7.83(5))*, 6.

86 Ibid.,1.

87 Ibid. Gellid priodoli y twf aruthrol yng nghyfran BBC 2 o'r gynulleidfa ym mis Ebrill i'r darllediad o ornestau pencampwriaeth snwcer y byd yn y Crucible yn Sheffield yn ystod yr oriau brig.

88 Ibid., 3.

89 Ibid.

90 Clive Betts, 'S4C confident despite low share of Welsh market', *Western Mail*, 12 Gorffennaf 1983; Dienw, 'Hyder yn nyfodol S4C', *Y Cymro*, 12 Gorffennaf 1983; Ivor Wynne Jones, 'S4C suffers summer switch-off', *Daily Post*, 12 Gorffennaf 1983.

91 Yn ystod Mawrth a dechrau Ebrill 1983 daeth cyfresi megis *Elinor, Cefn Gwlad, Yng Nghwmni* a *Rhaglen Hywel Gwynfryn* i ben. Caed cwynion am ailddarlledu yn Meinir Ffransis, 'Angen cyfres i'n dal a'n denu', *Y Cymro*, 3 Mai 1983, 2; Annes Glyn, '"Repeats" yn troi yn fwrn', *Y Faner*, 16 Medi 1983, 21.

92   Cyfweliad yr awdur gyda Chris Grace, Caerdydd, 29 Tachwedd 2010. Cynigiodd hefyd y gellid esbonio'r diffyg stoc yng ngwanwyn 1983, gan fod llai o gynhyrchu yn ystod misoedd y gaeaf yn gyffredinol oherwydd y tywydd, diffyg golau a.y.b. a oedd yn arwain at ddiffyg darpariaeth ar y sgrin yn y gwanwyn a'r haf.

93   Cyfweliad yr awdur gyda Wil Aaron, Llandwrog, 1 Hydref 2010.

94   CS4C, *The deterioration in S4C's ratings since its initial five months of operation (Papur 7.83(5))*, 4.

95   Ibid.

96   Adborth ar lafar oedd hwn a oedd wedi ei fynegi wrth aelodau yr Awdurdod trwy eu ffrindiau a'u cydnabod.

97   Clive Betts, 'Good news and bad for S4C in ratings', *Western Mail*, 24 Tachwedd 1982.

98   Clive Betts, 'S4C drop in viewers reveals muddle in ratings', *Western Mail*, 6 Ionawr 1983, 1; Echo Reporter, 'Ratings probed at S4C', *South Wales Echo*, 6 Ionawr 1983; Dienw, 'S4C figures "correct"', *South Wales Evening Post*, 7 Ionawr 1983; Clive Betts, 'Battle looms on ratings', *Western Mail*, 9 Ionawr 1983.

99   CS4C, *Adroddiad y Cyfarwyddwr i'r Awdurdod (Papur 12.83(4))* – papur atodol i *Agenda trydydd cyfarfod a deugain Awdurdod Sianel Pedwar Cymru*, 1 – 2 Rhagfyr 1983, 2. Yn dilyn eu harchwiliad o ffigyrau gwylio S4C, gofynnwyd i Research and Marketing Wales and the West LTD lunio prosiect ymchwil cynhwysfawr a fyddai'n anfon holiaduron i 1000 o siaradwyr Cymraeg a 500 o unigolion di-Gymraeg er mwyn cael rhagor o wybodaeth am natur a phatrymau gwylio'r gynulleidfa.

100   Clive Betts, 'Viewing figures puzzle for S4C', *Western Mail*, 5 Rhagfyr 1983.

101   Jane Harbord, 'Can even Superted save S4C?', *Television Weekly*, 22 Gorffennaf 1983, 7; James Tucker, 'Hidden Welsh TV bill', *Sunday Times*, 13 Tachwedd 1983; DH, 'S4C "Most Costly TV in Britain"', *Broadcast*, 18 Tachwedd 1983; Tim Jones, 'Will the Welsh keep their TV channel?', *The Times*, 19 Tachwedd 1983; Clive Betts, 'Magazine says S4C is UK's dearest TV', *Western Mail*, 30 Ionawr 1985. Nid rhyfeddod unigryw i ddyddiau cynnar y sianel oedd y sylw a roddid i ffigyrau gwylio'r sianel, fel y tystia'r erthyglau canlynol: Martin Shipton, 'Figures reveal failure of S4C to attract TV audiences', *Western Mail*, 10 Mawrth 2010, 3; Lucy Connolly, 'Channel Snore', *The Sun*, 11 Mawrth 2010, 3.

102   CS4C, *S4C's Audience* – papur atodol i *Agenda pumed cyfarfod a deugain Awdurdod Sianel Pedwar Cymru*, 10 Chwefror 1984. Syr Goronwy Daniel oedd awdur y ddogfen hon ac yr oedd ei gefndir proffesiynol fel ystadegydd yn amlwg o fantais wrth iddo ymwneud â'r broblem ddyrys hon.

103   S4C, *Adroddiad Blynyddol a Chyfrifon 1982–83*, 9.

104   CS4C, *S4C's Audience*, 1.

105   Ibid.

106   S4C, *Adroddiad Blynyddol a Chyfrifon 1983–84*, 10.

107   S4C, *Adroddiad Blynyddol a Chyfrifon 1982–83*, 10.

108   S4C, *Adroddiad Blynyddol a Chyfrifon 1983–84*, 9.

109 S4C, *Adroddiad Blynyddol a Chyfrifon 1982–83*, 10; S4C, *Adroddiad Blynyddol a Chyfrifon 1983–84*, 10; S4C, *Adroddiad Blynyddol a Chyfrifon 1984–85*, 12.

110 S4C, *Adroddiad Blynyddol a Chyfrifon 1982–83*, 34; S4C, *Adroddiad Blynyddol a Chyfrifon 1983 – 1984*, 37; S4C, *Adroddiad Blynyddol a Chyfrifon 1984–85*, 40.

111 S4C, *Adroddiad Blynyddol a Chyfrifon 1983–84*, 37. Dadansoddiad o ymateb y gynulleidfa i nifer o wythnosau ym 1983 oedd y ffigyrau hyn.

112 Rhaid cofio bod peryglon wrth geisio cymharu ffigyrau 1983 â rhai heddiw, oherwydd gwelliannau yn y modd y cesglir yr ystadegau gan BARB. Er hynny credir bod y gymhariaeth yn parhau yn un deg yn yr achos hwn.

113 S4C, *Adroddiad Blynyddol 2010*.

114 OFCOM, 'Main five PSB channels' audience share, all homes', stakeholders.ofcom.org.uk/market-data-research/market-data/communications-market-reports/cmr12/tv-audio-visual/uk-2.48/ (cyrchwyd Mai 2013).

115 Ibid.

116 Dienw, 'TV Ratings', *Broadcast*, 9 Mai 1983.

117 Ystadegau gwylwyr a ddarparwyd i'r awdur trwy ohebiaeth bersonol â staff Uned Ymchwil S4C, Mai 2013.

118 Ibid.

'DAN Y DDERWEN GAM':
CERDD GOLL GAN WALDO WILLIAMS

Jason Walford Davies

Yn ei lyfryddiaeth anhepgor o weithiau Waldo Williams, ceir gan B. G. Owens dan y flwyddyn 1969 gofnod o gerdd gan y bardd ac iddi'r teitl 'Dan y Dderwen Gam'. Yn ôl Owens, yr un gerdd yw hon ag 'Y Dderwen Gam', a gyhoeddwyd am y tro cyntaf yn 1969 yn y gyfrol *Cerddi '69*.[1] Y mae hwn yn uniaethiad a dderbyniwyd yn ddigwestiwn ers dros bymtheng mlynedd ar hugain bellach. Ond yn yr ysgrif sy'n dilyn byddaf yn dangos mai cerdd wahanol yw 'Dan y Dderwen Gam', ac yn dwyn y testun coll cyfoethog hwn gan y bardd – ychwanegiad arwyddocaol at ei *oeuvre* – i olau dydd am y tro cyntaf. Dwg y gerdd newydd hon berthynas ddiddorol ag 'Y Dderwen Gam', testun y tynnais sylw yn ddiweddar at ei chefndir a'i harwyddocâd.[2] Cyn mynd rhagom i archwilio 'Dan y Dderwen Gam', felly, buddiol yn y lle cyntaf fyddai sefydlu cyd-destun drwy fwrw golwg eto yn gyflym ar 'Y Dderwen Gam' a'r hyn a roes fod iddi.

Fel y dangosais,[3] ymateb pwerus yw 'Y Dderwen Gam' i gynllun gan y Cyngor Sir a'r Bwrdd Dŵr yn Sir Benfro ddiwedd y 1950au i adeiladu cronfur, a fyddai'n medru cario un o briffyrdd pwysicaf yr ardal, ar draws dyfrffordd Aberdaugleddau – 'Seintwar Fewnol' a oedd, dylid nodi, o fewn terfynau Parc Cenedlaethol Arfordir Penfro, a sefydlwyd yn swyddogol yn 1952. Y bwriad oedd boddi rhan uchaf y ddyfrffordd, gan greu yn y modd hwn lyn enfawr o ddŵr croyw a fyddai'n diwallu anghenion tybiedig y cwmnïau olew mawrion a oedd newydd ymsefydlu yn yr ardal, ac a fyddai hefyd, fe ddadleuid, yn cynnig atyniad i dwristiaid ar ffurf canolfan hwylio a physgota. Saif y goeden nodedig y cyfeiria Waldo Williams ati yn 'Y Dderwen Gam' ar lan y dŵr ger Trwyn Pictwn, nid nepell o'r fan lle y daw afonydd Cleddau Wen a Chleddau Ddu ynghyd i ffurfio dyfrffordd Aberdaugleddau. Trafodwyd sawl safle posibl ar gyfer yr argae arfaethedig, a hynny mewn nifer o adroddiadau manwl gan gwmnïau peirianneg sifil – dogfennau y cedwir copïau ohonynt yn Archifdy Sir Benfro yn

Hwlffordd. Un posibilrwydd a oedd dan ystyriaeth am gyfnod oedd adeiladu dau argae ger Trwyn Pictwn, y naill ar Gleddau Wen a'r llall ar Gleddau Ddu, a diddorol yw nodi y buasai ochr ogleddol y morglawdd ar yr afon ddwyreiniol, petai'r cynllun arbennig hwn wedi'i wireddu, yn yr union fan lle y saif y dderwen gam.[4] Arferai Waldo ymweld â'r llecyn hwn rhwng dau olau, ar doriad gwawr,[5] a diau i'r fangre fagu arwyddocâd liminaidd grymus ym meddwl y bardd. Dyma'r union ran o'r ddyfrffordd – ardal hynod gyfoethog ei bywyd gwyllt – a oedd dan fygythiad o du'r cynllun arfaethedig, a ddaethai erbyn 1959 yn achos cryn gecru a drwgdeimlad yn Sir Benfro, ac yn bwnc llosg wythnosol bron ar dudalennau papurau newydd yr ardal. Cafwyd gwrthwynebiad ar lefel leol o sawl cyfeiriad: dadleuwyd, er enghraifft, y byddai'r prosiect arfaethedig yn dileu llawer iawn o dir amaethyddol cynhyrchiol; pryderai pysgotwyr y byddai'r cynllun yn rhwystro pysgod rhag symud o'r afonydd i'r môr ac yn ôl; tynnodd Pwyllgor Pysgodfeydd Môr De Cymru sylw at yr

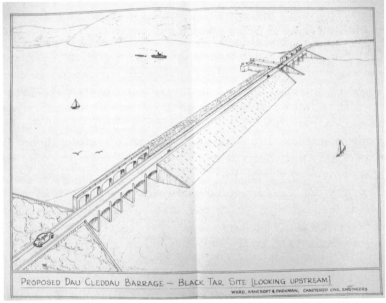

'Ond bydd cau'r drws yn ei wyneb a bydd taro'r tair bollt': Argraff arlunydd o'r morglawdd ar draws dyfrffordd Aberdaugleddau (Archifdy Sir Benfro, HDX/287/15)

164

effaith andwyol bosibl ar wystrys y ddyfrffordd. Ond y mae'n bwysig nodi hefyd fod cyfran helaeth iawn o drigolion yr ardal yn frwd o blaid y syniad o godi morglawdd, a hynny ar sail yr hyn a welent fel ei fanteision economaidd yng nghyd-destun y diwydiant olew a'r diwydiant twristiaid, a hefyd o ran darparu pont ar draws y ddyfrffordd ar gyfer trafnidiaeth y sir. Cafodd y prosiect ei gyflwyno fel Mesur Seneddol, ac erbyn canol Mai 1959 yr oedd, er gwaethaf gwrthwynebiad o du'r llywodraeth, wedi cwblhau'n llwyddiannus ei daith drwy Dŷ'r Arglwyddi. Cafwyd cefnogaeth bybyr i'r mesur gan yr Aelod Seneddol Llafur lleol, Desmond Donnelly, a'r Fonesig Megan Lloyd George, yr Aelod Seneddol Llafur dros Gaerfyrddin. Er hyn, gwrthwynebwyd y cynllun yn chwyrn gan y Ceidwadwr Henry Brooke, y Gweinidog Tai a Llywodraeth Leol a'r Gweinidog dros Faterion Cymreig ar y pryd (a'r gŵr, fe gofir, a oedd mor frwd ei gefnogaeth i'r cynllun i foddi Cwm Tryweryn yn ystod yr un cyfnod[6]). Dadleuai ef fod y cyflenwad dŵr ar gyfer diwydiannau'r ardal eisoes yn ddigonol, ac nad oedd modd felly gyfiawnhau gwario £4,000,000 ar brosiect o'r fath, a allai, fe awgrymodd yn Nhŷ'r Cyffredin ddiwedd Gorffennaf 1959, fod yn andwyol i brydferthwch y Parc Cenedlaethol ('We do not want to turn Pembrokeshire into another Birmingham', meddai).[7] Erbyn hydref 1959 yr oedd gwrthwynebiad dylanwadol Henry Brooke yn Nhŷ'r Cyffredin wedi sicrhau nad oedd dyfodol i'r mesur nac ychwaith i'r cynllun, er i'r olaf rygnu byw yn Sir Benfro am rai blynyddoedd eto, cyn i'r prosiect fynd i'r gwellt fel posibilrwydd ymarferol ganol y 1960au.

Yn 1969, fel y nodwyd, y cyhoeddwyd 'Y Dderwen Gam'. Ond mewn llythyr ar 8 Mai 1969 at Islwyn Jones, un o olygyddion *Cerddi '69*, gwelir Waldo yn addo mynd ar drywydd 'cân a wneuthum tua 10 mlynedd nol [*sic*]', ac yna, dridiau'n ddiweddarach, yn anfon 'Y Dderwen Gam' at Jones ('Dyma'r gân a addawais iti').[8] Er mai yn 1969 y cyhoeddwyd y gerdd, felly, testun ydyw sy'n perthyn i ddiwedd y 1950au – ffaith a gadarnheir gan y sylw a gafodd y cynllun i argáu rhan uchaf y ddyfrffordd yn y wasg yn 1959. Gellir cynnig *c.*1959, felly, fel dyddiad cyfansoddi 'Y Dderwen Gam':

Y Dderwen Gam

(Pan fwriedid cau ar ran uchaf Aberdaugleddau)

Rhedodd y môr i fyny'r afon,
 Y cyrliog serchog, pur ei drem,
Unwaith, a myrdd o weithiau wedyn,
 Cyn imi gael y dderwen gam.

Cyn imi ddod yr hydref hwnnw
 A sefyll dan y gainc a'u gweld;
Hithau a'i mynwes yn ymchwyddo'n
 Ardderchog rhwng ei gwyrdd a'i gold.

Yma bydd llyn, yma bydd llonydd;
 Oddi yma draw bydd wyneb drych.
Derfydd ymryson eu direidi,
 Tau eu tafodau dan y cwch.

Derfydd y llaid, cynefin chwibanwyr
 Yn taro'r gerdd pan anturio'r gwawl
Â'u galw gloywlyfn a'u horohïan,
 A'u llanw yn codi bad yr haul.

Yn codi'r haul ac yn tynnu'r eigion
 Trwy'n calonnau gwyrdd dros y ddwylan lom.
Yma bydd llyn, yma bydd llonydd,
 A'r gwynt ym mrig y dderwen gam.[9]

Tra parhaodd, yr oedd y bygythiad i dir, môr, afonydd a bywyd
gwyllt ei gynefin yn sgil y bwriad i adeiladu cronfur a boddi rhan
uchaf y ddyfrffordd yn un hynod bwerus – a chreadigol – ei
ddylanwad ar Waldo Williams, fel y prawf bodolaeth cerdd arall,
annibynnol, a luniwyd mewn ymateb i'r un argyfwng ac y gellir
ei hystyried yn chwaer-gerdd i 'Y Dderwen Gam'. Hon yw 'Dan
y Dderwen Gam', ac fe'i cyhoeddir yma am y tro cyntaf:

Dan y Dderwen Gam

(Gwyddys yr arfaethir cau ar ben uchaf yr aber i gronni dwfr y ddwy afon. Ar lan Cleddau Ddu y saif y dderwen gam, tua chwe milltir o Hwlffordd trwy goed Pictwn, ac wrth derfyn hen ffordd y fferi.)

1   'Rwy'n dod o hyd ac o hyd cyn y bo'n rhy hwyr, i weld
     Y môr yn rhedeg i fyny'r afon. Yn grych ei wallt
     Mae e'n dod bob nos a dydd, a hi yn ei gwyrdd, neu'r gold
     Ond bydd cau'r drws yn ei wyneb a bydd taro'r tair bollt
5   A diwedd ar eu chwarae: cellwair y cuddio a'r cael,
     Gwthio'n eu hôl rhwng y deri ei fflydoedd bach copor,
     Plethu'r gwymon trwy'r egroes, ei hongian o hoel i hoel,
     Pa sgafalwch bynnag i'r serch sy yng nghalon y môr.
     Cyn y tawo dan y cwch eu tafodau sionc a'u sigl
10   Cerddaf eto'r milltiroedd, liw nos, hyd y dderwen gam
     I glywed dros draeth y wawr lawer gloywlais a chwibanogl.
     O! mwy hylif na heli'n dod i'r oed yw llanw y gerdd.
     Mae e'n codi bad yr haul. Mae e'n cuddio ein llaid llwm.
     Daw serch yr eigion i chwarae trwy ein calonnau gwyrdd.

Waldo Williams[10]

Rhesymol yw tybio – o ystyried y cyd-destun a nodwyd uchod, y llinynnau cyswllt delweddol arwyddocaol rhwng y ddwy gerdd, ynghyd â'r defnydd o'r amser presennol/dyfodol yn epigraff 'Dan y Dderwen Gam' – fod yr olaf, hithau, wedi'i chyfansoddi c.1959 (modd, yn y lle cyntaf, i'n hatgoffa unwaith eto nad gyda *Dail Pren* y daeth gyrfa lenyddol y bardd i ben). A derbyn y dyddiad tra thebygol hwnnw, dyma gerdd gan Waldo Williams sy'n gweld golau dydd am y tro cyntaf mewn hanner can mlynedd.

Y mae'r disgrifiad a gynhwyswyd fel epigraff i'r gerdd yn destun arwyddocaol yn ei hawl ei hun, ac yn creu cyferbyniad diddorol â'r sylw cryno, '(*Pan fwriedid cau ar ran uchaf Aberdaugleddau*)', a geir ar ddechrau 'Y Dderwen Gam'. Nodweddir epigraff 'Dan y Dderwen Gam' gan ymgais i ddiogelu drwy gofnodi'n fanwl a lleoli'n dra phenodol: '(Gwyddys yr arfaethir cau ar ben uchaf yr aber i gronni dwfr y ddwy afon. Ar lan Cleddau Ddu y saif y dderwen gam, tua chwe milltir o Hwlffordd trwy goed Pictwn, ac wrth derfyn hen ffordd y fferi.)' Yn y ddwy frawddeg dygir ynghyd y môr, yr afonydd, y dderwen yn ei hardal goediog, yn ogystal â thref enedigol y bardd, a cheir yma ymwybod cryf â llwybrau a hen linellau cysylltiol ar dir a môr: 'dwy afon . . . chwe milltir . . . trwy goed Pictwn . . . hen ffordd y fferi'. Nodir mai 'wrth derfyn' yr hen ffordd hon y saif y goeden ei hun, ar y ffin rhwng y tir a'r môr – lleoliad daearyddol-fanwl sy'n awgrymu cyflwr trothwyol, 'arall'. Perthnasol yma yw'r hyn a noda James Nicholas:

> byddai Waldo'n dod i gysgu [yng nghapel Croes Millin] gan godi rhwng nos a dydd – yr amser hwnnw pan ddychwel creaduriaid crwydrol y nos i'w tyllau a chyn i'r adar ddechrau canu. Byddai'n mynd at lannau Afon Cleddau ac yno gwelodd 'Y Dderwen Gam'. Ar yr achlysuron prin hyn yr oedd y bardd ar drywydd byd arall a thybiai mai dyma'r adeg orau rhwng dydd a nos i rwygo'r llen rhwng deufyd.[11]

Ac yr ydym rhwng deufyd mewn ystyr arall hefyd, wrth i'r sôn am derfyn yr 'hen ffordd' lythrennol esgor hefyd ar ymwybod â therfyn hen ffordd o fyw. Epigraff ynghylch y pethau diwethaf a gynigir yma, a hynny cyn inni droedio gofod y gerdd ei hun, lle y mae 'diwedd' (ll. 5) yn un o'r geiriau a'r cysyniadau canolog. Y mae hyd yn oed y ffurf honno, 'dwfr', rhagor 'dŵr' ('i gronni dwfr y ddwy afon'), fel pe bai am ddal gafael, ar lefel yr ieithwedd, ar ffordd o fyw sydd dan fygythiad.

Fe welir mai drwy gyfrwng ffurf soned y dewisodd Waldo Williams leisio ei bryder ynghylch y cynllun i argáu rhan uchaf y ddyfrffordd yn y gerdd hon, mewn cyferbyniad â chyfres o bum pennill pedair llinell yn 'Y Dderwen Gam'. Dyma enghraifft ddiddorol felly o fardd yn amrywio ei ddulliau mydryddol mewn dwy gerdd a luniwyd mewn ymateb i'r un testun, a hynny mewn ymgais i archwilio'r bygythiad o onglau arddulliol ychydig yn wahanol – prawf pellach, wrth gwrs, o afael yr argyfwng ar ddychymyg Waldo Williams. Ond dylid nodi nad soned yn ei gwisg draddodiadol, geidwadol yw 'Dan y Dderwen Gam': y mae'n 'llaes' o ran hyd y llinellau (y patrwm sylfaenol yw pedair sillaf ar ddeg); y mae'r patrwm odli – *a b a b c ch c ch d dd d e dd e* – os nad yn ddigynsail, yn sicr yn anarferol; a cheir yn ogystal ddefnydd o odlau proest (a welir hefyd yn y chwaer-gerdd, 'Y Dderwen Gam'). Yr oedd Waldo yn dra adnabyddus wrth gwrs fel sonedwr (cynhwyswyd un ar ddeg yn *Dail Pren* (1956), er enghraifft, yn cynnwys dau bâr o sonedau);[12] yr oedd hefyd yn fardd a oedd wedi arbrofi'n llwyddiannus ag odlau proest, gan archwilio, er enghraifft, yr amrywiol effeithiau y gellid eu creu drwy gyfosod proest ac odl gyflawn o fewn yr un pennill. Yng nghyswllt ei ddefnydd o broest, diau y daw i'r meddwl yn y lle cyntaf gerddi megis 'Die Bibelforscher', 'Y Plant Marw', 'Yr Heniaith' a 'Gwanwyn';[13] ond pwysig yn y cyd-destun presennol yw tynnu sylw at y modd y bu i Waldo hefyd dros y blynyddoedd wneud defnydd cynnil ond cyrhaeddgar o bosibiliadau ymryddhaol proest yn rhai o'i sonedau yn benodol. Er enghraifft, fel y sylwodd Derec Llwyd Morgan wrth drafod 'Cymru a Chymraeg', soned laes ei llinellau a gyhoeddwyd am y tro cyntaf yn 1947:[14] 'y mae'n proestio'r odl ddwbl deirgwaith . . . arbrawf bach ond un digon buddiol'.[15] Diddorol felly yw gosod hyn, ynghyd â defnydd estynedig Waldo o odlau proest yn 'Dan y Dderwen Gam' ddiwedd y 1950au, yn erbyn cefndir y dadlau a fu yn ystod y degawd hwnnw ynghylch arbrofi â ffurf y soned. Oherwydd un o'r agweddau a bwysleisid gan y rheini a oedd o blaid magu dulliau mwy blaengar o ymdrin â'r ffurf oedd bod angen gwneud defnydd helaethach ynddi o odlau proest, fel y dangosodd Alan Llwyd yn ei ragymadrodd i *Y Flodeugerdd Sonedau*, lle y dyfynnir sylw O. M. Lloyd wrth feirniadu cystadleuaeth y soned yn Eisteddfod Genedlaethol Aberystwyth yn 1952: 'Onid yw'n bryd arbrofi gyda phroest, sef hanner odl? Rhoes Waldo Williams gynnig arni, a thybiaf y byddai soned ar ei hennill o ddefnyddio'r amrywiaeth hwn'.[16] Ac ymhellach, tyn Alan Llwyd sylw penodol yn achos y cyfnod dan sylw at gyfraniad Eirian Davies[17] – bardd a ddewisodd, er enghraifft, arbrofi â'r odl broest a'r llinell hir yn ei soned arobryn 'Morfa Rhuddlan' yn Eisteddfod Genedlaethol Y Rhyl yn 1953.[18]

Ar un achlysur yn unig y bu i Waldo Williams feirniadu cystadleuaeth y soned yn yr Eisteddfod Genedlaethol, a hynny yn

Abertawe yn 1964. Y mae'r feirniadaeth ynddi'i hun yn destun Waldoaidd hynod ddiddorol, yn arbennig felly yng nghyd-destun amgyffrediad hyblyg-greadigol y bardd o ffurf y soned. Rhannodd Waldo y wobr rhwng tri chystadleuydd, ac, er iddo gynnig yn achos Bethan (S. L. Owen) 'esboniad' (dryslyd braidd) ynghylch strwythur tybiedig ei soned, ac er iddo hefyd nodi, 'Ac eto pedair llinell ar ddeg sydd i fod, mae'n debyg', fe'i gwelir yn y cyswllt hwn yn gwobrwyo soned o dair llinell ar ddeg.[19] Wrth gwrs, erys Waldo yn ei sonedau ef o fewn terfynau'r pedair llinell ar ddeg arferol, ond tystia'r amrywiadau ar nodweddion traddodiadol y soned a gyfunir yn 'Dan y Dderwen Gam' – y llinellau llaes, yr odlau proest a'r patrwm odli hytrach yn anghyffredin – i awydd greddfol i archwilio posibiliadau hylifol y ffurf ('O! mwy hylif na heli'n dod i'r oed yw llanw y gerdd', chwedl y soned ei hun). O ran yr adeiladwaith, er enghraifft, disgwyliwn wrth i'r gerdd fynd rhagddi mai Shakespearaidd – dull y mwyafrif helaeth o sonedau Waldo – fydd y strwythur yn y soned ar ei hyd, ond fe'n tywysir i gyfeiriad gwahanol yn y chwechawd wrth i'r bardd ymroi i archwilio patrwm odlau a symudiad amgen. Ac amgen hefyd yw'r miwsig a gynhyrchir yn 'Dan y Dderwen Gam' gan yr odlau proest y mae eu sain anghyflawn yn esgor ar awyrgylch awgrymus o aflonyddol ac *unheimlich*. Mewn astudiaeth sy'n ymdrin ag amrywiol agweddau (technegol, ymarferol, syniadaethol, arddulliol) ar yr odl broest, cyfeiria R. M. Jones (bardd arall a wnaeth ddefnydd trawiadol o'r ffenomen) at 'yr effeithiau o anorffennedd ac o golled ogleisiol a gyfleir gan "Odl" sydd heb gyrraedd y lan' (cymwys yn y cyd-destun presennol yw delweddaeth ddyfrol Jones).[20] Y mae'r sŵn ei hun yn un trothwyol, ac yn ateg felly ar lefel yr odl ei hun i'r ymwybod yn y gerdd â chyflyrau liminaidd, ffiniol, cysylltiol. Yn wir, gellir hefyd ystyried y ffenomen hon o bersbectif syniadaethol ehangach. O nodi'r modd y cynigia odlau proest ddimensiynau a phosibiliadau pellach, y tu hwnt i eiddo odlau cyflawn, o ran dwyn sillafau, geiriau, seiniau a chysyniadau i berthynas greadigol newydd â'i gilydd,[21] diau y gellir yn fuddiol weld defnydd nodedig Waldo o broest yn ei waith yn gyffredinol fel gwedd ganolog ar ei weledigaeth gydgysylltiol, gyfunol – fel elfen arddulliol hollbwysig yn y modd yr archwilia rwydweithiau a pherthnasau o amryfal fathau, yn cynnwys yr hyn a eilw'n 'gymdeithasiad geiriau'.[22]

''Rwy'n dod o hyd ac o hyd cyn y bo'n rhy hwyr, i weld . . .': egyr 'Dan y Dderwen Gam' â llinell sy'n fynegiant o bryder dwys, yn ymylu ar banig, yn wyneb sefyllfa unfed-awr-ar-ddeg (noder yn arbennig yr ailadrodd ('o hyd ac o hyd') a'r modd yr ymgyfyngir i eiriau unsillafog taer a rhuslyd – techneg a ddefnyddir hefyd yn ll. 3). Sefydlir o'r cychwyn ymwybod ag argyfwng ac â diwedd pethau. O'i safle strategol ar ddiwedd y llinell y mae'r '[g]weld' hwnnw ('gweld – beth?', gofynnwn yn naturiol) yn bwrw golwg dros ecosystem gyfan sydd dan fygythiad o du'r cynllun i adeiladu cronfur a thrawsnewid rhan uchaf y ddyfrffordd yn llyn o ddŵr llonydd. Megis yn 'Y Dderwen Gam', darlun o symudiadau beunyddiol y llanw yn y ddyfrffordd a geir yma yn y disgrifiad o'r 'môr yn rhedeg i fyny'r afon' (ll. 2). Ond cyflwynir yn y fan hon eflen ychwanegol arwyddocaol nas ceir yn y cyswllt hwn yn y chwaer-gerdd, sef y gyfatebiaeth hyglyw rhwng dechrau'r llinell agoriadol a dechrau ll. 3 ('Rwy'n dod o hyd ac o hyd . . . / . . . Mae e'n dod bob nos a dydd'), lle y mae taith gyson y bardd ar ei ymweliadau â'r fan yn ddrych i daith feunyddiol y môr/llanw – cyfosodiad sy'n arwyddo cyswllt cydymdeimladol (uniaethiad yn wir) rhwng y llefarydd a'i amgylchedd. Personolir elfennau'r amgylchedd hwnnw, yn fenywaidd a gwrywaidd, drwy gydol y soned. Yn 'Y Dderwen Gam' disgrifir y môr ar ddechrau'r gerdd fel 'Y cyrliog serchog', ymadrodd sydd o bosibl, fel y nodais yn fy astudiaeth ar y gerdd, yn adleisio cywydd a briodolid gynt i Ddafydd ap Gwilym (ac sydd hefyd, fe ddichon, yn dwyn i gof y disgrifiad 'ceiliog . . . serchog' o'r canu rhydd cynnar).[23] Diau fod Dafydd ap Gwilym hefyd yn bresenoldeb yn y disgrifiad ar ddechrau 'Dan y Dderwen Gam' o'r môr tonnog (mewn gwrthgyferbyniad â dŵr llonydd y llyn arfaethedig) fel un '[c]rych ei wallt' – ymadrodd sydd yn rhwym o'n hatgoffa o'r 'don bengrychlon' yn llinell agoriadol cywydd enwog Dafydd, 'Y Don ar Afon Dyfi'.[24] Cadarnheir perthynas y ddwy gerdd o ystyried yr union sefyllfa a ddisgrifir ynddynt. Perthnasol yma yw tynnu sylw at ddadl Barry J. Lewis nad disgrifiad o'r afon 'yn chwyddedig gan law neu eira' a geir yng nghywydd Dafydd, ond darlun yn hytrach o lanw'r môr yn rhedeg o'r foryd lydan i'r afon. Meddai, er enghraifft, wrth drafod y llinell 'Ymanwraig loyw dwfr croyw crych': 'Dyma ddisgrifiad o'r don yn trywanu dŵr croyw yr afon, hynny yw, penllanw'r môr yn llifo i fyny Afon Dyfi'.[25] Ac y mae'r adlais posibl hwn gan Waldo yn 'Dan y Dderwen Gam' yn awgrymus ar lefel bellach hefyd. Yng ngherdd Dafydd ap Gwilym, dyn sy'n cael ei atal gan lifeiriant y dŵr ('Na ludd . . . ym gael bais / I'r tir draw . . . / Nac oeta fi, nac atal', meddai'r bardd);[26] ond yn soned Waldo, symudiadau naturiol y môr a'r afon a gaiff eu hatal gan gynlluniau peirianyddol, diwydiannol dyn. Tyn y gyfeiriadaeth lenyddol sylw at aruthredd gwyrdroad o'r fath.

Un o 'gywyddau'r rhwystrau' yw 'Y Don ar Afon Dyfi', wrth gwrs, lle y mae'r afon yn atal y carwr rhag mynd rhagddo ar ei daith yn ôl at ei gariad Morfudd. Cerdd serch yw 'Dan y Dderwen Gam' hithau ar lawer ystyr, ac yn hyn o beth fe gofir bod serch yn un o bynciau sylfaenol ffurf y soned yn draddodiadol. Yn achos y chwaer-gerdd, 'Y Dderwen Gam', wrth fynd heibio y crybwyllir y thema hon: y mae yno, er enghraifft, yn yr ymadrodd hwnnw, 'Y cyrliog serchog', lle y gall 'serchog' weithredu fel enw, yn yr ystyr 'carwr' neu 'anwylyd'. Yn 'Dan y Dderwen Gam', er hyn, y mae'r ymdriniaeth â'r cyswllt rhwng elfennau'r amgylchedd – yn benodol rhwng y môr (gwrywaidd) a'r afon (fenywaidd) – yn nhermau perthynas dau gariad yn un fwy datblygedig o lawer. Un o ddelweddau mwyaf cofiadwy, annisgwyl a dyfeisgar y soned yw'r darlun hwnnw o'r cronfur arfaethedig fel 'drws' a gaiff ei gau yn erbyn y carwr crychwallt hwn o fôr (llau 4–5):

> Ond bydd cau'r drws yn ei wyneb a bydd taro'r tair bollt
> A diwedd ar eu chwarae . . .

Bron na welir y tu ôl i'r disgrifiad hwn o'r carwr dioddefus, ac o atal y berthynas rhyngddo a'i gariad, ddarlun megis hwnnw yn 'Dan y Bargod' Dafydd ap Gwilym: 'Clo a roed ar ddrws y tŷ, / Claf wyf o serch, clyw fyfy'.[27] Bydd adeiladu'r argae, medd Waldo, yn atal llif naturiol llanw'r môr ar ei daith i fyny'r ddyfrffordd i gwrdd â'r afon, ac yn dileu'r cyswllt cariadus rhwng yr elfennau hyn. Dychwelir yn gyson yn y soned at y serch hwn rhwng elfennau'r amgylchedd sydd dan fygythiad, a gellir dweud bod dwy wedd i'r ymdriniaeth. Ceir pwyslais, drwy gyfrwng metaffor y gêm (a ddefnyddir er cyfleu bwrlwm symudiadau'r afon a rhediadau'r llanw yn ôl ac ymlaen), ar y serchus a'r ysgafnfryd: sonnir, er enghraifft, am y 'chwarae', y 'cellwair' a'r 'cuddio a'r cael' (chwarae mig) sy'n nodweddu'r berthynas (ll. 5), a chyfeirir hefyd at 'sgafalwch', y 'serch sy yng nghalon y môr' (ll. 8) ac at 'chwarae' (eto) a 'serch yr eigion' (ll.14). Ochr yn ochr â hyn fe sylwn hefyd ar yr awgrymusedd rhywiol cryf sydd i lawer o ddelweddaeth y soned: y mae'r disgrifiad o'r 'môr yn rhedeg i fyny'r afon' yn ll. 2, er enghraifft, yn sicr yn cyfleu cyfathrach rywiol, ac y mae grym erotig diymwad i'r ebychiad 'O! mwy hylif na heli'n dod i'r oed yw llanw y gerdd' yn ll. 12. Cyflawna delweddaeth rywiol o'r fath swyddogaeth bwysig yn y gerdd, sef pwysleisio'r berthynas fywiol, ffrwythlon rhwng y dyfroedd hyn – y cydymdreiddio, y cydadweithio a'r gyfathrach gynhyrchiol sy'n cynnal ecosystem y ddyfrffordd a'r ardal gyfagos.

Fe ddaw 'diwedd ar eu chwarae' (ll. 5), er hyn, yn sgil codi'r morglawdd a chreu'r llyn enfawr o ddŵr croyw ym mhen uchaf y ddyfrffordd. Cyflwynir yn awr weledigaeth apocalyptaidd bron o'r olygfa wedi'r boddi:

Gwthio'n eu hôl rhwng y deri ei fflydoedd bach copor,
Plethu'r gwymon trwy'r egroes, ei hongian o hoel i hoel . . .

Ni chaiff y 'fflydoedd bach copor', sef y dail crin a syrthiodd o'r coed (cofier mai hydref ydyw, a bod y dderwen gam ei hun 'yn ei gwyrdd, neu'r gold' (ll. 3)), eu cario bellach ar wyneb y dŵr gan symudiadau naturiol y môr a'r afon, eithr eu hysgubo gan ddŵr y gronfa yn ôl drwy'r deri – awgrym fod y coed hyn hwythau dan ddŵr yn sgil y boddi. Cynigir yma olygfa hunllefus o ecosystem wyrdroëdig, gyda'r deri bron fel petaent yn deilio â'r dail crin y maent newydd eu bwrw. Nid yw'r rhain bellach yn 'ddail pren' a all 'iacháu'r cenhedloedd'.[28] Gwelsom sut y bu i Waldo chwarae'n fwyseiriol-greadigol ag amryfal ystyron 'cainc' yn y chwaer-gerdd,[29] ac y mae'r un ysbryd mwyseiriol ar waith yma yn y gair 'fflydoedd'. Dygir ynghyd yn y fan hon yr ystyron 'heidiau' a 'llyngesau', gyda'r olaf yn darlunio'r llu dail crin ar wyneb y dŵr fel fflotilas neu argosïau bychain – delweddaeth a gaiff ei chynnal yn y soned ar ei hyd yn y cyfeiriadau at fadau eraill (daearol/morwrol ac wybrol/cosmig): 'dan y cwch' (ll. 9) a 'bad yr haul' (ll. 13). Yn achos y 'fflydoedd bach', dichon fod yma hefyd, drwy gyfrwng y defnydd o'r ansoddair 'copor' mewn perthynas â'r dail/llongau hyn, chwarae â'r term (morwrol) *copper-bottomed*. Perthnasol yw nodi bod yr union ardal hon, erbyn y bedwaredd ganrif ar bymtheg, yn un nodedig o ran ei masnachu morwrol a'i diwydiant adeiladu llongau (gellid manteisio yn y cyswllt hwn ar y coetiroedd collddail rhagorol a oedd wrth law ar elltydd y ddyfrffordd).[30] A rhoddir dimensiwn mwyseiriol pellach i 'fflydoedd' wrth inni glywed, yn fygythiad hyglyw o'i fewn, y gair *flood*. Hwn yw'r llifeiriant a fydd, o wireddu cynllun yr argae, yn 'Plethu'r gwymon trwy'r egroes, ei hongian o hoel i hoel'. Awgryma 'plethu' ar yr olwg gyntaf grefft ofalus, ond buan y sylweddolir nad delwedd o gydfodolaeth a chydymwneud naturiol rhwng elfennau'r amgylchedd a gynigir yn y fan hon, eithr golygfa bellach, fwy trawiadol fyth, o ecosystem wedi'i gwyrdroi. Darlun sydd yma o ddwyn elfennau anghydnaws – planhigion y môr a phlanhigion y tir – ynghyd drwy drais. Dychmygir sefyllfa, yn sgil adeiladu'r gronfa ddŵr a boddi rhan uchaf y ddyfrffordd (ardal hynod gyfoethog ei fflurdyfiant),[31] lle y mae gwymon wedi'i gordeddu drwy'r llwyni rhosod gwyllt ac wedi'i grogi ar ffrwythau'r planhigion hynny, yr egroes (mwcog, fale bwci, *rosehips*).[32] Gellir dehongli'r ddelwedd 'o hoel i hoel' fel cyfeiriad at yr egroes eu hunain, sydd megis hoelion y mae'r gwymon yn hongian arnynt (a chofier bod 'hoel' hefyd yn derm 'am big neu sbigyn planhigyn'[33]). Perthnasol yma yw nodi bod y rhosyn gwyllt yn destun cerdd Saesneg gynnar iawn gan Waldo a godwyd oddi ar gof ei gyfaill Idwal Lloyd yn 2002. Ynddi, fel disgrifiad o ymddangosiad blêr y planhigyn, ceir y llinellau, 'The rose you'd think was taken and tossed / Upon the ragged briar'[34] – delwedd sy'n ymgysylltu'n awgrymus ar draws y degawdau, ac ar draws ffin ieithyddol, â'r darlun yn 'Dan y Dderwen Gam' o'r gwymon wedi'i hongian ar 'hoelion' egroes y llwyni rhosod gwyllt. Ac ymhellach, diddorol yn y cyd-destun delweddol cydgysylltiol hwn yw nodi'r defnydd a wna Gillian Clarke o ddelwedd y rhosyn gwyllt mewn cerdd arall sy'n ddehongliad pwerus o'r weithred o foddi ardal gyfan yn sgil creu cronfa ddŵr (Llyn Clywedog yn yr achos hwn):

High in those uphill gardens, scarlet
Beanflowers blazed hours after
The water rose in the throats of farms.
Only the rooted things stayed:

The wasted hay, the drowned
Dog roses, the farms, their kitchens silted
With their own stones . . .[35]

Sylwn ymhellach yma sut y mae'r cyfeiriad at 'the drowned / Dog roses' yn esgor, yn ôl-dremiol, ar fwysair mewn llinell flaenorol, wrth i'r hyn a fu'n ferf yn unig ar y darlleniad cyntaf fagu yn awr ystyr bellach, enwol: 'The water *rose* in the throats of farms'. Ceir yn y fan hon ddramateiddiad cofiadwy ar lefel y gair ei hun o wrthuni'r modd y cyfunwyd, megis yng ngherdd Waldo, ddau gynefin gwahanol drwy drais.

Dadlenna ystyriaeth fanylach o ddelweddaeth y llinell 'Plethu'r gwymon trwy'r egroes, ei hongian o hoel i hoel' ddimensiwn pellach i'r cysyniad o 'ddiwedd' a marwolaeth ecosystem gyfan. Y mae'r 'groes' yn 'egroes', ynghyd â 'hongian' a 'hoel' – a'r rhain yn dilyn cyfeiriad yn ll. 4 at '[d]air bollt' – yn dwyn i'r gerdd ddimensiwn crefyddol. Gwelir Waldo Williams yma yn archwilio moment argyfyngfawr y boddi drwy gyfrwng delweddau sy'n canoli ar groeshoeliad Crist: y mae'r gair 'croeshoelio' ei hun, yn wir, yn ymguddio yng nghanol geiriau'r llinell: '(e)groes . . . hoel i (h)o . . .'.[36] Darlunia'r bardd y diwedd ecolegol yn 'Dan y Dderwen Gam' drwy adleisio'r 'Gorffennwyd' Cristolegol[37] – megis, y mae'n ddiddorol nodi, y defnyddiodd Geraint Bowen yntau ddelweddaeth y croeshoeliad, a'r hanes am drywanu ystlys Iesu â gwaywffon ar y groes (Ioan 19:34) er enghraifft, i ddistyllu ei ymateb, yn 'Agor Llyn Celyn ("*a thywyllwch a fu*")', i gronfa ddŵr arall, fwy adnabyddus:

Y bustl a rhaib ei ystlys,—dŵr a gwaed
Dyrr o'i gorff diwregys;
Llyn y grog, llieiniau'i grys,
Chweched awr, awr a erys.[38]

Daw diwedd mewn modd aruthr, felly, ar y 'sgafalwch' (yma yn yr ystyr 'ysgafnfrydedd', 'sirioldeb',[39] yn cyfateb i'r 'direidi' yn 'Y Dderwen Gam') sy'n nodweddu elfennau byd natur yn soned Waldo – diweddfyd a gyplysir yma gan y bardd â therfynau eraill, arddulliol, sef diwedd yr wythawd, ynghyd â'r defnydd o bendantrwydd terfynol yr odl gyflawn honno, 'copor/môr' (yr eithriad sy'n torri'n bwrpasol ar batrwm odlau proest y gerdd).

Gyda'r *volta*, try Waldo yn ôl at y presennol, ac at ei 'dro' ei hun ('Cerddaf eto'r milltiroedd') – newid sy'n amlygu'r strwythur triphlyg sydd i'r soned hon. Yn y chwaer-gerdd, symudir yn aflonydd o'r gorffennol i'r presennol, i'r dyfodol, yn ôl i'r presennol ac ymlaen eto i'r dyfodol wrth geisio cwmpasu'n feddyliol aruthredd yr argyfwng a'r newidiadau chwyldroadol arfaethedig i'r amgylchedd (cyn)hanesyddol hwn.[40] Yn 'Dan y Dderwen Gam', triptych a gawn: symudir o'r presennol dianaf (llau 1–3) i'r dyfodol hunllefus (llau 4–8) ac yn ôl i hyfrydwch y presennol dianaf, a diargae, hwnnw (llau 9–14). Er hyn, y mae'r ymwybod poenus â'r bygythiad yn parhau ar ddechrau'r chwechawd: 'Cyn y tawo dan y cwch eu tafodau sionc a'u sigl' (ll. 9). Cyfyd eto yn y fan hon fater arwyddocaol defnydd Waldo Williams o ragenwau trydydd person unigol a lluosog. Megis yng nghyswllt 'Y Dderwen Gam', y mae'r defnydd hwnnw yn fwriadol amwys ac awgrymus, ac fe'n cymhellir gan amhendantrwydd y gwrthrych i ofyn at bwy, ac at beth, y cyfeiria cyfran helaeth o'r rhagenwau hyn. Yn hynny o beth chwaraeir yn gyson â'n disgwyliadau. Buddiol yn awr fyddai datblygu'r drafodaeth ar ragenwau Waldo y rhoddwyd cychwyn iddi yn fy astudiaeth ar y chwaer-gerdd,[41] a hynny drwy olrhain yn fanwl yn y fan hon brofiad y darllenydd o ddod ar draws y rhannau ymadrodd hyn yn 'Dan y Dderwen Gam'. Amlygir yn y modd hwn y broses (greadigol) o ddarllen, ailddarllen, ymresymu a dehongli sydd ar waith. Buan y gwelir bod y rhagenwau hyn yn rhai prysur, aflonydd, symudliw, a bod y broses o arwyddo gwrthrych yn un hylifol ac awgrymus. Y mae'n amlwg o'r cyd-destun mai at y môr y cyfeiria'r 'ei' yn ll. 2 a'r 'e'n' yn ll. 3, ond a'r bardd newydd gyflwyno'r pâr môr/afon, cymerir i ddechrau, yn naturiol, mai at yr olaf y cyfeiria'r 'hi' a'r 'ei' yn ail hanner ll. 3, cyn i'r disgrifiad dilynol, 'yn ei gwyrdd, neu'r gold', ei gwneud yn glir mai derwen gam (hydrefol) y teitl a'r is-deitl sydd dan sylw. Ond eisoes fe gyfunwyd yn y modd hwn ym meddwl y darllenydd dair nodwedd yr olygfa – môr, afon a choeden – fel mynegiant o'r cyswllt annatod rhwng yr elfennau hynny yn ecoleg y ddyfrffordd a'i glannau. Y môr, yn amlwg ddigon, a olygir wrth yr 'ei' gwrywaidd yn ll. 4 ('Ond bydd cau'r drws yn ei wyneb'), ond oeda'r darllenydd am ennyd yn ll. 5 o gyrraedd yr 'eu' lluosog hwnnw ('A diwedd ar eu chwarae') i ystyried y posibiliadau – môr, afon, coeden – cyn cymryd, yn rhesymegol ar sail y disgrifiad yn y llinellau agoriadol, mai am y ddau gyntaf a'u rhyngweithio afieithus y sonnir. Ac eto, daethpwyd â'r tair elfen ynghyd drachefn yn y broses ddeongliadol o wneud penderfyniad. Byrhoedlog – ond cyfunol unwaith eto o ran ei effaith, tra pery – yw'r pendroni ynghylch yr 'eu hôl' ('Gwthio'n eu hôl rhwng y deri') yn y llinell ddilynol: buan yr amlyga'r gystrawen nad yr un gwrthrychau, y môr a'r afon, a arwyddir yma, ond y 'fflydoedd': 'Gwthio'n eu hôl rhwng y deri ei fflydoedd bach copor'. Ond erbyn hynny yr ydym wedi dod ar draws 'ei' pellach. Gwrywaidd neu fenywaidd? Ni chynigia 'fflydoedd' help o ran dod i benderfyniad. Ac felly: eiddo'r môr ynteu'r afon – ynteu'r goeden? Unwaith yn rhagor dygwyd elfennau'r amgylchedd naturiol ynghyd yn ein meddyliau, gan gadarnhau eu rhyngberthynas a'u cydymddibyniaeth, a chan ein cymell i sylweddoli, a gwerthfawrogi, arwyddocâd ecolegol y ffaith fod ganddynt ill tri, yn gymwys, hawl ar y 'fflydoedd' hyn – er mai'r môr, o ystyried union natur (forwrol) y trosiad, a olygir yn bennaf yma, fe ddichon. At y 'gwymon', yn amlwg ddigon, y cyfeirir yn y llinell nesaf, ond beth, neu pwy, gofynnwn, sydd dan sylw yn yr 'eu' a'r 'a'u' yn ll. 9: 'Cyn y tawo dan y cwch eu tafodau sionc a'u sigl'? Nid y 'fflydoedd', bid siŵr, eithr, yn rhannol ar sail y disgrifiadau o afiaith a bywiogrwydd y gwrthrychau ('eu tafodau sionc a'u sigl'), y môr a'r afon ar ffurf eu dyfroedd llafar, byrlymus. Nid oes angen oedi yn achos yr 'e'n . . . e'n' yn ll. 13: fe welir mai at 'llanw y gerdd' y cyfeirir, yn uniongyrchol bwrpasol y tro hwn. Y mae craffu'n fanwl fel hyn ar yr union broses o ddarllen yn achos rhagenwau Waldo Williams yn 'Dan y Dderwen Gam' yn amlygu un o

177

strategaethau mwyaf crefftus ac arwyddocaol y gerdd. Drwy gyfrwng y defnydd o enghreifftiau niferus o ragenwau trydydd person lle y mae'r hyn a arwyddir yn fwriadol benagored a hylifol, fe archwilia'r bardd y berthynas symbiotig fywiol rhwng y gwahanol elfennau naturiol – yr union berthynas, wrth gwrs, sydd dan fygythiad. Yn y *nexus* rhagenwol hwn ceir cip – ar lefel gramadeg y gerdd ei hun – ar linynnau cyswllt organig yr amgylchedd dan sylw. Gellir dweud mai'r hyn a welir ar waith yma yw gramadeg ecolegol Waldo Williams.

Rhed y cysyniad hwn o berthynas drwy'r gerdd ar ei hyd (nodwedd sydd, wrth gwrs, yn ymgysylltu'n naturiol â'r ymwybod hwnnw â chyflyrau liminaidd, ffiniol y tynnwyd sylw ato eisoes). Yn wir, fe archwilir y cysyniad hwn yn y soned mewn modd llawer mwy amrywiol a soffistigedig nag a wneir yn 'Y Dderwen Gam'. Ac unwaith eto, fe welwn y cysyniad ymhlyg yng ngramadeg y bardd ac yn cael ei ddramateiddio ar lefel y gystrawen a'r ieithwedd. Y mae'n werth oedi yma i graffu ar amryfal dechnegau'r gerdd yn y cyswllt hwn. Sylwer, yn y lle cyntaf, ar ddefnydd Waldo Williams – yn arbennig felly wrth iddo ddathlu'r olygfa gyn-gwympol o'r wawr, cân yr adar a'r llanw yn y ddyfrffordd (noder yn y cyswllt hwn linellau estynedig, ymchwyddol 11 a 12) – o gyfres drawiadol o gystrawennau genidol cyfosodiadol ym mhedair llinell olaf y soned: '[t]raeth y wawr' (ll. 11), 'llanw y gerdd' (ll. 12), 'bad yr haul' (ll. 13), 'serch yr eigion' (ll. 14). Y mae'r pedwar cyfuniad dan sylw yn dwyn ynghyd yn ddramatig ac yn annisgwyl gyflyrau, sylweddau a ffenomenâu gwahanol, gan sefydlu llinynnau cyswllt Waldoaidd rhwng, er enghraifft, y daearyddol, yr emosiynol, y daear(eg)ol, y morol, yr wybrol, y cerddorol-lenyddol, y gofodol a'r cosmig. Yn ail, nodwedd gysylltiedig yn y cyd-destun hwn yw'r pwyslais cryf ar barau cystrawennol – rhwydweithiau pellach o amryfal fathau – yn y gerdd drwyddi draw: 'o hyd ac o hyd' (ll. 1), 'nos a dydd' (ll. 3), 'ei gwyrdd, neu'r gold' (ll. 3), 'y cuddio a'r cael' (ll. 5), 'o hoel i hoel' (ll. 7), 'eu tafodau sionc a'u sigl' (ll. 9), '[ll]awer gloywlais a chwibanogl' (ll. 11). Agwedd bellach ar y nodwedd hon yw'r enghreifftiau niferus yn y gerdd o ailadrodd, adleisio a datblygu ymadroddion – techneg sy'n esgor ar gyfatebiaethau y mae iddynt bwrpas strwythurol canolog yn ogystal ag arwyddocâd thematig a syniadaethol pwysig. Tynnais sylw wrth drafod 'Y Dderwen Gam' at natur arbennig yr ailadrodd yn y gerdd honno, gan nodi cyswllt â dull yr ailadrodd cynyddol yn y canu englynol cynnar.[42] Gwahanol, a mwy amrywiol, yw'r dull a'r effaith yn 'Dan y Dderwen Gam'. Sylwer, er enghraifft, sut y mae'r bardd yn cynnal a datblygu'r cysyniad o 'ddyfod' yn y soned ar ei hyd. Nodwyd eisoes fod y ''Rwy'n dod' agoriadol yn ymgysylltu'n arwyddocaol â'r 'Mae e'n dod' yn ll. 3, sydd yn ei dro, fe sylwn, yn cael ei adleisio yn ll. 12 gan yr ymadrodd 'heli'n dod i'r oed', cyn i'r gyfres gyrraedd ei phenllanw yn y llinell olaf: 'Daw serch yr eigion i chwarae . . .'. Darpara ymadroddion eraill gyswllt strwythurol rhwng yr wythawd a'r chwechawd. Y mae 'cyn y bo'n rhy hwyr' yn llinell gyntaf y gerdd yn ffurfio pâr ar y cyd â 'Cyn y tawo dan y cwch' yn llinell gyntaf y chwechawd, ac esgora ''Rwy'n dod . . . i weld' yn ll. 1 ar 'Cerddaf . . . / I glywed' yn llau 10–11, gyda'r ddau synnwyr dan sylw, diddorol yw nodi, wedyn yn cael eu dwyn i berthynas bellach, uniaethol, yn ddiweddarach yn ll. 11 yn synesthesia'r gair 'gloywlais'. Ymhellach, ymgysyllta'r ymadrodd '[y] serch sy yng nghalon y môr' yn llinell olaf yr wythawd – yng nghyd-destun y sôn am 'ddiwedd' y pethau hyn, cofier – yn drawsffurfiaethol-ddathliadol (am y tro, o leiaf) â 'serch yr eigion' sy'n 'chwarae trwy ein calonnau gwyrdd' yn llinell olaf y gerdd.[43] Gwelir yma felly *nexus* arall o barau a chyfatebiaethau sy'n tystio i fanylder y strwythur ac i'r modd yr archwilir y cysyniad hwn o berthynas ar lefel adeiladwaith y gerdd yn ogystal.

Yn drydydd, nac anghofiwn y wedd arddulliol sydd i ymdriniaeth y gerdd â gwahanol fathau o rwydweithiau a chyfatebiaethau. Gellid cyfeirio wrth fynd heibio, er enghraifft, at ymadroddi cynganeddol 'O! mwy hylif na heli' – dramateiddiad o'r union 'redeg ynghyd' a ddethlir yn y rhan hon o'r gerdd; neu at y ddwy enghraifft hynny, a osodwyd oddeutu'r *volta*, o dynnu llinellau ynghyd drwy gyfrwng cymeriad llythrennol: 'Plethu'r' / 'Pa' (llau 7–8) a 'Cyn' / 'Cerddaf' (llau 9–10). Ond mwy trawiadol yn y cyswllt hwn yw'r hyn sy'n digwydd ar lefel gyweiriol yn y soned. Llenyddol yw'r prif gywair, yn ôl y disgwyl, gydag enghreifftiau o gywair ychydig yn fwy ffurfiol eto, fe ddichon, yn yr ymadroddion 'cyn y bo'n' (ll. 1) a 'Cyn y tawo' (ll. 9). Ond ochr yn ochr â hyn ceir anffurfioldeb cymharol ffurf megis ''Rwy'n', ac anffurfioldeb pellach 'Mae e'n dod' ar ddechrau'r gerdd (llau 1, 3) – nodwedd arddulliol y gellir dweud, yn wir, fod y bardd yn tynnu sylw ati yn achos yr enghraifft olaf hon drwy gyfrwng yr ailadrodd sy'n rhan o'r gyfres drawiadol o frawddegau byrion (pedair mewn tair llinell) ar ddiwedd y gerdd: 'Mae e'n codi bad yr haul. Mae e'n cuddio ein llaid llwm' (ll. 13). (Hawdd y gallai Waldo Williams fod wedi dewis peidio ag amrywio'r cywair ac ysgrifennu yn y cyswllt hwn – gan warchod y cyfrif sillafau wrth wneud hynny – 'Y mae'n dod . . . Y mae'n codi . . . Y mae'n cuddio'.) Noder hefyd y ffurf 'sy' (nid 'sydd') yn ll. 8. Fe welir felly fod i'r cywair a'r ieithwedd hwythau elfen hylifol, gydgysylltiol, gyda'r enghreifftiau hynny o ddadffurfioli yn cyflenwi'n gynnil hwnt ac yma gyffyrddiad o'r llafar ac awgrym bychan o'r lleol a'r personol.

Y mae'r bedwaredd agwedd ar ddimensiynau cydymddibynnol 'Dan y Dderwen Gam' yn un sy'n dwyn y gerdd hon o c.1959 i berthynas greadigol â gweledigaeth, technegau a delweddaeth cerdd fwyaf Waldo Williams, 'Mewn Dau Gae', a gyhoeddwyd yn 1956.[44] Ffrwyth ymwybod ag argyfwng – rhyngwladol yn y cyswllt hwn – yw'r gerdd hon hithau, wrth gwrs. Fel y nododd y bardd ar ddiwedd ei esboniad ar y gerdd yn 1958: 'I mi, prif neges y gân hon, "Mewn Dau Gae", yn nhermau'r funud hon, yw bod y Welch Regiment yng Nghypr[o]s o hyd, a chyhyd ag y goddefwn orfodaeth filwrol, ein caethion ni ydynt. Pa beth a wnawn?'[45] Yn yr esboniad hwn gwelir Waldo yn tynnu sylw at un o nodweddion strwythurol a chysyniadol pwysicaf y gerdd: 'Mae chwe phennill i'r gân, y tri chyntaf yn ymwneud â'r ysbrydoliaeth hon [y weledigaeth o'r Brenin Alltud] yn ei gwedd unigol, a'r tri arall yn ymwneud â hi yn ei gwedd gymdeithasol'.[46] Dyma'r symudiad arwyddocaol o'r unigol i'r lluosog – datblygiad syniadaethol diffiniol sydd, fe ellid dweud, wrth wraidd gweledigaeth gynhwysol Waldo Williams yn gyffredinol. Symudir, chwedl Dafydd Elis Thomas, o'r 'profiad unigol personol' yn rhan gyntaf 'Mewn Dau Gae' i'r 'lluosog gymdeithasol' yn yr ail, wrth i '[b]rofiad unigol y ddau gae' ddatblygu'n 'gyfrwng gwir gymdeithas'.[47] Gwelir yr un dechneg ar waith yn 'Dan y Dderwen Gam', fel mynegiant pellach o bwysigrwydd golygwedd gydgysylltiol *oeuvre* y bardd. Dyma rwydwaith ychwanegol, felly – un sy'n ffurfio'r hyn y gellid ei ddisgrifio fel ecoleg gymdeithasol

Waldo Williams. Gwelsom eisoes y person cyntaf ar ddechrau'r soned yn ymgysylltu'n gydymdeimladol-ddychmygus â'i amgylchedd: "Rwy'n dod . . . Mae e'n dod' (llau 1, 3). Cadarnheir hynny yn y chwechawd – rhan olaf y triptych – wrth i'r sylw ganoli eto, wedi gweledigaeth aflonyddol o ecoladdiad y dyfodol, ar yr amgylchedd hwnnw yn ei gyflwr presennol ffyniannus (ond byr ei barhad, fel y tybiai'r bardd ar y pryd):

Cerddaf eto'r milltiroedd, liw nos, hyd y dderwen gam
I glywed dros draeth y wawr lawer gloywlais a chwibanogl.
O! mwy hylif na heli'n dod i'r oed yw llanw y gerdd.
Mae e'n codi bad yr haul. Mae e'n cuddio ein llaid llwm.
Daw serch yr eigion i chwarae trwy ein calonnau gwyrdd.

Fe welir datblygiad pellach yma. Erbyn diwedd y soned mae'r pwyslais, megis yn 'Mewn Dau Gae', wedi newid, a'r person cyntaf unigol hwnnw – "Rwy'n dod . . . Cerddaf' (llau 1, 10) – wedi ymdoddi i'r person cyntaf lluosog: 'Mae e'n cuddio *ein* llaid llwm. / Daw serch yr eigion i chwarae trwy *ein* calonnau gwyrdd' (fy mhwyslais i). Gellir yn fuddiol yma gymhwyso at waith Waldo Williams, yng nghyswllt y berthynas a sefydlir yn 'Dan y Dderwen Gam' rhwng yr unigolyn a'i amgylchedd ac yna, ymhellach, â'r 'lluosog gymdeithasol', sylw Jonathan Bate ynghylch gwaith Keats, a'r gerdd 'To Autumn' yn arbennig: 'For Keats, there is a direct correlation between the self's bond with its environment and the bonds between people which make up society . . . "To Autumn" . . . mediates between exterior and interior ecologics . . . [It is a] thinking of our bonds with each other and the earth, [a] thinking of fragile, beautiful, necessary ecological wholeness'.[48]

Fe'n cymhellir yn y cyd-destun hwn i ailymweld, yn gywirol-adolygiadol, â thestun y chwaer-gerdd, 'Y Dderwen Gam', a hynny er mwyn archwilio, y tro hwn, glymau o natur destunol. Y darlleniad a geir yn ail linell pennill olaf y gerdd honno yn *Cerddi '69* – darlleniad a dderbyniwyd yng ngolygiad J. E. Caerwyn Williams, *Cerddi Waldo Williams* (1992) – yw 'Trwy'r calonnau': 'Yn codi'r haul ac yn tynnu'r eigion / Trwy'r calonnau gwyrdd dros y ddwylan lom'.[49] Ond o ddychwelyd, yng ngoleuni'r hyn a geir yn 'Dan y Dderwen Gam', at y copi o 'Y Dderwen Gam' yn llaw Waldo Williams ei hun a gedwir yn Llyfrgell Genedlaethol Cymru (y copi a anfonodd y bardd at Islwyn Jones, un o olygyddion *Cerddi '69*),[50] gwelir mai'r darlleniad cywir – a fabwysiadwyd yn awr, fel y gwelir, yn y testun a sefydlwyd ar ddechrau'r ysgrif bresennol – yw 'Trwy'n calonnau'. Y mae hwn yn ddiwygiad pwysig sy'n adfer y rhagenw person cyntaf lluosog coll, gan ailsefydlu yn 'Y Dderwen Gam' y symudiad diffiniol-Waldoaidd hwnnw o'r unigol i'r cymdeithasol a'r weledigaeth gyfannol sy'n nodweddu 'Mewn Dau Gae' a 'Dan y Dderwen Gam' fel ei gilydd. Bu darganfod 'Dan y Dderwen Gam', felly, yn fodd o gywiro, a dyfnhau, ein hamgyffrediad o'r chwaer-gerdd. Ac wrth gwrs, y mae cyfatebiaethau testunol, delweddol a syniadaethol fel hyn yn agwedd bellach ar y cysyniad o ddeialogau, clymau a llinynnau cyswllt – 'interassimilation', a chymhwyso term Keats yn un o'i lythyrau[51] – sydd yn elfen mor greiddiol yng ngweledigaeth y ddwy gerdd.

Yn achos 'Dan y Dderwen Gam', nid y symudiad hwn o'r personol i'r cymdeithasol yw'r unig nodwedd sy'n sefydlu deialog rhyngddi a 'Mewn Dau Gae'. Ar ddiwedd y soned, amlhau a wna'r llinynnau cyswllt rhyngdestunol, gan ganoli, yn arwyddocaol, ar bumed pennill 'Mewn Dau Gae' – uchafbwynt y gerdd honno ar lawer ystyr. Y mae'r ymadrodd 'gloywlais a chwibanogl' (ll. 11), er enghraifft, yn adlais hyglyw o 'chwibanwyr gloywbib', ac o 'chwiban adnabod', y testun cynharach;[52] ac y mae delweddaeth lifeiriol y disgrifiad yn y soned o ymchwydd cân adar y ddyfrffordd a dygyfor y llanw – 'O! mwy hylif na heli'n dod i'r oed yw llanw y gerdd. / Mae e'n codi bad yr haul' (llau 12–13) – ynghyd â'r modd y cyplysir hynny â golygfa ddathliadol o galonnau yn un â'u hamgylchedd – 'Daw serch yr eigion i chwarae trwy ein calonnau gwyrdd' (ll. 14) – yn dwyn perthynas agos â darlun enwog 'Mewn Dau Gae' o galonnau'n cydlawenhau mewn dathliad dylifol:

> Mawr oedd cydnaid calonnau wedi eu rhew rhyn.
> Yr oedd rhyw ffynhonnau'n torri tua'r nefoedd
> Ac yn syrthio'n ôl a'u dagrau fel dail pren.[53]

Sefydlir yn y ddwy gerdd berthynas fywiol, ecolegol rhwng y galon ddynol a dyfroedd llifeiriol – cyswllt y gwelir Waldo Williams yn ei archwilio hefyd drwy gyfrwng ei chwarae, ar lefel yr ymadrodd unigol, ag idiom Gymraeg megis 'o eigion calon'. Fe welir hyn ar waith ym mhennill olaf 'Y Dderwen Gam', er enghraifft, lle y sonnir am '[d]ynnu'r eigion / Trwy'n calonnau gwyrdd' – a hefyd, mewn modd anuniongyrchol, a thrawsosodedig, yn 'Dan y Dderwen Gam': '[y] serch sy yng nghalon y môr' (ll. 8). (Fel y'n hatgoffwyd gan Rachel Carson yn ei chyfrol *The Sea Around Us* (1951): 'Fish, amphibian, and reptile, warm-blooded bird and mammals – each of us carries in our veins a salty stream in which the elements sodium, potassium, and calcium are combined in almost the same proportions as sea water'.[54]) Yr ydys yn ymwneud yn yr enghreifftiau dan sylw o 'Mewn Dau Gae', 'Y Dderwen Gam' a 'Dan y Dderwen Gam' – yng ngweadwaith delweddol barddoniaeth Waldo Williams, ac ym meinwe idiomatig ei hiaith – ag ymwybod â rhyngberthynas hanfodol ecolegau mewnol ac allanol. Perthnasol yma yng nghyd-destun yr uniad ffrwythlon rhwng dyfroedd a chalonnau yn nelweddaeth y cerddi hyn yw geiriau Devon G. Peña:

> Water is often described around the San Luis [Valley, Colorado] through the metaphor of the cardiovascular system . . . 'Water is our lifeblood.' . . . [W]hen the human heart is affected because the arteries are clogged, people get sick and die . . . Pollute, destroy, or disrupt the hydrological cycles of the watershed, and you endanger the balance and health of the entire ecosystem.[55]

Priodol yng nghyd-destun y drafodaeth ar ddelweddaeth ddyfrlifol, forol, afonol ac, mewn gwrthgyferbyniad, argaeol 'Dan y Dderwen Gam' yw tynnu sylw at y cyfeiriadau niferus at ddŵr a dyfroedd yn *oeuvre* Waldo Williams drwyddo draw. Fel y dangosais yn ddiweddar, y mae'r dimensiwn 'Antaeaidd', 'telwrig' – y cyswllt llythrennol â thir a daear dan draed – yn nodwedd ddiffiniol o farddoniaeth Waldo (gellir dweud ei fod yn y cyswllt hwn yn 'fardd bro' ac yn 'fardd gwlad' mewn ystyr benodol iawn).[56] Ond allweddol hefyd – nodwedd ddiffiniol bellach o'i waith – yw cyfeiriadau niferus Waldo at ddyfroedd o bob math. Dyma agwedd ar y cerddi sydd yn ad-dalu sylw beirniadol manwl: y mae'n fodd o gynnig amgyffrediad newydd inni o ffynonellau (a ffynhonnau) delweddaeth greadigol-bersonol y bardd; teifl oleuni dadlennol ar ei ymateb unigolyddol i'r amgylchedd ac i'w amgylchfyd, yn lleol, yn genedlaethol ac yn rhyngwladol; ac y mae hefyd yn fodd o grisialu ymwybyddiaeth bwerus Waldo o'r hyn a ddisgrifiwyd gan Lawrence Buell fel 'the power of watershed as a luminous aesthetic-ethical-political-ecological image'.[57] Trawiadol o helaeth a chyson yw'r defnydd a wneir ym marddoniaeth Waldo Williams o ddŵr yn ei amrywiol ffurfiau a'i wahanol stadau: 'dyfroedd claear',[58] afonydd, moroedd, eigionau, gweilgi, cornant, y llanw, tonnau, llynnoedd, glaw, niwl, ffynhonnau, dagrau, cafod, cawod, gwlith, cymylau, cesair, ewyn, tarth, iâ. Noder, at hynny, aml dirweddau dyfrllyd (ac felly liminaidd) y bardd hwn, ynghyd â'r defnydd barddonol a wneir o dir a amgylchynwyd gan ddŵr: weun, cors, gweundir, mawn, 'yr oerllyd, dyfrllyd dir',[59] clais,[60] ynysoedd, archipelágo. Ymhellach, y mae cyfran helaeth o ddelweddau mwyaf dyfeisgar a chofiadwy'r bardd hwn, fe sylwn, yn rhai hylifol, dylifol eu natur: 'O ba le'r ymroliai'r môr goleuni / Oedd [â]'i waelod ar Weun Parc y Blawd a Parc y Blawd?' ('Mewn Dau Gae'); 'Cadwn y mur rhag y bwystfil, cadwn y ffynnon rhag y baw' ('Preseli'); 'Sŵn y dŵr. Bracsaf iddo am ateb. / Dim ond y rhediad oer' ('Cwmwl Haf'); 'Dianc o'i grebach grap yr hylithr hael. / . . . O! nid adnebydd / Mo'r gwlybwr gloywber: nis profodd ar ei fin' ('Elw ac Awen'); 'Ti yw'r dwfr sy'n rhedeg / Rhag diffeithwch pryder ac ofn' ('Adnabod'); 'Ni sylwem arni . . . / . . . Dwfr ein genau, goleuni blas' ('Yr Heniaith').[61] Ac y mae'n arwyddocaol mai gyda symudiadau'r llanw y dewisodd Waldo Williams agor a chloi *Dail Pren*: 'Nos Duw am Ynys Dewi. / Daw hiraeth llesg i draeth lli. / Llif ar ôl llif yn llefain / Ymysg cadernid y main' ('Tŷ Ddewi'); 'I'w herbyn hi mae'r môr yn gwthio' ('Molawd Penfro').[62] Tystia'r enghreifftiau a nodwyd i'r hyn y gellid ei alw'n farddoneg dŵr yn *oeuvre* Waldo Williams.

Nodwyd eisoes berthynas 'Dan y Dderwen Gam' â 'Mewn Dau Gae' ar lefel ddelweddol. Ond pwysig yw tynnu sylw at destun arall perthnasol yn y cyd-destun hwn, sef y gerdd anghasgledig 'Cleddau', a gyhoeddodd y bardd yn y *Western Telegraph* yn 1939. 'Crych' yw'r dŵr yng ngherdd 1939 hithau; cyfetyb y darlun cofiadwy o'r môr a'r afon yn chwarae cuddio yn 'Dan y Dderwen Gam' ('cellwair y cuddio a'r cael', ll. 5) i'r ddelwedd yn 'Cleddau' o ddŵr yr afon yn ymdroi 'dan bontydd lle'r ymguddio'; a thrawiadol o debyg yw'r disgrifiadau yn y ddwy gerdd o gyfarfyddiad y llanw â'r afon: 'O! mwy hylif na heli'n dod i'r oed' (ll. 12) ac 'O, mor dawel daw'r heli – i'w hen oed'.[63] Sefydlir rhwng y cerddi hyn i afon Cleddau ddeialog ddelweddol awgrymus – sgwrs sy'n pontio cyfnod o ugain mlynedd. Ac nac anghofier ychwaith am yr elfen arall honno sy'n gyffredin i'r ddwy gerdd – symbyliad pwerus yn y ddau achos – sef eu hymwybod ag argyfwng. Cyhoeddwyd 'Cleddau' ar 8 Mehefin 1939, ar drothwy'r Ail Ryfel Byd, a gellir yn fuddiol ddehongli'r portread daearyddol-fanwl hwn gan Waldo o gwrs yr afon o'r bryniau i'r môr, fel y gwnaeth Robert Rhys, yn nhermau 'ymateb i argyfwng rhyngwladol a fygythiai ei ardal a'i argyhoeddiadau' – dehongliad a gryfheir ymhellach o ystyried y gerdd, fel y noda Rhys, fel testun cyfoes â 'Daw'r Wennol yn Ôl i'w Nyth' a 'Diwedd Bro'.[64] Yng nghyd-destun yr ymateb creadigol hwn i sefyllfa ryngwladol argyfyngus, perthnasol yw dyfynnu sylw Bobi Jones, mewn llythyr at yr awdur presennol, ynghylch ymweliadau Waldo â'r dderwen gam – sylw sy'n pwysleisio'r berthynas annatod ym meddwl y bardd rhwng y lleol a'r byd-eang: 'Byddai Waldo'n mynd yn bur fynych i eistedd ar fainc, i syllu ar y dŵr ac i fyfyrio beth allai ddigwydd i'r dŵr, y dderwen, ac yn wir drwyddynt i'r byd i gyd'.[65]

Beth, felly, am y dimensiwn cenedlaethol mewn perthynas â'r lleol a'r rhyngwladol? Yn achos 'Dan y Dderwen Gam', gellid dadlau nad y cynllun i godi'r morglawdd ar draws dyfrffordd Aberdaugleddau yw'r unig argyfwng argaeol yr ymatebir iddo. Rhesymol, fel y nodwyd, yw tybio bod y soned yn gyfoes â'r chwaer-gerdd 'Y Dderwen Gam' (*c.*1959), a'i bod felly wedi'i llunio yng nghanol 'degawd Tryweryn', 1955–65. Fel y dangosais, gellir dehongli protest Waldo yn 'Y Dderwen Gam' yn erbyn cau ar ran uchaf y ddyfrffordd, ar lefel is-destunol, fel protest hefyd yn erbyn y cynllun i foddi Capel Celyn a Chwm Tryweryn.[66] Y mae bodolaeth dwy gerdd gan Waldo yn ymateb i gynllun yr argae yn ne Sir Benfro yn brawf o aruthredd y bygythiad hwn iddo; yn brawf hefyd, gellid dadlau, o'i ymwybyddiaeth o aruthredd y chwalu a oedd ar droed ym Meirionnydd ar y pryd. Y mae modd darllen yr ymdriniaeth yn y ddwy gerdd â'r boddi ar lefel leol fel sylwebaeth anuniongyrchol Waldo Williams ar y boddi 'cenedlaethol' yn Nhryweryn. Dyma ei gyfraniad unigolyddol ef i'r corff sylweddol o gerddi a ganwyd gan feirdd Cymraeg mewn ymateb i un o ddigwyddiadau diffiniol hanes diwylliannol yr ugeinfed ganrif.[67] Ac y mae gweledigaeth ddychrynol Waldo yn 'Dan y Dderwen Gam' o ddyfroedd gorlifol yn 'Plethu'r gwymon trwy'r egroes, ei hongian o hoel i hoel' (ll. 7) yn cydgordio'n aflonyddol â darluniau beirdd megis G. J. Roberts a William Jones (Nebo) o ecosystemau gwyrdroëdig eraill yn sgil y boddi yn Nhryweryn: 'Ond heno mae'r dŵr dros ein gwâl / . . . Mae tidiau gleision ei berfeddyn / Yn cordeddu eu hanferthwch am y coed a'r drain';[68] 'Pan guddir tonnau'r borfa / Fe welir pysgod brith / Yn nofio lle bu nythod / Cornchwiglod ar y ffrith'.[69] Crybwyllwyd Tryweryn gan Waldo – yn anorfod – yn ei areithiau yn ystod ei ymgyrch fel ymgeisydd Plaid Cymru yn etholiad cyffredinol 1959 yn Sir Benfro – etholiad yr oedd y cynllun i gau ar ran uchaf yr aber, dylid nodi, yn rhan bwysig o'i agenda yn y sir.[70] Y rheswm cyntaf a nodir dan y pennawd 'I Shall Vote for Plaid Cymru Because . . .' mewn hysbyseb ar gyfer ymgyrch etholiadol Waldo yn y *Western Telegraph* ar 1 Hydref 1959, er enghraifft, yw '1. TRYWERYN', ac ychwanegir y dyfyniad '"I'll do it again," said Mr Brooke' – cyfeiriad wrth gwrs at gefnogaeth egnïol Henry Brooke i'r cynllun – a'r rhigwm canlynol: 'TRYWERYNS and Unemployment / Will be our lot / Till BIG VOTE for Plaid Cymru / Ends the rot'.[71] Ac yn yr *Evening Post* ar 30 Medi 1959, ceir adroddiad ar araith gan Waldo yn Aberllydan y noson flaenorol:

> The Tryweryn scandal was just one instance of the impetus of over-centralisation, he said. 'Liverpool managed to obtain that water by an Act of Parliament without consulting the local authorities and, when engineers appeared in the field measuring, that was the first the farmers knew about it. Every Welsh vote in Parliament was against the step, practically all the

local authorities protested against it and offered water somewhere else. But no. It shows that even behind the political scene there is this economic power . . . The disturbing thing is that they get water from Wales and they are getting the workers from Wales as well.'[72]

Dyma'r grymoedd canoledig sy'n rhoi taw ar y lleisiau lleol. Rhydd Waldo, fe sylwn, leisiau yn 'Dan y Dderwen Gam' i elfennau naturiol yr amgylchedd – i adar y glannau ('gloywlais', ll. 11) ac i'r môr a'r afon hwythau.[73] Ond yn achos y ddau olaf fe welir mai lleisiau ydynt a â'n fud yn sgil y boddi: 'Cyn y tawo dan y cwch eu tafodau sionc a'u sigl' (ll. 9). Ac megis yn achos ei chwaer-gerdd, fe ellir synhwyro yn y soned hithau ddimensiwn llenyddol, diwylliannol yn ymffurfio.[74] Fe welir mai'r grym mudol mawr yn y disgrifiad (uchelgeisiol ei ddelweddaeth) ar ddiwedd 'Dan y Dderwen Gam' o'r olygfa cyn y boddi yw 'llanw y gerdd' (ll. 12), gyda'r ymadrodd hwnnw'n cyfeirio yn y lle cyntaf at ymchwydd cân lifeiriol, hylifol-fyrlymus adar y ddyfrffordd ar doriad gwawr.[75] Dyma sy'n peri i'r haul ei hun godi, fel y mae bad yn codi gydag ymchwydd llanw'r môr: 'O! mwy hylif na heli'n dod i'r oed yw llanw y gerdd. / Mae e'n codi bad yr haul' (llau 12–13). Ond y mae i 'cerdd' hefyd rym hunangyfeiriadol yn y soned: fe'n tywysir gan y gair i fyd iaith, llenyddiaeth ac ystyriaethau diwylliannol – elfennau sydd hwythau, yn arbennig felly yn erbyn cefndir y boddi yn Nhryweryn, dan fygythiad. Cynigir yn chwechawd 'Dan y Dderwen Gam', yn y portread o'r ardal cyn dyfodiad yr argae a'r llyn o ddŵr croyw – ac yn arbennig yn y cyfuniad o'r mewnol a'r allanol, byd natur a'r corff dynol, yn llinell olaf y soned – weledigaeth holistig o (eco)systemau cydymddibynnol cyfoethog ond eithriadol fregus yr un pryd.

Bu darganfod 'Dan y Dderwen Gam' yn fodd, felly, o ddyfnhau ein dealltwriaeth o ymateb creadigol Waldo Williams i fygythiadau – yn lleol, yn genedlaethol ac yn rhyngwladol – a oedd yn fawr eu dylanwad arno yn y blynyddoedd wedi ymddangosiad *Dail Pren*, ac yn y cyswllt hwn fe ychwanegwyd, fel y dangoswyd yn yr ymdriniaeth hon fe hyderir, gerdd o bwys at ei *oeuvre* aeddfed. Yn achos ymateb deublyg trawiadol y bardd i'r cynllun i godi argae ar ddyfrffordd Aberdaugleddau – ymateb ar ffurf dwy gerdd sy'n destunau annibynnol ond sydd ar yr un pryd yn dwyn perthynas annatod â'i gilydd – fe gyfyd yn naturiol yr ystyriaeth (a derbyn, fel sy'n dra thebygol, fod y ddwy wedi eu llunio c.1959) ynghylch pa un a gyfansoddwyd gyntaf. Yn absenoldeb unrhyw dystiolaeth fewnol ac, ar hyn o bryd, allanol, go brin fod modd dod i benderfyniad diogel yn hyn o beth. Ac ni ddylid ychwaith, wrth gwrs, ddiystyru'r posibilrwydd fod y prosesau creadigol yn achos y ddwy gerdd hyn wedi cydredeg, wrth i'r bardd fynd ati i archwilio gwahanol gyfryngau, arddulliau a ffurfiau barddonol mewn ymgais i ymateb mor gyflawn â phosibl i'r bygythiad a oedd wrth law. Ond gellid dweud bod y duedd naturiol honno i holi pa gerdd a ddaeth gyntaf o fudd mewn un ystyr bwysig, sef fel modd o ganolbwyntio ein sylw ar nodweddion diffiniol ac unigolyddol 'Y Dderwen Gam' a 'Dan y Dderwen Gam' fel testunau, ac felly o grisialu ein dealltwriaeth o'r nodweddion y maent yn eu rhannu yn ogystal â'r prif wahaniaethau rhyngddynt. Tynnwyd sylw yng nghwrs yr ymdriniaeth uchod at nifer o nodweddion cilyddol a gwrthgyferbyniol yn y ddwy gerdd ar lefel fanwl delweddaeth, cywair, strwythur, thema a chyfeiriadaeth. Petaem yn awr yn ceisio diffinio a distyllu ein hargraffiadau cyffredinol ynghylch y ddwy gerdd, diau y byddai'r ymateb yn hyn o beth yn canoli ar y naws fyfyrdodus, oediog, dawelach sydd i 'Y Dderwen Gam' – nodwedd sy'n deillio i raddau helaeth o natur yr ailadrodd cynyddol yn y gerdd a'r modd y cedwir y brawddegau o fewn ffiniau'r penillion – mewn gwrthgyferbyniad â'r ymdeimlad yn 'Dan y Dderwen Gam' o daerineb, brys ac yn wir o argyfwng personol yn wyneb y sylweddoliad bod y diwedd wrth law. Nodweddir y ddwy gerdd gan yr un dwyster (er mewn gwahanol ffyrdd), ond diau y gellir dweud bod *dwysedd* 'Dan y Dderwen Gam' yn uwch: y mae'r dweud yn fwy trosiadol fyw ac aflonydd(ol), y ddelweddaeth yn fwy mentrus a chywasgedig, a datblygiad y ddelweddaeth honno, yn arbennig yn yr wythawd, yn fwy annisgwyl a chyffrous. Ac eto, gan mor grefftus yw gweadwaith y ddwy gerdd, at y manylion arwyddocaol a'r ffilamentau unigol, rhagor yr ystyriaethau argraffiadol cyffredinol, y caiff y darllenydd ei atynnu dro ar ôl tro. Un nodwedd drawiadol yn y cyswllt hwn yw'r enghreifftiau hynny o ymadroddion unigol sydd mewn deialog ryngdestunol wrthgyferbyniol â'i gilydd. Y mae rhan bwysig o sylwebaeth Waldo Williams ar yr argyfwng i'w chael o ddarllen y ddwy gerdd ochr yn ochr â'i gilydd. Sylwer, er enghraifft, sut y mae'r sôn yn 'Y Dderwen Gam' am adar y ddyfrffordd yn 'taro'r gerdd' yn gwrthgyferbynnu'n gyrhaeddgar â'r ddelwedd o '[d]aro'r tair bollt' ar y drws a gaeir yn erbyn y llanw yn 'Dan y Dderwen Gam'. Neu gellid nodi'r chwarae arwyddocaol ar 'tynnu' a 'gwthio' – 'tynnu'r eigion / Trwy'n calonnau gwyrdd' ('Y Dderwen Gam') a 'Gwthio'n eu hôl rhwng y deri' ('Dan y Dderwen Gam') – sydd ar waith rhwng y ddwy gerdd, gyda'r ddeialog ryngdestunol unwaith eto yn tynnu sylw at effeithiau difaol y boddi. Enghraifft ddiddorol, ac ychydig yn wahanol, yw'r defnydd delweddol a wneir yn y ddwy gerdd o draethellau lleidiog y ddyfrffordd. Yn 'Y Dderwen Gam' pwysleisir mai 'cynefin chwibanwyr' – yr hyn sy'n cynnal yr adar, a rhan greiddiol, felly, o ecosystem y ddyfrffordd – yw'r 'llaid' (llythrennol) ar y 'ddwylan lom'. Mewn gwrthgyferbyniad, symudir yn 'Dan y Dderwen Gam' o'r llythrennol i'r trosiadol, wrth i gân lifeiriol a gorfoleddus yr adar yn y darlun dathliadol ar ddiwedd y soned droi'n llanw sydd yn ei dro yn 'cuddio ein llaid llwm' (ll. 13). Cyfyd y rhagenw hwnnw yr ymadrodd i lefel metaffor, a thry'r llaid a orchuddir gan lanw'r môr a chan lifeiriant cân adar y glannau yn ddelwedd gofiadwy o gyflwr dynol, meidrol a drosgynnir. Dyma'r hyn a ddisgrifir fel '[ein] cleiog lwybr' yn un o gerddi eraill Waldo, lle y'i cyferbynnir â 'brig y cread'.[76] Y mae'r darlun ar ddiwedd 'Dan y Dderwen Gam' o'r ddyfrffordd yn ei stad ddianaf, cyn y boddi, yn fynegiant felly o brofiad gweledigaethol 'A'n cyfyd uwch y cnawd', chwedl y gerdd 'Brawdoliaeth'.[77]

Y mae cyhoeddi 'Dan y Dderwen Gam' yn y fan hon, yn briodol iawn, yn cyd-daro â chyfnod a nodweddir gan ddiddordeb newydd yng Nghymru, ar y lefel greadigol ac yn feirniadol-ddadansoddol, yn symboliaeth a gwleidyddiaeth dŵr, ac mewn naratifau yn ymwneud â llifogydd, boddiadau a gorlifiadau. Symbyliad cryf yn hyn o beth, wrth gwrs, yw'r cof am Dryweryn: yn 2005 nodwyd hanner can mlynedd er cyhoeddi'r bwriad i adeiladu'r argae, ac yn 2015 byddir yn nodi hanner canrif er y boddi ei hun. Ond diau fod amgyffrediad newydd o effeithiau dinistriol cynhesu byd-eang a'r profiad o systemau tywydd brawychus o sydyn ac anarferol (y mae llifogydd Mehefin 2012 yng Nghymru yn dal yn fyw yn y cof), ynghyd ag ymwybod gwaelodol ag agweddau chwedlonol a mytholegol ar orlifiadau yn y cyd-destun Cymraeg – hanes Cantre'r Gwaelod yn arbennig, wrth gwrs – hefyd yn elfennau ysgogol pwysig yn hyn o beth. O ran testunau creadigol gellid nodi, er enghraifft, *Porth y Byddar* Manon Eames, *Tonnau Tryweryn* Martin Davies, *Y Dŵr* Lloyd Jones, *Pantglas* Mihangel Morgan, ynghyd â chyweithiau sy'n cyfuno rhyddiaith/barddoniaeth a delweddau megis *Wales at Water's Edge* Jon Gower a Jeremy Moore ac *Alchemy of Water/Alcemi Dŵr*, ffrwyth cydweithio rhwng Tony Curtis, Grahame Davies, Mari Owen a Carl Ryan.[78] Ac yn achos astudiaethau diweddar yn y maes ac iddynt ffocws llenyddol yn benodol, gellid tynnu sylw at gyfraniadau gan Matthew Jarvis, Patrick McGuinness, Hywel Griffiths, Eirug Salisbury, Damian Walford Davies ac Andrew Webb.[79] Fel y nodwyd, ni foddwyd rhan uchaf dyfrffordd Aberdaugleddau, ac ni ddaeth yr argae a'r llyn o ddŵr croyw yr arswydodd Waldo Williams rhagddynt i fod yn y pen draw. Yn hyn o beth y mae'n dra chymwys mai eleni, yn 2013, y dygir 'Dan y Dderwen Gam' i olau dydd am y tro cyntaf – blwyddyn a wêl nodi hanner can mlynedd er 'Brwydr Fawr' Llangyndeyrn (21 Hydref 1963), y brotest lwyddiannus honno a oedd wrth wraidd buddugoliaeth pobl yr ardal dros gynllun Corfforaeth Abertawe i foddi Cwm Gwendraeth Fach.[80] Erbyn hyn fe ddaeth y dderwen gam ger Trwyn Pictwn yn garreg filltir bwysig ar deithiau llenyddol sy'n dathlu bywyd a gwaith Waldo Williams, a'r arfer ar y teithiau hynny yw darllen 'Y Dderwen Gam' dan gainc lorwedd drawiadol y goeden.[81] Ond, fel y gwelsom, hanner y stori yn unig yw'r gerdd honno. Mawr hyderir y bydd y testun coll tra arwyddocaol a adferwyd yn yr ysgrif bresennol – y soned 'Dan y Dderwen Gam' – yn rhan o hyn allan o ddarlleniadau *in situ* o'r fath – ac yn rhan anhepgorol hefyd o'n darlleniad o *oeuvre* aeddfed Waldo Williams yn gyffredinol. Gyda darganfod 'Dan y Dderwen Gam' fe gododd, fe ellid dweud, '[l]anw y gerdd'.

1 B.G.Owens, 'Gweithiau Waldo Williams', yn James Nicholas (gol.), *Waldo: Cyfrol Deyrnged i Waldo Williams* (Llandysul: Gwasg Gomer, 1977), 247, lle y dywedir fel hyn ynghylch 'Dan y Dderwen Gam': 'Cyhoeddwyd yn Gwilym Rees Hughes ac Islwyn Jones (gol.): [*Cerddi '69* (1969)] . . . dan y teitl "Y Dderwen Gam (pan fwriedid cau ar ran uchaf Aberdaugleddau)"'.

2 Jason Walford Davies, 'Waldo Williams a "Buddugoliaeth yr Afonydd"', yn Jason Walford Davies (gol.), *Gweledigaethau: Cyfrol Deyrnged Yr Athro Gwyn Thomas* ([Abertawe]: Cyhoeddiadau Barddas, 2007), 201–41.

3 Gweler ibid., 213–18.

4 Gweler yr eitemau canlynol yn Archifdy Sir Benfro yn Hwlffordd: HDX/287/15, 'Prescelly Water Board, Report on Proposed Dau Cleddau [*sic*] Barrage', adroddiad gan gwmni Ward, Ashcroft & Parkman (Ionawr 1957), 17–18, a'r mapiau sy'n rhan o'r adroddiad; ac HDX/1014/11, 'Prescelly Water Board, Dau Cleddau [*sic*] Barrage: Opinion on Proposals put forward by Messrs. Ward, Ashcroft & Parkman', adroddiad gan gwmni William Halcrow & Partners (Mehefin 1957), 3. Yr wyf yn dra diolchgar i Claire Orr, Archifydd y Sir, am ei chymorth gyda'r deunydd newydd hwn. Perthnasol hefyd yw'r adroddiad canlynol gan gwmni Posford, Pavry & Partners: 'The Milford Haven Conservancy Board: Report on the Effects of the Proposals in the Milford Haven (Tidal Barrage) Bill upon the Regime of Milford Haven' (Mawrth 1959). Yr wyf yn ddiolchgar i Richard Marks, o gwmni Royal HaskoningDHV, am gopi o'r adroddiad hwn.

5 Gweler, er enghraifft, dystiolaeth James Nicholas, *Bro a Bywyd Waldo Williams* ([Abertawe]: Cyhoeddiadau Barddas, 1996), 86. Ceir ffotograff o'r dderwen ei hun ar y tudalen dilynol.

6 Gweler, er enghraifft, Rhys Evans, *Gwynfor: Rhag Pob Brad* (Tal-y-bont: Y Lolfa, 2005), 183, 185.

7 Ceir adroddiad ar ei araith yn 'Barrage Costs Could Be Deterrent to Industry', *The Weekly News for Pembrokeshire and Carmarthenshire*, 6 Awst 1959, 8.

8 Llythyrau yng Nghasgliad Gwilym Rees Hughes ac Islwyn Jones, Gwaith Awduron Cyfoes 1968–75, Pecyn *Cerddi '69*, yn Llyfrgell Genedlaethol Cymru. Gweler hefyd Damian Walford Davies (gol.), *Waldo Williams: Rhyddiaith* (Caerdydd: Gwasg Prifysgol Cymru, 2001), 354, 106.

9 Cyhoeddwyd y gerdd yn Gwilym Rees Hughes ac Islwyn Jones (goln), *Cerddi '69* (Llandysul: Gwasg Gomer, 1969), 72, a hefyd yn J. E. Caerwyn Williams (gol.), *Cerddi Waldo Williams* (Y Drenewydd: Gwasg Gregynog, 1992), 101. Gan fod yr atalnodi yn y fersiynau hyn yn llac, fel y mae hefyd yn y copi o'r gerdd yn llaw Waldo Williams ei hun a geir yng Nghasgliad Gwilym Rees Hughes ac Islwyn Jones yn y Llyfrgell Genedlaethol, cynigiais yn 'Waldo Williams a "Buddugoliaeth yr Afonydd"', 203, destun taclusach, ac ar hwnnw y seilir y fersiwn uchod. Ond manteisiwyd ar y cyfle hwn i wneud ambell newid testunol pellach: er enghraifft, (1) adferwyd y ffurf 'Tau' a geir yn llinell olaf y trydydd

pennill yn y copi o'r gerdd yn llaw'r bardd (cymharer defnydd Waldo o'r un ffurf ferfol, 'Yno tau'r nych', yn y gerdd 'Gyfaill, Mi'th Gofiaf'); a (2) barnwyd bod 'Â'u' yn cynnig gwell darlleniad nag 'A'u' ar ddechrau trydedd linell y pedwerydd pennill. Trafodir diwygiad arall, hollbwysig, a wnaed yn ail linell y pennill olaf yng nghorff yr ysgrif bresennol.

10 Copi llawysgrif a drosglwyddwyd i'r awdur presennol. Gellir dweud yn weddol hyderus mai yn llaw Dilys Williams, chwaer y bardd, y mae'r copi – er na ddylid diystyru'r posibilrwydd mai llaw Waldo Williams ei hun a geir yma (y mae llawysgrifen y ddau yn drawiadol o debyg). Llinell 1 – 'dod': 'mynd' a ysgrifennwyd yn wreiddiol; rhoddwyd llinell drwyddo ac ysgrifennwyd 'dod' uwch ei ben. Llinell 11 – 'dros': 'ar' a ysgrifennwyd yn wreiddiol; rhoddwyd llinell drwyddo ac ysgrifennwyd 'dros' uwch ei ben. Y mae'n bur debyg mai dyma'r copi y cyfeiria B. G. Owens ato yn 'Gweithiau Waldo Williams', 247, lle y tynnir sylw at fodolaeth 'nodyn eglurhaol' yn llaw Dilys Williams (nad yw, hyd y gwyddys, wedi dod i'r fei) ac ynddo yr wybodaeth ganlynol ynghylch ymweliadau'r bardd â lleoliad y dderwen gam: 'Pan oedd ystafell gan Waldo yn swyddfa Mr. Philipps-Williams yn Hwlffordd, fe fyddai'n cerdded liw nos hyd at gapel Mill Inn – ar y ffordd i Drwyn Picton. Roedd y capel ar agor nos a dydd yr adeg hynny, ac fe fyddai Waldo'n gorwedd ar y meinciau yno nes byddai'r wawr ar dorri, ac yna'n cerdded ymlaen at y dderwen gam (mae wood cut ohoni yn y llyfryn bach sy'n hysbysu Eisteddfod Hwlffordd) i weld a chlywed "oyster catchers" a "sand curlews" yn codi gyda'r wawr'.

11 *Bro a Bywyd Waldo Williams*, 86.

12 Waldo Williams, *Dail Pren* (Aberystwyth: Gwasg Aberystwyth, 1956): 'Soned i Bedlar' (60), 'Elw ac Awen' (pâr o sonedau) (61), 'Y Geni' (74), 'Yn Nyddiau'r Cesar' (80), '"Anatiomaros"' (88), 'Gŵyl Ddewi' (pâr o sonedau) (92), 'Cymru'n Un' (93), 'Yr Hwrdd' (96), a 'Cymru a Chymraeg' (100). Perthnasol yma yw'r hyn a ddywed Alan Llwyd ynghylch hynt y ffurf yn y 1940au: 'Y mae'n wir i'r soned golli llawer o dir yn ystod y pedwardegau . . . dirywiad sicr a gafwyd . . . Eto i gyd, nid oedd y pedwardegau'n gwbl amddifad o sonedau gwych. Yn ystod y degawd lluniodd Waldo Williams rai o'i sonedau grymsaf . . . Ond nid oedd pawb wedi sylwi ar athrylith Waldo yn y pedwardegau'; Alan Llwyd (gol.), *Y Flodeugerdd Sonedau* (Abertawe: Christopher Davies, 1980), 17.

13 *Dail Pren*, 66, 81, 95, 97. Ceir ymdriniaeth â defnydd Waldo Williams o broest ac odlau cyflawn (ac o broest a chyfatebiaethau cynganeddol yn achos 'Yr Heniaith') gan Alan Llwyd yn *Anghenion y Gynghanedd: Fersiwn Newydd* ([Abertawe]: Cyhoeddiadau Barddas, 2007), 317–19. Gweler hefyd 'Sgwrs â Bobi Jones' (1958), *Waldo Williams: Rhyddiaith*, 94–5, lle y ceir sylwadau'r bardd ei hun, mewn ymateb i gwestiwn gan Bobi Jones, ynghylch enghraifft o ddewis peidio â phroestio yn ôl y rheolau yn y gerdd 'Geneth Ifanc' ('credais fod y gynghanedd hon rhwng geiriau a gwrthrychau yn well na phroest cywir', meddai).

14 *Dail Pren*, 100.

15 Derec Llwyd Morgan, *Y Soned Gymraeg*, Cyfres Pamffledi Llenyddol Cyfadran Addysg Aberystwyth, Rhif 13 (Llandybïe: Llyfrau'r Dryw,

1967), 21. Ystyrier hefyd yn y cyswllt hwn rai o odlau 'Soned i Bedlar', 'Elw ac Awen' ac 'Yn Nyddiau'r Cesar'; *Dail Pren*, 60, 61, 80.

16 *Y Flodeugerdd Sonedau*, 18. Dilynir beirniadaeth O. M. Lloyd yn y *Cyfansoddiadau* gan feirniadaeth Waldo Williams ar gystadleuaeth yr Englyn Digri; gweler E. D. Jones (gol.), *Beirniadaethau a Barddoniaeth Eisteddfod Genedlaethol Cymru Aberystwyth 1952* ([Lerpwl]: Gwasg y Brython dros Gyngor yr Eisteddfod Genedlaethol, 1952), 92–4.

17 *Y Flodeugerdd Sonedau*, 18–21.

18 Rhagflaenir beirniadaeth J. Gwyn Griffiths yn y *Cyfansoddiadau* gan feirniadaeth Waldo Williams ar gystadleuaeth y Cywydd Ysgafn; gweler D. M. Ellis (gol.), *Cyfansoddiadau a Beirniadaethau Eisteddfod Genedlaethol Cymru Y Rhyl 1953* ([Lerpwl]: Gwasg y Brython dros Gyngor yr Eisteddfod Genedlaethol, 1953), 78–9. Ymhellach ar yr arbrofi yn Gymraeg â ffurf y soned, gweler R. M. Jones, 'Nodyn ar y Soned', *Seiliau Beirniadaeth: Cyfrol 2, Ffurfiau Seiniol* (Aberystwyth: Coleg Prifysgol Cymru, 1986), 189–92, ynghyd â J. Gwyn Griffiths, 'Parhad Ffurfiau', *I Ganol y Frwydr: Efrydiau Llenyddol* (Llandybïe: Llyfrau'r Dryw, 1970), 152–6.

19 'Soned: "Abertawe" [. . .] Beirniadaeth Waldo Williams', yn E. Lewis Evans (gol.), *Cyfansoddiadau a Beirniadaethau Eisteddfod Genedlaethol Frenhinol Cymru Abertawe a'r Cylch 1964* ([Llandysul]: Gwasg Gomer dros Lys yr Eisteddfod Genedlaethol, 1964), 89–91. Anodd yw dilyn union rediad meddwl Waldo ym mharagraff olaf ei feirniadaeth: 'Pe rhoesai **Bethan** y llinell yna lle'r oedd hi i fod, cyn neu ar ôl y bedwaredd linell, byddai'r odl yn trymhau awyr y gân, a dibwrpas ei rhoi mewn unman arall'; ibid., 91. *Pace*'r ymgais hon gan Waldo i gynnig eglurhad, onid yw hi'n debygol mai'r hyn a ddigwyddodd yn y cyswllt hwn yw bod llinell wedi'i hepgor trwy amryfusedd ar ôl ll. 7 ('Yn gollwng angor pren i fôr yr ardd') yn y soned fel y'i hargreffir yn y fan hon? Gweler ibid., 92.

20 R. M. Jones, *Meddwl y Gynghanedd* ([Abertawe]: Cyhoeddiadau Barddas, 2005), 323. Crybwyllir Waldo ei hun ganddo, ibid., mewn perthynas â'i ddefnydd o broest 'yn fewnol mewn llinellau', a rhydd ddwy enghraifft o'r gerdd 'Wedi'r Canrifoedd Mudan': 'Y talu tawel, terfynol. Rhoi byd am fyd' ac 'I helaeth drannoeth Golgotha eu Harglwydd gwyn'.

21 Perthnasol yma yw sylwadau R. M. Jones ynghylch proest yng nghyd-destun prinder odlau acennog/unsill yn y Gymraeg; ibid., 322, lle y noda: 'y mae proest o'r fath yn ddull ysgafn a hyfryd o gysylltu sillaf â sillaf mewn modd sy'n fwy awgrymus ac yn fwy cyfrwys nag Odl amrwd. Mae proestio o'r herwydd yn lledu adnoddau beirdd Cymraeg mewn modd gwir angenrheidiol'. Noder hefyd sylw Jones, 'Mae beirdd Cymru wedi esgeuluso Proest . . . yn y Gymraeg yr ydym yn dal i roi llawer gormod o le i Odl seml'; ibid., 322, 324.

22 Y mae'n dra chymwys mai mewn adolygiad ar un o gyfrolau Bobi Jones, *Tyred Allan*, y ceir y term gan Waldo; 'Ei Ddelweddau'n Ddiludded' (1965), *Waldo Williams: Rhyddiaith*, 204.

23 'Waldo Williams a "Buddugoliaeth yr Afonydd"', 208–10, 235 n.37.

24 www.dafyddapgwilym.net, cerdd 51.

25 Barry J. Lewis, 'Bardd Natur yn Darllen Bardd y Ddinas? Dafydd ap Gwilym, "Y Don ar Afon Dyfi", ac Ofydd, *Amores*, III.6', *Llên Cymru*, 31 (2008), 6.

26 www.dafyddapgwilym.net, cerdd 51, llau 2–4.

27 Ibid., cerdd 98, llau 1–2.

28 Datguddiad 22:2: 'a dail y pren oedd i iacháu'r cenhedloedd'. Gweler nodyn Waldo Williams ar bumed pennill 'Mewn Dau Gae' yn ei 'Sylwadau', *Dail Pren*, 119.

29 'Waldo Williams a "Buddugoliaeth yr Afonydd"', 220–1.

30 Ar hyn, gweler, er enghraifft, y canlynol: Brian John, *Milford Haven Waterway* (Newport: Greencroft Books, 1981), 12; *Y Ddyfrffordd Gudd: Llyfr Tywys / The Secret Waterway: Area Guide* (Narberth: Planed, 2008) (ni cheir rhifau tudalen); a David James, *Down the Slipway! Ships of Pembrokeshire's Secret Waterway* (Milford Haven: Peter Williams Associates, 2006).

31 Y mae sawl Safle o Ddiddordeb Gwyddonol Arbennig (SSSI) yn yr ardal gyfagos, yn cynnwys afonydd Caeriw a Cresswell, Coedwig Lawrenni, Coedwig Mynwar, rhannau o Barc Slebech a chwareli Gorllewin Williamston; gweler *The Secret Waterway / Y Ddyfrffordd Gudd*, cyfres 'South of the Landsker' (Narberth: SPARC, 1994) (ni cheir rhifau tudalen). Nodir yn *Y Ddyfrffordd Gudd: Llyfr Tywys* fod dros 2,189 hectar sgwâr o'r ddyfrffordd wedi eu dynodi yn Safleoedd o Ddiddordeb Gwyddonol Arbennig. Ar goetiroedd yr ardal, gweler David Saunders *et al.*, *A Waterway for Wildlife: The Milford Haven Waterway from Source to Mouth* (Haverfordwest: Dyfed Wildlife Trust, 1991), 8.

32 Ar y gwahanol enwau Cymraeg, gweler Gwenllian Awbery, *Blodau'r Ardd a'r Maes ar Lafar Gwlad* (Llanrwst: Gwasg Carreg Gwalch, 1995), 38. Nid amherthnasol yw nodi yn y cyd-destun fod hel egroes, er mwyn creu surop ohonynt a oedd yn uchel mewn fitamin C, yn arfer pur gyffredin yn ystod yr Ail Ryfel Byd, ac yn un a barhaodd tan y 1950au; gweler Richard Mabey, *Flora Britannica* (London: Sinclair-Stevenson, 1996), 192–3.

33 *Geiriadur Prifysgol Cymru* (Caerdydd: Gwasg Prifysgol Cymru, 1950–2002), 4 cyfrol, II, 1884, s.n. *hoel*.

34 'The Wild Rose', copi yn Llyfrgell Genedlaethol Cymru, NLW ex 2198 (Rhagfyr 2002). Nodir 'c.1914' fel dyddiad cyfansoddi posibl, ond anodd yw derbyn bod y gerdd mor gynnar â hynny (buasai Waldo yn ddeng mlwydd oed). Gweler hefyd Ceri Jones, '"Wild Rose" Saved by a Memory', *Western Mail*, 17 Rhagfyr 2002, Rhan 1, 3.

35 Gillian Clarke, 'Clywedog', *The Sundial* (Llandysul: Gwasg Gomer, 1978), 53.

36 Priodol yma yw dwyn i gof linellau Tudur Aled yn ei gywydd i Wenfrewi: 'Dagrau fal cawod egroes, / Defni Crist, o fannau croes'; T. Gwynn Jones (gol.), *Gwaith Tudur Aled* (Caerdydd: Gwasg Prifysgol Cymru, 1926), 2 gyfrol, II, 524, llau 47–8. Nid amherthnasol yn y cyd-destun hefyd yw nodi'r ffaith mai un o'r amryfal enwau Cymraeg eraill ar egroes yw 'grawn mieri Mair'; *Geiriadur Prifysgol Cymru*, I, 1180, s.n. *egroes*.

37 Ioan 19:30.
38 Elwyn Edwards (gol.), *Cadwn y Mur: Blodeugerdd Barddas o Ganu Gwladgarol* ([Abertawe]: Cyhoeddiadau Barddas, 1990), 480. Gweler hefyd 'Llyn Celyn (*Deisyfiad*)' gan yr un bardd, ibid., 482.
39 *Geiriadur Prifysgol Cymru*, IV, 3829, s.n. *ysgafalwch, ysgafaläwch*; gweler y cofnod hwn am ystyron eraill y gair. Yn achos y llinell hon, tybed a ellid darllen 'Pa sgafalwch bynnag sy i'r serch yng nghalon y môr'?
40 Gweler 'Waldo Williams a "Buddugoliaeth yr Afonydd"', 213, 220.
41 Ibid., 210–11.
42 Ibid., 213.
43 Digwydd yr ymadrodd olaf hwnnw, 'calonnau gwyrdd', yn 'Y Dderwen Gam' hithau, a bu imi awgrymu, ibid., 222, fod yma adlais posibl o linellau George Herbert yn 'The Flower': 'Who would have thought my shrivel'd heart / Could have recover'd greennesse?'. Yn sicr, y mae nifer o ddelweddau'r pennill y daw llinellau Herbert ohono yn gysyniadau ac yn symbolau pwysig yng ngwaith Waldo Williams ei hun (meddylier am 'mother-root' a 'keep house', er enghraifft); gweler F. E. Hutchinson (gol.), *The Works of George Herbert* (Oxford: Oxford University Press, 1941), 166. Ond diddorol, ochr yn ochr â hyn, fyddai ystyried hefyd y posibilrwydd fod teitl cyfrol Brenda Chamberlain o gerddi, *The Green Heart* – a gyhoeddwyd yn 1958 (y mae'r dyddiad felly'n arwyddocaol) – ym meddwl Waldo yng nghyswllt yr ymadrodd 'calonnau gwyrdd'.
44 *Dail Pren*, 26–7. Ymddangosodd y gerdd am y tro cyntaf yn *Baner ac Amserau Cymru*, 13 Mehefin 1956, 7.
45 *Waldo Williams: Rhyddiaith*, 89. Cyhoeddwyd ymdriniaeth Waldo â'r gerdd yn wreiddiol yn *Baner ac Amserau Cymru*, 13 Chwefror 1958, 5. Ar gyd-destun rhyngwladol y gerdd, gweler Damian Walford Davies, 'Mapping Partition: Waldo Williams, "In Two Fields", and the 38th Parallel', yn *Cartographies of Culture: New Geographies of Welsh Writing in English* (Cardiff: University of Wales Press, 2012), 172–202.
46 *Waldo Williams: Rhyddiaith*, 88.
47 Dafydd Elis Thomas, '"Mewn Dau Gae"', yn Robert Rhys (gol.), *Waldo Williams: Cyfres y Meistri 2* (Abertawe: Christopher Davies, 1981), 164. Gweler hefyd Bedwyr Lewis Jones, '"Mewn Dau Gae"', ibid., 155.
48 Jonathan Bate, 'The Ode "To Autumn" as Ecosystem', yn Laurence Coupe (gol.), *The Green Studies Reader: From Romanticism to Ecocriticism* (London: Routledge, 2000; ail argraffiad 2004), 257, 260, 261.
49 *Cerddi '69*, 72; *Cerddi Waldo Williams*, 101.
50 Casgliad Gwilym Rees Hughes ac Islwyn Jones, Gwaith Awduron Cyfoes 1968–75, Pecyn *Cerddi '69*.
51 Gweler 'The Ode "To Autumn" as Ecosystem', 257.
52 *Dail Pren*, 26, 27.
53 Ibid., 27.
54 Rachel Carson, *The Sea Around Us* (New York: Oxford University Press, 1951), 13–14.
55 Dyfynnir gan Lawrence Buell yn ei bennod ddadlennol, 'Watershed Aesthetics', yn *Writing for an Endangered World: Literature, Culture,*

and Environment in the U.S. and Beyond (Cambridge, MA, and London: Belknap Press of Harvard University Press, 2001), 243.

56 Jason Walford Davies, '"Dyfal Gerddwr y Maes": Waldo Williams a'r Pedestrig', *Llên Cymru*, 36 (2013), 51–90.

57 *Writing for an Endangered World*, 247. Ar y diffiniad o 'watershed' fel term, gweler ibid. Yng nghyd-destun rhyngberthynas y môr, yr afon a'r goeden – a'i dail – yn 'Dan y Dderwen Gam', perthnasol yw sylw Buell (sy'n dyfynnu o gyfrol Luna Leopold, *A View of the River* (1994)): 'river systems within watersheds are dendritic, "a network of channels much like the veination of a leaf"'; ibid., 251.

58 Gweler 'Dan y Dyfroedd Claear', *Dail Pren*, 69.

59 Gweler 'Ar Weun Cas' Mael', ibid., 24.

60 Gweler 'Cwmwl Haf', ibid., 49. 'Clais clawdd': ffos gydag ochr clawdd; *Geiriadur Prifysgol Cymru*, I, 489, s.n. *clais*.

61 *Dail Pren*, 26, 30, 49, 61, 63, 95.

62 Ibid., 9, [115].

63 Argraffwyd 'Cleddau' yn ei chyfanrwydd yn Robert Rhys, *Chwilio am Nodau'r Gân: Astudiaeth o Yrfa Lenyddol Waldo Williams hyd at 1939* (Llandysul: Gwasg Gomer, 1992), 154–5.

64 Ibid., 155, 156.

65 Llythyr dyddiedig 14 Mehefin 2013. Dyfynnir ohono â chaniatâd caredig yr Athro Jones.

66 'Waldo Williams a "Buddugoliaeth yr Afonydd"', 224–7.

67 Ceir casgliad helaeth o 'gerddi Tryweryn' yn *Cadwn y Mur*, 453–508.

68 G. J. Roberts, 'Tryweryn', ibid., 479.

69 William Jones (Nebo), 'Tryweryn', ibid., 462.

70 Gweler, er enghraifft, 'Audience Waits 2 Hours to Hear Mr Donnelly' (adroddiad ar un o areithiau'r aelod seneddol Llafur, Desmond Donnelly), *The Weekly News for Pembrokeshire and Carmarthenshire*, 1 Hydref 1959, 6.

71 *The Western Telegraph and Cymric Times*, 1 Hydref 1959, 7. Gweler hefyd y sylwadau ynghylch adnoddau dŵr Cymru yn 'Plaid Plan to Help Farmers', ibid., 9, ynghyd â'r portread o Waldo, ibid., 10.

72 'Workers and Water Taken from Wales', *Evening Post*, 30 Medi 1959, 1. Yr wyf yn ddiolchgar i Hefin Wyn am anfon copi o'r adroddiad hwn ataf. Gweler hefyd Hefin Wyn, *Ar Drywydd Waldo ar Gewn Beic* (Tal-y-bont: Y Lolfa, 2012), 183–6, lle y nodir mai awdur yr adroddiad oedd Derek Rees.

73 Diddorol yn y cyd-destun yw'r darlun yng ngherdd Waldo, 'Rhydybedne', o'r afon ei hun yn canu cerdd anghofiedig a luniasau'r bardd iddi pan oedd yn blentyn. Ceir y testun yn *Chwilio am Nodau'r Gân*, 161.

74 Ar y dimensiwn hwn yn 'Y Dderwen Gam', gweler 'Waldo Williams a "Buddugoliaeth yr Afonydd"', 222–3.

75 Y mae rhan uchaf y ddyfrffordd yn lloches swyddogol ryngwladol ei phwysigrwydd ar gyfer adar; gweler *A Waterway for Wildlife*, 5.

76 *Dail Pren*, 82.

77 Ibid., 79.

78 Manon Eames, *Porth y Byddar* (cynhyrchiad Theatr Cenedlaethol Cymru / Clwyd Theatr Cymru, 2007); Martin Davies, *Tonnau Tryweryn* (Tal-y-bont: Y Lolfa, 2008); Lloyd Jones, *Y Dŵr* (Tal-y-bont: Y Lolfa, 2009); Mihangel Morgan, *Pantglas* (Tal-y-bont: Y Lolfa, 2011); Jon Gower (rhyddiaith Saesneg) a Jeremy Moore (delweddau), *Wales at Water's Edge: A Coastal Journey* (Llandysul: Gomer Press, 2012); Tony Curtis (cerddi Saesneg), Grahame Davies (cerddi Cymraeg), Mari Owen a Carl Ryan (delweddau), *Alchemy of Water/Alcemi Dŵr* (Llandysul: Gomer Press, 2013).

79 Matthew Jarvis, 'Ruth Bidgood: Reinhabiting Mid Wales', yn *Welsh Environments in Contemporary Poetry* (Cardiff: University of Wales Press, 2008), 54–72, yn arbennig 65–9; Patrick McGuinness, 'Leslie Norris's Water Voices', yn Meic Stephens (gol.), *Leslie Norris: The Complete Poems* (Bridgend: Seren, 2008), 15–26; Hywel Griffiths ac Eurig Salisbury, '"The Tears I Shed Were Noah's Flood": Medieval Genre, Floods and the Fluvial Landscape in the Poetry of Guto'r Glyn', *Journal of Historical Geography*, 40 (2012), 94–104; Hywel Griffiths, 'Water Under the Bridge? Nature, Memory and Hydropolitics', erthygl i'w chyhoeddi yn *Cultural Geographies* (yr wyf yn ddiolchgar i Dr Griffiths am gopi o'r ysgrif hon); Damian Walford Davies, *Cartographies of Culture*, penodau 1, 3 a 4; Andrew Webb, 'Socio-Ecological Regime Change: Anglophone Welsh Literary Responses to Reservoir Construction', *International Journal of Welsh Writing in English*, 1, 1 (2013), 19–44.

80 Gweler Ann Gruffydd Rhys, 'Er Mwyn y Plant: Cofio Llangyndeyrn', *Barn*, 605 (Mehefin 2013), 24–7, a Robert Rhys, *Cloi'r Clwydi* (Llangyndeyrn: Cymdeithas Les Llangyndeyrn, 1983; ail argraffiad, 1993). Gweler hefyd y wefan a sefydlwyd i gyd-fynd â dathliadau 2013: www.llangyndeyrn.org

81 Gweler www.llenyddiaethcymru.org/waldo-williams-cym/

SYLWEBU AR Y NOFEL FWYAF UN: HOLI ANGHARAD TOMOS

Angharad Price

AP: Sut y mae Angharad Tomos yn ymateb i farwolaeth Mrs Thatcher yn gynharach eleni?

AT: Ro'n i wedi anghofio ei bod yn dal yn fyw, a dweud y gwir! Y bwriad oedd cael parti pan ddeuai'r dydd, ond 'chafwyd 'run. Fy mam yng nghyfraith a'm brawd yng nghyfraith (ill dau wedi gweithio'n ddiflino yn Nhredegar yn ystod Streic y Glowyr) fyddai wedi dathlu fwyaf, ond bu'r ddau farw y llynedd, felly roedd y cyfan yn chwithig. Meddyliais am yr holl bobl oedd wedi dioddef o ganlyniad i'w syniadaeth a'i pholisïau, ac roedd meddwl fod yr holl filiynau yn cael ei wario ar ei chynhebrwng yn ddi-chwaeth. Sgwennais stori fer unwaith am Thatcher yn marw, gan ddychmygu mai yn unig yn ei gwely y byddai'n mynd, a rhyfedd meddwl mai dyna ddigwyddodd yn y diwedd.

AP: Cafodd *Tynged Eileen* ei pherfformio'n llwyddiannus ledled Cymru ym mlwyddyn dathlu pen-blwydd Cymdeithas yr Iaith yn 50 oed. Sut brofiad oedd troi at sgwennu drama wedi bwlch go hir, a'r ddrama hon yn benodol?

AT: Yr hyn wnes i gyntaf oedd llogi uned ar faes yr Eisteddfod yn Llandŵ, ac ail-greu stafell fyw y Beasleys ynddi. Gan nad oedd dodrefn o unrhyw fath, doedd hi ddim yn dasg anodd! Rhoddais luniau'r teulu ar y cefn, a deunydd i egluro eu safiad, ac ar y llawr mewn sialc, nodais lle byddai'r piano a'r soffa a'r bwrdd wedi bod.

Bu'r ymateb i'r stondin Tynged i'r Beasleys yn syfrdanol, a gwyddwn 'mod i wedi taro ar ryw wythïen ddofn yn *psyche* y Cymry. Deuai gwahanol bobl ataf, rhai heb wybod am y stori o gwbl, eraill yn adnabod y Beasleys yn dda, ac yn rhannu atgofion personol. Teimlwn yn hynod freintiedig, ac yn falch hefyd mai dyna pryd y'i gwnes, gan i Eileen Beasley farw ar ddydd Sul olaf yr Eisteddfod. Rhyw ddeufis yn ddiweddarach, daeth gwahoddiad gan y Theatr Genedlaethol i ysgrifennu drama am ei bywyd.

O ran y ddrama, gwneud yr ymchwil oedd y peth difyrraf. Wyddwn i ddim oll am gefndir Trefor Beasley, a fawr am fywyd Eileen. Y mwyaf y canfyddwn am y ddau, mwyaf anhygoel oedd y stori. Stori garu oedd hi uwchlaw popeth, ac ro'n i'n awyddus i hynny gael ei gyfleu. Ond roedd cefndir gwleidyddol diddorol hefyd, sef holl gythrwfl Plaid Cymru yn y pumdegau a'r modd y rhannwyd y genedl ar fater Tryweryn, ac ro'n i eisiau trafod hynny hefyd – drwy'r ddeuddyn hyn. Byddai wedi gwneud drama ddwy awr yn rhwydd, ond mynnai'r Theatr Genedlaethol na ddylai fod yn hwy nag awr, oedd yn benderfyniad hurt.

Dyna'r gwahaniaeth rhwng sgwennu nofel a sgwennu drama. Fi piau'r penderfyniadau efo nofel, does gennych mo'r un hawliau efo drama.

AP: Byddaf yn astudio *Yma o Hyd* gyda'r myfyrwyr ym Mangor yn rheolaidd, ac mi ddaethoch i mewn yn ddiweddar i siarad efo nhw. Ydi hi'n brofiad od trafod y gwaith hwnnw (a *Hen Fyd Hurt* hefyd) efo cenhedlaeth o Gymry a aned ar ddechrau'r 1990au?

AT: Mae pob cenhedlaeth yn mynd ymhellach ac ymhellach oddi wrth yr wythdegau gydag amser. Ar ddiwedd sgwrs, byddaf yn siarad â myfyrwyr, ac yn holi faint maen nhw'n ei gofio o ddigwyddiadau'r wythdegau. Eglurant yn fonheddig na chawsant eu geni tan ganol y nawdegau! Mae hyn yn peri i mi sylweddoli hefyd mor agos i'r Ail Ryfel Byd y'm ganwyd i. Roedd yn ymddangos yn amser pell i ffwrdd yn y saithdegau, ond daw yn gynyddol nes. Dyna'r peth difyr gyda'n perspectif o amser, dydi o byth yn statig. Hefyd, mae'n rhyfedd sylweddoli bod cyfnod fy ieuenctid i bellach yn hanes.

AP: Mi gyfansoddwyd *Si Hei Lwli* yn ystod y 1990au a oedd yn gyfnod o gynnwrf mewn rhyddiaith Gymraeg, gydag awduron eraill hefyd (megis Mihangel Morgan, Robin Llywelyn a Wiliam Owen Roberts) yn arbrofi efo dulliau gwrth-realaidd o sgwennu. O gofio bod llawer o weithiau pwysicaf y 'dadeni' honedig wedi eu cyhoeddi cyn refferendwm 1997, mae yna ddeuoliaeth yn perthyn i nifer ohonynt, sef y teimlad o bosibiliadau di-ben-draw, a disgyrchiant hanes (methiant!). Credaf fod hyn i'w weld ym mherthynas dau (dwy) brif gymeriad *Si Hei Lwli*, i raddau, er nad mewn ffordd syml. Wedi i'r broses ddatganoli ddechrau, roedd fel petai realaeth wedi adennill peth o'i pherthnasedd eto. Oedd yna mewn gwirionedd gysylltiad rhwng yr arbrofi llenyddol cyn 1997 a'r sefyllfa wleidyddol? Sut oedd y cyfnod hwn yn teimlo i awdur Cymraeg?

AT: Cysyniad diddorol – mae'n siŵr bod yna gysylltiad. Roedd 1997 yn ddiwedd cyfnod o Geidwadaeth, ac roedd yn anhygoel fod 17 mlynedd o lywodraeth asgell dde wedi dod i ben. Roedd byd newydd yn bosibl, a Datganoli yn dechrau dod yn bosibilrwydd go iawn. O'm rhan i yn bersonol, roedd gweithiau gan awduron eraill o'r un genhedlaeth â mi yn fy ysbrydoli. Cofiaf agor dalennau *Seren Wen ar Gefndir Gwyn* yn syth wedi iddi gael ei gwobrwyo, a chael fy nghyfareddu gan enwau'r cymeriadau a newydd-deb yr arddull. Roedd yn gwbl wahanol i ddim arall ro'n i wedi ei ddarllen. Ac wedi i rai fel Robin a Mihangel agor y dorau, rhoddai hyn hyder i rai fel fi gamu drwyddynt, ac arbrofi gyda'n gweithiau ni. Yn sicr, roedd rhywun yn ymwybodol ei bod yn gyfnod newydd i ryddiaith Gymraeg.

Efo *Wele'n Gwawrio* roedd yna deimlad cryf o edrych i'r dyfodol, a bod gwawr newydd ar ddod – yn wleidyddol bellach, yn hytrach nag ym myd llên. Ym 1999 y cyhoeddwyd y nofel honno, cyn y mileniwm ac yng nghanol yr holl edrych ymlaen (a'r darogan gwae) mawr. Fel gyda nofel Orwell, *1984*, mae'r nofelau hyn sy'n edrych i'r dyfodol yn colli peth o'u rhin pan ddaw'r dyfodol hwnnw i'n rhan. Ond ar y pryd, roedd y posibilrwydd o'r hyn *allai* ddigwydd yn wleidyddol yn fwy cynhyrfus na dim y byddem ni awduron yn ei ysgrifennu!

AP: Roedd *Titrwm* yn nofel arbennig, ac yn nofel hynod symbolaidd ar lawer ystyr. Prin fod dim byd tebyg iddi yn bodoli yn y Gymraeg. Ond ydi'ch agwedd at y nofel wedi newid ers dod yn fam (i Hedydd yn 2003)?

AT: Rhaid cofio fod testun cystadleuaeth y Fedal Ryddiaith ym 1993 yn sail i *Titrwm*, sef 'Cyfrinachau'. Wedi methu meddwl am stori gyda'r gair hwnnw, fe'i torrais yn ei hanner, a chael 'Achau Cyfrin'. O'r egin hwnnw y daeth y stori *Titrwm*, ynghyd ag ymgais i ddychmygu sut lyfr oedd Llyfr Melyn Oerddwr y mae T. H. Parry Williams yn sôn amdano yn ei ysgrif 'Oerddwr'. Cefndir pellach y nofel yw fod fy ffrind, Branwen Nicholas, yn feichiog ar y pryd. Roedd gen i'r hamdden i edrych ar y sefyllfa fel rhywun o'r tu allan, ac i athronyddu a mwydro am feichiogrwydd a'i arwyddocâd.

Wedi dod yn fam fy hun, mae'r rhyfeddod a'r athronyddu (a'r rhamant) yn diflannu yn eithaf sydyn. Mae'r cyfuniad o hormonau, gwaith caled a diffyg cwsg wedi genedigaeth yn gwneud i gyfnod yn y carchar ymddangos fel gwyliau!! Anaml yr af yn ôl at y nofelau a ysgrifennais. Wn i ddim yn siŵr sut y syniaf am *Titrwm* bellach – roedd amgylchiadau ei sgwennu yn gyfnod od. Heb amser i ddianc i Iwerddon, fe'i cyfansoddais mewn tŷ cwbl wag (h.y. heb ddodrefn na dim) yn Ffordd yr Orsaf, Llanrug. Roedd fy chwaer wedi ei brynu a heb ei addurno. Mae amodau felly yn siŵr o effeithio ar sgwennu rhywun...

AP: I'r gwrthwyneb, roedd *Wrth Fy Nagrau I* yn nofel gignoeth a dirdynnol yn ei thrafodaeth ar iselder ysbryd ar ôl geni plentyn. A ydi hi mewn unrhyw ffordd yn gymar (neu'n wrthgyferbyniad) i *Titrwm*?

AT: Efallai mai dyna yw *Wrth Fy Nagrau I* – *Titrwm* post-realiti. Rydw i wedi teimlo erioed fod bywyd go iawn yn fwy rhyfeddol na dychymyg. Petai rhywun wedi dweud wrthyf wrth sgwennu *Titrwm* y byddwn yn dioddef o iselder wedi geni, byddwn wedi chwerthin yn harti.

Eto, rhaid oedd gwella o'r iselder cyn dechrau ysgrifennu. Roedd pobl yn ceisio bod yn garedig, ac yn dweud wrthyf, tra ro'n i yn ward Hergest, i ddefnyddio'r amser i ysgrifennu. Roeddent yn dweud yr un peth pan oeddwn yng ngharchar. Ond nid amser ydi'r unig beth mae sgwennwr ei angen. Carchar ac ysbyty meddwl ydi'r llefydd gwaethaf i sgwennu. Does dim i danio'r dychymyg yno, dim yn eich sbarduno – dim ond waliau, waliau a rhwystrau fil. Byddai sgwennu nofel gyfan am iselder (neu garchariad) yn un llethol (i'r awdur a'r darllenydd) p'run bynnag, felly defnyddio'r iselder fel fframwaith i'r nofel oedd eisiau.

Chwilotais i weld a oedd yna ferched yn dioddef o iselder mewn llenyddiaeth Gymraeg, ac wrth gwrs, doedd dim prinder ohonynt.

AP: A oes yna dyndra rhwng bod yn fam a bod yn awdur?

AT: O, oes. Wnes i ddim meddwl y byddai fy mywyd yn newid llawer wrth ddod yn fam. Dychmygwn fy hun adre yn sgwennu, a'r plentyn yn diddanu ei hun yn ddedwydd yn y gornel. O wraig ffôl! Pan welais fy mab deunaw mis yn hapus dynnu fy llyfrau oddi ar y silffoedd, ac yn torri papur a gwneud stremp o bopeth, gwyddwn fod y duwiau yn crechwenu. Diflannodd fy amser myfyrio, a meddyliais na fyddwn i byth eto yn cael y tawelwch meddwl (na'r amser, na'r llonydd) i ystyried syniad am nofel arall, heb sôn am y cyfle i'w sgwennu.

Ar y llaw arall, mae yna fendithion o ddod yn fam. Roeddwn wedi bod eisiau plentyn erioed, ac roeddwn wedi mwynhau cwmni plant. Wedi 2003, daeth cyfle i mi rannu aelwyd efo un. Daeth myrdd o brofiadau gwahanol i'm rhan, ac fe'u mwynheais. Da fyddai eu dal rhwng cloriau llyfr, ond mae rhywun yn rhy brysur yn byw. Falle daw cyfle ryw ddydd.

Ar wahân i eni Hedydd, marw fy chwaer, Ffion, ydi'r digwyddiad mawr arall yn fy mywyd. Mae o wedi newid bywyd yn llwyr, a siŵr o fod, bydd yn effeithio ar fy sgwennu. Weithiau, dwi'n teimlo i'r gwrthwyneb i Kate Roberts, 'Marw fy mrawd barodd i mi gychwyn sgwennu', ond falle mai peth dros dro ydi hynny. Falle mai ystyr sgwennu cyn marw fy chwaer oedd ceisio gwneud ystyr o fywyd. Gwn mai ofer ydi hynny, rŵan fod y peth mwyaf gwallgof mewn bywyd wedi digwydd. Ond hefyd, mae'n effeithio ar rywun yn ddyddiol gan 'mod i'n edrych ar bopeth yn awr fel pethau dwi'n cael y fraint o'u gweld / profi / sawru, a'r holl brofiadau mae Ffion yn cael ei hamddifadu ohonynt. Falle daw rhyw sgwennu o hynny.

AP: Ysbrydolwyd *Rhagom* gan lythyrau aelod o'ch teulu yn ystod y Rhyfel Byd Cyntaf, ac yn yr un cyfnod mi sgwennwyd eich cofiant i David Thomas, eich taid, a oedd yn Sosialydd ac yn genedlaetholwr amlwg. A ydi sgwennu'n teimlo'n rhywbeth etifeddol, felly? Hynny ydi, a oes yna deimlad o fod mewn llinach (newyddiadurol, yn ogystal â llenyddol, o gofio cymaint y cyfrannodd David Thomas i'r wasg)?

AT: Medi 11, 2001 a ysbrydolodd *Rhagom*, a myfyrio ar y ffaith i'm tad a brawd Nain gael eu sugno i beiriant rhyfel Prydain. Petawn i wedi gorfod mynd yn filwr, byddwn ymysg y drydedd genhedlaeth o Brydain i botsian yn y Dwyrain Canol. Wedi rhoi hanes Bigw (chwaer Nain) yn *Si Hei Lwli*, ro'n i eisiau mynd ar drywydd hanes fy Nain, ond roedd bywyd merched adref yn ystod y Rhyfel yn syrffedus o lonydd. Yn hytrach, euthum ar drywydd y brawd oedd yn y Fyddin.

Wrth fynd ar ôl hanes 'Taid Bangor', rhyfeddwn faint o bethau oedd yn debyg rhyngom – yr awydd i newid cymdeithas, byw yn Nyffryn Nantlle, y diddordeb ysol mewn gwleidyddiaeth, yr amheuon diwinyddol, cariad at lyfrau, ein styfnigrwydd a'n tuedd i dynnu'n groes a dadlau. Roedd gan y ddau ohonom golofnau yn *Yr Herald Cymraeg* ac roeddem ill dau yn sgwennu llyfrau. Dywedai Nhad yn aml ein bod yn debyg, a bechod fod 80 mlynedd yn ein gwahanu.

Euthum ati yn y diwedd i drefnu tebygrwydd pellach, enwi fy nhŷ yn Betws, fel ei gartref o, a phriodi ar yr un dyddiad ag y gwnaeth o (fo ym 1919 a minnau ym 1999). Mae fy nhad wedi bod yn un garw am gofnodi ar hyd ei fywyd – wedi cadw dyddiadur yn rheolaidd, wedi cofnodi hanesion pob gwyliau ar ffurf llyfr lloffion, ac yn hyn o beth roedd o'n tynnu ar ôl ei dad. Wrth dyfu, roedd y cofnodi yma yn beth cwbl naturiol i'w wneud, ac rydw innau yn cadw dyddiadur dyddiol ac yn gwneud llyfrau lloffion o'r flwyddyn ac o wyliau.

I'r gwrthwyneb, mae'n gas gan Mam afael mewn pin dur, ac mae ysgrifennu llythyr yn dasg. Siarad yw ei chyfrwng hi o gyfathrebu, dydi o yn ddim ganddi godi'r ffôn a sgwrsio am oriau. Wedi dod adref o'r ysgol, byddai Mam wastad yn ein hannog i adrodd hanes y diwrnod. Rydw i'n hynod ymwybodol mai Mam drosglwyddodd y Gymraeg i mi, a chyfoeth iaith Dyffryn Ogwan, oedd yn uniaith Gymraeg yn ystod ei phlentyndod hi. Gan Mam y cefais i'r iaith, a gan Dad yr ysfa i gofnodi.

AP: Mae Ben a chithau'n weithgar ac yn weithredol gyda sawl cymdeithas sydd yn brwydro dros hawliau pobl yng Nghymru a thu hwnt. Cynnyrch yr un math o ofal am gyd-ddyn a chymdeithas ydi'r gyfrol *Bodlon* sydd yn argymell byw yn fwy cynaliadwy. Pa mor anodd ydi hi mewn oes fel hon i gadw'r ffydd y gellir gwella pethau? Oes gan lenyddiaeth unrhyw ran i'w chwarae yn hyn?

AT: Dwi'm yn meddwl ei bod yn anos cadw'r ffydd yn yr oes hon nag mewn unrhyw oes arall. Mynd yn anos wrth dyfu'n hŷn y mae – mae amser yn prinhau! Yn ugain oed, mae unrhyw beth yn bosibl, ac mae ugain mlynedd cyn eich bod yn ddeugain, hyd yn oed. Fy mhrif rwystredigaeth yw gweld arafwch y newid. Ac wrth gwrs, petai'r Llywodraeth wedi cymryd ein rhybuddion o ddifrif yn y saithdegau, ni fyddai pethau cynddrwg heddiw. Gyda llaw, roedd *Bodlon* yn llyfr i'm hargyhoeddi i, gymaint â neb arall! Dydi'r fath syniadau ddim yn hawdd i enaid diamynedd fel fi. Oes, mae gan lên ran fawr i'w chwarae – llên sy'n cadw'r ysbryd i fynd, a pheri inni sylweddoli mai'r un yw'r her i ddynoliaeth ar hyd yr oesau.

AP: Fel rhywun sydd yn byw yn yr ychydig lefydd yng Nghymru erbyn hyn lle mae mwyafrif llethol y boblogaeth yn dal i siarad Cymraeg fel iaith gyntaf, beth ydi goblygiadau – drwg a da – hynny i sgwennwr creadigol?

AT: Mae'r Gymraeg mor naturiol â'r awyr yn Nyffryn Nantlle. Hynny ydi, os ydi rhywun yn siarad Saesneg ar y stryd, rydych chi'n troi i weld pwy yw'r dieithryn. Mae'r rhod yn dechrau troi gyda phobl ifanc yn barotach i siarad Saesneg. Ond mae'r nofel fwyaf yn digwydd o'm cwmpas (ac mae'n nofel eithriadol o ddifyr). Y peth ydi na fedrwch chi roi pobl go iawn yn eich gwaith, a dal i fyw yn eu mysg! (Fyddai Caradog Prichard ddim wedi gallu byw ym Methesda wedi sgwennu *Un Nos Ola Leuad*.) Dyna'r rhwystredigaeth. Dwi felly yn byw y nofel orau o ddydd i ddydd, ac ella mai dyna sy'n gwneud sgwennu colofn wythnosol yr *Herald* yn haws – sylwebu ydw i ar y Nofel Fwyaf Un, nid creu o'r newydd.

DARNAU O'R HUNAN: YSGRIFENNU HUNANGOFIANNOL YR AWDURES GYMRAEG

Rhianedd Jewell

Y mae presenoldeb yr awdur neu'r awdures mewn darn llenyddol eisoes yn bwnc llosg ymysg darllenwyr, beirniaid a theorïwyr. Ar un pen i'r sbectrwm cawn waith arloesol Barthes, 'La mort de l'auteur' ['Marwolaeth yr awdur'], a ddatgan nad oes cysylltiad rhwng yr awdur a'i waith ar ôl iddo orffen ei ysgrifennu,[1] tra ar y llaw arall dadleua theorïwyr megis Nicole Warde Jouve fod pob testun creadigol yn gaeth i ddylanwad hunangofiannol yr awdur.[2] A yw'r un ddadl felly yn berthnasol i destunau a labelir fel gweithiau hunangofiannol? A gymerwn yn ganiataol mai darlun clir a gwir a gawn o fywyd y person sy'n ysgrifennu? Bwriad yr ysgrif hon yw archwilio natur yr hunangofiant benywaidd mewn perthynas â llenyddiaeth Gymraeg gan asesu i ba raddau y gwelwn ddarlun clir a chyflawn o'r awdures.

Yn draddodiadol, nid yw menywod wedi sefyll ar frig y canon llenyddol Cymraeg, ac felly gofynnwn a yw eu safle eilradd, eu diffyg hunanhyder neu eu swildod creadigol a phersonol yn cael eu hadlewyrchu yn eu testunau hunangofiannol? A ydym yn gweld darlun cyflawn o'r menywod creadigol hyn neu a ydym yn derbyn darnau o'u hunaniaeth yn unig? Ymhellach, os yw'r darlun yn anghyflawn, pa ddarn ohonynt eu hunain y mae'r awduresau yn dewis ei bortreadu a pham?

Bydd yr ysgrif yn gosod dau destun gan awduresau Cymraeg yn eu cyd-destun Ewropeaidd, sef *Y Lôn Wen* gan Kate Roberts a *Pererinion a Storïau Hen Ferch* gan Jane Ann Jones. Er bod gwaith Kate Roberts wedi'i drafod yn helaeth gan feirniaid, y mae golwg ryngwladol ar ei hysgrifennu yn cynnig dealltwriaeth newydd ohoni. Gwelwn ym mha ffordd y mae Kate Roberts yn debyg i awduresau eraill o'i chyfnod, er gwaethaf y gwahaniaethau rhyngddynt o ran iaith, diwylliant a llwyddiant llenyddol. Byddaf yn cymharu a chyferbynnu'r gweithiau gydag ysgrifennu hunangofiannol gan awduresau Eidaleg o'r un cyfnod, oherwydd fe welwn fod sawl tebygrwydd o ran cynnwys ac iaith y testunau hunangofiannol hyn sydd yn atgyfnerthu'r portreadau anghyflawn o'r awduresau. Cyfoethogir felly ein gwerthfawrogiad a'n dealltwriaeth o'r testunau Cymraeg ac Eidaleg ill dau, trwy ystyried natur ysgrifennu hunangofiannol benywaidd o'r un cyfnod, sef hanner cyntaf yr ugeinfed ganrif, mewn gwledydd gwahanol.

Y mae llawer o ysgrifennu benywaidd Eidaleg yn dangos tueddiad i guddio'r hunan trwy fudandod ac absenoldeb o fewn y naratif ei hun. Ar un olwg, mae'n rhyfedd iawn bod y dewis yma hefyd yn bodoli mewn ysgrifennu hunangofiannol gan mai bwriad hunangofiant yw arddangos yr hunan i'r darllenydd. Fel yr awgryma Patricia Meyer Spacks: 'Autobiographies, almost by definition, make the private public'.[3] Felly pam cuddio'r hunan o fewn *hunan*gofiant? Y mae gwaith Graziella Patriati ar yr hunangofiant benywaidd Eidaleg yn cynnig ateb i hyn sydd yn addas iawn:

> I consider autobiography as fiction, as a narrative in which the author carefully selects and constructs the characters, events, and aspects of the self that she or he wants to make public in order to convey a specific message about her or his past and present identity.[4]

Trwy addasu ei destun, felly, y mae'r awdur yn naturiol yn cuddio agweddau o'i fywyd, ac fel yr awgryma Bobi Jones yn rhagymadrodd ei 'hunangofiant tafod': 'Dyfais i ymguddio yw pob hunangofiant'.[5]

Ar ben hynny, gellir dehongli'r tueddiad hwn i guddio, i dawelu'r hunan o fewn ysgrifennu benywaidd fel adlewyrchiad o safle israddedig y fenyw o fewn llenyddiaeth a'r gymdeithas yn hanesyddol. Byd dynion oedd y byd llenyddol ac o ganlyniad y mae'r awduresau hyn yn parhau i'w drin yn betrus. Ar y llaw arall, gellir ei weld fel arwydd o gryfder gan fod y fenyw yn anfodlon rhannu ei theimladau dyfnaf, ei phrofiadau mwyaf personol gyda'r darllenydd. Hoffwn ddangos fod yr un tueddiad i guddio, i ddethol ac i ddewis yn bresennol yng ngwaith y ddwy awdures Gymraeg dan sylw, ac mai dewis arddangos darn o'r hunan yn unig y maen nhw'n ei wneud.

YR HUNAN

Wrth asesu presenoldeb, neu absenoldeb, yr hunan o fewn llenyddiaeth, y mae sawl cwestiwn athronyddol yn codi. Sut y diffinnir yr 'hunan'? Ac ymhellach, *pwy* sy'n gyfrifol am ddiffinio'r hunan? Y mae theori seicdreiddiol Jacques Lacan yn tanlinellu pwysigrwydd y foment lle yr ydym yn gweld ein hadlewyrchiad am y tro cyntaf, ac o ganlyniad yn adnabod ein hunain. Y mae'r weithred hon yn galluogi'r unigolyn i ddatblygu'r cysyniad o'r hunan, o'r 'Je' [Fi], ond mae'r ddealltwriaeth hon hefyd yn creu hollt rhwng yr hunan mewnol a'r byd allanol.[6] A ydym ni, felly, yn gyfrifol am ddiffinio ein hunain? Y mae'r theorydd Ffrengig, Paul Ricoeur, yn honni mai ein dehongliad ni o'n hunaniaeth yw'r elfen hollbwysig: '[I]l suffit de comparer entre eux les autoportraits de Rembrandt – ce n'est pas sa mêmeté qui constitue son ipséité, mais son appartenance à quelqu'un capable de se désigner lui-même comme celui qui a son corps.'[7] ['Dim ond cymharu dau hunan-bortread o Rembrandt sydd angen ei wneud – nid unfathrwydd y corff sy'n gyfrifol am hunaniaeth unigolyn, ond y ffaith bod rhywun yn gallu ei adnabod ei hunan fel y gwna gyda'i gorff ei hun.'] Dim ond y fi, felly, sydd yn gallu adnabod ac felly ddiffinio fy hunaniaeth fy hun. Nid ydyw'n bosibl i unrhyw un arall f'adnabod yn yr un ffordd.

Ar y llaw arall, a oes gennyf unrhyw awdurdod dros fy hunaniaeth? Neu a yw'r hunan yn deillio, yn hytrach, o ddeongliadau pobl eraill? Y mae'r theorydd Julia Kristeva yn credu bod y berthynas gydag eraill yn angenrheidiol, oherwydd fel y dywed: 'Libre d'attaches avec les siens, l'étranger se sent "complètement libre". L'absolu de cette liberté s'appelle pourtant solitude'.[8] ['Tra'i fod yn rhydd o'r cysylltiadau gyda'i bobl ei hun, teimla'r dieithryn yn "hollol rydd". Ond canlyniad rhyddid cyflawn o'r fath yw unigrwydd.'] Gwacter yw'r hyn sydd ar gael i'r hunan annibynnol, ac felly nid ydyw'n bosibl i'r hunan fodoli heb bobl eraill. A yw ein hunaniaeth felly wedi ei chreu ar gyfer pobl eraill? Ymhellach, felly, a yw'r fath beth â hunan cyflawn yn bodoli o gwbl, neu a ydyw'n anochel bod yr hunan yn rhanedig?

Y mae'r maes theoretig hwn yn rhy eang i'w ystyried yn fanwl yma, ac yn hytrach y mae'r ysgrif hon yn canolbwyntio ar natur yr hunan o fewn hunangofiant, gan archwilio'r syniad mai rhywbeth a gyflwynir i'r darllenydd trwy ysgrifennu ydyw'r hunan. Gwelwn mai proses o ddethol yw ysgrifennu hunangofiant, yn arbennig hunangofiant benywaidd, gan mai darnau ohonynt eu hunain yn unig yr ydym yn eu gweld. Fel y dywed Bobi Jones:

> Mae pob prydydd, wrth farddoni (er ei waethaf ei hun, druan), yn dethol, megis y dethola hanesydd. Mae'n dethol yn ôl ei weledigaeth ei hun ac yn ôl ei brofiad arwyddocaol ei hun. Mae'r pethau sy'n cael eu dethol ganddo yn fynych yn cynrychioli ei angen ei hun, ac o'u cyhoeddi hwy, anghenion eraill weithiau hefyd. Ond efô ar y pryd, er drwg neu er da, piau'r hawl i ddethol. Paham a sut y mae'n dethol felly, dyna'r diddordeb a all fod yn y weledigaeth.[9]

Fel unrhyw awdur, felly, y mae Kate Roberts a Jane Ann Jones yn dethol wrth ysgrifennu, ac yn y testunau hyn y maent yn dethol y portread o'u hunaniaethau a rennir gyda'r darllenydd. O ganlyniad, er nad yw'r awduresau yn ymdrin â'r syniad o'r hunan rhanedig yn uniongyrchol, y maent yn debyg iawn o ran eu portread o'r hunan yn eu hysgrifennu hunangofiannol.

YR HUNANGOFIANT CYMRAEG

Y mae'r ysgrif hon yn archwilio maes sydd wedi'i esgeuluso mewn sawl ffordd, oherwydd nid yw hunangofiant fel ffurf yn derbyn sylw beirniadol digonol o fewn llenyddiaeth Gymraeg, ac yn enwedig yr hunangofiant benywaidd. Nid yw hunangofiannau'n cael eu trafod, er enghraifft, yn y gyfrol *A Guide to Welsh Literature: c. 1900–1996*, er gwaethaf presenoldeb amlwg y ffurf yn y cyfnod llenyddol hwn. I enwi rhai yn unig, ceir hunangofiant Caradog Prichard, *Afal Drwg Adda: Hunangofiant Methiant* (1973), *Neb* (1985) gan R. S. Thomas, a hunangofiant y bardd Bobi Jones, *O'r Bedd i'r Crud: Hunangofiant Tafod* (2000); ac yn fwy diweddar ceir hunangofiant Ned Thomas, *Bydoedd: Cofiant Cyfnod* (2010), sydd, fel y mae ei deitl yn ei awgrymu, yn disgrifio profiad yr awdur o ddigwyddiadau gwleidyddol yn Ewrop yn ystod ei fywyd. Y mae presenoldeb yr hunangofiant yn amlwg hefyd ymysg awduresau Cymraeg yr ugeinfed ganrif megis

Brethyn Cartref (1951), hunangofiant Elizabeth Williams, *Cnonyn Aflonydd* (2001) gan Angharad Tomos, ynghyd â'i thestunau hunangofiannol eraill megis *Yma o Hyd* (1985), a hunangofiant Bethan Gwanas, *Hanas Gwanas* (2012). Ar ben hynny, y mae hunangofiannau dychmygol wedi bodoli yn hanes llenyddiaeth Gymraeg ers dyfodiad y nofel, gan ddechrau gyda nofel enwog Daniel Owen, *Rhys Lewis* (1885). Mae'r hunangofiant ffuglennol wedi'i fabwysiadu yn ogystal gan awduresau megis Elena Puw Morgan yn ei nofel *Nansi Lovell: hunangofiant hen sipsi* (1933). Ac yn fwy diweddar, wrth gwrs, y mae nofel Angharad Price *O! Tyn y Gorchudd* (2002) hefyd yn pylu'r ffin rhwng hunangofiant a ffuglen gan mai 'hanes' bywyd aelod o deulu'r awdures ei hun yw'r gyfrol.

Ar y llaw arall, rhoddwyd sylw arbennig i'r *cofiant* yn ystod y ganrif ddiwethaf, yn arbennig cofiannau ffigyrau crefyddol a gyfansoddwyd yn ystod y bedwaredd ganrif ar bymtheg. Gosododd Saunders Lewis sylfaen i astudiaethau o'r ffurf yn ei ysgrif fer 'Y Cofiant Cymraeg'.[10] Yn fwy diweddar cyhoeddwyd rhifyn arbennig o'r cyfnodolyn *Taliesin* ar y cofiant ym mis Ebrill 2006. Yma, er enghraifft, ceir darlith T. Robin Chapman sydd yn trafod anawsterau llenorion sydd yn cyfansoddi cofiannau,[11] ac erthygl Llion Pryderi Roberts a ddadansodda hanes a nodweddion cofiannau pregethwyr y bedwaredd ganrif ar bymtheg.[12] Ymhellach, y mae nifer o gofiannau newydd wedi'u cyhoeddi yn ystod y deng mlynedd ar hugain diwethaf, megis cyhoeddiadau Alan Llwyd, *Gwae Fi Fy Myw: Cofiant Hedd Wyn* (1991), *Bob: cofiant R. Williams Parry 1884–1956* (2013), ac wrth gwrs, *Kate: cofiant Kate Roberts 1891–1985* (2011), cyfrol a dderbyniodd gryn sylw yn sgil ei dehongliad dadleuol o fywyd personol yr awdures. Ond er gwaethaf rôl gymharol bwysig y cofiant ym myd llenyddol Cymru, nid yw'r ffurfiau hyn yn debyg iawn. Y mae goddrychedd yn hollbwysig o fewn *hunan*gofiant, a phresenoldeb yr *hunan* o fewn yr ysgrifennu hwn yw pwnc yr astudiaeth hon.

BETH YW HUNANGOFIANT?

Y mae'r diffiniad o hunangofiant yn faes eang a chymhleth iawn ynddo'i hun. Y mae sawl cwestiwn yn codi wrth ystyried ffiniau'r ffurf. Beth y dylai'r ffurf ei gynnwys? Ai'r gwirionedd yn unig a dderbynnir mewn hunangofiant? Ymhle y mae ffuglen yn gallu chwarae rôl, os o gwbl? Ai llais yr awdur / awdures yw llais yr adroddwr / adroddwraig? Ac os na, a ellir diffinio'r testun fel hunangofiant?

Fel y dywed Karl Weintraub: 'Since the word "autobiography," by its derivation, means no more than the life recorded is the life lived by the writer, the reach of the term is very wide'.[13] Y mae creu diffiniad llym o hunangofiant yn hynod o anodd gan fod theorïwyr yn dadlau am ei ffiniau, am ei berthynas â ffuglen ac yn arbennig, am bwysigrwydd ei fwriad. Cynigia Linda Anderson grynodeb addas o'r amryw ddiffiniadau o'r *genre* yn ei hastudiaeth, *Autobiography*. Noda Anderson fod beirniaid megis James Olney yn credu bod diffinio'r ffurf yn amhosibl,[14] gan fod hunangofiant mor 'ineffable and irreducible as the self it figures'.[15] Ar y llaw arall y mae beirniaid megis Philippe Lejeune a George Gusdorf yn credu y dylid gosod ffiniau i'r ffurf gan ei bod yn hanfodol gwahaniaethu rhyngddo a ffuglen.[16]

Nid oes lle yn yr ysgrif hon i ddadansoddi'r ffurf yn fanwl.[17] Felly, gan dderbyn y farn ddadleuol y dylid gosod ffiniau o fath i'r ffurf, cymeraf ddiffiniad arloesol Philippe Lejeune fel sylfaen i'm defnydd o'r term yn yr ysgrif hon: '[L]e récit rétrospectif en prose que quelqu'un fait de sa propre existence, quand il met l'accent principal sur sa vie individuelle, en particulier sur l'histoire de sa personnalité'.[18] ['Stori ôl-syllol ar ffurf rhyddiaith y mae rhywun yn ei gwneud o'i fywyd / bywyd ei hun, lle y mae'n rhoi'r prif bwyslais ar ei fywyd / bywyd unigol, yn arbennig ar hanes ei bersonoliaeth / phersonoliaeth.'] Canolbwynt hunangofiant, felly, yw bywyd yr awdur / awdures ei hun ac fe ysgrifennir yr hunangofiant yn y gorffennol, gan edrych yn ôl dros fywyd yr unigolyn.

Ymhellach, ychwanega Lejeune dri chategori allweddol at y diffiniad hwn o'r *genre*. O ran iaith, dylid ysgrifennu hunangofiant ar ffurf rhyddiaith. Yn ail, dylai drafod bywyd unigolyn neu hanes personoliaeth unigolyn. Y mae'r trydydd categori yn ymdrin â pherthynas yr awdur â'r testun: y mae'n rhaid i hunaniaeth yr awdur, yr adroddwr a'r prif gymeriad fod yr un. Am sawl rheswm a ddaw'n amlwg felly, ysgrifennu hunangofiannol sydd gennym dan sylw yma yn hytrach na hunangofiant pur.

Ysgrifennwyd y ddau destun hunangofiannol hyn gan ddwy awdures wahanol iawn. Y cyntaf yw *Y Lôn Wen* gan Kate Roberts, 'brenhines ein llên' ac eicon ym myd llenyddol y Gymraeg. Yr ail yw'r gyfres o straeon byrion *Pererinion a Storïau Hen Ferch* gan Jane Ann Jones, awdures a ddaw o'r un cyfnod yn fras â Kate Roberts ond sydd lawer yn llai adnabyddus. Y mae'r cwmni cyhoeddi Honno, sydd yn ceisio tynnu sylw at awduresau Cymraeg sydd wedi'u hesgeuluso, wedi ailgyhoeddi gwaith Jane Ann Jones mewn ymdrech i roi sylw beirniadol iddi o'r newydd. Y mae'r ysgrif hon, felly, yn ceisio tanlinellu agweddau diddorol ar waith awdures nad yw wedi derbyn sylw digonol hyd yn hyn. Dwy awdures ydynt sydd yn agos iawn o ran eu cyfnod hanesyddol, ond yn bell iawn oddi wrth ei gilydd o ran enwogrwydd a llwyddiant eu gwaith.

Yn yr un modd, gellir hefyd osod y ddau *destun* ar begynau cyferbyniol gan eu bod yn canolbwyntio ar adegau cwbl wahanol ym mywydau'r awduresau, gyda'r cyntaf yn edrych ar ei phlentyndod, a'r ail yn edrych ar ei chyfnod caru a'i rôl fel mam. Serch hynny, y mae testunau'r ddau gymeriad, y plentyn a'r fam, yn cyfleu tueddiadau tebyg o ran eu strwythur, eu cynnwys a'u perthynas â'r awduresau. Yn yr ysgrif hon, cawn ddehongliad newydd o'r hyn sydd yn glynu gwaith yr awduresau hyn at ei gilydd, sef yr hiraeth a gysylltir â phlentyndod.

Y Plentyn: Gwaith Kate Roberts

Edrychwn yn gyntaf ar y testun a'r awdures enwocach. Cyhoeddwyd *Y Lôn Wen* ym 1960. Y mae'r testun yn disgrifio atgofion yr awdures am ei phlentyndod, cefndir ei theulu cyn ei geni hyd yn oed, a hanes ei hardal leol. Nid y math o hunangofiant a ddisgwylir yw hi felly. Nid yw bywyd Kate fel oedolyn yn bresennol, ac eithrio disgrifiadau'r bennod olaf o'i henaint, sef adeg cyfansoddiad y testun. Nid yw ei datblygiad fel awdures yn ganolbwynt chwaith. Mewn gwirionedd, nid yw Kate Roberts ei hun yn ganolbwynt i'r testun o gwbl.

Y mae isdeitl y testun yn awgrymu llawer am ei gynnwys: 'Darn o hunangofiant'. Nid testun cyflawn yw hwn mewn unrhyw ystyr. Cawn ddarn o fywyd ei theulu, darn o amgylchiadau ei magu, a darn bach iawn o'r awdures ei hun. Gwelwn gefndir ei bywyd yn hytrach na'i bywyd ei hun. Ymhellach, dim ond un darn, un cyfnod o fywyd Kate a ddarlunnir, sef ei phlentyndod.

Caiff y testun ei rannu yn sawl rhan neu'n sawl pennod. 'Darluniau' sydd gyntaf: cyfres o atgofion o blentyndod yr awdures sydd yn dilyn trefn gronolegol o fath, er nad oes cysylltiad amlwg rhwng un 'darlun' a'r nesaf. Y mae isdeitlau'r adrannau dilynol yn cyfleu eu cynnwys yn ddigon clir, megis 'Fy Ardal', 'Diwylliant a Chymdeithas', 'Diwylliant a'r Capel', 'Chwaraeon Plant', ayyb. Disgrifiadau o'r bywyd *o amgylch* Kate yw'r rhain. Yna, canolbwyntia'r penodau nesaf ar deulu Kate, a'r bywyd o'u hamgylch nhw, cyn gorffen gyda phennod 'Y Darlun Diwethaf' sy'n cyfeirio at yr awdures yn y presennol adeg ysgrifennu'r gyfrol hon. Dychwelwn at y bennod olaf yn y man, ond am y tro edrychwn yn fras ar natur cynnwys y penodau eraill.

O ran strwythur, nid oes dilyniant amlwg rhwng y penodau. Hynny yw, nid oes plot canolog yn rhedeg trwy'r testun, a'r unig linyn sy'n clymu'r amryw ddarluniau yw cysylltiad bras Kate Roberts ei hun â'r straeon. Edrychir, er enghraifft, ar hanes y chwarel lechi oherwydd ei chysylltiad â'i thad, a disgrifir arferion diwylliannol a chymdeithasol y gymuned, yn ogystal â hanes y capel a'r ardal. Mewn ffordd, gellir eu darllen fel cyfres o straeon byrion yn hytrach na nofel hunangofiannol gyflawn. Y mae'r diffiniad hwn yn addas, wrth gwrs, o ystyried cysylltiad enwog Kate Roberts gyda ffurf y stori fer. Yn ôl Megan Tomos, 'Kate Roberts has been the dominant force in the development of the modern short story, either directly through her own stories or critical writings or indirectly through her influence on others'.[19] Ymhellach, y mae Dafydd Jenkins yn datgan nad yw Kate Roberts yn llwyddo fel nofelydd am mai awdur straeon byrion ydy hi yn naturiol.[20] Rhoddodd Kate ei hunan gryn bwyslais ar gynildeb:

> Y peth i'w gofio gyda stori fer bob amser ydyw mai'r
> gallu i awgrymu sy'n bwysig. Gellir gwneud hyn

drwy beidio â dweud gormod, drwy sgwrs, trwy ddisgrifiadau cynnil. Cynildeb yw'r peth mawr, ond nid y cynildeb hwnnw nad yw'n dweud dim.[21]

Y mae stori fer felly yn awgrymu trwy gynnig cipolwg ar sawl agwedd ar fywyd cymeriad, ac fel y dywed Geraint Wyn Jones: '[Â] darluniau y mae KR hithau'n cyfleu ei syniadau. [...] Sylweddolodd yr artist greddfol fod osgoi'r gosodiad uniongyrchol, ffeithiol, moel, a gweithio mewn iaith ddarluniadol yn un ffordd o gostrelu profiadau bywyd yn eu cyfoeth a'u hamrywiaeth.'[22] Cryfder Kate Roberts yw ei gallu i fanylu ar un olygfa, un darlun, yn hytrach na chadwyn hir ohonynt. Gwelir y tueddiad hwn i ganolbwyntio ar un digwyddiad, un atgof yn arbennig ym mhennod gyntaf *Y Lôn Wen*. Er bod datblygiad cronolegol o fath trwy'r 'Darluniau', gan mai diwedd ei phlentyndod yw diwedd y bennod, nid oes trefn amser clir iddynt. Prin yw'r cyfeiriadau at oedran Kate ar unrhyw adeg, felly dim ond argraff a gawn o blentyndod yr awdures yn gyffredinol. Yn debyg iawn i'w straeon byrion, felly, dim ond cysgod o'r gwirionedd 'ffeithiol, moel' a gynigir yn ei hunangofiant.

Ysgrifennir y frawddeg gyntaf, a'r holl bennod gyntaf, 'Darluniau', yn y presennol: 'Y mae ceffyl y meddyg wedi ei glymu wrth y llidiart, a daw'r meddyg ar hyd y llwybr i lawr at y tŷ'.[23] Nodwedd arall yw hon sydd yn gwrth-ddweud diffiniad Lejeune o hunangofiant fel naratif ôl-syllol. Y mae'r awdures yn ail-fyw ei phrofiadau fel plentyn, yn cyffwrdd ynddynt yn nes nag a wnâi trwy eu hadrodd yn y gorffennol. Y mae ei phrofiadau a'i theimladau yn fyw ynddi unwaith eto.

Yn y bôn, testun am ei phlentyndod yw'r holl lyfr, a dyma'r unig ddarn o fywyd Kate a rennir gyda'r darllenydd yn y testun hunangofiannol hwn. Disgrifir symlrwydd bywyd pan oedd hi'n blentyn, a'i diniweidrwydd yn wyneb 'y byd nad yw'n ddim ond rhywbeth i edrych arno i fabi a phlentyn saith oed'.[24] Cyfleir manylion y bydd hi'n eu cofio ar hyd ei hoes megis aroglau menyn a llaeth enwyn a lleithder, 'aroglau yr wyf i'w cofio am byth',[25] a'r heriau a wynebodd yn ei diniweidrwydd. 'Mi hoffwn gael siarad efo hwy, ond yr wyf yn rhy swil a rhedaf ar ôl y lleill.'[26]

213

Gwelwn ymateb y ferch fach i brofiadau cwbl newydd, megis cynhebrwng ei hathro yn yr ysgol Sul:

> Fel y mae diwrnod y cynhebrwng yn agosáu yr wyf yn mynd yn gynhyrfus, a chaf ias o bleser wrth feddwl fy mod yn cael wynebu peth mor ddychrynllyd a [sic] marw, a marw un yr wyf yn ei adnabod mor dda. Yr wyf yn cael fy nghodi i ryw entrychion dieithr ac edrychaf ymlaen at y peth anghyffredin hwn.[27]

Yma fe brofwn deimladau diniwed y ferch ifanc wrth iddi wynebu rhywbeth hollol annisgwyl. Er mai digwyddiad dychrynllyd yw'r cynhebrwng, fe deimla'n gyffrous wrth feddwl am y profiad 'anghyffredin' hwn. Ceir awgrym yma o ddealltwriaeth yr awdures yn y presennol o'r teimladau anghyfarwydd a brofodd fel plentyn. Digwyddiad cwbl newydd oedd cynhebrwng iddi, ac yr oedd ei hymateb chwilfrydig i'r farwolaeth yn ddigon disgwyliadwy i blentyn, er ei fod efallai yn ymddangos yn rhyfedd i oedolyn. Fe'n croesewir ni, felly, i'r byd yma trwy lygaid y ferch fach. Nid yn unig y mae'r awdures yn ail-fyw ei phrofiadau, ond caiff y darllenydd hefyd ei arwain trwy'r straeon gan wylio a theimlo'r newid graddol yn yr awdures ifanc.

Ceir cymariaethau a chyfeiriadau diderfyn at y gorffennol a sut y mae pethau wedi newid erbyn amser presennol cyfansoddi'r testun. Gwelwn enghraifft o hyn yn ei disgrifiad beirniadol o emynau plant yng nghyfnod ei phresennol hi: 'Nid oes gennyf amynedd o gwbl efo'r pethau a gyfansoddir wrth y dwsin heddiw ac a elwir yn "emynau i blant"'.[28] Y mae hi hyd yn oed yn cyfaddef i'w thueddiad hi a thueddiad pawb arall i wneud hyn: 'Mae'n arfer gennym golbio'r oes hon efo'r oes o'r blaen. Ym mater yr ysgol Sul a'r diwylliant a geir yn y capeli, credaf ein bod yn iawn wrth wneud hynny'.[29] Y mae pob un ohonom, felly, yn euog o edrych tua'r gorffennol fel y gwna'r awdures trwy gydol y testun hwn ac mewn nifer o'i gweithiau eraill. Yn wir, er i Kate Roberts dreulio rhan helaeth o'i bywyd yn Ne Cymru, naill ai yn ardal Aberdâr lle y bu'n dysgu, neu yng Nghaerdydd, ychydig iawn o'i straeon sydd wedi'u gosod yn yr ardal hon. *Ffair Gaeaf* (1937) yw ei hunig gyfrol sydd yn cynnwys nifer o straeon sydd wedi'u gosod yn Ne

Cymru. Tuedda Kate Roberts felly i edrych yn ôl o ran daearyddiaeth ac amser, oherwydd gorffennol Sir Gaernarfon sydd yn bwysig iddi, sef cyfnod a lleoliad ei hieuenctid. Fel y disgrifia Katie Gramich: 'In *Y Lôn Wen*, we can see Kate Roberts responding to the impulse to chronicle a disappearing world, much like her predecessor Eluned Morgan, and also in an autobiographical mode, though Roberts is much less revealing of her own feelings than her Romantic predecessor'.[30] Hiraethu y mae Kate Roberts am y dyddiau a fu, am y gymdeithas a fodolai cyn ac yn ystod ei phlentyndod, ac am gyfnod cynnar ei bywyd ei hun a'r profiadau hynny na all hi eu hail-fyw, er gwaethaf ei hymdrechion ysgrifenedig.

Cyfleir pwysigrwydd plentyndod i'r awdures yn y testun yn y modd y mae hi'n disgrifio diwedd y cyfnod hwn o'i bywyd. Moment drist iawn ydyw'r atgof sydd ar ddiwedd y bennod 'Darluniau', lle y mae'r awdures yn sylweddoli mai diwedd ei phlentyndod ydyw: 'Yr wyf yn mynd i fyd newydd, byd difrif, di-chwarae; ni chaf hitio marblis ar y lôn eto, na chwarae london, na rhedeg ras wrth y pwll trochi defaid'.[31] Datblygiad ei meddwl sy'n dynodi diwedd diniweidrwydd Kate fach. Wrth iddi geisio cofio pennod o'r *Hyfforddwr* ar gyfer yr Ysgol Sul, fe sylweddola nad yw'r broses yn rhwydd iddi erbyn hyn o achos newid ym mhrosesau ei hymennydd:

Pum mlynedd yn ôl buaswn yn dysgu hwnna fel ruban ac yn ei gofio heb ddeall na meddwl amdano. Ond heddiw, yr wyf yn deall y gair 'annheilwng', ac y mae yn fy mhigo rhywle. Nid wyf yn hapus. Ceisiaf wneud esgus drosof fi fy hun, fod gennyf lawer o waith dysgu yn yr ysgol. Ond efallai wrth ddechrau *meddwl* am bethau, nad wyf yn gallu cofio cystal. Rhof un cynnig arni eto, ond ni allaf ddysgu. Af ar ben y bwrdd ac eistedd arno a'm coesau wedi eu croesi fel teiliwr. Mae'n well fel hyn, a dechreua'r geiriau fyned i'r cof. Ond ni fydd pethau yr un fath. Yr wyf yn peidio â bod yn blentyn ac yn dechrau mynd yn ddynes. Mae'n deimlad ofnadwy fod unrhyw beth yn peidio â bod am byth.[32]

Y mae Kate Roberts yn ffarwelio â'i phlentyndod yma, yn galaru am golled y rhyddid, y symlrwydd a'r diniweidrwydd a ddaeth yn sgil hyn. Nid darlun cadarnhaol a gawn o ddatblygiad ei meddwl, ei chreadigrwydd a'i hoedran, ond diweddglo trist i gyfnod hapusaf bywyd Kate, sef y darn o'i hunaniaeth y mae hi'n dewis ei rannu yn yr 'hunangofiant' hwn.

Fe ddisgrifia Kate Roberts ei thuedd i edrych tua'r gorffennol yn *Y Lôn Wen* ac yn fwy cyffredinol, gan awgrymu'r siom anochel a ddaw yn sgil y weithred:

> Wrth edrych yn ôl, yr ydym yn dueddol i gymharu ac i gyferbynnu pethau ddoe â phethau heddiw, pobl ddoe â phobl heddiw, a llawer ohonom yn bur bendant fod ddoe yn well ym mhob ffordd na heddiw. [...] Pan ddywedwn beth fel yna yr ydym yn gwneud yr hyn sy'n amhosibl [...] Yn aml iawn, nid yw'r peth sy'n gweddu i un cyfnod yn gweddu i gyfnod arall o gwbl. At hynny, yr ydym ni ein hunain wedi newid.[33]

Yma y mae Kate ei hun yn cyfleu'n fras yr hyn y mae hi'n ei wneud o fewn y testun hwn. Fe ddisgrifia gyfnod yn y gorffennol y mae hi'n hiraethu amdano, ond cyfnod y gŵyr hi na all ddychwelyd ydyw gan ei bod hi wedi heneiddio ac wedi newid o ganlyniad. Dyheu am yr amser a fu y mae hi, ond cydnebydd ar yr un pryd mai darn yn unig a gawn ohono.

ABSENOLDEB YR AWDURES

Er gwaethaf y cyffyrddiadau hyn â phlentyndod Kate, nid yw'r awdures yn weladwy iawn yn ei thestun hunangofiannol. Tu hwnt i'r darluniau cynnar o'i phlentyndod, darlun hanesyddol a roddir gan mwyaf: 'Er i mi chwilio llawer i'r mater, nid wyf yn hollol sicr i bwy y telid y rhent am y tir bob amser'.[34] Nid profiad personol yw hwn, ond ffrwyth gwaith ymchwil. Cefndir i fywyd Kate yw hyn yn hytrach na hanes ei bywyd ei hun. Yn wir, y mae llawer o'r straeon hyn yn dyddio ymhell cyn amser yr awdures, megis hanes ei thad yn dechrau gwaith yn y chwarel ym 1861, sef deng mlynedd ar hugain cyn genedigaeth Kate ym 1891.[35] Ar adegau, ymddengys y testun megis cymysgedd o ryddiaith ac ysgrif hyd yn oed. Dyfynna hi o waith Countess Martinengo-Cesaresco ar lên gwerin wrth drafod natur chwarae plant mewn gwledydd gwahanol.[36] Unwaith eto, gwelwn nad Kate Roberts ei hun yw canolbwynt y cynnwys.

Fel y gwelsom eisoes, canolbwynt *Y Lôn Wen* yw teulu'r awdures a'r gymuned o'i chwmpas, yn hytrach na'i bywyd hi ei hun. Cyflwynir y gwaith hefyd 'I goffadwriaeth fy nheulu i gyd', felly o'r dechrau ei theulu yw calon y gwaith. Yn y ffordd hon, y mae hunangofiant Kate Roberts yn debyg iawn i destun enwocaf yr awdures Eidalaidd, Natalia Ginzburg, sef *Lessico Famigliare* [*Dywediadau Teuluol*]. Unwaith eto, ni ellir labelu'r llyfr hwn fel hunangofiant oherwydd absenoldeb nodweddiadol yr awdures ei hun o'r testun. Y mae'n disgrifio hanes ei phlentyndod a'i bywyd fel oedolyn ond gan ganolbwyntio ar ei pherthnasau. Fframwaith y nofel, ac ystyr ei theitl, yw dywediadau unigryw ei theulu a oedd wedi datblygu ystyr arbennig iddynt hwy. Yn y rhagymadrodd y mae Ginzburg ei hun yn cyfaddef: 'Questa difatti non è la mia storia, ma piuttosto, pur con vuoti e lacune, la storia della mia famiglia'.[37] [Mewn gwirionedd, nid fy stori i yw hon, yn hytrach, er ei bod yn cynnwys bylchau, stori fy nheulu ydyw.]

Yn ei hysgrif ar lenyddiaeth menywod Eidaleg, y mae Nicoletta Simborowski yn disgrifio mudandod Ginzburg fel a ganlyn: 'I would suggest that this absence at the centre of an ostensibly autobiographical work implied an unhealthy self-effacement, concealing painful emotions of many kinds, a deliberate self-effacement belied by the apparently detached tone of the narrative'.[38] Ac yn wir, fe ellir dweud yr un peth am hunangofiant y ddwy awdures Gymraeg. Awgrymiadau a geir am brofiadau personol y ddwy, yn hytrach na phortread clir ohonynt.

Er gwaethaf pwysigrwydd teulu Kate Roberts yn *Y Lôn Wen*, dim ond ar dudalen 89 o'r testun y down at ddarluniau o'i theulu agos hyd yn oed, sef yr hyn sydd anhawsaf i'w ddisgrifio yn ôl yr awdures ei hun: 'Dof yn awr at y rhan anhawsaf o'r llyfr, sef disgrifio fy rhieni. Hyd yma ni fu'n anodd bod yn wrthrychol wrth sôn am fy nheulu, ond pan ddoir y tu mewn i furiau'r cartref, caf gryn anhawster mi wn, oblegid mae'n anodd sefyll y tu allan i berthynas mor agos'.[39] Wrth gwrs, y berthynas agosaf oll yw'r un y mae'r awdures yn ei rhannu gyda'i hunan, a dyma yn union y mae hi'n ei osgoi. Dim ond arwain y darllenydd ar gyrion ei bywyd y mae hi. Hynny yw, dim ond cipolwg a gawn o'i phrofiadau hi, o'i theimladau, o'i datblygiad fel unigolyn, sef prif amcan y rhan fwyaf o ysgrifennu hunangofiannol.

Mewn geiriau sydd bron yn adleisio mynegiant Ginzburg yn berffaith, fe gyffesa Kate ar ddiwedd y testun nad hyhi yw canolbwynt ei 'hunangofiant' o gwbl:

Pan fûm yn ysgrifennu'r pethau hyn fe gododd y meirw o'u beddau am ysbaid i siarad efo mi. Fe ânt yn ôl i gysgu eto. Ysgrifennais am fy nheulu a'i alw'n hunangofiant, ond yr wyf yn iawn. Fy hanes i fy hun yw hanes fy nheulu. Hwy fu'n gwau fy nhynged yn y gorffennol pell.[40]

Y mae ei habsenoldeb felly yn gwbl amlwg i'r awdures ei hun hefyd. Y mae hi'n guddiedig, yn dawel, yn cadw i'r ymylon wrth bortreadu darn bach o'i bywyd hir a llawn fel menyw, ac yn bwysicach efallai, fel awdures.

STRAEON

Er gwaethaf absenoldeb Kate Roberts o'r testun, y mae un thema bwysig a chyson yn bresennol sydd yn cyfleu agwedd ar ddatblygiad Kate fel unigolyn, ond yn bwysicach oll fel awdures, a'r thema hon yw iaith a straeon. Y mae straeon a'u dylanwad ar Kate yn amlwg iawn trwy'r holl lyfr: 'Eithr y pethau a gofiaf fi fwyaf ydyw yr adrodd straeon. [...] [I] mi mae'n un ochr i ddiwylliant. Yr oedd gan y bobl yma ddawn i adrodd stori'n gelfydd, a weithiau y dull yr adroddid hi ac nid y stori ei hun a roddai fodlonrwydd.'[41] Cyfeiria'n gyson at straeon a glywodd gan ffrindiau'r teulu, pregethwyr a storïwyr da a adwaenai, a phwysigrwydd darllen a chreu storïau iddi hi'n bersonol: 'Fy mhechod parotaf i oedd siarad yn y gwersi anniddorol. Os na byddai diddordeb yn y wers, yna creai geneth arall a minnau ein diddordeb ein hunain drwy wau stori yn ddistaw efo'n gilydd'.[42]

Storïwyr oedd perthnasau Kate a gyflwynir yn y llyfr, a dyma'r rhan bwysig o'i magwraeth a bortreadir. Dyma hanes datblygiad creadigol yr awdures, hanes dylanwad storïwyr eraill a'i hysgrifennu cynnar hi ar ei hunaniaeth. Oherwydd dyma oedd cyfoeth ei phlentyndod: 'Ni welsom erioed gyfoeth, ond cawsom gyfoeth na all neb ei ddwyn oddi arnom, cyfoeth iaith a diwylliant. Ar yr aelwyd gartref y cawsom ef, a'r aelwyd honno yn rhan o'r gymdeithas a ddisgrifiais ar y cychwyn.'[43]

Yn wir, ei hysgrifennu sydd yn tynnu profiadau bywyd Kate Roberts at ei gilydd, oherwydd fe ellir dadlau mai 'darn o hunangofiant' yw'r *Lôn Wen* gan fod y darnau eraill wedi'u gwasgaru trwy'i gwaith i gyd. Fel yr awgryma Derec Llwyd Morgan: 'Perhaps some will find this a strange notion, but Kate Roberts knows full well how the parts of her creation are interconnected'.[44] Y mae'r awdures ei hun yn cyfaddef nad yw hi'n manylu ar rai agweddau o gynnwys *Y Lôn Wen* gan eu bod eisoes yn bresennol yn ei gwaith creadigol arall, e.e. 'Disgrifiais yn *Traed Mewn Cyffion* gyflwr llaith y tai',[45] ac eto wrth ddisgrifio'r Eisteddfod: 'Yr wyf wedi sôn am ein cylchwyl lenyddol ni yn *Traed Mewn Cyffion*, felly byr fydd ei hanes yma, er ei bod yn rhan bwysig o ddiwylliant ardal'.[46]

Y mae cofiant Alan Llwyd yn tanlinellu'r elfen hunangofiannol sydd yn bresennol yn nifer o weithiau ffuglennol yr awdures.[47] A nodi rhai enghreifftiau, y mae Owen yn *Traed mewn Cyffion* (1936) yn ennill ysgoloriaeth i'r Ysgol Sir yn debyg i Kate ei hun. Disgrifir aberth ei rhieni wrth iddynt gynnig addysg i'w plentyn yn *Tegwch y Bore* (1967) ac yn y ddrama *Ffarwel i Addysg* (1932). Ac wrth gwrs, y mae atgofion poenus am farwolaeth ei brawd, Dei, yn ystod y Rhyfel Byd Cyntaf yn bresennol yn *Tegwch y Bore* a *Traed mewn Cyffion*. Ymhellach, yn ôl John Emyr: 'Digon amlwg yw'r elfen gofiannol a hunangofiannol yng ngwaith y Dr. Kate Roberts,'[48] yn enwedig gan iddi gyflwyno darnau o'i dyddiaduron i'w cyhoeddi yn *Y Faner* ac yn *Y Ddraig Goch*.[49] Yn ogystal, cyhoeddwyd rhai o'i llythyron personol megis ei gohebiaeth gyda Saunders Lewis a'r llythyron a gyfnewidiwyd rhyngddi hi, Saunders a D. J. Williams.[50] Y mae sawl darn arall o'i bywyd personol, felly, ar gael mewn print ar gyfer cynulleidfa Cymru.

Serch hynny, nid yw'r beirniaid hyn yn cydnabod presenoldeb *cyflawn* yr awdures yn ei gwaith arall, oherwydd fe ddywed Derec Llwyd Morgan: 'Kate Roberts is so well-known among the Welsh that many have mistaken this literary co-identification with autobiography. She is *not* Lora Ffennig, though part of her is. Nor is she in full Ann Owen of *Tegwch y Bore*'.[51] Yma, y mae Derec Llwyd Morgan ar yr un pryd yn tanlinellu ond yn colli'r brif nodwedd ar waith Kate Roberts. Y mae llawer o'i gwaith yn *hunangofiannol* er nad hunangofiant pur ydyw. Derbyniwn ddarnau o'i hunaniaeth; gwasgerir darnau o'i hunan trwy gydol ei gwaith, ac y mae'r testun y gwnaeth hi ei hun ei labelu fel 'Darn o Hunangofiant' yn cyfrannu un darn arall at y jig-so sydd yn estyn dros ei gweithiau eraill. Ac yn ôl John Emyr, '[Y] "darn o hunangofiant" hwnnw, er ei ddifyrred, yw'r lleiaf cofiannol o blith holl lyfrau'r awdures'.[52] Y mae'n ddiddorol, felly, mai y testun a enwir 'hunangofiant' sy'n cynnwys y darn lleiaf o hanes yr awdures ei hun.

Fel y nodwyd eisoes, y mae cofiant Alan Llwyd yn cynnig dehongliad dadleuol am fywyd personol Kate gan honni i'r awdures orfod cuddio ei rhywioldeb o achos beirniadaeth gymdeithasol y cyfnod: 'Rhan enfawr o rwystredigaeth Kate oedd y ffaith na châi ddadlenu'r gwir amdani hi ei hun trwy godi'r caead oddi ar y crochan berw'.[53] Er nad wyf o reidrwydd yn cytuno â'r dehongliad hwn o fywyd preifat yr awdures, y mae dadansoddiad Alan Llwyd yn cefnogi'r ddamcaniaeth bod agweddau o'i hunaniaeth nad oedd yr awdures yn fodlon eu rhannu, neu yn hytrach, nad oedd yn gallu eu rhannu, ac mai dethol darnau o'i hunanbortread y mae Kate Roberts yn yr hunangofiant hwn a thrwy gydol ei gwaith. Fel yr awgryma Jerome Bruner: '[N]arrative acts of self-making are usually guided by unspoken, implicit cultural models of what selfhood should be, might be – and, of course, shouldn't be'.[54] Y mae ysgrifennu hunangofiannol Kate Roberts, felly, yn cyd-fynd â disgwyliadau cymdeithasol y cyfnod am yr hunan.

Yn y bennod olaf, sef 'Y Darlun Diwethaf' fe ddychwelwn at amser y presennol o ran y cynnwys a safbwynt y naratif. Y mae defnydd yr amser presennol yn cryfhau'r berthynas a rennir rhwng yr hen fenyw sy'n ysgrifennu nawr a'r plentyn yr oedd hi'n ei gofio yn y bennod gyntaf. Fel y dywed Katie Gramich: 'The child that Kate Roberts was before 1917, the year in which she lost her brother in the First World War, is the child who comes to life in the early "pictures" of *Y Lôn Wen*. And that child is still vividly alive in Kate Roberts the elderly woman, still asking questions on the last page of the book'.[55]

Am unwaith, fe ry'r awdures hi ei hun ar ganol y naratif, oherwydd fe ddechreua'r bennod gyda'r geiriau: 'Yr wyf yn hen […] Eisteddaf wrth y tân yn synfyfyrio am yr hyn a sgrifennais, a meddwl faint ohonof fi fy hun sydd ynddo'.[56] Unwaith eto y mae Kate Roberts wrth yr aelwyd, sef calon ei chartref a chanolbwynt ei phrofiad o gyfnewid a chreu straeon. Awgryma'r awdures ei hun nad yw hi'n ymddangos yn y testun ryw lawer, ond y mae hi hefyd yn awgrymu felly ei bod hi'n ymddangos rywfaint o fewn straeon ei pherthnasau a'r bobl a adwaenai. Adlewyrchiadau a gawn ohoni. Nid ydyw'r darlun yn uniongyrchol nac yn glir, ond fe ddown i ddeall mwy am y fenyw greadigol hon trwy ei phortread rhanedig o'i phlentyndod.

Y FAM: GWAITH JANE ANN JONES

Symudaf yn awr at yr ail destun, sef *Pererinion a Storïau Hen Ferch* gan Jane Ann Jones. Er i'r gyfrol gael ei hysgrifennu ym 1937 ac er i *Storïau Hen Ferch* gael ei chyhoeddi ym 1937, cyhoeddwyd y nofela *Pererinion* am y tro cyntaf mor ddiweddar â 2008, oherwydd llosgwyd y llawysgrif wreiddiol gan gariad yr awdures, ac fe ddarganfuwyd copi yn 2003 gan Nan Griffiths.[57] Fel y dywedais eisoes, nid yw Jane Ann Jones wedi derbyn yr un sylw beirniadol â Kate Roberts. Yn wir, llwyddiant Kate Roberts yw un o'r rhesymau am fethiant Jane Ann Jones, i raddau, oherwydd fel y dywed Cathryn A. Charnell-White yn ei rhagymadrodd i'r gyfrol *Pererinion*: 'Yn ystod ei hoes ac wedi ei dyddiau hefyd, bu straeon byrion a nofelau Jane Ann Jones dan gysgod "brenhines ein llên", Kate Roberts, ond y mae hi'n hen bryd iddi gael sylw beirniadol diduedd'.[58] Mae'n ddiddorol iawn felly fod y ddwy awdures yn dangos tueddiadau mor debyg yn eu hysgrifennu hunangofiannol, er gwaethaf eu profiadau gwrthgyferbyniol o'r byd llenyddol.

Cyfres o straeon byrion yw cyfrol Jane Ann Jones yn hytrach nag un testun hwy ar ffurf nofel. Rhoddir y pwyslais mwyaf ar y stori gyntaf, 'Pererinion' gan ei bod yn hwy na'r lleill. Fe'i disgrifir gan Cathryn A. Charnell-White megis 'nofela' yn ei rhagymadrodd llenyddol i'r gyfrol. Y stori gyntaf hon sydd yn adlewyrchu digwyddiadau bywyd yr awdures, ac am y rheswm hwn, y stori hon fydd canolbwynt f'astudiaeth i o'r testun.

ENWAU

Y mae defnydd yr awdures o enwau yn dweud llawer wrthym am ei pherthynas â'i gwaith ysgrifenedig. Yn wir, y mae'r pellter rhwng yr awdures a'i thestun hyd yn oed yn fwy yng ngwaith Jane Ann Jones nag ydyw yn *Y Lôn Wen*. Y rheswm cyntaf am hyn yw defnydd yr awdures o ffugenw. Ganwyd Louie Myfanwy Davies ym 1908. Yn ôl Nan Griffiths, dim ond pedwar o bobl a oedd yn gwybod mai Myfanwy Davies oedd Jane Ann Jones, ac ymysg y rhain yr oedd Kate Roberts ei hun a'i gŵr, Morris Williams.[59] Nid oedd hunaniaeth Myfanwy Davies ar gael i'r darllenydd fel enw a label ar ei gwaith hyd yn oed.

Ymhellach, pellha Jane Ann Jones oddi wrth y testun ymhellach oherwydd ei defnydd o'r trydydd person trwy gydol y naratif. Wrth gwrs, y mae nifer o destunau hunangofiannol gan ddynion hefyd wedi'u cyfansoddi yn y trydydd person, felly nid techneg fenywaidd yw hon yn unig. Y mae hunangofiant Roland Barthes, *Roland Barthes par Roland Barthes* (1975), yn enwog am ei ddefnydd o'r trydydd person, ac i enwi enghraifft Gymraeg y mae hunangofiant R. S. Thomas, *Neb* (1985), hefyd yn defnyddio'r dechneg naratif hon. Yn ogystal, y mae nifer o weithiau hunangofiannol yn mabwysiadu safbwynt trydydd person er mwyn gosod bywyd yr awdur ar ffurf ffuglen, megis *Una Vita* [Un Bywyd] (1892) gan Italo Svevo, ac wrth gwrs, nifer o nofelau Kate Roberts megis *Tegwch y Bore*. Serch hynny, noda Nicoletta Simborowski fod defnydd o'r trydydd person yn nodweddiadol o awduresau a bod naratif o'r fath yn gysylltiedig gyda mudandod y fenyw:

> The pressures of silence on female writers, however,
> have affected not only the content of what they write,

but also the style. Firstly, there is a strong tendency for the narrative voice to be disguised in some way. Women writers are psychologically hampered from assuming the third-person omniscient voice, which we associate with God, with maleness, with justice and truth, but also with cruelty and control. This leaves them with the first-person voice, but the female writer then runs the risk of being accused of writing thinly-veiled autobiography. The woman author is unable to write openly and authentically as a woman without shouldering a baggage of associations, so she is driven towards strategies to conceal her 'self', devising complex narrative structures and assuming disguised narrative voices.[60]

Er bod defnydd o'r trydydd person hefyd yn bodoli mewn hunangofiannau gwrywaidd, felly, nid yw'r dechneg o reidrwydd yn dilyn yr un bwriad, sef cuddio neu gysgodi'r hunan. Ymhellach, y mae naratif o'r fath yn ychwanegu at nifer o nodweddion eraill o fewn hunangofiannau benywaidd sydd yn cyfleu natur cuddiedig yr ysgrifennu.

Yma byddai'n briodol ystyried gwaith yr athronydd ffeminyddol Eidalaidd, Adriana Cavarero, ar naratif, yn arbennig ei thestun, *Tu che mi guardi, tu che mi racconti: Filosofia della narrazione* [*Ti sy'n edrych arnaf, ti sy'n f'adrodd: Athronyddiaeth naratif*]. Yn yr astudiaeth hon y mae Cavarero yn dadansoddi'r ffordd y caiff yr hunan ei greu trwy'r broses o adrodd stori, ac o ganlyniad, y broses o gyflwyno'r hunan i wrandäwr, sef y darllenydd yn yr achos hwn. Y mae Cavarero yn datgan, yn addas iawn, mai math o hunan-ddyblu yw hunangofiant, oherwydd y prif gymeriad a'r adroddwr(aig) yw'r awdur(es) o fewn stori ei f/bywyd:

> Raccontarsi è distanziarsi, sdoppiarsi, farsi altro. Non a caso la narratologia deve cimentarsi con 'l'anomala coincidenza di autore, narratore e personaggio' che è tipica dell'opera autobiografica. C'è così, nell'autobiografia, la strana pretesa di un sé che si fa altro per potersi raccontare, ossia di un sé che,

utilizzando come specchio separato la memoria in cui inseparabilmente consiste, appare a se stesso come un altro: esterna la sua intima autoriflessione. L'*altro*, dunque, è qui il prodotto fantasmatico di uno sdoppiamento, la supplenza di un assente, la parodia di una relazione.[61]

[Ystyr adrodd yr hunan yw ymbellhau oddi wrth yr hunan, hunan-ddyblu, gwneud arall o'r hunan. Nid damwain yw'r ffaith fod yn rhaid i theori ac astudiaeth o naratif fynd i'r afael â'r 'cysylltiad eithriadol rhwng yr awdur, yr adroddwr a'r prif gymeriad' sydd yn nodweddiadol o hunangofiant. Yn y ffordd hon, o fewn hunangofiant y mae'r honiad rhyfedd bod yna hunan a all droi'n 'arall' er mwyn ei adrodd ei hunan, neu yn hytrach, hunan sydd yn ymddangos fel 'arall' iddo'i hunan trwy ddefnyddio'r cof, sy'n rhan annatod ohono, fel drych: y mae'n allanoli ei adlewyrchiad mwyaf preifat. Cynhyrchiad rhithiol yw'r *arall* yma, felly, a ddaw o hunan-ddybliad, o gyfnewidiad absenoldeb, o berthynas ffug.]

Y mae hunangofiant yn galluogi'r awdures i edrych ar ei bywyd ei hun o safbwynt allanol er mwyn deall ei ystyr. Tanlinellir y broses o hunan-ddyblu'n fwy, wrth gwrs, gan ddefnydd o'r trydydd person gan ei fod yn creu bwlch ehangach rhwng yr hunan a'r arall a grëir trwy ysgrifennu hunangofiant.

Felly, y mae llais allanol y naratif yn galluogi Jane Ann Jones i gamu'n ôl o'i gwaith ac o'i bywyd ei hun. Fe all hi greu ffuglen o'r gwirionedd, creu stori o'i bywyd yn hytrach nag adrodd ei 'hanes' ei hun. Wrth gwrs, y mae safbwynt y naratif hefyd yn rhan bwysig o'r ddadl ynglŷn â diffiniad hunangofiant, ac am y rheswm hwn y mae fy niffiniad o'r testun yn nhermau ysgrifennu hunangofiannol yn fwy addas.

Gwelir y dechneg hon ar waith yn naratif sawl hunangofiant benywaidd, megis gwaith yr awdures Sardeg, Grazia Deledda. Llyfr olaf Deledda oedd ei nofel hunangofiannol *Cosima* a gyhoeddwyd ym 1937 (sef yr un flwyddyn â chyfansoddiad *Pererinion*), ac fe'i hysgrifennwyd ar ffurf ffuglen gyda safbwynt adroddwr trydydd person allanol. Fe alluoga'r dewis hwn yr awdures i fabwysiadu safbwynt allanol, i greu darlun cliriach o'r digwyddiadau a datblygu dealltwriaeth well o'u hystyr. Yn yr un ffordd, felly, y mae Jane Ann Jones yn creu bwlch rhyngddi hi ei hun fel awdures a chymeriad, bwlch rhwng Myfanwy Davies a'r 'Ferch' yn *Pererinion*.

Er mai *Pererinion* yw'r stori sydd wedi'i seilio ar fywyd Jane Ann Jones, nid yw enw yr awdures ei hun (na'i ffugenw) yn ymddangos yn y naratif. Mewn gwirionedd, nid oes unrhyw enw yn y stori. Yn hytrach, defnyddir labeli sy'n dynodi rôl y cymeriadau a'u perthynas gyda'i gilydd o fewn y stori: sef y Ferch, y Dyn, a'r Wraig. Yn y deialog, y mae'r cymeriadau eu hunain yn defnyddio llysenwau wrth gyfeirio at ei gilydd megis 'mêt bach' a ''nghalon i', er mwyn ychwanegu at ddigrifwch eu henwau. Wrth gwrs, gellir dehongli hyn fel modd arall o guddio hunaniaeth yr awdures, yn ogystal â dull o danlinellu perthynas garwriaethol gymhleth y cymeriadau. Nodwn hefyd mai 'y Ferch' yw'r arwres yn hytrach nag 'y Fenyw' er mai 'y Dyn' yw ei chariad. O bosib y mae'r term yn pwysleisio'r gwahaniaeth oedran (oherwydd fe wyddwn fod cariad Jane Ann Jones yn hŷn na hi hefyd), ond y mae hefyd yn amlygu'r anghytbwysedd yn y berthynas. Fel y gwelwn, y Dyn sy'n rheoli, ac nid y Ferch.

Unwaith eto, gwelir tebygrwydd yma rhwng Jane Ann Jones a Grazia Deledda o ran eu defnydd o enwau wrth ysgrifennu'n hunangofiannol. Y mae sawl awdures wedi defnyddio ffugenw wrth gyhoeddi eu gwaith, megis George Elliot, y chwiorydd Brontë, a Louisa M. Alcott. Yn yr un ffordd, fe benderfynodd Deledda wahaniaethu rhyngddi hi ei hun a phrif gymeriad ei nofel hunangofiannol trwy roi'r enw Cosima iddi. Y mae hyn yn galluogi'r awdures i greu ffuglen o'i bywyd ei hun, i gyfansoddi ei hanes ar ffurf stori. Yr hyn sydd yn ddiddorol am ei dewis, serch hynny, yw'r ffaith mai ail enw Deledda yw Cosima: Grazia Cosima Deledda oedd ei henw llawn. Trwy wneud hyn, nid yw Deledda yn hepgor ei chysylltiad â stori ei bywyd yn llwyr. Trwy ddewis Cosima, gall Deledda ysgrifennu am ei bywyd ei hun o bellter. Fe all gyfeirio ati ei hun yn y trydydd person, gan ymrannu'n adroddwraig a phrif gymeriad, y person sy'n disgrifio a'r person a ddisgrifir. Fe ymgorffora'r hunan a'r arall. Disgrifia Bobi Jones yr ymraniad hwn yn berffaith: 'Ef yw pob fi, a fi yw ef. A dwi felly rywfodd i mewn a ma's yr un pryd. Arall wyf, a hunan hefyd.'[62]

Yn debyg iawn, felly, y mae Myfanwy Davies wedi penderfynu amlygu ei pherthynas â'r straeon ffuglen yn y gyfres hon mewn modd cuddiedig trwy ddefnyddio'i ffugenw. Adleisir ffugenw'r awdures ymysg enwau cymeriadau eraill y gyfrol, oherwydd amrywiaethau ar Jane Ann Jones yw'r rhan fwyaf o'r prif gymeriadau benywaidd. Cawn Maggie *Jones* yn 'Gwragedd Clên', Sera *Jones* yn 'Fel Angylion', *Janet Jones* yn 'Helaeth Fynediad' a'r teulu *Jones* yn 'Rags-an-Bôns'. Wrth gwrs, gellir dadlau mai cyfenw cyffredin yw Jones y gall unrhyw awdur ei ddewis ar gyfer stori Gymraeg. Y mae hyn yn wir, ond nid dyma ddiwedd y patrwm. *Jane* wrth gwrs yw prif gymeriad 'Jane Elen' ac enw cymeriad yn y stori 'Rhif 557 yn y Catalog'. Gwelwn Miss *Jane* a Maggie *Ann* yn 'Mab a Roddwyd i Ni', ac ymddengys *Ann* neu *Ann*ie yn 'Porthi Nwyddau', 'Y Blynddoedd Canol' a 'Lol'. Nid damwain yw'r defnydd helaeth hwn o enwau tebyg trwy'r straeon. Y mae'r gadwyn o enwau'n cysylltu ynghyd ddarnau o ffuglen sydd yn cyfleu agweddau ar wirionedd bywyd yr awdures.

PERERINION

Trown yn awr at gynnwys *Pererinion*. Y mae'r stori yn disgrifio carwriaeth merch a dyn priod ac fe ry gipolwg ar deimladau'r ferch, y dyn a'i wraig am y sefyllfa. Ar yr wyneb y mae pob un yn hapus gan nad yw'r wraig yn gwybod yn sicr am berthynas ei gŵr gyda rhywun arall, ac fe lwydda'r ferch i'w pherswadio'i hun ei bod yn fodlon am y tro. Gydag amser, wrth gwrs, fe ddaw'r garwriaeth i ben ac wrth edrych i'r dyfodol y mae'r ferch wedi llwyddo i adennill ei bywyd a'i hunanhyder, tra mae'r pâr priod yn parhau i amau ei gilydd a'u priodas.

Y mae teitl y testun, mewn modd tebyg i nofel hunangofiannol Kate Roberts, yn cyfleu'r thema o daith. Teithia Kate Roberts yn ôl ar hyd *Y Lôn Wen* at flynyddoedd cynnar ei bywyd, ac fe ddisgrifia Jane Ann Jones helyntion ei thaith hithau. Pererin yw hi yn edrych am dawelwch meddwl: 'Yr oedd wedi talu pris uchel am fwyniant y gorffennol a rhaid yn awr oedd talu am dawelwch meddwl. Tawelwch meddwl? Ai hwnnw oedd y wobr a geisiai pob dyn?'63

Seilir y stori ar garwriaeth yr awdures gyda dyn priod a oedd yn hŷn na hi. Ni wyddys enw'r dyn yn sicr, ond cyfeiriodd Jones ato fel 'G', ac y mae'r gyfrol hon yn gyflwynedig i 'G' sydd yn cryfhau natur hunangofiannol y testun. Yn ystod eu perthynas a barodd am bymtheng mlynedd fe gafodd Jane faban. Fe roddodd y baban i'w fabwysiadu a bu farw'r plentyn ychydig wedi hyn. Profiad poenus iawn ydoedd i'r awdures, a chyfleir hyn mewn mannau yn y gyfrol hon.

Egyr y stori gydag ansicrwydd 'I ble'r awn ni nesa, dywed?',64 sy'n cyfleu natur anhapus y garwriaeth o'r dechrau. Er iddi ymddangos yn 'hollol fodlon ar y byd bach yr oeddynt ynddo'n awr',65 nid yw hyn yn gwbl wir o edrych yn ôl fel y mae'r awdures yn ei wneud trwy ysgrifennu'r stori. Fe welwn ei hanallu i fynegi ei phryderon wrth y Dyn pan ddanfona ef gerdyn at ei Wraig yn hytrach na phrynu baco fel y mae'n honni gwneud. Mae ei thawelwch yn adlewyrchu ei diffyg pŵer yn y berthynas. Unwaith eto, felly, gwelwn fudandod y fenyw yng nghynnwys y testun yn ogystal ag yn ei iaith a'i naratif. Y mae'r thema hon hefyd yn ailymddangos mewn sawl stori yn y gyfrol, fel y gwelwn isod. Y gwirionedd trist yw mai'r Dyn sydd yn gyfrifol am ei hapusrwydd, ond yn fwy na hynny, y Dyn sy'n rheoli ei hapusrwydd mewn ffordd annaturiol iawn: 'Oedd, yr oedd ei hapusrwydd yn gwbl ddibynnu ar gael bod yn ei gwmni ef'.66 Y mae ei hyder a'i hunaniaeth felly yn gwbl ddibynnol arno ef.

Serch hynny, nid bwriad Jane Ann Jones yw portreadu ei hunan fel dioddefwraig ddiniwed yn y stori hon. Fe roddir safbwynt y Wraig er mwyn cynnig darlun cliriach o gyd-destun ei charwriaeth, a'r niwed a wnaeth i bobl eraill yn ogystal ag iddi hi ei hun. Yn ôl y naratif: 'Hyhi [Y Wraig], efallai, oedd y mwyaf unig o'r pererinion.'67 Nid y Ferch felly yw arwres y stori o reidrwydd, er ei bod hi'n cynrychioli rôl yr awdures o fewn stori ei bywyd. Gall hyn awgrymu ymgais yr awdures i ennill dealltwriaeth well o'r hyn a brofodd. Yn wir, y mae'r broses o ail-fyw ei gorffennol yn caniatáu iddi ddeall ei hunaniaeth bresennol yn well. Fel yr awgryma'r Ferch ei hun: 'Hwyrach mod i ar fai yn ffoi; mai gadael i'r gorffennol ddod yn rhan o'r presennol y dylwn.' Gwelodd mai'r gorffennol, er da neu ddrwg, a'i gwnaeth yr hyn ydoedd.'[68]

STORÏAU HEN FERCH

Er mai *Pererinion* yw'r brif stori hunangofiannol yn y gyfres, y mae cysylltiad hunangofiannol gan yr awdures â'r storïau eraill. Y maent wedi eu gweu at ei gilydd er mwyn cyfleu rhannau ac agweddau ar fywyd yr awdures a'r byd o'i chwmpas. Yn yr un modd felly ag y mae profiadau personol Kate Roberts wedi'u gwasgaru trwy ei thestunau eraill, y mae bywyd Jane Ann Jones yn bresennol mewn nifer o'r straeon byrion a gyflwynir ar y cyd â *Pererinion*.

Un o'r motiffau pwysicaf sydd yn codi ymysg y straeon yw'r fam, yn enwedig mam sydd wedi colli plentyn. Yn *Pererinion*, dim ond cyfeiriad cryno iawn a gawn yn y stori at brofiad erchyll yr awdures gyda'i baban: 'Pan fu'n rhaid iddi, chwe blynedd yn gynt, adael ei babi gyda dieithriaid a'i golli wedyn drwy farwolaeth tybiodd y pryd hynny na fedrai ddioddef mwyach, ond dyma ei chalon y funud yma mor friw ag erioed'.[69] Unwaith eto, nid yw'r awdures yn fodlon rhannu manylion am un o ddigwyddiadau mwyaf arwyddocaol, mwyaf dylanwadol ei bywyd yn y stori hunangofiannol hon. Y mae'r frawddeg gryno hon yn debyg i benderfyniad Natalia Ginzburg i osgoi manylu ar ddigwyddiad mwyaf personol a phoenus ei bywyd hi, sef marwolaeth ei gŵr mewn carchar yn ystod yr Ail Ryfel Byd. Yr unig gyfeiriad a geir at y digwyddiad erchyll hwn yn ei nofel hunangofiannol yw'r digrifiad canlynol o lun ei gŵr, Leone, ar wal swyddfa:

> L'editore aveva appeso alla parete, nella sua stanza, un ritrattino di Leone, col capo un po' chino, gli occhiali bassi sul naso, la folta capigliatura nera, la profonda fossetta nella guancia, la mano femminea. Leone era morto in carcere, nel braccio tedesco delle carceri di Regina Coeli, a Roma durante l'occupazione tedesca, un gelido febbraio.[70]

[Roedd y golygydd wedi gosod llun ar wal yn ei ystafell o Leone, gyda'i het ar ongl, ei sbectol yn isel ar ei drwyn, ei wallt du, trwchus, ei fochdwll dwfn, ei law fenywaidd. Bu farw Leone yn y carchar, yng nghangen Almaenaidd carchardai Regina Coeli yn Rhufain, yn ystod y goresgyniad Almaenaidd, un mis Chwefror rhewllyd.]

Y mae'r disgrifiad o'r llun wrth gwrs yn creu haen arall o bellter rhwng Ginzburg a'r digwyddiad poenus hwn. Fe gofia hi'r llun yn hytrach na chofio'i theimladau am ei farwolaeth. Cof o fewn cof ydyw, a thrwy greu'r pellter hwn y mae hi'n gallu adrodd yr hanes.

Yn yr un modd, er gwaethaf absenoldeb manylion am golled Jane Ann Jones yn *Pererinion*, fe ymddengys y thema'n aml yn y straeon eraill. Yn 'Jane Elen', caiff Jane ei gadael yn feichiog gan ddyn nad yw hi'n gwybod ei enw hyd yn oed. Y mae Nain Robin Bach, prif gymeriad y stori o'r un enw, yn colli ei merch ei hun trwy farwolaeth ac yna'n colli ei hŵyr hefyd o achos dylanwad ymyrgar ei merch-yng-nghyfraith newydd. Nid oes pwrpas i'w bywyd hi heb ei Robin bach. Caiff plentyn ei adael ar ddrws dwy chwaer yn 'Mab a Roddwyd i Ni', ond gwrthodir y plentyn yma ddwywaith: gan ei deulu ei hun ac eto gan y ddwy chwaer. Y mae hiraeth y chwiorydd yn amlwg, serch hynny, gan eu bod yn penderfynu magu cath yn ei le. Gellir hyd yn oed ddehongli teimladau hiraethus Jane Ifans am yr hen fwrdd yn 'Rhif 557 yn y Catalog' fel trosiad am golled a hiraeth mam sydd heb ei phlentyn:

Nesaodd at y bwrdd a thynnodd ei maneg. Teimlodd ef â'i llaw a syrthiodd deigryn. Trwy niwl ei llygaid gwelai ei thad a'i mam a'i brodyr a'i chwiorydd o gwmpas y bwrdd yn ei hen gartref, Pant-yr-Onnen. Yr oedd deng mlynedd ar hugain er pan brynwyd y bwrdd gan bobl y Plas, ond cofiai Jane Ifans bob twll a phryf a chrac ynddo. Teimlodd un o'r coesau â'i llaw, a chofiodd fel y byddai cath ar ôl cath yn rhoi min ar ei hewinedd ar y goes honno. Nid peth materol oedd y bwrdd i Jane Ifans. Yr oedd enaid iddo.[71]

Trwy osod ei phrofiad mewn straeon ffuglennol, fe gaiff y broses o adrodd ei hanes trist ei hwyluso, ac fe gawn ni fel darllenwyr gipolwg bras ar deimladau'r awdures ei hun.

Ymhellach, portreadir menywod yn y straeon eraill sydd yn debyg i'r ferch ifanc ar ddechrau *Pererinion*. Merched ydynt sydd yn ufudd ac i raddau'n gaeth i'w gwŷr, neu'n orddibynnol ar ddynion mewn rhyw ffordd. Yn wir, y mae Katie Gramich yn disgrifio'r cymeriadau benywaidd fel 'quietly subversive'.[72] Yn 'Helaeth Fynediad', y mae Janet Jones yn gaeth i'w thŷ a'i siop lyfrau gan iddi orfod gofalu am ei thad yn ei henaint heb allu llunio ei bywyd ei hun. Caiff Selina Williams ei siomi yn 'Bedd yr Hen Lanc' pan sylweddola i'w chariad garu menyw arall tra oedd yn dal yn fyw. Ac y mae Grace Jones yn wraig dawel ac ufudd i'w gŵr Josiah yn 'Rags-an-Bôns', yn rhy ufudd mewn gwirionedd. Ni feiddia hi ei wrthwynebu yn agored oherwydd 'Benyw wedi dysgu distewi oedd Grace. Ni fedrwch ddadlau â dyn a waeddai cyn gynted ag y dechreuech anghydweld ag ef'.[73] Pan ddaw merch ifanc feichiog i gardota wrth eu drws, y mae Grace yn gorfod beirniadu ei gŵr am iddo beidio â'i helpu o achos ei greddf mamaidd hithau. Dim ond ei phryder am ei phlant ei hun sydd yn galluogi Grace i leisio'i barn, ond nid yw'r cryfder mewnol yma'n ddigonol iddi achosi unrhyw newid oherwydd y mae ei gŵr yn parhau i'w chamddeall a'i hanwybyddu. Yn fwy addas byth, felly, mam heb unrhyw reolaeth yw'r fenyw fud hon.

Y mae pwysigrwydd iaith, darllen ac ysgrifennu i'r awdures yn amlwg iawn yn un o'r straeon hefyd, sef 'Lol'. Yma y mae Annie yn breuddwydio am lwyddo fel awdures nes iddi briodi a gadael i'w huchelgais farw. Y mae hi hefyd yn defnyddio ffugenw wrth gyfansoddi: 'O'r diwedd, setlodd ar "Anita Jarvis" fel ffugenw, ac o hynny allan 'Anita' oedd Annie iddi hi ei hun'.[74] Unwaith yn rhagor, cawn adlais bach o ffugenw Myfanwy Davies gan mai A a J yw'r priflythrennau a ddefnyddir. Ond pwysicach yma yw'r awgrym am y berthynas rhwng Annie a'i ffugenw. Iddi hi, ei hysgrifennu yw rhan fwyaf hanfodol ei hunaniaeth, a gellir dweud yr un peth am greawdwraig y gyfrol i gyd. Am y rheswm hwn, efallai, y mae adleisiau o'r enw 'Jane Ann Jones' yn bresennol yn y straeon yn hytrach na 'Myfanwy Davies': y mae hi'n ymdeimlo'n fwy â'i ffugenw, â'i henw llenyddol, nag y mae hi â'i hunaniaeth feunyddiol yn y gyfrol hon. Yma, felly, fe ddarlunnir bywyd Jane Ann Jones fel awdures, a cheir awgrym am ei datblygiad fel menyw greadigol.

Yma hefyd, fe gaiff lais menyw ei dawelu oherwydd y mae Annie, neu Anita Jarvis, yn aberthu ei chreadigrwydd er mwyn plesio'i thad a phriodi. Gwelwn bwysigrwydd y gair ysgrifenedig i Annie o'r dechrau: 'Am ryw flwyddyn ar ôl gadael yr Ysgol Sir treuliai bob munud o hamdden i ddarllen nofelau. Nid oedd fawr o waith darllen arnynt, ond yr oeddynt wrth fodd calon Annie. Byddai'n gorfod bod yn dra gwyliadwrus rhag i'w thad ei dal'.[75] Fe gaiff ei hysbrydoli gan yr hyn a ddarllena, 'ac yn sydyn un prynhawn poeth daeth y syniad iddi y gallasai hithau sgrifennu llawn cystal ag awduron y nofelau a ddarllenai. Pwy wyddai na chawsai hithau weld ei gwaith mewn print, ac ennill enwogrwydd ac yn bennaf oll, rhyddid?'[76] Dyma y mae geiriau yn eu golygu iddi hi: rhyddid. Cyfle yw cyfansoddi i newid ei bywyd, lleisio ei chreadigrwydd a llunio ei dyfodol. Serch hynny, 'rhyw hen lol' yw'r ysgrifennu erbyn diwedd y stori, fel yr awgryma'r teitl. Y mae'r freuddwyd wedi hen ddiflannu, a'i llais creadigol wedi'i dawelu.

Ceir awgrym, fodd bynnag, fod creadigrwydd Annie yn parhau er gwaethaf ei phenderfyniad i ddechrau teulu yn hytrach na dilyn gyrfa lenyddol, oherwydd enwau ei phlant yw Anita, Eric a Roland, sef cyfuniad o'i ffugenw hi ac enwau ei chymeriadau. Unwaith eto, felly, gwelwn adlewyrchiad o ddewis Jane Ann Jones ei hun i wasgaru ei ffugenw trwy ei gwaith.

Er gwaethaf ffurf ffuglennol y storïau hen ferch, felly, y mae'r awdures yn dychwelyd yn gyson at hanes ei bywyd personol ei hun. Yn wir, fel y gwelir yn y dyfyniad nesaf, ni all unrhyw un ddianc rhagddo'i hun er gwaethaf ei ymdrechion: 'Unig yw pob un, a pha mor bell neu mor aml y ceisiai dyn ffoi oddi wrtho'i hun, yn ôl yr oedd yn rhaid dod at yr hunan hwnnw os am dawelwch meddwl'.[77] Y mae'r disgrifiad hwn o ymddygiad cymeriadau *Pererinion* yn cyfleu natur ysgrifennu hunangofiannol y ddwy awdures. Y mae rhaid dychwelyd at yr hunan er mwyn cael tawelwch meddwl. Hynny yw, y mae ysgrifennu hanes eu bywydau, hyd yn oed mewn darnau, yn eu galluogi i ail-fyw profiadau a cheisio tawelu eu gofidiau, er nad yw'r ddwy yn llwyddo o reidrwydd. Ond y maent yn tueddu yn naturiol i ffoi, a dyma sy'n eglur o achos natur ranedig eu gwaith.

CASGLIAD

I gloi felly, y mae perthynas Kate Roberts a Jane Ann Jones â'u gwaith hunangofiannol yn gymhleth. Nid hunangofiant pur a gawn gan y naill awdures na'r llall. Y mae ffuglen ac anwiredd yn gymysg â'u portreadau o wirionedd eu bywydau. Fe gwestiyna Kate Roberts yn *Y Lôn Wen* hyd yn oed ai'r gwir y mae hi wedi ei ysgrifennu: 'A ddywedais i'r gwir? Naddo. Fe'm cysurais fy hun ei bod yn amhosibl dweud y gwir mewn hunangofiant. Gadewais y pethau anhyfryd allan'.[78] Awgrymir felly nad oes y fath beth â hunangofiant pur yn bodoli. Ni ellir disgrifio bywyd awdur neu awdures o'r dechrau i'r diwedd ar ffurf naratif heb newid, ac addasu, a thorri darnau o'r darlun cyflawn. Fel y dywed Jerome Bruner: 'No autobiography is completed, only ended. No autobiographer is free from questions about which self his autobiography is about, composed from what perspective, for whom. The one we write is only one *version*, one way of achieving coherence'.[79] Mewn ffordd, felly, darlun anghyflawn, anorffenedig yw pob hunangofiant.

Er bod strwythurau ffurfiol y ddwy gyfrol yn wahanol – testun gyda phenodau yw'r gyntaf a chasgliad o straeon annibynnol yw'r ail – yr un peth a gynhwysir ynddynt, sef cyfres o straeon sydd yn plethu i'w gilydd i arddangos darlun anghyflawn o'r awduresau a wnaeth eu creu. Darnau yn unig o'r hunan a welwn yng ngwaith hunangofiannol yr awduresau Cymraeg, a hynny o fwriad.

Ond pa ddarn a welwn? Beth sydd yn glynu'r ddwy awdures wahanol hyn at ei gilydd? Hiraeth yw eu hunangofiant hwy. Y mae Kate Roberts yn hiraethu am ei phlentyndod, am sicrwydd a sefydlogrwydd y teulu, am draddodiadau'r famwlad, am fywyd symlach pan oedd popeth yn ddiniwed. Y mae Jane Ann Jones hefyd yn hiraethu am blentyndod, ond nid ei phlentyndod hi. Hiraetha am y plentyn a gollodd, am y cariad a ddaeth yn sgil hyn, er gwaethaf y boen a achosodd, ac yn fwy na dim arall, fe hiraetha am ddealltwriaeth o'r hyn a ddigwyddodd, ac am dawelwch meddwl ar ei ôl. Y mae'r ddwy awdures, yn yr ystyr hwn, yn cyflawni nod traddodiadol yr hunangofiant, sef ennill dealltwriaeth o'u hunaniaeth. Er mai darluniau anghyflawn yw'r rhai a gawn ni fel darllenwyr, fe wyddom fod y darnau coll yn nwylo'r ddwy a'u hysgrifennodd.

Nodiadau

1 Roland Barthes, 'La mort de l'auteur', *Oeuvres complètes*, Tome II (Paris: Seuil, 1993), 491-495.

2 Dywed Jouve fod hunangofiant yn llenwi unrhyw destun, oherwydd 'through writing the self is invented, constructed, projected'. Nicole Ward Jouve, *White Woman Speaks with Forked Tongue: Criticism as Autobiography* (London: Routledge, 1991), 1.

3 Patricia Meyer Spacks, 'Selves in Hiding', yn Estelle C. Jelinek (gol.), *Women's Autobiography: Essays in Criticism* (Bloomington: Indiana University Press, 1980), 112.

4 Graziella Patriati, *Public History, Private Stories: Italian Women's Autobiography* (Minneapolis: University of Minnesota Press, 1996), 4.

5 Bobi Jones, *O'r bedd i'r crud: hunanofiant tafod* (Llandysul: Gwasg Gomer, 2000), 255.

6 Jacques Lacan, 'Le stade du miroir comme formateur de La fonction du Je', *Écrits* (Paris: Éditions du Seuil, 1966), 93-100.

7 Paul Ricoeur, *Soi-même comme un autre* (Paris: Éditions du Seuil, 1990), 155.

8 Julia Kristeva, *Étrangers à nous-même* (Paris: Arthème Fayard, 1988), 23.

9 *O'r bedd i'r crud*, 255.

10 Saunders Lewis, 'Y Cofiant Cymraeg', *Meistri'r Canrifoedd: Ysgrifau ar Hanes Llenyddiaeth Gymraeg* (Caerdydd: Gwasg Prifysgol Cymru, 1973), 341-356.

11 T. Robin Chapman, 'Rhyw fath o fywyd: cofiannau Cymraeg cyfoes', *Y Traethodydd* (Ebrill 2006), 69-77.

12 Llion Pryderi Roberts, '"Y mae efe, wedi marw, yn llefaru eto": Mawl a moes yng nghofiannau'r pregethwyr', *Y Traethodydd* (Ebrill 2006), 78-97.

13 Karl Weintraub, 'Autobiography and Historical Consciousness', *Critical Inquiry*, 1 (1975), 821-848.

14 James Olney, *Metaphors of Self* (Princeton: Princeton University Press, 1981), 38.

15 Linda Anderson, *Autobiography* (London: Routledge, 2001), 5.

16 Ibid., 5.

17 Am drafodaeth fwy cyflawn o hunangofiant fel *genre*, gweler Linda Anderson, *Autobiography*, Michael Sheringham, *French autobiography: devices and desires; Rousseau to Perec* (Oxford: Clarendon Press, 1993), a Karl Weintraub, 'Autobiography and Historical Consciousness', *Critical Inquiry*, 1 (1975), 821-848.

18 Philippe Lejeune, *L'autobiographie en France* (Paris: A. Colin, 1971), 10.
19 Megan Tomos, 'The Short Story', yn Dafydd Johnston (gol.), *A guide to Welsh literature 1900-1996* (Cardiff: University of Wales Press, 1998), 229.
20 Dafydd Jenkins, 'Y Nofel: Datblygiad y Nofel Gymraeg ar ôl Daniel Owen', yn Gerwyn Wiliams (gol.), *Rhyddid y Nofel* (Caerdydd, Gwasg Prifysgol Cymru, 1999), 72.
21 Kate Roberts, 'Kate Roberts yn ateb cwestiynau'r golygydd', J. E. Caerwyn Williams (gol.), *Ysgrifau Beirniadol III*, 202-216, 216.
22 Geraint Wyn Jones, *Fel drôr i fwrdd: astudiaeth o waith Kate Roberts hyd 1962* (Caernarfon: Gwasg y Bwthyn, 2010), 14-15.
23 Kate Roberts, *Y Lôn Wen: Darn o Hunangofiant* (Dinbych: Gwasg Gee, 1960), 7. [*LW* o hyn allan]
24 *LW*, 9.
25 *LW*, 10.
26 *LW*, 23.
27 *LW*, 17.
28 *LW*, 44.
29 *LW*, 43.
30 *LW*, 118.
31 *LW*, 24.
32 *LW*, 24-25.
33 *LW*, 49.
34 *LW*, 28.
35 *LW*, 28.
36 *LW*, 69-70.
37 Natalia Ginzburg, 'Avvertenza', Natalia Ginzburg, *Lessico Famigliare* (Torino: Einaudi, 1963), XXI.
38 Nicoletta Simborowski, *Secrets and Puzzles: Silence and the Unsaid in Contemporary Italian Writing* (Oxford: Legenda, 2003), 91.
39 *LW*, 89.
40 *LW*, 152.
41 *LW*, 33.
42 *LW*, 59-60.
43 *LW*, 117.
44 Derec Llwyd Morgan, *Kate Roberts* (Cardiff: University of Wales Press, 1991), 24.
45 *LW*, 30.
46 *LW*, 54.
47 Alan Llwyd, *Kate: cofiant Kate Roberts 1891-1985* (Tal-y-bont, Ceredigion: Y Lolfa, 2011), 23-37.
48 John Emyr, *Enaid Clwyfus: Golwg ar waith Kate Roberts* (Dinbych: Gwasg Gee, 1976), 34.
49 Cyhoeddodd Kate Roberts ddarnau o ddyddiaduron yn *Y Faner* ac *Y Ddraig Goch* rhwng Ebrill 1954 a Gorffennaf 1968. Am restr gyflawn, gweler John Emyr, *Enaid Clwyfus: Golwg ar waith Kate Roberts* (Dinbych: Gwasg Gee, 1976), 59.

50 Dafydd Ifans (gol.), *Annwyl Kate, Annwyl Saunders: gohebiaeth, 1923-83* (Aberystwyth: Llyfrgell Genedlaethol Cymru, 1992); Emyr Hywel (gol.), *Annwyl D. J.: detholiad o'r ohebiaeth rhwng D. J. Williams, Kate Roberts a Saunders Lewis, 1924-69* (Tal-y-bont: Y Lolfa, 2007).

51 Derec Llwyd Morgan, *Kate Roberts*, 87.

52 *Enaid Clwyfus*, 41.

53 *Kate: cofiant Kate Roberts*, 162.

54 Jerome Bruner, *Making Stories: law, literature, life* (Cambridge, Mass.; London: Harvard University Press, 2003), 65.

55 Katie Gramich, *Twentieth-Century Women's Writing in Wales: Land, Gender, Belonging* (Cardiff: University of Wales Press, 2007), 119.

56 *LW*, 152.

57 www.honno.co.uk/dangos.php?lang=en&ISBN=9781870206990

58 Cathryn A. Charnell-White, 'Rhagymadrodd Llenyddol', yn Jane Ann Jones, *Pererinion a Storïau Hen Ferch* (Dinas Powys: Honno, 2008), i-ii.

59 Nan Griffiths, 'Rhagymadrodd Bywgraffyddol', yn Jane Ann Jones, *Pererinion a Storïau Hen Ferch* (Dinas Powys: Honno, 2008), xi.

60 *Secrets and Puzzles*, 116.

61 Adriana Cavarero, *Tu che mi guardi, tu che mi racconti: Filosofia della narrazione* (Milano: Feltrinelli, 1997), 109-110.

62 *O'r bedd i'r crud*, 246.

63 Jane Ann Jones, *Pererinion a Storïau Hen Ferch* (Dinas Powys: Honno, 2008), 13. [*PS* o hyn allan]

64 *PS*, 3.

65 *PS*, 3.

66 *PS*, 5.

67 *PS*, 14.

68 *PS*, 12.

69 *PS*, 11.

70 *Lessico Famigliare*, 154.

71 *PS*, 93.

72 *Twentieth-Century Women's Writing in Wales*, 71.

73 *PS*, 95.

74 *PS*, 70.

75 *PS*, 69.

76 *PS*, 69.

77 *PS*, 12.

78 *LW*, 154.

79 *Making Stories*, 74.

SAUNDERS LEWIS A DRAMA'R RADIO[1]
Tudur Hallam

Dadleuir yn y man fod *exordium* ac agoriad trawiadol yn angenrheidiol ar gyfer drama radio dda. Felly y mae yn achos unrhyw ddarlith neu ysgrif a draddodir ar y radio. Ffynhonnell cryn lawer o egni *Tynged yr Iaith*, heb os, yw'r agoriad tanataffobig, dramatig, a gellir dweud peth tebyg am unrhyw ddrama radio dda. Mae'r eiliadau cyntaf yn allweddol wrth i'r dramodydd osod gerbron y gwrnandäwr sefyllfa a chymeriadau a fydd yn apelio at chwilfrydedd ei ddychymyg yn syth; ac mewn perthynas â'r egwyddor hon yn rhannol y byddwn yn ystyried y dramâu a gyfansoddwyd neu a gomisiynwyd o leiaf ar gyfer y radio, *Buchedd Garmon*, *Amlyn ac Amig*, *Siwan*, *Esther*, *Yn y Trên*, *Merch Gwern Hywel*, *Y Cyrnol Chabert* a *Cell y Grog*.[2] Maddeuer imi, felly, am deimlo nad yw'r paragraff cyntaf hwn yn llwyddo i roi'r egwyddor hon ar waith!

Wrth gwrs, nid ar gyfer y radio yr ysgrifennwyd yr ysgrif hon, ac efallai nad yw 'disgrifio golygfa a phobl a dyfnder teimlad … mewn ychydig eiliadau', mor hanfodol bwysig yma.[3] Dyna'r dasg, fodd bynnag, sy'n wynebu'r sawl sy'n cyfansoddi ar gyfer y radio. Hynny yw, mae natur y cyfrwng yn golygu, nid yn unig fod ganddo 'ei rinweddau arbennig ei hun', chwedl Geraint Talfan Davies,[4] eithr hefyd ei ofynion ysgrifennu penodol – ac un o'r rheini yw'r agoriad sydyn-drawiadol. Dywedwn i fod y pymtheng munud sydd gan ddramodydd llwyfan i osod y sefyllfa a chyflwyno'r cymeriadau'n troi'n uchafswm o ddwy ar y radio – a hwyrach nad pawb sydd mor amyneddgar â hynny hyd yn oed.[5] Gorau oll os yw'r sain neu'r gair cyntaf oll yn llwyddo i afael yn ymateb y gwrandäwr.[6]

Yn achos unrhyw ddarlith neu gyflwyniad llafar wedyn, ystyrier, megis enghraifft o arfer dda, frawddegau agoriadol y darlledwr, J. B. Priestley, o'i gyfres boblogaidd *Postscripts* yn 1940. O'r cychwyn cyntaf, a hynny'n aml drwy gyfrwng sylwadau hunangyfeiriol – hynny yw, pan fo geiriau'r llefarwr yn cyfeirio'n benodol at yr hyn y mae ef ei hun yn ei wneud, sef llefaru'r ddarlith, neu feddwl, neu gofio – roedd Priestley yn llwyddo i ennyn a dal sylw'r gwrandäwr, naill ai drwy apelio at ei ddychymyg yn weledol neu at synnwyr ei chwilfrydedd a'i gydymdeimlad. 'This is the last Sunday of the first year of the War. I want to go back to-night to the first Sunday, the very first day of the War. I'll close my eyes and then wait to discover that Sunday of a year ago.'[7] 'This ought to be a very special postscript – I don't mean specially good, though it would be very nice if it were; but special in its appeal, for it's about women and the war …'[8] 'This is my last Sunday postscript for some time, perhaps the last I shall ever do.'[9] 'Rhaid imi gychwyn y ddarlith hon …'[10] Fel yr awgryma'r 'this' hollbresennol ym mrawddegau agoriadol Priestley – gan ddwyn i gof ambell linell enwog o waith Shakespeare, a thechneg dangosrwydd y theatr – nid yw'r darlledwr poblogaidd heb ei grefft na'i dechneg.

Beth yw'r goblygiadau o beidio â datblygu'r grefft hon, felly, a chyflwyno'n hytrach ddeunydd nad yw'n addas ar gyfer y cyfrwng? Yn 1926 – 'codi mawr awydd ar ddyn i geisio llyfr'.[11] Dyna ydoedd ateb Saunders Lewis i'r cwestiwn. Heddiw, os na ddiffoddir y radio, newidir y sianel, ac yn y byd amlgyfryngol, mae'r gystadleuaeth o du'r teledu a'r we, y peth diweddaraf a lawrlwythwyd, heb sôn am yr amrywiol agweddau eraill ar y diwydiant adloniant torfol a phersonol, gymaint â hynny'n fwy dengar, wrth gwrs.

Un arall o ofynion y radio yw natur glywedol y cyfrwng – 'y cyfrwng dall', chwedl ambell un[12] – a bydd meistri a hyrwyddwyr y cyfrwng – mewn modd digon Wittgensteinaidd, i'm bryd i – am bwysleisio bod yn rhaid i'r awdures neu awdur radio 'feddwl' mewn ffordd wahanol os yw am gynhyrchu'r math o iaith ddelweddol, strwythuredig, deimladwy sy'n addas ar gyfer y cyfrwng: 'creating worlds without the aid of direct visual props […] to produce solid, well-structured, mindvisible scripts which rely solely on words'.[13] Ai dyma'r pam, yn wyneb anghenion y theatr – sef diffyg dramodwyr a chanddynt y gallu i ddelweddu drwy'r gair, chwedl Brook[14] – yr edrychir ar radio megis cyfrwng addas i fethrin doniau'r darpar ddramodydd theatr, gan na ellir ond delweddu drwy gyfrwng gair a sain? Er gwaetha'r ffaith i ambell un yn y BBC awgrymu bod buddsoddi yn y cyfrwng hwn 'yn werthfawr er ei fwyn ei hun',[15] mae'r modd y mae nifer o ddramâu'n llwyddo i bontio rhwng amryw gyfryngau, gan gynnwys y radio a'r theatr, wedi annog eraill i edrych ar gomisiwn radio'n fodd i gyfansoddi neu gynhyrchu darn o waith a fydd yn addas ar gyfer y theatr hefyd. Er enghraifft, mae'r ohebiaeth rhwng Radio Cymru a Chyngor Celfyddau Cymru yn yr wythdegau'n ddarllen difyr yn y cyswllt hwn. (Gw. ffeil 'BBC Radio Cymru / Radio Drama Wales 1980-1986', yn y Llyfrgell Genedlaethol.) Wedi i'r Cyngor gytuno i noddi cyfres o ddramâu radio Cymraeg, holir, 'from the Welsh Arts Council point of view, if some of the plays could be commissioned with the possibility of subsequent stage adaptation in mind'.[16] Er mwyn ceisio dwyn perswâd ar Radio Cymru i'r cyfeiriad hwn, awgrymir bod cynnwys Theatr Bara Caws yn y rhestr gynhyrchu arfaethedig yn rhagdybio'r fath waith amlgyfryngol, ac y dylid awgrymu'r un trywydd i un neu ddau o awduron y dramâu byrion. Yn wir, wrth gyflwyno'r cais i'r Cyngor, nododd Meirion Edwards ei hun fod y cynllun arfaethedig yn un addawol 'as a means of developing the craft of drama in Welsh'[17] – a cheir sylwadau i'r un perwyl ganddo mewn gohebiaeth ddiweddarach, ac yntau'n nodi bod radio'n gyfrwng sy'n annog, yn well na'r un arall, '[t]he encouragement of new writing, whether by new or established writers', a bod y cyfrwng, a'r cynllun o gomisiynu dramâu Cymraeg, wedi creu 'an environment in which writers could be sure that there was a market for competent work, that the work would be heard by a large audience within a reasonable period of this after completion, and that the writer would be justly rewarded for his effort'.[18]

Fodd bynnag, er gwaethaf rhinweddau'r cyfrwng, fel y'u cyflwynir uchod, daw'n amlwg o'r ohebiaeth rhwng y ddau sefydliad na lwyddodd Theatr Bara Caws i gadw at y trefniant gwreiddiol, a hynny gan nad oedd y cwmni am addasu 'Job o Waith' ar gyfer y radio – 'because the production was too visual and designed for school children'. Dyna'r rheswm a dderbyniodd Gilly Adams;[19] a beirniedir y cwmni gan Meirion Edwards am fethu ag anrhydeddu'r trefniant i ddarlledu rhaglen 75 munud o hyd ar Dachwedd y 9fed, 'although the programme was already billed in "Radio Times"'.[20] Hynny yw, er y gallwn i gytuno mewn egwyddor fod modd i waith dramatig gael ei addasu o'r naill gyfrwng i'r llall, mae'r stori fechan hon yn amlygu mor anodd yw gwneud hynny ar adegau hefyd, yn enwedig, efallai, i'r sawl sy'n gyfarwydd â gweithio yn y theatr 'weledol'.

Gyda hyn, mae'n bosib hefyd nad yw dramâu theatr a gyflwynir ar y radio, megis y gyfres Saundersaidd ar Radio Cymru yn y nawdegau,[21] bob tro'n derbyn yr ystyriaeth lawn y maent yn eu haeddu. Wrth iddo adolygu'r gyfres honno, er enghraifft, a nodi iddi ei 'siomi', holodd Ioan M. Williams: 'Hoffwn ofyn a oes yna duedd i [gynhyrchwyr] ddiystyru'r ymdrech dra gwahanol sy'n angenrheidiol cyn i ddrama ddod yn fyw heb gymorth na set, na symud, heb actorion [gweladwy], golau, tywyllwch awditoriwm ac yn anad dim, ymwybyddiaeth aelodau'r gynulleidfa o'i gilydd ac o'u rhan arbennig hwy'.[22] Rhaid i mi addef i minnau brofi'r un siom wrth wrando ar y gyfres hon, a synnu cyn lleied o ymdrech a wnaed i addasu'r testunau, a chyn lleied yr oeddynt yn gafael ynof mewn gwirionedd. Hawdd cytuno â Ioan M. Williams: 'Wrth wrando, gwelais angen y deimensiwn theatraidd yn fawr'.[23] Ond pam?

I mi, mae a wnelo'r siom yn bennaf oll â dau beth, sef rhythm dramâu Saunders Lewis, ac yn ail, natur rethregol ei ddialog sy'n erfyn am gynulleidfa glòs. Mewn perthynas â'r rheswm cyntaf, gellir nodi mai symud fesul act y mae dramâu Saunders Lewis – tair fel rheol – a chymharol ychydig yw nifer y golygfeydd a'u natur amrywiol o fewn drama. Mae'n anodd iawn, felly, i act gyntaf *Gymerwch Chi Sigarét?* – act un lleoliad rhwng dau gymeriad, a chyda'r orau yn y theatr – gynnal diddordeb y gwrandäwr. Felly'r un modd gyfanwaith y tair act un lleoliad yn *Cymru Fydd*. Mae fel pe bai'r cyfrwng radio yn chwennych tempo cyflymach a rhagor o gyferbyniad ac amrywiaeth rhwng y golygfeydd a'r actau, i'r graddau y dywedwn i fod y llwyfan hollt ar ddiwedd y drydedd act yn *Gymerwch Chi Sigarét?* yn gweithio'n well ar y radio na'r theatr. Am yr union reswm hwn, mae actau eraill o waith theatr y dramodydd – act gyntaf *Siwan*, er enghraifft – yn cynnig mwy o amrywiaeth a chyferbyniad i'r gwrandäwr radio na'r ddwy ddrama uchod. Er mai un lleoliad sydd i'r act, mae iddi dair golygfa gyferbyniol a chyfres o bedwar dialog, rhwng Siwan ac Alis, Siwan a Gwilym, Llywelyn a Gwilym a Llywelyn a Siwan. Nid dyma'r prif reswm dros lwyddiant yr act, efallai. Ystyrir isod natur seicolegol y dadlennu meddwl, a gellid nodi hefyd natur ddelweddog y sgyrsio – rhodd, heb os, i'r cyfarwyddwr teledu a'i addasiad o'r ddrama yn 1986; ond yn sicr mae'r amrywiaeth a'r cyferbyniad rhwng y golygfeydd yn gymorth i gadw diddordeb y gwrandäwr radio hefyd. Hwyrach mai gofynion y plot oedd y brif ystyriaeth wrth gyfansoddi'r act yn achos *Siwan*, yn hytrach na gofynion y cyfrwng. Ceir, wedi'r cyfan, symudiad tebyg rhwng gwahanol olygfeydd yn *Blodeuwedd* – drama theatr arall a ystyrir yn un addas ar gyfer y radio.[24]

Mewn modd tebyg, er mai cwbl theatrig yw holl strwythur *Esther*, mae'n bosib fod y ddrama theatr hon wedi elwa yn sgil y comisiwn radio, gan fod ynddi hithau amrywiaeth o olygfeydd yn yr act gyntaf, yr ail a'r drydedd, a chyferbyniad rhwng y gwahanol gyweiriau iaith a ddefnyddir. Yn *Esther*, yn fwy felly na *Siwan*, mae'r pwyslais ar y digwydd rhwng amryw gymeriadau, rhagor na seicoleg un cymeriad; ac er na ellir profi hyn fel y cyfryw, gellir awgrymu bod a wnelo'r comisiwn radio a roes *Esther* ar waith – a'r angen i sicrhau amrywiaeth o olygfeydd a thempo cyflymach na'r theatr, felly – ryw gymaint â'r penderfyniad i ysgrifennu drama ryddiaith (lle'r oedd *Siwan* eisoes wedi dechrau datblygu ar lun drama theatr ym meddwl yr awdur, cyn iddo dderbyn y comisiwn radio).[25] Fel y nododd Ian Roger, profodd sawl dramodydd radio 'a need to write dialogue which was closer to ordinary conversation',[26] ac roedd Saunders Lewis ers cryn amser yn symud i'r cyfeiriad hwn, o 'gymysgu iaith lafar a rhithmau [*sic*] llafar â'r iaith lenyddol'.[27] Dyna oedd profiad y dramodydd Louis MacNeice wrth iddo ysgrifennu ar gyfer y radio: 'There was the need to find a form of diction which not only appealed to the poet's ear but which was in accord with the rhythms and patterns of ordinary speech.'[28] Bu cryn ddyfalu ymhlith y beirniaid ynghylch pam y trodd Saunders Lewis tuag at ryddiaith, wedi iddo gyfansoddi ei gampwaith *Siwan*. Yng ngoleuni'r sylwadau uchod, mae'n bosib fod gan y profiad o ysgrifennu ar gyfer y radio, ac o wrando ar y perfformiadau hynny, ryw ran yn y stori honno, a sut yr oedd y dramodydd, fel y nododd Dafydd Glyn Jones, 'yn fwy effro i duedd yr amserau na llawer o edmygwyr a oedd yn llesmeirio uwchben ei ddramâu mydryddol'.[29] Fel y mae, fodd bynnag, erys y dialog yn *Esther* yn boenus o araf ar gyfer cynhyrchiad radio, a gresyn nad efelychodd y cynhyrchiad radio barodrwydd y cyfarwyddwr teledu i dorri talpau o'r dialog er mwyn cyflymu'r digwydd.

Nid yw'r naill ddrama na'r llall, na *Siwan* nac *Esther*, yn enghreifftiau amlwg o allu'r ddrama radio i symud yn gyflym rhwng golygfeydd a lleoliadau. I'r perwyl hwn, gwahanol yw'r addasiadau o'r ddrama deledu *Branwen*. A dyfynnu Robert McLeish:

> In radio, scenes can be much shorter than in the theatre, and intercutting between different situations is a simple matter of keeping the listener informed about where we are at any one time. This ability to move quickly in terms of location should be used positively to achieve a variety and contrast which itself adds interest. [...] If the rate of intercutting becomes progressively faster and the scenes shorter, the pace of the play increases. This sense of acceleration, or at least of movement, may be in the plot itself, but a writer can inject greater excitement or tension simply in the handling of scene length and in the relation of one scene to another.[30]

Ceir sylwadau tebyg yn y rhelyw o lyfrau ar dechneg ysgrifennu radio. 'Move the work around.'[31] Ond yn gwbl groes i'r egwyddor hon, yn y theatr mae modd i'r dramodydd a'r cyfarwyddwr amrywio'r tempo rhwng dau gymeriad yn unig, a rhoi i'r gynulleidfa bleser cyferbyniad ar ffurf gwrthdaro mewnol y prif gymeriad – yn aml mewn perthynas â'i wisg neu'r gofod chwarae gweledol – ynghyd â gwrthdaro rhyngbersonol. Yn wir, 'nid symud o sefyllfa i sefyllfa' yw'r nod, fel yr esboniodd Saunders Lewis mewn llythyr cynnar at Kate Roberts.[32] Meddylier am act gyntaf *Gymerwch Chi Sigarét?* Ni ddaw'r mwynhad o weld y ddrama'n neidio o'r naill olygfa i'r llall, ond wrth iddi'n hytrach aros gyda'r ddau gymeriad yn eu hargyfwng, a gadael inni dystio i effaith geiriau'r naill ar osgo ac ymarweddiad y llall. Daw'r pleser o'r dyfnder, nid o unrhyw symudedd. A pheth clyweledol yw hyn: peth sy'n gofyn am dystion yn y theatr. Pe sylweddolem hynny, hwyrach na fyddem mor barod i gredu'r myth mai drama radio yw *Siwan* nac ychwaith fod gwaith theatrig Saunders Lewis yn addas ar gyfer y radio.[33] Meddai'r dramodydd ei hun: 'Rhan o'r frawddeg, rhan o'r rhuthm, rhan o'r symud ar y llwyfan, yw pob gair unigol, a bydd ffurf y gair, ai epenthetig neu beidio, ai llawn ai talfyredig, yn dibynnu nid ar reol neu gywirdeb honedig, ond ar lif yr actio a'r dweud, ar chwerwder neu angerdd neu goegni neu brofóc y sgwrs'.[34] Dyma'r elfen, felly, a gollir fwyaf, wrth gynhyrchu *Gymerwch Chi Sigarét?* a *Cymru Fydd* yn arbennig ar gyfer y radio: y gair symudol, y gair sy'n symud y cymeriadau, nid yn unig yn gorfforol, ond yn deimladol, yn y fan a'r lle. Cofier sylw'r dramodydd am Calista, er enghraifft: 'Gall Calista aros ar y llwyfan yn llonydd ac yn fud am hydau: mae hynny'n rhan o'i chymeriad hi ac mi hoffwn i i gynulleidfa glywed ei distawrwydd hi. Camp anodd i actores yw gwrando fel yna'.[35] Camp amhosibl yw hi hefyd ar gyfer y radio, wrth gwrs, gan mai rhoi ei sylw i'r sawl sy'n llefaru a fydd y gwrandäwr radio.

Awgrymodd Nia Roberts mai'r elfen a gollir fwyaf wrth wrando ar *Esther* ydyw'r olygfa yn yr ail act, pan – a dyfynnu'r ddrama ei hun – '[d]ynnir y llenni'n ôl a datguddio *Esther* yn goronog ysblennydd ar ei gliniau ac yn estyn ei dwylo mewn ymbil tua'r orsedd'.[36] Nid anghytunwn â'r farn hon. Mae'r foment yn llai effeithiol o lawer ar y radio nag yn y theatr neu ar y teledu. Anodd meddwl, er gwaetha'r comisiwn radio – fel y prawf hanes cyfansoddi *Siwan*, wrth gwrs[37] – nad oedd y ddelwedd hon ym mlaen meddwl yr awdur wrth iddo ddechrau cyfieithu drama Racine cyn gadael i'r ddrama ddilyn ei llwybr ei hun.[38] Ac eto, dyma'r ddyfais a ddefnyddiodd yr awdur yn *Amlyn ac Amig* hefyd, wrth i Belisent ebychu 'Y cwpan! Och, y cwpan! Santaidd Fair!'[39] Y canlyniad yn achos y naill achos a'r llall yw melodrama.

Yn wir, ar gyfer unrhyw gynhyrchiad radio o *Esther*, oni ddylid addasu'r testun i raddau mwy o lawer nag a wnaed, gan efelychu agwedd Harri Pritchard Jones wrth iddo addasu *Brad* ar gyfer y teledu? Meddai Vincent McInerney, er enghraifft: 'In the case of one-set plays ... set changes must be found to let the work "breathe". This can be achieved by change of acoustic, by use of a narrator, or maybe even by a flashback technique'.[40] I'm meddwl i, dylid, er enghraifft, ganiatáu i'r gynulleidfa yn yr ail act glywed meddyliau Esther wrth iddi ddynesu at y llen, aros y tu ôl iddi, ac ymbil ar lawr. Dyna'r math o gyferbyniad, rhwng ei meddyliau hi, a'r dialog yr ochr arall i'r llen, a weithiai'n dda ar y radio. Fel y mae, er i'r sgwrs rhwng Esther a Mordecai yn yr act gyntaf osod eisoes ddelwedd ganolog yr act hon yn ein meddwl, anodd i'r sawl nad yw'n medru gweld y ddelwedd ar unwaith, pan lunnir hi, deimlo'r un math o wefr sydyn a brofir yn y theatr, neu ar y teledu hyd yn oed. Yr un yw'r feirniadaeth ar y ddelwedd sy'n esgor ar syndod yn *Y Cyrnol Chabert* isod – drama radio arall y mae hanes ei chyfansoddi'n awgrymu mai ar ffurf drama theatr y cyfansoddwyd hi'n rhannol, gan wedyn addasu'r cyfarwyddiadau llwyfan ar gyfer dialog y radio.[41]

Fodd bynnag, i mi, nid yr un olygfa hon yn *Esther* yw anhawster pennaf y ddrama, ac ni fynnwn gyffredinoli ynghylch anallu'r radio i gyfleu golygfeydd tra gweledol. Nid gweld y cwpan yn *Amlyn ac Amig* yw'r broblem i'r gwrandäwr, eithr y modd y cyflwynir y syndod ar wedd Belisent yn felodromatig drwy gyfrwng ei geiriau ebychiadol. 'It is interesting that many plays,' meddai Alfred Bradley, 'originally written to be seen in the theatre or on television, translate very easily, needing only a few simple signposts to establish the period and place.'[42] Yn wir, ar un olwg, er gwaetha'r diffyg symud ar lwyfan Saunders Lewis, y mae'r elfen ieithyddol-weledol yn un o'r nodweddion hynny ar ei theatr sy'n hyrwyddo'r 'trosi' hwn i'r radio. Ynghyd â phlot syml ei ddramâu, mae ei ddefnydd o dechneg dangosrwydd[43] a delweddaeth – nid mewn modd annhebyg i Shakespeare, 'an excellent radio playwright', chwedl Shaun MacLoughlin – ar un olwg yn trosi'n rhwydd o'r naill gyfrwng i'r llall.[44] Yn wir, dethlir yn aml allu'r radio i greu darluniau yn y meddwl, y tu hwnt i bosibiliadau'r theatr, 'limited only by the listener's imagination', chwedl Robert L. Hilliard.[45] Rwy'n hoffi sylw Priestley: 'Mention a couple of ducks and they are photographed as if they were film stars'.[46] Yn hytrach felly nag awgrymu mai'r gwendid mawr yw'r elfen weledol yn y dramâu, neu'r cynyrchiadau radio ohonynt, carwn nodi bod y llefaru yn theatr Saunders Lewis yn ffurf ar weithredu, a'r gair yn *weithred lafar*, megis proc, sy'n 'rhan o'r symud ar y llwyfan'. A chan hynny nid ambell olygfa weledol fan hyn a fan draw sy'n llai llwyddiannus ar y radio, eithr holl ethos y perfformiad.[47] 'Cefais fy hun yn dymuno gweld y cymeriadau ar y llwyfan gyda'i gilydd,' meddai Ioan M. Williams.[48] Ond pam? A pham mai wrth wrando ar *Cymru Fydd* yr oedd y teimlad hwn o golled weledol ar ei gryfaf ym mhrofiad y gwrandäwr? Wedi'r cyfan, yn y ddrama hon, ni cheir na'r un ystum na'r un ddelwedd ddieiriau o fath *Esther* yn yr ail act. Ac, yn fy mhrofiad i, o wrando ar y cynhyrchiad radio, roedd diweddglo'r ddrama hon yn ddigon llwyddiannus, a minnau'n medru gweld drwy eiriau'r cymeriadau eraill, a thrwy'r sgrech, Ddewi'n dringo'r tŷ ac yn neidio i'w dranc. (Fel rheol, trosir i'r radio olygfa sy'n cynnwys ynddo ddigwydd ar y llwyfan a'r tu hwnt iddo'n gyfamserol yn bur lwyddiannus.) Ac eto, o'r holl ddramâu theatraidd a gynhyrchwyd ar gyfer y gyfres radio, er gwaetha'r diweddglo hwn, dyma'r un lleiaf llwyddiannus ar y radio ym mhrofiad Ioan M. Williams.

Carwn i awgrymu mai'r rheswm dros fethiant *Cymru Fydd* ar y radio yw am mai hon, ac eithrio efallai *Gymerwch Chi Sigarét?*, yw'r ddrama lle y mae technegau rhethregol y dramodydd, ac yn enwedig felly'r mathau mwyaf perswadiol o rethreg – yr araith gyfreithiol a'r araith ystyriol – ar eu cryfaf, a bod y naill fath o berswadio a'r llall yn erfyn am reithgor, am gynulleidfa, yn fwy felly na'r araith enghreifftiol, nad yw'n rhoi cymaint o bwys ar ddewis a phenderfynu.[49] (Cofier i'r dramodydd nodi yn y rhagair i'r ddrama hon mai 'Cymry yw fy nghynulleidfa i'.)[50] Daw'r ddrama'n fyw wrth i'r actorion deimlo'r gynulleidfa honno'n pwyso a mesur ac ymateb i'w geiriau. Holl ddiben ei chynildeb, rheidrwydd ei phlot, yw hyrwyddo'r berthynas honno yn y theatr. A ddylai John a Dora ffonio'r heddlu? A yw Dewi y tu hwnt i edifeirwch? A yw Bet yn gwbl ffôl? Rhaid i'r gynulleidfa bwyso a mesur a llunio barn.

Mae credu, felly, fod modd trosglwyddo'r ddrama theatrig hon, am mai dialog yw hi'n bennaf, yn ddianaf i'r radio, gan ei haddasu'n unig drwy ychwanegu ambell linell fan hyn a fan draw, yn peri imi feddwl na roddwyd ystyriaeth lawn i ofynion cyfrwng y cynhyrchiad newydd, nac ychwaith i natur theatrig y ddrama. Ac yn lle bod yn aelod o reithgor, felly, cymharwn i'r profiad o wrando ar y cynhyrchiad radio â bod yn aelod o reithgor un dyn, ar fy mhen fy hun, mewn ystafell ar wahân i'r diffinydd a'r bargyfreithiwr ac aelodau eraill y rheithgor. Nid peidio â'u gweld yw'r anhawster pennaf, ond peidio â'u teimlo, ac mae holl drydan y llys ar goll, a'r gwaith tystio, y pwyso a'r mesur, yn waith pur ddideimlad a chaled. Yn wir, mae'n ddiflas, ac mae canolbwyntio ar y geiriau'n anodd – y ddedfryd waethaf ar unrhyw ddarn o gelfyddyd radio.

Gellir dweud peth tebyg am gynhyrchiad radio *Gymerwch Chi Sigarét?* Dyma ddrama a all fod yn 'ddirdynnol o faith' yn y theatr, chwedl Gareth W. Jones,[51] a hynny'n bennaf gan fod perygl i'r actorion beidio â chyfleu'r digwydd, hynny yw, y chwant a'r diben, sy'n rhan o'r dialog athronyddol, megis yn *Cymru Fydd*. Ac ar ben hynny, mae'r ffôn nad yw'n canu, ynghyd â'r llygaid sy'n syllu arno'n barhaus – canolbwynt theatrig y drydedd act yn ôl Saunders Lewis[52] – yn beth cwbl ddi-rym, digyffro nad yw'n aros ym mlaen meddwl y gwrandäwr radio, er gwaetha'r mynych gyfeiriadau ato. Ac mae rhywun, felly, am 'geisio llyfr', neu o leiaf am wylio rhywbeth arall ar ei i-pad.

Dyna effaith y 'duedd i ddiystyru'r ymdrech dra gwahanol sy'n angenrheidiol' ar gyfer y radio. A pheth digon cyffredin yw.[53] Ac eto, i'r gwrthwyneb, mae gweithiau a gyfansoddwyd yn benodol ar gyfer rhinweddau'r radio'n gwbl abl i afael yn nychymyg y gwrandäwr, ac yn hanesyddol, uchafbwyntiau'r cyfrwng yw'r enghreifftiau hynny lle y mae gwrandawyr wedi ymateb mewn modd trawiadol i ambell ddarlleniad. Yn rhyfedd ddigon, fel y nododd William Ash, nid dramâu fel y cyfryw yw'r gweithiau mwyaf dramatig a gyfansoddwyd ar gyfer y radio, eithr 'dramatic features, depending on the affective qualities of sound'.[54] Dyna osodiad tra arwyddocaol, ac, yn wir, i'm meddwl i, os oes angen inni feddwl mewn ffordd wahanol ar gyfer ysgrifennu drama radio, hwyrach nad yw'r gair 'drama' bob amser o gymorth, gan fod cymaint o gonfensiynau'n perthyn iddo.[55] At restr ddethol Ash, sy'n cynnwys ynddi *Dark Tower,* Louis MacNeice, *Streets of Pompeii*, Henry Reed a *March of the Forty-five*, Geoffrey Bridson, dylid yn Gymraeg ychwanegu *Llythyr i Begw* (2008), rhaglen drawiadol a ddarlledwyd ym mis Rhagfyr 2008 ar Radio Cymru ac a ailddarlledwyd fis yn ddiweddarach yn sgil ymateb y gwrandawyr. Mae'n haeddu ei chymharu â'r enwog *Spoonface Spielberg* a ddarlledwyd yn 1997, nid yn unig oherwydd natur dorcalonnus y cynnwys, eithr hefyd oherwydd i'r rhaglen Saesneg gan y BBC ennyn ymateb cynulleidfaol cwbl unigryw, gyda Kate Rowlands yn nodi – 'I suppose maybe Spoonface has been my little *War of the Worlds*'.[56] Y gwahaniaeth amlwg rhwng y ddwy raglen, fodd bynnag, yw nad actores a chwaraeai ran y fam yn *Llythyr i Begw*, ac na ellir cyhuddo'r rhaglen yn yr un modd felly o ddyfeisio a manteisio ar afiechyd plentyn dychmygol, a 'gwanhau'r ffin rhwng realiti a rhith', fel y nododd Tim Crook.[57] Boed ddychymyg neu beidio, fodd bynnag, cryfder y naill raglen a'r llall yw'r apêl emosiynol, gydymdeimladol. Mae'n bwysig nodi hynny, oherwydd tuedd nifer fawr o drafodaethau academaidd yw canolbwyntio'r sylw ar natur 'ddall' neu'n hytrach weledol-ddilyffethair y ddrama radio – a'i haddasrwydd felly ar gyfer y teledu, chwedl Nia Roberts. Gan hynny, anwybyddir apêl emosiynol y cyfrwng, a sut y gall cyfeiliant cerddorol, fel a gaed yng nghanu'r tad yn *Llythyr i Begw*, gyfrannu'n helaeth at agweddau ar gymeriadaeth a theimlad. Yn wir, gall llefaru tyner, tawel ar y radio hawlio, mewn ffordd gwbl ysgytwol, wrandawiad astud yr unigolyn, a gall gwrando ar lais syml, clir fod yn brofiad mwy emosiynol o lawer nag un cymharus yn y theatr.[58]

Ystyrier sylwadau'r dramodydd David Hare isod. Fe'u dyfynnaf a'u cymhwyso'n benodol at y dasg bresennol o geisio deall sut y gall rhaglen o fath *Llythyr i Begw* greu argraff ddyfnach ar wrandäwr na'r gwrthdaro arferol rhwng cymeriadau dramatig – yr hyn a geir, er enghraifft, yn nramâu Saunders Lewis.

> Isn't it always more interesting to hear someone unmediated than it is to hear them clash in so-called debate? [...] [I]n practice how infrequent it is, on television or radio, that the Socratic equivalent of men's tennis – massive slams hit back and forth from the baseline – actually illuminates anything at all. [...] When one person speaks and is encouraged to develop his or her ideas ... [i]n each of our hearts and minds, we absorb, judge and come to our own conclusions.[59]

Dyma awgrym, mi gredaf, sy'n esbonio, nid yn unig sut y gall cyfres o lythyron, megis *Llythyr i Begw*, ond hefyd ddarlith radio, megis *Tynged yr Iaith*, afael ym meddwl y gwrandäwr yn fwy felly na drama radio a'r holl wrthdaro rhwng ei chymeriadau.[60] A hwyrach fod modd i ni yng ngoleuni'r dyfyniad hwn ddeall hefyd pam y mae *Siwan* hithau'n medru gafael yn nychymyg y gwrandäwr. Wrth reswm, mae apêl amlwg i'r effeithiau sain amrywiol ar ddiwedd yr act gyntaf, ac awgrymwyd eisoes fod digwydd sy'n cyfeirio at olygfeydd y tu hwnt i'r llwyfan, sef yr hyn a welir yn yr ail act – nodwedd a welir hefyd yn y ddrama lwyfan *Gan Bwyll* (1952), gyda llaw – yn gweithio'n dda ar y radio, oherwydd yr elfen gyferbyniol a gofodol. Go brin, fodd bynnag, fod y pethau hyn yn ddigon i dynnu'r gwrandäwr i fyd y ddrama a'i gadw yno.[61] Y gwth mawr, yn hytrach, yn yr act gyntaf a'r drydedd, yw'r modd y mae'r cymeriadau'n araf ddatguddio eu meddwl, a hynny mewn ffordd ryfeddol o dawel a disymud. Ar un olwg, Llythyr i Siwan yw araith y naill garwr a'r llall, Gwilym Brewys a Llywelyn, a darnau o lythyr cyffesol yn graddol ddod at ei gilydd yw ei sgwrs hithau yn yr act gyntaf, a'i haraith a'i sgwrs yn y drydedd. Dyna sy'n ein tynnu i fyd y ddrama – seicoleg y prif gymeriad a'i chariadon. Ac mae'r iaith lawer yn fwy cynnil, naturiol ac ymatalgar nag eiddo'r dramâu blaenorol, sydd eto'n hyrwyddo ein diddordeb ym meddwl y cymeriadau.

Mewn perthynas â'r dramodydd Louis MacNeice, meddai Ian Roger: 'MacNeice's somewhat withdrawn nature led him to favour the understatement rather than the barrage. But it may well be the case that he was led into this style of understatement by the requirements of radio'.[62] Yn 1957, wrth iddo gyflwyno o'r newydd ddarllediad o *Buchedd Garmon*, mae'n amlwg fod Saunders Lewis yntau erbyn hynny'n ffafrio'r 'understatement'. Blinodd ar y 'farddoniaeth areithiol' sydd ynddi.[63] Erbyn hynny yr oedd wedi clywed cryn dipyn o'i waith ei hun ar y radio ac yn y theatr. Anodd priodoli'n union ddylanwad y naill gyfrwng ar y llall, ond o gofio symudiad cyffredinol y dramodydd oddi wrth farddoniaeth areithiol a thuag at naturiolaeth fwy cynnil, a'r swrreal ar dro, mae'n anodd meddwl na fu'r profiad o ysgrifennu'n rhannol ar gyfer y radio'n elfen ddylanwadol yn y symudiad hwnnw. Yn un peth, mae'r radio'n annog y math o actio naturiol yr oedd y dramodydd ei hun yn ei ffafrio. Cymharer, er enghraifft, berfformiad y ddwy actores, Maureen Rhys a Iola Gregory, wrth iddynt chwarae rhan Siwan ar gyfer cynyrchiadau sain o'r ddrama.[64] Cais y gyntaf roi darlun ohoni o flaen ein llygaid, ac mae'r actio drwy'r llais yn fawr ac yn theatrig. Llwydda'r ail i'n tynnu ni i feddwl ei chymeriad, mewn modd llawer mwy tawel a chynnil. Clywn hi'n meddwl. Deallwn ei chwant. Ac i mi, ymddengys yn fwy diffuant. Yn sicr, mae'n fwy apelgar, a hynny gan fod agosatrwydd y cyfrwng yn golygu na all y gwrandäwr oddef yr hyn sy'n ffug ac yn act.[65] '[T]he writer, producer and actor have to be constantly awarae of the dangers of giving a theatrical performance,' meddai Alfred Bradley. 'Radio shows up inflated dialogue and "ham" acting very quickly.'[66] Y cyngor gorau i'r actor felly yw dychmygu ei fod yn siarad ag un person yn unig.[67] Wrth iddo ganmol actio Mrs Nesta Harris ar y radio, meddai Saunders Lewis: 'Yn ei chyflwyniad o Siwan yn "Llywelyn Fawr" yr oedd hi'n enedigaeth newydd. [...] Nid oedd ond deall ac angerdd a didwylledd a dwyster ac *actio y tu mewn i'r rhan*.'[68]

Cadarnhau'r 'duedd' i anwybyddu 'rhinweddau' a gofynion y cyfrwng y mae sylwadau Val Gielgud yn ei lyfr, *British Radio Drama: 1922-1956.* Yn wahanol i'r feirniadaeth uchod ar y cynhyrchu a'r actio, fodd bynnag, beirniadu'r dramodwyr a gomisiynwyd yn y cyfnod sydd dan sylw yn ei lyfr a wnaeth Gielgud. Er y ceir gan yr un awdur sylwadau i'r gwrthwyneb – sylwadau, hynny yw, sy'n pwysleisio mai'r peth pwysicaf i gynhyrchydd radio yw dramodydd sy'n meddu ar 'the primary equipment of the good writer', ac nid un a chanddo afael ar 'broadcasting machinery'[69] – nododd Gielgud mor brin oedd y dramodwyr hynny a oedd yn medru ystyried gofynion y cyfrwng; y rhai a fedrai ystyried

> the telling of a story in the terms of a particular medium – in this case, in radio-dramatic terms; the telling of a story qualified by proper and practical consideration of both the advantages and limitations conferred upon the author by the use of the microphone, as opposed to the use of the printed page, the camera, or the stage of a theatre. It was always difficult to persuade writers for radio to keep their attention upon this elementary truth.[70]

Holir yn y man, felly – i ba raddau yr oedd Saunders Lewis yn un o'r dramodwyr hyn? Anodd ei feirniadu am ddiffyg unrhyw weithiau a addaswyd ar gyfer y radio, wrth gwrs, nac ychwaith am wendidau cynhyrchu. I'm clust i, er enghraifft, mae lleisiau'r tri chymeriad yn act gyntaf *Y Cyrnol Chabert* (1993) lawer yn rhy debyg i'w gilydd. Ond, a chofio iddo hefyd ysgrifennu dramâu ar gyfer y cyfrwng, i ba raddau yr oedd Saunders Lewis yn meddu ar 'feddwl radio', chwedl McInerney? Pa arwyddion o hynny sydd yn y gwaith? Awgrymodd Bruce Griffiths na fu Saunders Lewis 'erioed yn hollol gysurus yn cyfansoddi ar gyfer y llwyfan: bu'n fwy cysurus yn cyfansoddi ar gyfer y radio, ac yn ddiweddarach ar gyfer y teledu'.[71] A yw hynny'n wir?

Yn achos *Excelsior*, a ysgrifennwyd ar gyfer y teledu, nododd Ioan M. Williams fod y ddrama'n 'dangos diffygion o'i hystyried felly', ac i'r awdur brofi 'anhawster wrth saernïo'r digwyddiad mewn modd a oedd yn dderbyniol i'r camera'.[72] Yn ei hysgrif, 'Saunders a'r teli', nododd Nia Roberts hithau ambell enghraifft lle y mae modd gweld yn y dramâu 'nifer o elfennau sy'n anghydnaws â natur y cyfryngau yr oedd [y dramodydd] yn ysgrifennu ar eu cyfer'.[73] Archwilio'r syniad hwn mewn perthynas â'r radio'n benodol a wneir isod. A welir olion o anhawster cyffelyb wrth i Saunders Lewis ysgrifennu ar gyfer y meicroffon? A yw *Buchedd Garmon*, *Amlyn ac Amig*, *Siwan*, *Esther* – un o gynyrchiadau mwyaf llwyddiannus y Theatr Genedlaethol hyd yma, yn 2006 – *Yn y Trên*, *Merch Gwern Hywel*, *Y Cyrnol Chabert* a *Cell y Grog* yn ddramâu *radio* da? Ynteu a oedd ei theatreg – ei ymwybod o hanfodion y theatr – yn ei rwystro rhag ysgrifennu'n bwrpasol ar gyfer y cyfrwng newydd?

<small>GWELEDIGAETH Y GWLEIDYDD</small>

Dyna'r cwestiynau a fydd yn cyfeirio rhan olaf yr ysgrif hon, felly. Fodd bynnag, yn gyd-destun iddynt – a derbyn bod o leiaf ryw gymaint o amwysedd ym mherthynas y *dramodydd* â'r cyfrwng, fel yr awgryma ambell ymgais a sylw o'i eiddo ef ei hun[74] – carwn yn gyntaf nodi mor barod oedd y *gwleidydd* i groesawu'r dechnoleg newydd, ac mor awyddus ydoedd i'w Chymreigio. Yn wir, mae ei agwedd at y cyfrwng newydd yn dwyn i gof sylwadau'r dyneiddwyr tuag at y wasg argraffu. Yn y naill achos a'r llall, nodweddir y trafodaethau, yn rhagymadroddion y dyneiddwyr a'r ysgrifau yn *Y Ddraig Goch*, gan ofn gwirioneddol danataffobig. 'The birth of every new media of mass communication has been accompanied by fears about its corrupting influence on the audience,' meddai Kevin Williams.[75] Yn achos iaith leiafrifol fel y Gymraeg, gelwir ar eraill i ymateb i her y dechnoleg newydd, a hynny rhag i'r diwylliant Cymraeg edwino unwaith ac am byth o'r byd modern, 'kyn darfod am y to ys ydd heddio'.[76] Yn benodol, mae'r awydd i ehangu meysydd trafod y Gymraeg yn amlwg, a'r sylw hwn o'r *Ddraig Goch* (dan olygyddiaeth os nad awduraeth Saunders Lewis), 'Paham na chawn feirniadaeth lenyddol a dadleuon llenyddol ar y T.D.W.? A son [*sic*] am fasnach, addysg, amaethyddiaeth, garddio, pysgota, *etc.*, a hynny yn Gymraeg?' – yn dwyn i gof apeliadau tebyg gan Siôn Dafydd Rhys a William Salesbury.[77]

Ynghyd â'r gymhariaeth â'r dyneiddwyr, fodd bynnag, dadleuwn i, yn gynnar iawn yn hanes y dechnoleg newydd, fod sylwadau Saunders Lewis yn amlygu'r math ar ddirnadaeth ddiwylliannol a gysylltir ag ymadrodd enwog Marshall McLuhan, 'y cyfrwng yw'r cynnwys' – 'the medium is the massage' – ymadrodd a fu mor rymus ei ddylanwad ym maes theori'r cyfryngau ac astudiaethau diwylliannol ehangach yn ystod yr hanner can mlynedd diwethaf.[78] Fel y nododd Kevin Williams, mae'r drafodaeth ar natur effaith y cyfryngau ar eu cynulleidfaoedd wedi datblygu'n fawr yn ystod y cyfnod hwn,[79] ac eto, a dyfynnu Dennis McQuail, 'the question of their power over audiences is never far away'.[80] Pam? Oherwydd, yng ngeiriau Paddy Scannell, '[the] unobtrusive ways in which broadcasting sustains the lives and routines, from one day to the next, year in, year out, of whole populations'.[81] Mae'n gosod yr agenda ar gyfer pob math o bynciau trafod, ac mae'n rhoi i ni arwyr ac arweinwyr sy'n rhan o'r broses o ganfod a chadarnhau, neu herio, ein gwerthoedd cymdeithasol.[82] A defnyddio ieithwedd R. M. Jones, dyma'r cyfrwng Mynegiant yn creu'r Tafod.[83] Ond ei wir rym yw'r ffaith ei fod bob amser yno, 'the always, audible ground-bass of national culture', chwedl Fred Inglis.[84] Yn wahanol i'r Eisteddfod Genedlaethol neu'r farchnad a'r ysgol leol, nid yw'n gofyn am na theyrngarwch nac ymrwymiad, na dim oll, ac eithrio gwrandawiad. 'Gwrandewais ar y Brenin Edward VIII yn darlledu ar Ddydd Gŵyl Dewi eleni,' meddai un o gyfranwyr *Yr Eurgrawn* yn 1936, fel pe bai'r peth mor naturiol â gwrando ar sgwrs cymydog dros wal gerrig yr ardd.[85]

Er i Saunders Lewis ymosod yn chwyrn ar fonopoli'r BBC, a hynny gan iddo ddeall, lawn cymaint ag Anthony Smith, fod darlledu'n medru pennu llwybr y daith ar gyfer diwylliant cyfan,[86] mae ei sylwadau ar berthynas, neu'n hytrach ddiffyg perthynas y radio Saesneg â'r Cymry Cymraeg, yn amlygu dealltwriaeth soffistigedig o sut y mae'r cyfryngau'n effeithio ar yr hyn yr ydym yn meddwl yn ei gylch, a sut yr ydym yn edrych ar ein cymdeithas a ni ein hunain. Ar un olwg, ofnai Saunders Lewis, gan ragweld dadleuon George Gerbner flynyddoedd yn ddiweddarach, fod darlledu, dros gyfnod o amser, yn medru meithrin 'a commonality of perspective among otherwise different groups';[87] ac eto, rhan o'r cymhelliad dros frwydro dros radio Cymraeg ydoedd deall yn iawn nad oedd digon o gyswllt rhwng arlwy'r radio Saesneg a bywyd a meddwl y Cymry.[88] Yr ymwybyddiaeth ddeublyg hon – ofni grym a deall gwerth – sy'n sail i'r galw cynnar gan y gwleidydd ar i'r 'teleffôn diwifrau' gael ei lwyr Gymreigio – lawn cymaint ag addysg a llywodraeth a chyfraith. Fel y nododd O'Sullivan, Dutton a Rayner, cwbl ddi-fudd yw ceisio mesur effaith y cyfryngau ar wahân i elfennau dylanwadol eraill.[89]

Meddai Saunders Lewis yn 'Egwyddorion cenedlaetholdeb':

Rhaid trefnu Cymru yn Gymraeg, a throi ei holl fywyd yn Gymreig. Rhaid rhoi rhyddid i'r diwylliant Cymreig weithio fel surdoes drwy Gymru gyfan. [...] Rhaid i bob cyfrwng cyhoeddus sy'n lledaenu gwybodaeth, yn dysgu neu ddiddori'r wlad, megis y teleffôn diwifrau, fod hwnnw hefyd yn Gymraeg, a'i ddefnyddio er mwyn cadarnhau a dyrchafu'r drychfeddwl Cymreig. Mewn gair, rhaid i holl fywyd cymdeithasol Cymru, a phob offeryn bywyd cymdeithasol, ei addasu at un amcan yn gyson a di-ŵyro: sef gwareiddiad Cymreig i Gymru. Felly'n unig y cedwir cadwyn hanes a diwylliant a bywyd gwareiddiedig yn ddi-dor yn y rhan hon o'r byd...[90]

Mewn gwirionedd, er y byddai'r weledigaeth hon yn golygu bod yn rhaid i'r gwleidydd ymgyrchu'n frwd yn erbyn Seisnigrwydd y BBC – drwy gyfrwng y Blaid Genedlaethol a Phwyllgor Ymgynghorol Prifysgol Cymru – gwelai Saunders Lewis ac eraill yn y Blaid Genedlaethol, lawn cymaint â Syr John Reith ei hun a'r BBC, fod angen i'r radio fod yn wasanaeth cyhoeddus, ac yn 1935, argymhellodd 'ofal arbennig ... o ddiwylliant a thraddodiad Cymru, pan ddechreuer datblygu "television" yng Nghymru, ac nad ymddiriedir mo'r gwaith i anturiaethau unigolion â'u hunig fryd ar elw'.[91] Wrth gwrs, ni fynnai weld y gwaith yn cael ei roddi 'ychwaith i unrhyw Gorfforaeth newydd o dan y Llywodraeth a ail-adroddai chwedl arw y B.B.C. yng Nghymru'.[92] Ac eto, medrai'n gyhoeddus, yn *Baner ac Amserau Cymru*, werthfawrogi fod y Gorfforaeth 'wedi gwneuthur y peth [darlledu] yn llwyddiant eithriadol', ac nad oedd yn 1936 'wedi esgeuluso'r ochr ddiwylliant i'r mater'.[93]

Am gyfarwyddwr cyntaf y Gorfforaeth hon, Syr John Reith, nododd Nicholas Abercrombie fod radio, yn ei olwg ef, yn gyfrwng a fyddai'n addysgu ac yn hyrwyddo'r chwaeth uchaf, gan ddwyn ynghyd, 'the nation as a moral community'.[94] Nid gwahaniaeth o ran agwedd at ddibenion darlledu, felly, a fodolai rhwng Reith a Saunders, rhwng y BBC a'r Blaid Genedlaethol, eithr rhagfarnau cwbl groes ynghylch y syniad – dieithr braidd, y pryd hwnnw[95] – fod Cymru'n genedl ar wahân, ac mai priod iaith y genedl honno oedd y Gymraeg. Yn wir, fel y nododd Saunders Lewis ei hun, pan awgrymodd Mr. Ellis Davies, aelod o'r Senedd dros sir Ddinbych, y dylid sefydlu yng ngogledd Cymru orsaf radio a fyddai'n gwneud defnydd pur helaeth o'r iaith Gymraeg, er mawr syndod iddo, fe'i gwadwiyd â chwerthin croch. Pam? Fel y gwnâi'r beirniad llenyddol a'r dramodydd yn aml, esboniodd y gwleidydd natur y bwlch rhagfarnau rhwng y gwleidydd o Gymro a'i wrandawyr. Chwarddwyd am ei ben:

> Oblegid ei fod yn credu bod gwahaniaeth rhwng Cymru a rhyw ran arall o Loegr. Oblegid iddo awgrymu bod iaith arbennig yn perthyn i'r rhan honno o Loegr. Oblegid dweud ohono y gellid defnyddio'r iaith honno i drin problemau'r dydd trwy gyfrwng y T.D.W. Yr oedd hynny'n gystal a [*sic*] dadleu dros ddefnyddio tafodiaith Warrington neu Barnstaple mewn siroedd eraill yn Lloegr.[96]

Anodd i ni, yn y Gymru led-ddatganoledig heddiw, werthfawrogi mor rhyfedd yn Lloegr oedd synied am Gymru ar lun cenedl yn y cyfnod hwn. Yn 1957, yn ei bennod, 'Radio drama in the regions', awgrymodd Val Gielgud fod datblygu drama yn yr Alban, Cymru a Gogledd Iwerddon yn llai problemus nag yn rhanbarthau Lloegr, a hynny oherwydd 'the undeniable existence of an endemic national drama. By metropolitan standards it might be limited both in quality and importance. But it had its own audience. It was part of recognized national cultures. Its claim to reasonable representation in the broadcasting field was unarguable'.[97] Ac eto, ddeng mlynedd ar hugain ynghynt, awgrymodd E. R. Appleton, Cyfarwyddwr Rhanbarth y Gorllewin – y rhanbarth a oedd yn clymu Cymru wrth orllewin Lloegr – nad oedd unrhyw alw ar i'r Gorfforaeth ddefnyddio'r Gymraeg, a bu'r ymgyrch dros sefydlu rhanbarth Cymreig yn un ddygn a hir – yn bennaf gan nad edrychid ar Gymru'n genedl a chanddi ei phriod iaith fodern ei hun.[98] Mewn rhifyn o'r *Radio Times* ar gyfer 19 Hydref 1934, er enghraifft, cyfeiriwyd at yr Alban yn nhermau 'the only broadcasting region which is also a nation'.[99] Yr oedd Pwyllgor Ymgynghorol Prifysgol Cymru, felly, yn ceisio cyflawni '[t]asg boliticaidd yn ei hanfod', sef i Gymru gael ei thrin fel gwlad a chenedl, yn hytrach nag ar lun rhanbarth.[100] Ys dywedodd D. Tecwyn Lloyd: 'Triniaeth gwbl "Eingl-Gymreig" yn ystyr waethaf a mwyaf cyfoglyd y gair hwnnw a gâi Gymru gan y BBC yn y dyddiau hyn'.[101] A phan geisiodd yr 'extremist' – a defnyddio gair Appleton – fynegi ei syniadau drwy gyfrwng yr iaith Saesneg, 'the official language', penderfynodd y BBC beidio â darlledu ei ddarlith ar y radio.[102] Roedd disgwyl i gyfranwyr yn gyffredinol fod yn ddiddorol ond nid yn heriol yn y cyfnod hwn. (Yn 1941, rhoddwyd taw ar gyfres Priestley hefyd, gan fod ganddo yntau weledigaeth ar gyfer diwygio ei wlad.[103])

Crynhodd eraill hanes yr ymgyrchu, ac nid y bwriad yw ailadrodd y prif gamau tuag at ennill y ddadl o blaid sefydlu rhanbarth Cymreig y BBC.[104] Yr unig beth a'm trawodd – ac y gellir ei ychwanegu, o bosib, at yr hanes hwnnw – yw pa mor flaengar oedd Saunders Lewis wrth iddo ragweld grym potensial y radio. Trawiadol, er enghraifft, yw cymharu sylwadau'r golygydd gan Bebb a Saunders yn rhifyn cyntaf *Y Ddraig Goch* (1926), gyda'r naill yn sôn am 'gadw' ac 'amddiffyn' y Gymraeg drwy gyfrwng 'yr Ysgolion a'r Colegau, y Cymdeithasau llenyddol a'r Cymrodorion, yr Eglwysi a'r Capeli, y Pulpud a'r Ysgol Sul', a'r llall yn nodi mai '[a]mcan y Blaid Genedlaethol yw – nid cadw'r Gymraeg fel ffetish yng Nghymru, – ond ei gwneud yn bosibl i

bob Cymro fyw bywyd llawn, gwaraidd, dedwydd, cain'.[105]
Flwyddyn yn ddiweddarach, rhaid tybio mai ysgrifbin Saunders
– '[y] buanaf a'r treiddgaraf sydd yng Nghymru', chwedl Bebb – a
gyfansoddodd 'Nodiadau'r Mis', oherwydd nodir yno mai

> [t]uedd ddrwg yng Nghymru yw ceisio gwrthod pob
> darganfod newydd a'i wthio o'r bywyd Cymreig.
> Effaith hynny yw gadael pob dim newydd (tyst o'r
> T.D.W.) i'w ddatblygu gan Saeson, ac yna droi'r
> bobl ifainc yn Saeson a rhoi ar ddeall iddynt mai gan
> Saeson a Saesneg y mae popeth modern a swynol.
> Rhaid i ninnau Gymry Cymraeg ddysgu byw yn ein
> byd a meistroli adnoddau ein byd a'u troi yn rhan
> o'n treftadaeth. Adroddodd y gwyddonydd mawr
> hwnnw, Dr. Rivers, hanes am genedl yn un o
> ynysoedd môr y De a fu farw wedi dyfod Ewropeaid
> i'r ynys, nid o frwydro yn erbyn y dynion dyfod nac
> o ormes ychwaith, namyn yn unig oblegid dwyn
> gan yr Ewropeaid wareiddiad a chyfleusterau na
> allai'r brodorion mo'u haddasu eu hunain iddynt.
> Ofnwn weithiau fod perygl tebyg yn gorddiwes y
> diwylliant a'r bywyd Cymreig. Rhaid inni wrth egni
> ac ewyllys gadarn i feddiannu ein hoes a'i
> hadnoddau a'u harneisio i'n hen wareddiad a throi'r
> cwbl yn elw.[106]

Nid dim llai na gwladychu'r Cymry drwy gyfrwng adloniant a
phleser, wrth iddo hwyluso eu byd, a wnâi'r radio, felly. Megis y
Brythoniaid dedwydd ym maddondai'r Rhufeiniaid, felly'r Cymry
dan donfeddi'r Sais.[107] Y canlyniad, fel y nododd Tacitus ym
Muchedd Agricola, oedd i'r brodorion ddeisyf dysgu iaith eu
goresgynwyr. Wrth iddynt dderbyn o law'r Rhufeiniaid bethau
da eu diwylliant, felly y caethiwyd hwy.[108] Ys dywedodd Alun
Llywelyn-Williams, yn 1951: '[u]n don yw'r radio, gwir yw, yn
llanw'r diwylliant Saesneg sy'n bygwth yn yr oes dechnegol hon
foddi'r diwylliant Cymraeg a Chymreig fel ei gilydd ar eu
haelwydydd eu hunain'.[109] Er i'r Blaid ddefnyddio'r gair 'brwydr',
yn erbyn 'imperialaeth gormesol' [*sic*], a disgrifio dro arall 'siarter

y Gorfforaeth Seisinig … yn orthrwm annioddefol',[110] ni sylweddolai'r rhelyw o Gymry, gan gynnwys eu haelodau seneddol yn Lloegr, fod y radio'n fygythiad o fath yn y byd.[111] Ystyrier englyn Morris D. Jones o'r *Eurgrawn* yn 1936. Nid yw'n farddoniaeth fawr, ond mae'n crynhoi rywsut mor gwbl anwleidyddol yr edrychid ar y cyfaill newydd.

> Dyddiol negesydd diddan – yw'r Radio,
> Pêr hudol was trydan;
> Yn llon a chu, llên a chân
> Yrr o bell ar wib allan.[112]

Wrth gwrs, dyma rym unrhyw gyfrwng torfol sy'n datblygu'n ffordd gyffredin o fyw i laweroedd. Cwbl anweledig yw ei effaith ar boblogaeth sy'n ei ddefnyddio'n helaeth, os nad yn ddyddiol, i'r graddau, fel y nododd Neil Postman, fod cynnwys ein gwleidyddiaeth, crefydd, addysg a phob agwedd ar fusnes cyhoeddus yn newid i gydymffurfio â'r cyfrwng dominyddol.[113] A dyfynnu o'r memorandwm a gyflwynodd y Blaid Genedlaethol i'r Pwyllgor Seneddol ar Ddarlledu, Mai 30, 1935: 'Dengys yr holl stori y perygl enbyd sydd i genhedloedd bychain mewn monopoli canolog mewn darlledu'.[114]

Rhag i neb Cymro gredu, fodd bynnag, na ellir rhoi coel ar farn yr 'extremists' yn *Y Ddraig Goch*, y mae'n werth ystyried sylwadau un a fu'n gweithio i'r BBC ei hun yn y cyfnod hwn. Oherwydd yn ei lyfr, *Ariel and all his Quality – An Impression of the BBC from Within* (1940), cyflwynodd R. S. Lambert yr un math o ddehongliad treiddgar ar rym y cyfrwng a'r Gorfforaeth Ddarlledu ag a gyflwynodd Saunders Lewis. 'Today,' meddai Lambert, 'the BBC holds – in the field of art, intellect and politics – the power once exercised by the Court. It has become the main indirect organ of Government, all the more potent because its influence *is* indirect.'[115] Fel y nododd Saunders Lewis yn *Y Frwydr dros Ryddid* (1935): 'Dyma offeryn propaganda a diwylliant nad oes rithyn o esgus dros ganoli'r rheolaeth arno. Hyd yn oed yn Lloegr ei hun, y mae dadleuon cymdeithasol a moesol cryfion iawn dros chwalu monopoli'r Gorfforaeth Ddarlledu Brydeinig.'[116] Yng ngoleuni'r sylw hwn, ystyrier, er enghraifft, sylwadau ac argymhellion diweddarach James Curran yn *Power Without Responsibility* (1997). Nodir mor gul a difywyd yw'r diffiniad o wasanaeth cyhoeddus fel y'i cynhelir gan y gyfraith, Siarter Frenhinol y Gorfforaeth Ddarlledu Brydeinig, a'r 'llenyddiaeth swyddogol' sy'n ei hyrwyddo ymhellach drwy gyfrwng archwiliadau cyhoeddus ac adroddiadau ymgynghorol i'r llywodraeth.

> Thus, 'social access' is discussed primarily in terms of access to broadcast signals in outlying areas. It is about a right to reception rather than expression, the right to watch and listen but not to be heard. [...] [B]roadcasting operates in the context of an élite political culture and a highly centralized system of government. [...] A conscious policy of resisting these pressures is needed, if the collective conversation conducted through broadcasting is to be broadened to include non-élite groups.[117]

Gan ragweld y diffygion systemig uchod a fynegir gan Curran, gwelai Saunders Lewis, wrth gwrs, fod y radio a rheolaeth Llundain ar y cyfrwng yn dynged waeth yng Nghymru nag yn Lloegr, oblegid ei reoli gan farnwyr di-Gymraeg, a hynny'n ddiangen. Ystyrier ei sylwadau yn *Y Faner* yn 1951, lle y nododd fod 'holl bolisi' y BBC 'yn dra anfanteisiol i ddatblygiad radio Gymraeg [*sic*], pan allasai'r radio fod yn 'organ hynod bwysig', wedi ei gyfuno â pholisi addysg Gymraeg.[118] Dywedodd Alun Llywelyn-Williams yntau, genhedlaeth yn ddiweddarach, a chan adleisio llawer o sylwadau Saunders Lewis: 'Prin y byddai neb ystyriol yn anghytuno y gall y radio sain, a thelefisiwn yntau, wneud llawer i hyrwyddo ymddatodiad y gymdeithas [Gymraeg] ... megis y gall y ddwy ddyfais hefyd, o'u hiawn ddefnyddio, anadlu ynddi anadl einioes newydd'.[119]

Ynghyd â blaengarwch y weledigaeth, felly, o ganol y dauddegau ymlaen, yn galw'n gyson am 'orsaf ddi-wifr Gymreig', gan drefnu'n wleidyddol, a chefnogi'r rhai a drefnai'n dechnegol, ar ei chyfer,[120] ac annog ei gydolygyddion Cymraeg i ymddifrifoli mewn perthynas â datblygiadau'r radio[121] – bathu'r term 'darlledu', o bosib, er i eraill fynd i hwyl wrth wawdio'r ymdrech i fathu'r term 'T.D.W.'[122] – yr hyn sy'n taro dyn yw'r cyferbyniad amlwg rhwng pendantrwydd y gwleidydd mewn perthynas â'r radio ar y naill law, ac ar y llaw arall, amhendantrwydd y dramodydd, fel llawer un arall, nad oedd yn gyfarwydd â rhinweddau arbennig y cyfrwng newydd. Er y gellir hawlio bod o leiaf pedair, os nad pum neu chwech o'i ddramâu'n gampweithiau theatraidd, a ellir hawlio'r un ar gyfer y radio – i'r un graddau, dyweder, ag y dethlir camp drama Harold Pinter, *A Slight Ache*, neu ddrama leisiau Dylan Thomas, *Under Milk Wood*? Ynteu a oes lle inni gyfeirio eto at y gymhariaeth â Salesbury, o gofio am y modd na lwyddodd yntau i gynhyrchu testunau darllenadwy, poblogaidd, ar gyfer y cyfrwng newydd a oedd mor bwysig iddo?[123]

'IT IS TOTAL VICTORY!'

Yn y man, edrychir yn feirniadol ar destun *Buchedd Garmon*. Fel rheol, fe'i darllenir mewn perthynas â hanes llosgi'r Ysgol Fomio ym Mhen-y-berth, a hithau wedi ei chyfansoddi ar ruthr rhwng y ddau achos llys.[124] Wrth ei chyflwyno o'r newydd mewn rhifyn o'r *Radio Times* yn 1957, meddai'r dramodydd:

> Hawdd gweld yn y ddrama ddrych o'n sefyllfa ni'n tri ar y pryd. Hawdd gweld ynddi gais i amddiffyn ein bwriadau a'n cymhellion. Drama gyfoes yw hi, wrth gwrs, yn trafod argyfwng Cymru yn 1937 – ac mae'r sefyllfa yn 1957 yn frawychus debyg – er mai 429-30 yw dyddiad ei digwyddiadau hi. […] [P]entwr o atgofion o lawer math, a hefyd rhyw fath o apologia, a hyd yn oed o gerdd ffarwél, oedd *Buchedd Garmon*.[125]

Hyd yn oed i feirniad yn nhraddodiad darllen clòs Adran y Gymraeg, Abertawe – traddodiad 'Dafydd Nanmor' Saunders Lewis (1925), hynny yw, a thraddodiad Hugh Bevan a Robert Rhys – anodd yw osgoi'r ddelwedd honno o'r awdur yn cyfansoddi'r ddrama am wyth awr y dydd dros gyfnod o ddeufis,[126] ac anos, yn wir, yw peidio â chysylltu ynghyd areithiau'r achos llys yng Nghaernarfon a rhai'r ddrama. Er mai'r gwir a nododd Martin Meisel – 'author surrogates ... collectively, and probably deservedly, have a bad name'[127] – yn achos araith enwog Emrys Wledig, 'Gwinllan a roddwyd i'm gofal ...', mae synied amdani yn nhermau'r un awdur a luniodd hefyd 'Paham y llosgasom yr ysgol fomio?', yn gallu bod yn brofiad cynhyrfus, wrth i'r berfau gorchmynnol – 'Deuwch ataf ... / Sefwch gyda mi ...' gyffwrdd â chydwybod y gwrandäwr.[128] Yn wir, onid yw'r llais dirprwyol hwn yn rhedeg megis llinyn arian drwy'r ddrama gyfan? Yn fy mhrofiad i, o leiaf, amhosib yw peidio â'i darllen mewn modd rhyngdestunol, gan glywed adleisiau rhwng areithiau'r ddrama ac eiddo'r dramodydd ei hun, hyd yn oed mewn perthynas ag ambell sylw enwog a wnaeth flynyddoedd wedi'r cyfansoddi a'r darlledu.[129] Er enghraifft, wrth i Paulinus, 'yn hanner cant oed', ddywedyd wrth Garmon – 'A phan edrychaf yn ôl, yn ofer y llafuriais, / Blin fu fy nyddiau yma' – mae geiriau'r cyfweliad enwog rhwng Saunders Lewis ac Aneirin Talfan Davies yn dod i'r meddwl.[130] 'Yr oedd gen i awydd ... Ac mi fethais yn llwyr.'[131] Nid cyfeiriadaeth destunol mo hyn, ond gwahanol ddarnau o ysgrifennu a llefaru'r awdur yn ymglymu yn ei gilydd, a'r ffin rhyngddynt yn teneuo'n ddim.

Wrth gwrs, nid geiriau pesimistaidd Paulinus yw cywair llywodraethol y darn, eithr y modd y mae 'Plaid fechan, ddi-gownt, a fyn achub [ei] gwlad' yn llwyddo i wneud hynny.[132] Ydyw – yn enwedig o ddarllen llythyrau Saunders Lewis at ei deulu yn ystod y cyfnod hwn – mae'n anodd darllen y ddrama heb feddwl hefyd am y dramodydd a'i ddau gyfaill yn y carchar yn gwrando ar ei darllediad cyntaf:

> We three heard it also from here and the reception was perfect, without interruption at all. I must admit I also thought it good and it was well performed. There were just some small things I should have changed. It was a thrill for us three to sit in the recreation room and listen to an hour of Welsh poetic drama here in Wormwood Scrubs.

[…] The Governor stopped me on Saturday in the grounds and asked how the broadcast went. I told him and he answered: 'I'm so glad; it must be a real consolation to you and must make up for a lot.'[133]

Hynny yw, hawdd iawn yw plethu ynghyd *Buchedd Garmon* a bywyd ei chyfansoddwr – nid yn annhebyg i'r darluniau cyfochrog o'r araith enwog a'r tri phrotestiwr eiconig a welir ar furlun un dafarn ym Mhwllheli, neu ambell gyflwyniad llafar yn Eisteddfod yr Urdd sy'n rhoi yng ngenau Saunders Lewis araith Emrys Wledig.[134] Ac ynghyd â'r datganiad gwlatgarol, enwog, ac ambell sylw tebyg o enau Garmon – 'Disgynnodd dydd yr amddiffyn, / Dydd y ddeublyg amddiffyn, / Dydd adeiladu'r Gristnogaeth a chadw'r ffin' – mae arwyddocâd amryw linellau'r testun yn dwysáu o'u darllen mewn perthynas â bywyd eu hawdur, ac fel pe'n dod yn rhan o'r digwydd. 'Am ddagrau mae pobl yn talu'; 'y milwr [a oedd yma gyntaf] piau'r lle'; 'oddi uchod / Y deillia pob awdurdod ymhlith dynion'; 'Ac o garchar ofn daeth yn rhydd'.[135] Ys dywedodd Edward Said, er gwaethaf grym ambell ffordd newydd o edrych ar destunau llenyddol, y mae'r awydd hwn i ddarllen y gwaith mewn perthynas â'r creu a'r crëwr yn un cryf a chyson;[136] yn enwedig, felly, 'ddywedwn i, pan fo'r bywyd hwnnw'n un dramatig, ac yn ein hannog i synied amdano ar lun drama.[137] (Cofier, fel y nododd Sean Burke, i'r Awdur y cyhoeddwyd ei farwolaeth yn ysgrif enwog Roland Barthes ddychwelyd o'r newydd yng ngwaith y Ffrancwr mewn dim o dro.[138]) Yn wir, yn 1957 – er gwaethaf ei agwedd ddigon dibrisiol ef ei hun at feirniadaeth awdurganolog, dyma Saunders Lewis yn ailddarllen y gwaith mewn perthynas â'r creu, gan awgrymu'n gellweirus fod modd esbonio natur areithiol y ddrama – peth nad oedd o gwbl yn dda gan y sawl a gyhoeddodd *Siwan* a *Gymerwch Chi Sigarét?* y flwyddyn flaenorol – yng ngoleuni'r ffaith 'fod annerch llysoedd barn a dal pen rheswm gyda'r Barnwr Lewis wedi mynd yn ail natur imi ar y pryd. Yr wyf wedi tawelu dipyn ers ugain mlynedd.'[139] Mae'n drawiadol, felly, nad oedd y dramodydd aeddfed, er gwaetha'r ffaith iddo yfed yn drwm o ffynhonnell ei brofiadau personol ar y pryd, yn 1936-37, yn synied iddo ganfod ei lais – nac ar gyfer y theatr na'r radio.[140]

Holais uchod i ba raddau y gallai'r dramodydd addasu ei grefft ar gyfer y radio. Rhaid cofio, wrth gwrs, yn y cyfnod hwn, nad oedd y grefft honno, er gwaethaf dealltwriaeth beirniad *Y Darian* a'r *Welsh Outlook* o hanfodion theatr, yn agos at ei meistroli'n llawn; a hynny'n bennaf gan fod y dramodydd wrth waith arall. Mae'n bosib fod hynny'n esbonio'n rhannol y gwahaniaeth strwythur rhwng y dramâu radio cynnar (a gyfansoddwyd yn wreiddiol ar gyfer y cyfrwng, hynny yw), *Buchedd Garmon* ac *Amlyn ac Amig*, a sawl un o'r rhai diweddarach, *Yn y Trên*, *Y Cyrnol Chabert* a *Cell y Grog*, sy'n llai amrywiol eu gwneuthuriad, heb y dyfeisiau radio amlwg – y canu, y traethu, yr ôl-fflach, y golygfeydd byr a'r rhai cyfochrog, y cymeriadau arallfydol, y tabyrddau – sy'n nodweddu'r ddwy gyntaf. (Mwy llwyddiannus ac amrywiol yw *Merch Gwern Hywel*, fel y dadleuir isod.) Nododd Ioan M. Williams fod *Buchedd Garmon* yn dangos 'datblygiad sylweddol o safbwynt crefft, er gwaethaf y blynyddoedd o wleidydda a'i cadwasai rhag y theatr'.[141] Ond o roi pwys ar rinweddau arbennig y ddrama radio, efallai na ddylem ragdybio y byddai ymwneud mawr â'r theatr wedi bod o fudd, o reidrwydd, i'r dramodydd. Ac o ran *Esther*, wedyn, sydd eto'n perthyn i'r cyfnod ôl-*Siwan*, cyfnod y meistr theatr aeddfed, o gofio'r sylw a roes y dramodydd yn y rhagair i'r ddrama – 'Ar gyfer ei darlledu … y 'sgrifennwyd *Esther* … Ond rhoddais hi i Gwmni Drama Môn …'[142] – anodd meddwl na throes y comisiwn darlledu'n gyfle i ysgrifennu darn ar gyfer y theatr, efallai'n anfwriadol felly, fel yn achos 'Job o Waith', Theatr Bara Caws, wrth i'r gwaith 'ehedeg ar ei phen ei hun', chwedl Saunders.[143] '[Y] radio oedd y cyfrwng a ddewisodd Saunders Lewis ar ei chyfer,' meddai Nia Roberts.[144] Ond mewn gwirionedd, dewis derbyn y comisiwn a wnaeth, dechrau drwy gyfieithu Racine, a bant â'r ddrama i gyfeiriadau newydd wedyn, a hynny'n rhannol ar sail arferion cyfansoddi'r dramodydd ei hun, a rhoi'r ddrama i gwmni theatr cyn iddi gael ei darlledu – gweithred od i'r neb a gredai iddo gyfansoddi drama radio. Erbyn y cyfnod hwn, wrth gwrs, roedd awdur *Amlyn ac Amig*, ac awdur *Siwan* wedi hen ddysgu bod ei ddramâu ef ei hun, lawn cymaint ag eiddo Shakespeare ar y BBC, yn medru pontio'r gagendor rhwng y theatr a'r radio, o leiaf i'r graddau y caent yn ymarferol eu llwyfannu *a'u* darlledu.[145]

Ni ddigwyddodd hynny yn achos *Buchedd Garmon*, fodd bynnag. A yw'n ddrama radio 'burach' gan hynny, yn debycach i ddrama radio Giles Cooper, *Mathry Beacon*, neu ddrama olaf Louis MacNeice, *Persons From Porlock*? Un o gynghorion Annie Caulfield ar gyfer dramodwyr radio ydyw iddynt feddwl am ddigwydd na all weithio ar yr un cyfrwng arall.[146]

Cyn ateb y cwestiwn hwn, carwn nodi un peth arall am gyddestun *Buchedd Garmon*. Carwn awgrymu bod y dramodydd, yn 1937, hyd yn oed os nad oedd wedi canfod ei lais, wedi canfod ei gynulleidfa – ei theatr genedlaethol, os mynner, ar yr awyr, yn y cartref. Heddiw, rhaid i unrhyw ddrama radio Gymraeg, er mwyn iddi ddatblygu'n achlysur diwylliannol a chymdeithasol – hynny yw, yn ddrama fawr ac ynddi'r mesur cywir o odrwydd celfyddydol i gynulleidfa ystyrlon fedru ymateb iddi'n werthfawrogol[147] – geisio nawdd a grym hyrwyddo'r teledu; ac yn hynny o beth y mae drama radio Ian Rowlands, *Ar Fin y Gyllell* (Rhagfyr 2012), yn esiampl dda iawn o'r modd y gall rhaglen radio ddatblygu'n destun ar gyfer rhaglen deledu. Roedd y sefyllfa'n wahanol cyn dyddiau'r teledu, wrth gwrs. Hyd ddiwedd y pumdegau, y radio oedd y bocs hollbwysig yng nghornel yr ystafell, neu'n hytrach, yn y dyddiau cynnar, ym mlaen y neuadd gyhoeddus.[148]

A oes a wnelo'r ffaith uchod, nid yn unig â chynnwys cenedlaetholgar ac apêl drawsddosbarth *Buchedd Garmon*, eithr hefyd ryw gymaint â'i natur orareithiol? Amdani y dywedodd Dafydd Glyn Jones, 'It is total victory?'[149] Rhaid cofio i Saunders Lewis a'r Blaid ymgyrchu'n ddygn dros nifer o flynyddoedd i sefydlu rhanbarth Cymreig y BBC. Ym mis Mai 1935, o dan y pennawd, 'Y Blaid wedi concro'r B.B.C.: dathlu dengmlwyddiant', nodwyd bod y 'Blaid Genedlaethol wedi ennill ei brwydr gyntaf, sef gorchfygu'r B.B.C. a chael Cymru yn uned ar gyfer darlledu.

Ymleddir eich ail frwydr i gael Cyngor Datblygu i Gymru.'[150] Ni lwyddwyd i ddileu siarter y Gorfforaeth, ond fel y nododd Rowland Lucas, byddai'r datblygiadau diweddarach ym maes y cyfryngau'n ganlyniad i ymdrechion yr ychydig 'who in the twenties and thirties waved the banner of Welsh nationhood in the face of English apathy (as they might have expressed it) and initiated the demand for a broadcasting service worthy of Wales's cultural heritage'.[151] O gofio am yr holl ymgyrchu a fu dros sefydlu'r rhanbarth Cymreig – ac mai dyma'r tro cyntaf i'r dramodydd gyfansoddi ar gyfer y radio, wrth gwrs – mae'n hawdd deall y demtasiwn i godi'r to. Darlledwyd *Buchedd Garmon* ar yr ail o Fawrth o astudfa'r BBC yng Nghaerdydd. Fis ynghynt, ar y cyntaf o Chwefror 1937, gwelwyd dechrau defnyddio'r trosglwyddydd pwerus ym Mhenmon, sir Fôn.[152] Yr oedd gan y dramodydd, felly, ar yr ail o Fawrth – i fesur amgenach, o leiaf – gynulleidfa genedlaethol i lefaru â hi. 'Indeed,' yn y cyfnod hwn, chwedl Gielgud, '*Radio Theatre* is the only organization which can fulfil the first function of any form of National Theatre – that of making its productions available to the nation as a whole.'[153] Wrth feddwl am araith enwog Emrys Wledig, a'r modd y mae'r ddrama fel pe bai 'wedi ei chyfansoddi'n unswydd ar gyfer cystadleuthau [*sic*] adrodd yr Eisteddfod Genedlaethol,' chwedl Saunders ei hun,[154] dylem gofio, felly, nid yn unig am ddylanwad y Barwn Lewis a Phen-y-berth, eithr hefyd am y ffaith mai dyma'r tro cyntaf i'r dramodydd fedru cyfarch y Cymry Cymraeg, o Gaerdydd i Gaernarfon, drwy gyfrwng y radio. Anodd meddwl nad oedd y ffaith honno'n elfen ddylanwadol yn ei chyfansoddiad. Yng ngeiriau'r Prifathro D. Emrys Evans:

> The crack in the voice of Welsh radio has been repaired so that we in the North can hear a play from Cardiff or a choir from Swansea or an eisteddfod from Machynlleth as clearly as we hear an English voice from London or that of a Scot from Edinburgh or an Irishman from Dublin. That's a bit of a marvel for us Welsh. This is the miracle of 1937 – a clear united voice through the air.[155]

Ar y dydd y darlledwyd *Buchedd Garmon*, ysgrifennodd Saunders Lewis at ei wraig a gofyn iddi gyfarwyddo Stephen J. Williams i gynnwys yn nhestun cyhoeddedig y ddrama

> the list of actors and characters as they are in the BBC script with a note at the head that 'This play was first performed by the Welsh Region at Cardiff on March 2nd with the following actors and the production was by Rowland Hughes and the music by Arwel Hughes' – Stephen Williams will know how to do it, and he'll correct the occasional spelling errors.[156]

Yn y cyflwyniad Cymraeg i'r testun cyhoeddedig, fodd bynnag, ni cheir yr un cyfeiriad at Ranbarth Cymru'r BBC, a hynny, efallai, gan nad ysgarwyd yn derfynol ranbarth Cymru a gorllewin Lloegr yn ddwy uned ar wahân am bum mis arall. Serch hynny, anodd meddwl – a dyfynnu eto'r ymadrodd enwog, 'y cyfrwng yw'r cynnwys' – nad yw'r radio ei hun, lawn cymaint â Phen-y-berth, yn hydreiddio testun y ddrama hon. Er mwyn 'y werin bobl dlawd a di-amddiffyn drwy Gymru' y llosgwyd Pen-y-berth.[157] Yn 1940, y radio, meddai Alun Llywelyn-Williams, 'yw'r unig gyfrwng sy'n debyg o gyrraedd corff mawr y werin, y bobl nag ydynt yn prynu llyfrau a chylchgronau Cymraeg, ac y mae gan y radio felly gyfle a chyfrifoldeb arbennig'.[158]

> Onid ydym yn un yn Adda, yn un yng Nghrist?
> A hyn yw drwg y Pelagiaid,
> Chwalu undod ein natur, a'n hundod newydd drwy ras,
> Fel na bo gŵr llên yn un genedl â gŵr tlawd, [...]
> Minnau yn awr, galwaf ar fy nghyfeillion,
> Cyffredin ac ysgolhaig,
> Deuwch ataf i'r adwy,
> Sefwch gyda mi yn y bwlch ...[159]

Dyna neges drawsddosbarth i gynulleidfa drawsddosbarth, a neges ydyw a gyfansoddwyd yng nghysgod llwyddiant yr ymgyrchu i sefydlu rhanbarth Cymreig i'r BBC. Heddiw, pan yw defnyddio'r ymadrodd 'y gynulleidfa' yn ymddangos yn 'quaint', chwedl McQuail – yr hen Gymry'n gwrando ar y *wireless* wrth y tân – hawdd inni ddibrisio'r elfen gymdeithasol a'r teimlad o achlysur personol a fyddai wedi bod yn rhan o'r darllediad cenedlaethol hwn yn 1937.[160]

ASESU'R DRAMÂU RADIO: NODYN YNGHYLCH MEINI PRAWF LLWYDDIANT

Fel y nodwyd eisoes, mae'r ystyriaethau cyd-destunol hyn – hanes yr awdur, a hanes y cyfansoddi a'r darlledu – yn ddylanwad ar ymateb y darllenydd heddiw. (Darllenir pob arwydd mewn perthynas â'i gyd-destun, ac ohono.) Holwn, fodd bynnag – beth am y testun ei hun? A yw *Buchedd Garmon* yn ddrama radio dda? Wrth geisio darllen â'n clustiau ac ateb y cwestiwn hwn – gan na cheir yn y Llyfrgell Genedlaethol nac yn archifau'r BBC yr un recordiad o'r ddrama ei hun – y perygl mawr yw chwilio am yr elfennau hynny sy'n perthyn yn neilltuol i ddrama radio ac anwybyddu'r elfennau sydd wrth galon drama dda'n gyffredinol; hynny yw, gwneud yn fawr o'r hanfodion damweiniol, chwedl Aristoteles, gan golli golwg ar y rhai anhepgor. Disgrifiodd Jonathan Raban 'the notion of "pure" radio … as a dull dead-end', gan ddadlau mai dibwys yw ystyried addasrwydd y testun i'r cyfrwng.[161] Dywedais eisoes ormod o blaid ystyried rhinweddau a gofynion y cyfrwng imi fedru cytuno'n llwyr â'i sylwadau, ac eto, gallaf werthfawrogi'r safbwynt, gan fod perygl i'r beirniad radio ganolbwyntio'n ormodol ar elfennau eilradd, megis effeithiau sain. Y prif ofynion crefft yn hytrach yw'r canlynol: cenadwri, arddull neu lais personol a gallu i ysgrifennu dialog neu fonolog. 'Given these three things,' meddai Gielgud, 'that aspect of scripting which deals with the machinery inseparable from the microphone works is of very minor importance.'[162]

Yn *Buchedd Garmon*, fel yn *Amlyn ac Amig*, gellir gweld i'r dramodydd gadw yn ei feddwl 'ddulliau technegol dialog radio'.[163] Yn y rhagair i'r ail o'r ddwy ddrama, er enghraifft, meddai: 'Wrth ddarllen Rhan III fe wêl y darllenydd fod ymddiddanion ger y tân yn y neuadd, wrth y porth ac ar y ffordd o'r eglwys i'r castell, oll yn torri ar draws ei gilydd yn y pum munud cyntaf.'[164] Dyma'r 'symud' hollbwysig y cyfeiriwyd ato eisoes, y symud nad oedd yn nodwedd ar y gyfres Saundersaidd a ddarlledwyd ar y radio yn y nawdegau. Y cwestiwn i'r beirniad, fodd bynnag, yw ym mha fodd y mae'r ymddiddanion cyferbyniol yn cyfrannu at ddigwydd y ddrama ac yn datblygu ymhellach afael y ddrama ar y gwrandäwr. Yn achos *Amlyn ac Amig*, mae'r symud rhwng y gwahanol ymddiddanion yn fodd o gyflymu'r tempo a chreu disgwyliad ar gyfer y dialog dilynol, cyferbyniol. Ac o wrando ar gynhyrchiad Saesneg o'r ddrama (1988), ac sydd ar gael yn archifau'r BBC yn Llandaf, tra effeithiol yw'r ddyfais. Fodd bynnag, yn gyffredinol, gellir nodi mai nodwedd ar brentiswaith yw gorhoffi'r elfennau sain a symud hyn, lle y bydd y dramodydd radio profiadol yn fwy parod i ymatal rhag defnyddio'r triciau. Er enghraifft, yn ei gyflwyniad i'w ddrama fawr, *Christopher Columbus*, meddai Louis MacNeice: 'I rather regret the absence of such tricks but the tempo of the work did not require them and they might have conflicted with the one-way dignity of the theme'.[165] Hyd yn oed mewn perthynas ag egwyddor symud o leoliad i leoliad – er mwyn creu cyferbyniadau a pheidio â diflasu'r gwrandäwr – onid yw'r symud yn rhan o'r digwydd, bydd y ddyfais yn un ffug, a'r gwrandäwr yn gwybod hynny.[166] Yn act gyntaf *Siwan*, er enghraifft, mae'r chwant – a'r chwant yw'r digwydd oll, cofier[167] – yn rhoi'r fath rym i eiriau'r prif gymeriadau fel nad oes angen i'r ddrama symud o'r ystafell wely. Prif atyniad yr act yw'r modd y datgelir yn hytrach ei meddwl hi i ni. Mae natur perswâd y rhethreg yn wahanol i'r sgwrs gyfreithiol ac ystyriol. Mawl pur yw araith Gwilym.[168] A chydag ef, y Ffrancwr, synhwyrwn ninnau fod yma yn Siwan gymeriad cymhleth, go fawr. Mae ynddi ddigwydd. Nyni, felly, sy'n symud yn chwilfrydig-deimladol yn nes ati hi. Yn hynny o beth, nid yw'r egwyddor fawr hon yn wahanol ar gyfer y radio na'r theatr. Dylai'r cymeriad fod yn ganolog i'r digwydd. Yn wir, dylai ef neu hi bennu beth yw'r digwydd a beth yw'r rheswm dros y dialog.[169] Gorau oll os gall y cymeriad sibrwd ei ofnau a'i ddyheadau yn ein clust. Ar un olwg, mae'n haws gwneud hynny drwy gyfrwng y radio, a'r gwrandäwr naill ai'n gwrando yn y car neu gartref neu â chlustffonau am ei ben.[170] (A diddorol oedd gweld yn ddiweddar y defnydd o glustffonau yng nghynhyrchiad awyr agored y Theatr Genedlaethol o *Blodeuwedd* ym mis Gorffennaf eleni – enghraifft ddiddorol o'r theatr yn mabwysiadu agwedd ar brofiad y gwrandäwr preifat.) Defnyddir y triciau, ar un olwg, felly – y symud, y traethydd, yr effeithiau sain – pan nad yw'r cymeriad yn sibrwd yng nghlust y gwrandäwr. Os yw'r triciau'n codi o gyffro'r sefyllfa, gan gyfrannu ato, megis y rhybuddion sain ar ddiwedd yr act gyntaf yn *Siwan*, bydd hynny'n fodd i gynnal ein diddordeb yn y cymeriad a'r digwydd, tan inni ei chlywed eto'n sibrwd yn dawel yn ein clust, megis ar ddechrau'r ail act. Yn wir, bydd y cyferbyniad rhwng y tawelwch a'r trwst, rhwng yr arafwch a'r tempo cyflymach, yn brofiad deallus, pleserus. Felly y mae yn y theatr, ond yn absenoldeb yr elfen faterol-weledol, mae'r cyferbyniad rhwng gwahanol synau ar y radio'n bwysicach fyth – rhwng bywiogrwydd Alis a blinder Siwan, er enghraifft, neu rhwng oed ac egni'r ddau garwr, Gwilym a Llywelyn, a'r cyfan oll ym mhortread y llais. (Yn y fersiwn Saesneg, *The Royal Bed* (1993), cyfleir bwlch o fath gwahanol drwy gyfrwng acen Seisnig y dywysoges ac acen Gymreig y forwyn fach o'r *valleys.*)

Pan gynhyrchwyd *Siwan* yn 1990, gydag Iola Gregory yn y brif ran, penderfynwyd hepgor y tair llinell gyntaf, a chychwyn gyda'r bedwaredd.

ALIS: Dyna'r wisg arian yn rhydd o'r diwedd, *ma dame*;
          Fe'i dodaf ar unwaith yn y gist.

SIWAN: A'r goron yma gyda hi, Alis …
          Pa awr o'r nos yw hi?

Ar un olwg, oni ddadleuem fod y tair llinell gyntaf yn trosi'n ddiymdrech i'r radio? Yn wir, onid ydynt yn apelio'n syth at ein dychymyg ac yn help i ni weld yr olygfa a'r cymeriadau yn ein meddwl? Onid oes i'r weithred hefyd werth symbolaidd yn y ddrama? Yn wir, dyma enghraifft dda o ddangosrwydd Saunders ar ei orau, pan yw'r gair a'r weithred yn cadarnhau ei gilydd. A chan nad ysgrifennai ond ychydig gyfarwyddiadau llwyfan mewn ysgrifen italig – gan lynu'n hytrach at draddodiad y Theatr Glasurol, Shakespeare a Theatr Ffrainc – hawdd deall apêl y math hwn o ddialog gweledol i'r cynhyrchydd radio. Beth felly a enillwyd drwy hepgor y llinellau? Ai'r nod oedd rhoi sioc i'r sawl a fyddai eisoes yn gyfarwydd â'r ddrama? Nid drwg o beth fyddai hynny, debyg. Ynteu a oes yma ddealltwriaeth amgenach o'r hyn yw effaith dangosrwydd yn y theatr, a'r swyddogaeth wahanol sydd i'r cyfryw linellau ar y radio, neu'r recordiad sain? A ellir dweud peth fel hyn – nad diben y llinell hon yn y theatr yw gosod yr olygfa gerbron y gynulleidfa? Diben dangosrwydd yn hytrach yw hoelio sylw'r gynulleidfa ar y cymeriadau, a dechrau neu ddwysáu'r broses o feithrin y berthynas hanfodol rhyngddynt a hi – y berthynas y mae cynifer o bethau'r awditoriwm yn ei dinistrio. Os felly, os mai dyma yw hanfod drama – caniatáu i'r gynulleidfa nesáu at y cymeriad, treiddio i'w feddwl a deall ei chwant – onid cryfach o lawer yw dechrau'r ddrama radio gyda'r llinell 'Pa awr o'r nos yw hi?', gan fod ynddi o'r cychwyn cyntaf awgrym o'r gwrthdaro mewnol yn Siwan, ac awgrym fod yma ryw drefniant ar waith? Fel y dywedais eisoes, rhy barod o lawer yw'r dramodydd a'r beirniad i feddwl mai prif nod y ddrama radio sain yw gwneud iawn am ei diffyg pennaf – ei 'dallineb'. Meddwl y cymeriad, ac nid yr olygfa, sydd gryfaf yma, ac mae'n gafael ynom yn syth.

BUCHEDD GARMON

A oes yma destun da ar gyfer radio? Yn 1957, meddai'r dramodydd ei hun: 'A chyfaddef y gwir, ni wnaeth y ddrama ei hunan unrhyw argraff o gwbl ar fy meddwl i'. Yn wir, 'nid drama mohoni chwaith yn ôl y diffiniad cyffredin, eithr math o basiant i'r glust'.[171] Fel y nodwyd, ni raid i'r ddrama radio ei chyfyngu ei hun i nodweddion y ddrama theatr, ac eto, onid oes disgwyl iddi fod yn fwy na phasiant i'r glust? Hynny yw, awgryma sylwadau 1957 i'r ddrama roi gormod o bwyslais ar y gerddoriaeth a'r effeithiau sain, a pheidio â sibrwd yng nghlust y gwrandäwr. Yr hyn sy'n aros ym meddwl y gwrandäwr (a'r darllenydd) yw'r araith fawr yn hytrach nag unrhyw un cymeriad. Mae'r stori'n datblygu'n rhwydd a cheir ynddi elfennau o gyffro a chyferbyniad, heb os, ond mae'r cymeriadu'n dioddef yn sgil y farddoniaeth areithiol. Hynny yw, nid oes yma lais sy'n sibrwd yng nghlust y gwrandäwr. Mewn gair, nid oes yma ddatblygiad cymeriad, sef un o dri hanfod drama afaelgar, chwedl Vincent McInerney.[172]

Fodd bynnag, fel yr awgryma sylwadau Kate Roberts mewn llythyr at y dramodydd, nid yw'r feirniadaeth hon o reidrwydd yn amlwg i'r un sy'n mwynhau'r pasiant. 'Bum [sic] yn darllen hefyd yn ddiweddar Amlyn ac Amig a'i mwynhau'n fawr. Ni wn pa un ai hi ai Buchedd Garmon a hoffaf fwyaf. Clywais ddarlledu'r olaf ddwy waith, ac efallai fod yr amgylchiadau ynghlyn [sic] â hynny yn fy ngwneud yn llai beirniadol ohoni.'[173] Yn sicr, mae'r modd y mae'r ddrama'n symud o'r naill olygfa i'r llall yn gweddu i'r cyfrwng ac yn cadw diddordeb y gwrandäwr. Mae'r amrywiaeth rhwng y pedair act yn drawiadol, ac yn cyflwyno'r elfen gyferbyniadol honno rhwng lleoliadau sydd mor bwysig ar y radio. O'r cychwyn cyntaf, drama o symud ydyw. Clywn draed Illtud a Paulinus, ac mae'r ddelwedd drwy'r dialog yn bywhau yn ein dychymyg. 'Ni bu gan bechadur draed trymach.' 'Mae'r cyrn yn gori ar fy nhraed.'[174] A chawn weld y wlad trwy eu llygaid hwy:

> Ai gardd yw pob dinas yng Ngâl?
> Edrych ar y llannau hyn, a'r gwinwydd yn dringo'r llethrau
> O'r afon hyd at fur y fynachlog,
> Dirion gyfanedd Duw.[175]

Ar dro, mae'r elfen weledol hon efallai'n anghynnil ac annaturiol wrth ein safonau cyfoes – 'Arhoswn. Wele lidiart y clas.' 'A drws y fynachlog. Penliniwn. Cusanwn y trothwy a droedia'r saint.'[176] – heb ddigon o gymeriadu yn y dialog. Ond mae'r ddrama, serch hynny, ar daith, a ninnau'n cyd-deithio â'r ddau drwy'r delweddau.

'Gwrando'. Dyma lais clir yn canu o bellter, 'Ad multos annos', a'r esboniad eto'n creu darlun yn y meddwl, cyn i'r porthor agor y drws iddynt, ac esbonio'r canu. Mae'n agoriad digon addawol, os yn oresboniadol. Fel yr awgrymodd y dramodydd, y 'farddoniaeth areithiol' sy'n dilyn y rhan gyntaf hon, sy'n lladd sioncrwydd yr act.

Fodd bynnag, mae agoriad yr ail act mor wahanol, a'r defnydd o adroddiad a sŵn y dymestl yn cyffroi'r synhwyrau ac yn gyferbyniad o ddelwedd newydd i'r stori. A hi sy'n bwysig, y stori, nid y cymeriadau. Fel Lupus a Padrig yn yr act gyntaf, ffigwr cwbl ymylol yw Capten y Llong, ond ar wahân i Garmon, ef yw'r unig un arall sy'n llefaru – nid 'Padrig, Paulinus ac Illtud ddewr / A Lupus yr esgob call'.[177] Mae yma awgrym yn wir o'r diffyg ffocws ar gymeriadu a fyddai'n nodwedd o gomedïau'r dramodydd yn y pumdegau a'r chwedegau – *Eisteddfod Bodran, Gan Bwyll, Excelsior, Problemau Prifysgol.* Ac eto, mae yma gythreuliaid rhyfedd a'r dialog yn symud mor gyflym rhwng y pump ohonynt, a'r pwyslais eto ar greu darlun yn y meddwl drwy'r geiriau a'r effeithiau sain:

> Ow, pwy yw hwn sy'n codi o'i hun
> A gwneud arwydd y groes dros y berw? [...]
> Paham y diffygiaist, O wynt y gorllewin?
> Paham na ddaw mellten i'w ddallu?[178]

Yn wir, mae fel pe bai'r dramodydd wedi llyncu llawlyfr cyfoes i ddramodwyr radio. Ystyrier, er enghraifft, sylwadau Robert L. Hilliard yn *Writing for Television, Radio, New Media.*

> Radio is not limited by what can get presented visually. By combining sound effects, music, dialogue, and even silence, the writer can develop a picture in the audience's mind that is limited only by the listener's imagination. Radio permits the writer complete freedom of time and place. There is no limitation on the setting or on the movement. The writer can create unlimited forms of physical action and bypass in a twinkling of a musical bridge minutes or centuries of time and galaxies of space.[179]

Dyma'r egwyddorion a ddatblygodd yn elfennau crefft ar gyfer y cyfrwng yn y ganrif ddiwethaf.[180] A dyma'r 'triciau' oll ynghyd yn *Buchedd Garmon.* Ac wedi i'r dymestl dawelu yn sŵn canu'r emyn, dyma droi i'r drydedd act, ac at wlad newydd a golygfa newydd, ac at gyferbyniad eto yn llais y plentyn a'r fam yng Nghaerlleon ar Wysg.

Mae'r plentyn yn ddall, sy'n rhoi rheswm felly i'r fam ddarlunio'r sefyllfa iddo ef ac i ninnau. Ond mae yma ar ddechrau'r drydedd act himwor a chymeriadu a gwrthdaro ysgafn, credadwy pan ddaw'r Efrydd, a rhaid wrth ymyrraeth Garmon, felly, sy'n dod yn fyw yn y dialog rhyngddo â'r dorf a'r ddau gardotyn. Hynny yw, gyda'r cymeriadu, mae yma lai o esboniad a mwy o ddigwydd. Mae yma angen sy'n cyfeirio'r dialog.

Ysywaeth, mennu ar y fath gymeriadaeth y mae'r areithio rhwng Garmon a'r dorf – peth sy'n parhau yn yr ymddiddan rhyngddo ac Emrys. Yn y rhan olaf hon y clywn ni'r araith fawr, 'Gwinllan a roddwyd i'm gofal yw Cymru fy ngwlad'. Trefnodd Wern Records recordiad o'r dramodydd ei hun yn adrodd y darn.[181] Gan ymhelaethu ar yr hyn a ddywedwyd eisoes, gellir nodi mai'r apêl i'r gwrandäwr yw'r cyferbyniad rhwng Emrys Wledig a Saunders Lewis. Yn ymddangosiadol, Brenin sy'n llefaru. Ac eto, onid geiriau'r darlithydd di-swydd yw'r rhain? Yn y theatr, dyma'r math o gyferbyniad sy'n ennyn cydymdeimlad y gynulleidfa, megis pan welir Mordecai, arweinydd ac anrhydedd ei bobl, a sach liain amdano. Efallai na allai'r dramodydd ei hun werthfawrogi'r cyferbyniad, ond drwyddo mae geiriau'r araith hon yn sibrwd yng nghlust y gwrandäwr ddelwedd ohono ef ei hun. Llais y dramodydd ydyw, ond yn groes i'r rheolau oll, cawn ein symud ganddo. Llefara'n araf. Rhydd bwyslais ar ambell air unsill – 'ac wele'r moch'. Amrywia'r oslef yn fwy na'r tempo, ond wrth i'w lais ddirgrynu dan deimlad, gafaela yn ein gwar, megis pregethwr modern o argyhoeddiad.

Mae'r bedwaredd ran, fodd bynnag, eto'n symud i gyfeiriad arall: 'miwsig rhyfelgyrch … a sŵn tabyrddau a byddinoedd yn ymsymud'.[182] Ceir yma gyferbyniad rhwng y rhyfelgyrch a litani'r saint, a chwarae â'r modd y gall y meicroffon gyfleu symud a phellter wrth i seiniau'r Haleliwia bellhau. Mae cymeriadu'r drydedd act hefyd ar ffo. Hynny yw, gallai unrhyw un o'r cymeriadau adrodd y penillion olaf o enau Garmon, ac nid oes cyswllt rhyngddo a'r gerddoriaeth. Ac eto, ni ellir amau nad yw diweddglo cyffrous y ddrama'n basiant i'r glust, ac, yn wir, yn enghraifft dda o sut y dylai drama radio ddiweddu'n sydyn.[183] Dyna, ar un olwg, brif wendid *Siwan* ar ffurf recordiad sain, lle y mae'r theatr yn barotach, ac yn wir, yn ysu am gael gwrando ar y ddwy ddelw lonydd yn cymodi â'i gilydd.

Mewn gwirionedd, ac eithrio ambell ennyd fer pan glywsom ni'r dramodydd ei hun yn sibrwd yn ein clust, daethom i'r un casgliad ag ef ei hun. Mae'r 'triciau' i gyd yma – dyfeisiau'r dramodydd radio. Yr hyn sydd ar goll, fodd bynnag, yw calon drama – cymeriadu. Pe bai yn *Buchedd Garmon* draethydd, yn edrych megis dros ysgwydd y cymeriadau, byddai'r dialog yn rhydd rhag yr angen parhaus i esbonio'r hyn sydd ar droed a'r cymeriadu felly'n gryfach, fel y mae ar ddechrau'r drydedd act. Heb hynny, y wir ddrama yw'r berthynas rhwng y testun a hanes ei gyfansoddi, yn y cyferbyniad rhwng buddugoliaeth *Buchedd Garmon* a charchar ei hawdur. O wrando arni neu ei ddarllen mewn perthynas â'i chyd-destun arferol, ei chwant ef yn bennaf yw'r un a deimlwn ynddi o hyd. Yn absenoldeb sefyllfa hynod ei chyfansoddi a'r elfen gyferbyniol, ryngdestunol hon[184] – sydd fel rheol yn anathema pregethwrol i ddrama, beth bynnag – byddai'n rhaid i'r cymeriadu yn y dramâu radio eraill fod yn gryfach. Ys dywedodd Saunders Lewis ei hun (cyn dyddiau'r radio, yn eironig ddigon): 'Y perigl cyntaf yw inni feddwl mai peth peiriannol yw celfyddyd, peth y gellir ei ddysgu fel dysgu triciau siwglaeth. O goleddu syniad felly buan y darfyddai am ddrama. [....] Canys nid swrn o driciau yw celfyddyd, ond peth personol.'[185]

AMLYN AC AMIG

Yn sicr, mae cryn dipyn mwy o dyndra yn perthyn i'r berthynas rhwng Amlyn ac Amig, ac eto mae'r pasiant yma o hyd. Fe'i cyfansoddwyd ar gyfer y radio, ond yn yr act gyntaf – fel a weddai i'r theatr, bid siŵr – mae yma ormod o fân-gymeriadau: y porthor, y ffŵl, y bardd.[186] Heb os, mae yma liw a chyferbyniad rhwng rhythmau siarad y cymeriadau a'r canu, ond mae'r plot yn drwm ar sgwrs Amlyn a Belisent, a rhyfedd fel na chawn glywed y plant yn siarad â'u tad a'u mam. Mae'r ffaith honno ynddi ei hun yn rhyw awgrymu mai'r dramodydd theatr sydd wrthi'n cyfansoddi, neu o leiaf ddramodydd radio sy'n rhoi mwy o bwyslais ar greu darlun na theimlad. Fel yn *Buchedd Garmon*, ceir yma gyflwyno osgo cymeriadau mewn modd anghynnil braidd: 'Edrych, mae blinder a phoen yn crymu ei war.' Gorddelweddir yn ddiangen – 'Na. Mae'r drws ar gau', 'Ha, cefaist fraw'.[187] Ac eto, wedi dweud hynny, mae'n debyg mai techneg drama radio i Saunders yw'r ôl-fflach yn yr act gyntaf (a all weithio yn y theatr hefyd), wrth i'r gainc o gerddoniaeth ddynodi'r atgof ym meddwl Amlyn. Yn yr un modd, mae'r modd yr ailadroddir yr ymadrodd 'Byth yr anghofiaf y llw' – mewn modd gwahanol i ymbil taer y Plentyn, 'Trugarhewch wrth y plentyn dall' yn *Buchedd Garmon*[188] – yn cyd-fynd â sylwadau diweddarach Saunders Lewis ar dechneg ysgrifennu drama radio:

> Hwyrach fy mod yn cam farnu'n llwyr; ond y mae drama radio, yn fy marn i, yn wahanol iawn, yn ei ffurfiad cyntaf ym meddwl yr awdur, i ddrama theatr. Gweld golygfa, ie, ei gweld, ar ei munud anterth y bydd y crefftwr gyntaf wrth lunio drama i'r llwyfan, gweld ystum a chasgl o bersonau o gwmpas yr ystum neu'n ei lunio. Ar gyfer drama radio y peth a gydia'r rhannau ynghyd yw un neu ddau brif ymadrodd a ail ddywedir ac a glywir dro ar ôl tro drwy gydol y rhannau.[189]

Mae'n debyg mai cyfeirio'n ôl at *Amlyn ac Amig* yr oedd y dramodydd wrth ddweud y geiriau hyn yn 1951. Oherwydd o gylch yr ymadrodd hwn, y llw yn y gorffennol, y try'r digwydd, fel yr eddyf Amlyn ei hun yn ei araith olaf: 'Ond yn unig fod llw yn fy nal ... / Y tynnais fy nghleddyf o'r wain'.[190] A dyna'r gair allweddol i ni – digwydd. Nid symud o gymeriad i gymeriad, o'r naill olygfa i'r llall yn unig sydd yma, eithr hefyd ddigwydd (sy'n beth cwbl wahanol i symud). Ceir yma eiriau'n codi o chwant, a chymeriadau, yn wir, sy'n ofni siarad â'i gilydd rhag i'r chwantau hynny ddod i'r amlwg. Mae'r ail ran yn arbennig o deimladwy ac yn sibrwd yng nghlust y gwrandäwr. Archangel, celwydd ac ymbil am y gwirionedd – am gyfuniad da!

AMLYN: Amig, pwy oedd gyda thi?

AMLIG: Nid oedd un dyn byw, fy nghyfaill,

Ond mi'n gweddïo ac yn ymbil ar Dduw.

AMLYN: Synhwyrais ef. Un arall, nid tydi.

Af ar fy llw iddo yngan fy enw i.

AMIG (yn gyffrous): Sut? Beth glywaist ti?[191]

Mae'r ymddiddan rhwng y ddau gyfaill gryn dipyn nes at ddialog *Siwan* – yn debycach i'r modd y mae'r cymeriadau'n crefu ar ei gilydd i ddweud y gwir – a daw'r cymeriadau'n fyw. Mae yma beth newydd hefyd, sef chwarae â distawrwydd a synhwyrau'r gwrandäwr, 'Yma'n y duwch':

AMLYN: 'Welaist ti ef?

AMIG: Naddo. Ond clywed ei lais.

AMLYN: Sut lais sy gan archangel

Fel yr adwaenit ef?

AMIG: Fe'i clywaist ef, Amlyn.

AMLYN: Llais dyn a glywais i, llais dyn yn yngan f'enw.[192]

Ac eto, gwir rym y dialog yw'r modd y mae'n ymwneud â chwant y cymeriadau: 'Ni wyddwn i'r eiddigedd a gronnai ynot.' 'Amig, gŵr cnawdol wyf fi / Sydyn fy nhymer, nwydwyllt, fel y cofi gynt. [...] / Ni allwn, ni allaf eu lladd.'[193] Mae canol yr ail ran yn sicr yn rhagflas o *Siwan*, a rhaid mai at y rhan hon y cyfeiriai Saunders Lewis yn bennaf wrth rannu â'i gyfaill, D. J. Williams, 'fod rhannau o'r ddrama yn dda, yn well na *Buchedd Garmon*'.[194] Am y drydedd, fodd bynnag, meddai: 'y mae'r act olaf yr wyf arni'n awr yn rhoi poen enbyd imi; yn araf y tyf hi o gwbl ac nid yw'n magu adenydd'.[195] Dyma'r rhan sy'n cychwyn â'r ddyfais radio, pan yw'r 'ymddiddanion ger y tân yn y neuadd, wrth y porth ac ar y ffordd o'r eglwys i'r castell, oll yn torri ar draws ei gilydd yn y pum munud cyntaf'.[196] Fel y nodwyd eisoes, mae'n ffordd o gyflymu'r tempo tuag at uchafbwynt, ond fe'n hatgoffir gan araith Belisent – 'Tawel oedd teulu'r plwy ar ein glinau yng ngwyll yr eglwys' – nad yw *narratio* heb iddo'r un chwant yn medru cystadlu ag araith fel un Gwilym Brewys – 'Deg oed oeddwn i ym mhriodas fy nhad yn Henffordd', heb sôn am araith Llywelyn.[197] Ceir serch hynny gyffyrddiadau teimladwy yn y rhan olaf, yn arwain at droi cnul y clychau'n garoli gorfoleddus, ond anodd yw osgoi ôl yr ymdrech ar yr areithio a'r ddyfais sain sy'n arwain at y llinellau hyfryd: 'Mama, Nadolig llawen. / Dada, gawn ni fynd yn awr at y preseb?' Dyma'r plant yn siarad, ac mor naturiol! Ond beth yw ateb Belisent: 'Wele fi a'r plant a roddes yr Arglwydd im / Yn arwyddion a rhyfeddodau.'[198] Mae yma ôl y tyndra cyson rhwng naturiolaeth a neoglasuriaeth y dramodydd, ac yn hytrach na chymeriadu drwy gyfrwng siarad gwâr ac annwyl â'r plant, crëir darlun arall ym meddwl y gwrandäwr:

BELISENT: Gwelwch y rhimyn bach coch fel rhuban aur am eu gyddfau

Lle y trawodd y cleddyf …

Na sefwch yn stond, fy anwyliaid, rhag brawychu'r babanod:

Ni wyddant hwy ddim ond am gwsg dan adenydd gwarcheidiol angylion.

Trugaredd cynefin y Ceidwad a wnaeth hyn oll.

AMIG: Mewn llwch a lludw yr ymgrymaf,

Canys gwelodd fy llygaid dy iechydwriaeth Di.[199]

Natur dangosrwydd y llinellau hyn yn y theatr yw hoelio'r sylw ar yr actores neu'r actor, ein cynorthwyo i nesáu atynt – nid eu gweld. Gweithia'r fath linellau'n well o flaen ein llygaid nag yn ein clust. Ar ffurf recordiad sain, teimlir efallai'n ddwysach mai'r hyn sydd ar goll yma yw chwant a meddwl Belisent. Crëir ganddi ddarlun ym meddwl y gwrandäwr, ond nid yw'n ddrws ar ei meddwl hi. Cawsom, fodd bynnag, gip ar feddwl Amlyn ac Amig yn yr ail ran. Am iddo ddatblygu'r elfen honno yn ei ddramâu mawr yr ydym yn cofio o gwbl am y dramâu cynnar.

Awgrymodd Ioan M. Williams fod *Amlyn ac Amig* yn '[g]am ar y ffordd at fynegiant llawn o weledigaeth y dramodydd'.[200] Nid pawb sy'n derbyn hyn.[201] Yn sicr, fe'i dilynwyd gan ddramâu gwych a gwachul. O'm safbwynt i yma, yr hyn sy'n ddiddorol yw i lwyfannu *Amlyn ac Amig* yn 1947 roi cymhelliad i'r dramodydd orffen *Blodeuwedd*,[202] ac er i'r elfennau trwsgl yn *Amlyn ac Amig* – anystwythder iaith a diffyg cymeriadu drwy ddialog – barhau yn ei gomedïau, ni fu'n hir cyn iddo ddatblygu'r elfen chwantus y sylwyd arni uchod, a'r *vers libre* sgyrsiol (sydd maes o law'n ymdroi'n rhyddiaith lenyddol) a'r ffocws ar seicoleg cymeriad. Gwelir y gwelliant yn nwy act olaf *Blodeuwedd* (1948), ac yn bennaf yn *Siwan*. Tan act olaf y ddrama honno, mae'r profiad o wrando ar recordiad sain ohoni'n drawiadol gynhyrfus – yn fy mhrofiad i, o leiaf. Gwelir yma lai o 'driciau', a chodant yn naturiol o sefyllfa'r cymeriadau – neu o leiaf, llwyddodd y dramodydd i roi inni'r argraff honno. Hynny yw, meistrolodd egwyddor fawr Aristoteles, sef rheidrwydd.[203] Y canolbwynt yn awr yw Siwan, a ninnau, lawn cymaint ag Alis a Gwilym Brewys a Llywelyn, am ddarllen ei meddwl. A thrwy'r cyfan, mae rhywun yn teimlo bod y dramodydd wedi dysgu mai '[rh]ywbeth rhwng ei gymeriadau a'r gwrandawyr yw drama ac nid rhywbeth rhwng cymeriad a chymeriad', a dyfynnu John Gwilym Jones.[204] Mae hynny fel pe bai'n bwysicach ar y radio. Yn *Siwan*, mae'r dramodydd yn dibynnu'n llai ar fiwsig. Mae'r elfen honno yno o hyd, wrth gwrs, ynghyd â'r effeithiau sain, ond mae'r naill beth a'r llall bellach yn codi o'r sefyllfa ei hun ac yn gyfeiliant i'r prif chwarae, sef y digwydd yn ystafell a chell y dywysoges, a'i wir effaith, megis sŵn y gwaith coed diddiwedd, yw'r effaith ar feddwl y cymeriad. Llefaru o hynny y mae. Nid pasiant mohono, ond drama. A heb fiwsig, gall y dramodydd yn awr chwarae â'r raddfa dawelwch-sŵn drwy gyfrwng rhythm a thempo'r dialog yn unig. Fel y nodwyd, mae'r cyferbyniad a'r symud rhwng golygfeydd yn lleihau – i'r graddau, weithiau, y bo'r ddrama radio'n peidio ag 'anadlu', chwedl MacInerney.[205] Ond yn ei le, mae yma fath arall ar gyferbyniad yn datblygu, sef y cyferbyniad rhwng chwant cymeriad ac un arall, a rhwng y chwant mewnol a'r ymarweddiad allanol. Yn fy mhrofiad i, mae'r drydedd act o hyd yn heriol ar ffurf recordiad sain, er y gall fod yn brofiad grymus yn y theatr, a hwyrach, pe bai'r dramodydd wedi ei chyfansoddi'n bennaf ar gyfer y radio, y byddai wedi chwilio am un o'i driciau, megis ôl-fflach yr addasiad teledu, er mwyn ein boddhau â chyferbyniad pellach.

Mae *Esther*, ar un olwg, yn llai clawstroffobig na *Siwan* ar gyfer y radio, ond nid yw'r symudedd y mae'n ei ennill drwy gyfrwng ei haith, ei phlot, na'r rhagor o gymeriadau a golygfeydd, yn ffordd well, o reidrwydd, i ennyn a chadw diddordeb y gwrandäwr. Yn wir, anodd osgoi'r argraff na ddylid bod wedi torri'r testun hwn hefyd ar gyfer y radio, fel y torrwyd ef ar gyfer y teledu. Mae agoriad yr act gyntaf yn drawiadol, ond ar ffurf recordiad sain, mae'r dialog rhwng Mordecai ac Esther yn feichus. Yn sylfaenol, er gwaethaf y comisiwn radio, drama theatr yw hi; drama sy'n gofyn am dystion i'r newid yng nghymeriad Esther a Haman. Er i eiriau Saunders Lewis yn 1951 roi'r pwyslais ar ddelweddu yn y theatr, ni ddywedwn i na allai drama ac ynddi gyfres o dair delwedd lwyddo ar y radio – Mordecai'n sefyll ym mhlas y brenin, Esther yn ymgrymu wrth ei draed a Haman yn ei dro'n ymbil ar Esther – ond pan fo'r chwant yn llai dwfn a dwys yma nag ydyw yn *Siwan*, a'r ddrama rhwng Esther a Haman yn gryfach na'r un rhyngddi hi a ni, yn y theatr y dymunwn ni fod.

A ddeuwn ni'n nes, felly, at wefr yr act gyntaf yn *Siwan* yn un o'r dramâu eraill a gyfansoddwyd ar gyfer y radio? A oes yr un o'r rhain yn sibrwd yn ein clust?

Yn 1965 y darlledwyd *Yn y Trên* gyntaf ar y radio, a gellir gwrando ar y cynhyrchiad hwnnw yn adran ymchwil y BBC yn Llandaf. Drama un act ac un lleoliad ydyw, ac er bod ynddi drosiad trawiadol iawn, a hwnnw wedi ei ymgnawdoli ar ffurf sefyllfa'r ddau gymeriad, yn y pen draw, llethir y gwrandäwr yn raddol gan ddiffyg datblygiad a diffyg amrywiaeth y ddrama. Dyna fy mhrofiad i, o leiaf, o wrando arni. Awgryma ymateb y dramodydd ei hun mai'r cynhyrchydd a oedd yn gyfrifol am y diffyg hwn.

Mewn llythyr at Kate Roberts, nododd Saunders Lewis iddo wrando ar y darllediad 'gyda dychryn – yr oedd hi wedi ei cham-ddeall a'i cham-actio o'r dechrau i'r diwedd ac wedi ei llwyr ddinistrio yn fy marn i. Yr wyf yn chwerw ddig'.[206] Awgrymodd Ioan M. Williams fod hynny am i Meirion Edwards orbwysleisio'r elfennau bygythiol yn sgwrs y Teithiwr ac ansicrwydd y Gard. Y canlyniad oedd colli'r 'elfen o naturioldeb a'r hiwmor direidus' sy'n rhan o'r 'daith Ddirfodaethol yng nghefn gwlad sir Aberteifi'.[207] Fodd bynnag, dylid am funud ystyried p'un ai difetha'r ddrama ynteu ei hachub rhag ei natur glawstroffobig ar gyfer y radio a wnaeth y cynhyrchydd. Oherwydd i mi, mae'r modd y mae sŵn y trên yn amrywio drwy gydol y daith yn fodd o gadw diddordeb y gwrandäwr ac yn tramwyo'r ffin rhwng y naturiolaidd a'r swrreal. Weithiau, sŵn cefndir realaidd ydyw, ond ar dro, dyma'r sŵn yn torri ar draws y sgwrs, ar ffurf cresendo, ac weithiau, diflanna'n llwyr. Beirniadodd y dramodydd y cynhyrchiad mewn perthynas â diffyg cymeriadu, a da hynny. Ond fel yr awgrymais mewn man arall, nid yw cymeriad na'r Teithiwr na'r Gard ymhlith goreuon y dramodydd,[208] a gellir gwerthfawrogi felly ddehongliad y cynhyrchydd a'r ymgais i gadw diddordeb y gwrandäwr radio drwy amrywio uchder ac arwyddocâd sŵn y trên.

I'r gwrthwyneb yn llwyr, penderfynodd Eleri Hopcyn docio ar y ddyfais radio sydd yn nhestun *Merch Gwern Hywel*, sef y defnydd o ddau draethydd. Yn narllediad 1994, cyfunwyd y Ddau Lais sydd ar ddechrau'r ddrama, gan ddewis bwrw i'r ddrama'n syth a chanolbwyntio ar y cymeriadau. Ar dro, mae rhywun yn teimlo y byddai dramâu radio Saunders Lewis wedi elwa pe bai wedi defnyddio dyfais y traethydd, yn lle gorfod peri i'w gymeriadau ddarlunio'r sefyllfa drwy gyfrwng eu geiriau, a chanmolwyd y ddyfais yn y ddrama hon gan Ioan M. Williams.[209] Ond yn 1994, dyma fwrw ymaith y ddyfais mewn ymgais i ganolbwyntio ar y cymeriadau, ac anodd peidio â barnu nad yw'r ddrama ar ei hennill oherwydd hynny. Er enghraifft, wrth dorri'r cyflwyniad rhwng y Ddau Lais, cyn i Sarah a William ymgomio ger bedd Thomas Charles, a gadael inni'n hytrach glywed yn unig sŵn cerdded ar raean a sŵn adar yn canu, llwydda'r cynhyrchydd i apelio'n fwy at ein dychymyg a pheri inni glustfeinio'n chwilfrydig. Nid ydym yn colli dim o beidio â gwybod ymlaen llaw mai Sarah sy'n cerdded o'r Gymdeithasfa at fedd Thomas Charles i ddiolch am bregeth y bore. Cawn wybod hynny oll maes o law, a rhown ein sylw'n hytrach i'r ddrama sy'n datblygu rhwng y ddau drwy gyfrwng y dialog. A derbyn mai effaith y Ddau Llais yw 'pellhau'r digwydd', fel y nododd Ioan M. Williams, effaith eu tocio yw ein dwyn yn nes at y cymeriadau.[210] A chan i gynhyrchiad 1994 ddefnyddio'r deunydd ychwanegol a baratowyd ar gyfer testun y teledu yn 1975, ceir ynddo hefyd yr amrywiaeth a'r symud a'r cyferbynnu rhwng y gwahanol olygfeydd nad oedd mor amlwg yn y ddrama radio wreiddiol a ddarlledwyd yn 1968. Wrth gwrs, addaswyd y ddrama 'wreiddiol' honno o'r 'rhamant hanesiol' a gyfansoddwyd yn 1964. Am y nofel honno, meddai un beirniad: 'Techneg rhaglen radio yw sylfaen y llyfr hwn gyda'r rhan helaethaf o lawer o bob tudalen yn ddeialog'.[211] Wrth ei haddasu ar gyfer y radio, defnyddiodd Saunders Lewis, nid yn unig ddyfais y traethydd, ond hefyd benillion gwerin, a chyfranna'r gerddoriaeth hithau at naws y ddrama. Yng nghynhyrchiad 1994, mae'r gân 'Afon Conwy'n llifo'n felyn', er enghraifft, wedi i'r gwas ddod â'r newydd fod Doctor Jones wedi marw, yn arbennig o deimladwy. Yn wir, ceir yma gyfuno da rhwng cymeriadu drwy ddialog a chreu naws a rhythm addas drwy gerddoriaeth. Mae'r iaith hefyd yn gweddu i'r cymeriadau'n fwy felly nag yn achos *Y Cyrnol Chabert* a *Cell y Grog*, ac erys *Merch Gwern Hywel* yn ddrama radio afaelgar iawn.

Ac eithrio'r enghraifft o Boucard yn mynegi syndod wrth iddo weld y graith ar ben Chabert – gwell, mae'n siŵr, fyddai rhoi rhybudd o'r hyn a wêl ymlaen llaw iddo – rhaid nodi bod y cyfuniad o'r elfen storïol ar ddechrau'r *Cyrnol Chabert*, a'r cymeriadu drwy'r dialog yn y golygfeydd dilynol, yn gweithio'n dda ar y radio. 'Mae hi'n stori hir, hir iawn,' meddai Chabert, a heb os, ar y radio, mae hi'n rhy hir. Ac eto, mae chwilfrydedd y gwrandäwr wedi ei gyffroi hefyd, a pherthyn egni arbennig i'r stori ryfeddol hon. Ac nid yw gwrando arni'n rhyw wahanol iawn i'r profiad o wrando ar chwedl neu ddarn o nofel, chwedl D. J. Williams, a'r 'cymeriadau'n aros yn fyw a chofiadwy' yn y meddwl.[212] Trefnir ambell bwt o ddialog i dorri ar draws y stori, ac mae rhywun, wrth wrando arni, yn dechrau ymddiddori yn y cymeriadau, gan edrych ymlaen at gwrdd â Mme Ferraud. Nid yw'r ddrama heb ei gwendidau. Mae perygl i'r rhan gyntaf lethu'r gwrandäwr, a siomedig yw'r epilog ar y diwedd, ond y mae yng nghorff y ddrama hon gymeriadau'n meddwl, a'r naill yn ceisio cuddio bwriad rhag y llall, a theimla'r gwrandäwr, felly, fod yma dri chymeriad – Chabert, Mme Ferraud a Derville – sy'n sibrwd eu dyheadau a'u celwyddau yn ei glust. 'Beth ydy'ch meddwl chi?' meddai Mme Ferraud wrth Derville. A phan felly y dywed Mme Ferraud drachefn – ''Rydw i wrth fy modd yn gwrando arnoch chi' – ni fyn y gwrandäwr anghytuno â hi'n llwyr. Prin yw'r triciau, a hwyrach y byddai ambell dric – ambell ôl-fflach, er enghraifft, neu olygfeydd cyfochrog – o gymorth yn yr act gyntaf, ond mae sŵn y stryd, sŵn ambell ddrws yn agor, yn ddigon o awgrym i'r gwrandäwr leoli'r digwydd yn ei feddwl, 'just enough to trigger the imagination', chwedl MacLoughlin.[213]

Yn ei gyflwyniad i'r ddrama, awgrymodd Ioan M. Williams mai cam gwag ar ran y dramodydd oedd 'dewis anwybyddu'r byd prysur y mae Derville, ei glercod a gwraig Chabert i gyd yn perthyn iddo',[214] a hwyrach, ar y radio, y buasai'r elfen honno wedi cyflwyno elfen o gyferbyniad a symudedd. Serch hynny, er gwaetha'r arafwch, y mae yma gymeriadu a stori hefyd.

Nid felly y mae yn achos *Cell y Grog*, fodd bynnag, a hynny gan nad yw'r chwant na'r meddwl sy'n ymgnawdoli yn nialog *Y Cyrnol Chabert* yno i sibrwd yn ein clust. Nid oes na hanes na chariad na chelwydd rhwng y ddau gymeriad, ac er bod yma sefyllfa ddiddorol, mae'r elfen gyferbyniol y mae drama'n erfyn amdani ar goll. Yn *Y Cyrnol Chabert*, mae'r cyferbyniad canolog – 'Mi fûm i gyda'r meirw yn y bedd yn ddyn byw. 'Nawr 'rydw i gyda'r esgymun byw yn ddyn marw'[215] – yn rhoi gwth arbennig i'r ddrama, wrth i'r Cyrnol geisio newid ei fyd, a chwrdd â Mme Ferraud, ei weddw, sy'n chwennych y gwrthwyneb yn llwyr.

Dyna'r cyferbyniad sy'n cynnal y ddrama, sy'n peri inni ymddiddori ym meddwl y cymeriad, er mor brin yw'r 'persbectif adroddiadol'.[216]

Pan na cheir yr elfen gyferbyniol ym meddwl y prif gymeriad, mae'n rhaid i ddrama radio ei chyflwyno inni drwy symud y ddrama o olygfa i olygfa, o ddialog i gân, o gân i ddialog, o gymeriad i gymeriad. Os na ellir sibrwd yn y glust, rhoir iddi basiant. Ni cheir na'r naill beth na'r llall yn *Cell y Grog*. Ac mae'r iaith – er mai'r un ydyw – yn fwy prennaidd o lawer yma nag yn *Y Cyrnol Chabert*, lle y mae'n gweddu'n well i anrhydedd y Cyrnol, uchelgais y cyfreithiwr a snobyddiaeth Mme Ferraud.[217] Ond yn *Cell y Grog*, onid gweddillion *Siwan* yw llinellau fel y rhain?

CARCHAROR: Mae bywyd yn ddychryn i ti.

SWYDDOG: Y peth prinnaf ar y ddaear yw llawenydd.

CARCHAROR: Dyna pam y daethost ti yma neithiwr.[218]

Heb gymeriadu drwy iaith sy'n taro'n driw yng nghlust y gwrandäwr,[219] – ac er gwaetha'r ffaith nad yw'r esbonio a flinai'r dramâu radio cynnar mor amlwg bellach – drama syniad yw *Cell y Grog*. Yn wir, mae'r cyflwyniad a ysgrifennodd Saunders Lewis i'r ddrama fel pe bai'n awgrymu ei fod ef ei hun yn gwybod hynny. 'Peidiwch â chymryd y stori ormod o ddifri. Mae un peth i'w gofio. Gall dyn wrando ar ddrama radio dan gau ei lygaid. Bydd tamaid o weiddi ar y diwedd yn help i'w ddeffro.'[220] A chymryd, hynny yw, nad yw wedi 'ceisio llyfr'.

'Bûm yn ddihitio am wneud yr amgylchiadau'n gredadwy na'r stori,' meddai'r dramodydd. Nid yw hynny'n broblem i'r cyfrwng. Yn wir, fel y nododd William Ash, mae'r ddrama radio'n poeni llai am realaeth na'r cyfryngau eraill. 'In a sense the world of the radio play is not so much a real as a *sur*real world.'[221] Nid llai real mo'r cythreuliaid yn *Buchedd Garmon* na Chapten y Llong. Ond heb wir deimlo chwant y Swyddog, nag unrhyw boen meddwl sy'n ein hargyhoeddi ni o'i weithredoedd fel y cyfryw, nid ydym yn ymddiddori ddigon yn ei awydd i newid ei sefyllfa ag eiddo'r carcharor. A pheth od o ryfedd yw'r dawnsio gwerin.

'Mynd i mewn i brofiad ein gilydd oedd y bwriad,' meddai'r Swyddog.[222] Ond mewn gwirionedd, y cyfan a wnânt yw newid eu dillad a'u sefyllfa. Cymeriad yn ei argyfwng yw hanfod drama, ond nid oes ddigon o hynny'n rhan o brofiad y Swyddog, ac yn hytrach na theimlo mai sibrwd yn ein clust y mae, ei weld yn graddol bellhau a wnawn, ac ni chredwn chwaith yn sgwrs y Rheolwr a'r Caplan ar ddiwedd y ddrama, na phan ddaw'r pardwn wedyn i gadw'r Swyddog yn ei gell. Yn wir, rhyfedd fel na theimla'r gwrandäwr ddim tosturi tuag ato, na chynnwrf chwaith wrth wrando arno'n gweiddi ar ddiwedd y ddrama. Yn wir, mae'r profiad o wrando ar y ddrama hon yn cadarnhau'r egwyddor mai calon drama radio dda yw cymeriad sy'n llwyddo i rannu â ni, yn ei iaith onest ei hun, ei ofn a'i ddyheadau. Nid yw sŵn y darnau gwyddbwyll, y newid dillad, na'r dawnsio na'r dabler yn ddigon i achub y ddrama rhag ei natur glawstroffobig.

Tynged yr Iaith

Mae'r peth hwnnw, cymeriad, yn hydreiddio'r ddarlith radio, *Tynged yr Iaith*. Dyma 'ymyriad mawr olaf Saunders Lewis mewn bywyd cyhoeddus', chwedl Rhys Evans,[223] ac, ar lawer cyfrif, y darllediad radio mwyaf dramatig ym mhrofiad ei gynulleidfa. Gellid dadlau, heb os, fod a wnelo'r ffaith honno â chyd-destun y gwrandawyr, megis yr esboniad seicolegol ar yr effaith a gafodd darlledu *War of the Worlds* yn Unol Daleithiau'r Amerig yn 1938,[224] a chyfeiriwyd yn benodol at gyd-destun *Buchedd Garmon* eisoes. Yma, fodd bynnag, yn y rhan olaf hon, carwn ganolbwyntio ar elfennnau dramatig y testun ei hun.

Yn gyntaf oll, y mae yma lais diffuant sy'n erfyn ar y gwrandäwr i ymateb iddo. Ni ddylem golli golwg ar bwysigrwydd hyn i'r radio. Lle y gall monolog yn y theatr, yn enwedig un sy'n cyfarch y gynulleidfa'n uniongyrchol, fethu yn ei nod,[225] mae'r araith uniongyrchol ar y radio'n medru sibrwd yng nghlust y gwrandäwr mewn modd gonest a thawel. Yn wir, gall roi iddo swyddogaeth.

Wrth gwrs, fel y nododd Annie Caulfield, rhaid i'r monolog gadw at reolau'r ddrama'n gyffredinol – 'questions have to be asked, characters have to be believed, and their words sound as though they come from them'.[226] Yn achos unrhyw ddarlith dda, wrth gwrs, mae'n naturiol fod yr elfennau hynny'n bresennol. Y mater allweddol, felly – yr hyn sy'n ffin bendant rhwng darlith ddiogel ac un drawiadol – yw pa gwestiwn a ofynnir, ac a yw'r darlithydd, a'r ateb a gyflwynir ganddo, yn un credadwy. 'A oes o gwbl draddodiad o amddiffyn politicaidd i'r iaith Gymraeg?' 'A ydy'r sefyllfa yn anobeithiol?'[227]

Fel y nodwyd uchod, mae agoriad y ddarlith yn hynod drawiadol. Wrth ragfynegi marwolaeth yr iaith Gymraeg – nid bod hynny'n beth newydd yn achos Saunders Lewis[228] – mae'r datganiad, nid yn unig yn rhoi sioc i'r gwrandäwr, eithr yn rhoi gwerth newydd i'r ffaith fod y gwrandäwr yn gwneud yr hyn na fydd yr un Cymro na Chymraes yn medru ei wneud ymhen llai na deugain mlynedd.

'Y rheini ohonom,' meddai Saunders. Nododd yr Iesuwr, Nicolas Caussin – dramodydd a theorïwr ym maes rhethreg yn hanner cyntaf yr ail ganrif ar bymtheg – mai diben yr *exordium* yw ennyn ewyllys da, dal sylw'r gynulleidfa, a nodi trywydd yr araith.[229] Ceir hynny i gyd yn y pedair brawddeg gyntaf. Ceir hefyd, wrth gwrs, gyferbyniad rhwng pendantrwydd y gosodiad ynghylch difrifoldeb y sefyllfa a natur fregus y llais ei hun. Mewn llythyr at D. J. Williams un tro, meddai Saunders Lewis: 'mae fy ngwich i yn gwbl anaddas i'r radio a dyna un rheswm y gwrthodaf ddarlledu ond yn anaml'.[230] Ac eto, fel yr awgrymwyd mewn perthynas â'r recordiad o Saunders yn darllen y ddau ddarn o *Buchedd Garmon*, ni ellir gwadu nad oes ryw gyfaredd yn perthyn i'r llais main, sy'n peri i ddyn glustfeinio ymhellach ar yr hyn a ddaw o enau'r darlithydd. Yn yr acen Seisnig, wedyn, sydd am ennyd fel pe bai'n dwyn cymeriad arall i'r sgwrs, synhwyrwn fod yma ddyn a chanddo ddwy iaith a dau lais, ond mai gyda ni, yn y Gymraeg yn unig, y gall rannu dyfnder ei feddwl a'i weledigaeth. Heb os, mae'r elfen ddelweddol yn bwysig ar y radio, ond nid yw'n cymharu â'r elfen gydfeddwl hon. Ys dywedodd Priestley:

[W]hat holds the attention of most decent folk is a genuine sharing of feeling and views on the part of the broadcaster. He must talk as if he were among serious friends, and not as if he had suddenly been appointed head of an infants' school. People may be almost inarticulate themselves, and yet recognise in an instant when something that is at least trying to be real and true is being said to them.[231]

Os gwendid *Cell y Grog* yw diffyg chwant a diffyg gonestrwydd yr iaith, gallwn deimlo bod yr elfennau hynny'n bresennol yma. 'Dylai'r arddull fod mor syml a chartrefol ac uniongyrchol ag y bo modd,' meddai Alun Llywelyn-Williams, 'ac ar yr un pryd fod yn lân ac yn urddasol.'[232] Dyna ddisgrifio *Tynged yr Iaith* i'r dim. Y mae'r iaith yn goeth ond yn gyfarwydd, lle'r oedd tuedd i'r naill elfen orbwyso'r llall yn y dramâu. Rhythm drama sydd iddi, ac iaith *Cymru Fydd*, wedi ei saernïo megis darn o rethreg glasurol. Mynych yw'r enghreifftiau o gymeriadau geiriol, ailadrodd geiriol a phentyrru'r negydd mewn brawddeg, ac o'r naill frawddeg i'r llall. Ceir yn wir ambell gyffyrddiad cytseiniol ac megis yn y dramâu hwythau ambell linell mor gofiadwy rythmig â'r orau yn *Siwan* – 'Ein mater ni, ein cyfrifoldeb ni, ni'n unig, oedd Tryweryn'.[233]

Ond yn bennaf oll, o safbwynt iaith ddramatig, mae'r darn yn frith o'r rhagenw cyntaf lluosog, berfau dangosol a berfau gorchmynnol, a hefyd yn llawn o rym ei gymalau cyferbyniol. A than urddas yr iaith, synhwyrwn y dig a'r loes sy'n brigo i'r wyneb yn y feirniadaeth ddeifiol ar y Cymry Cymraeg mewn ambell ran ohoni.

Arwydda'r cyfeiriad personol at ei hen ewythr, John Thomas, nad darlith amhersonol mo hon. Drwy gyfrwng *mores* – hynny yw, drwy gyflwyno portread diffuant o rinweddau ei gymeriad ei hun[234] – mae'r llefarydd yn annog y gwrandäwr i'w barchu a'i hoffi. Mae'n ddysgedig, ond yn bwysicach na hynny, mae'n wylaidd ac yn 'un o'r lleiafrif hurt', ac yn medru sôn yn goeglyd amdano ei hun yn 'anelu at Dŷ'r Arglwyddi'.[235] Ac eto, ynghyd â'r hiwmor, yn yr adran lle y mae'n trafod y Gymraeg ym Mhrifysgol Cymru, synhwyrwn yn ei lais loes a chas y blynyddoedd.

Heb os, mae'r ddarlith yn un faith i glust gwrandäwr heddiw. Ac eto, mae yma berswâd sy'n apelio at y meddwl a'r teimlad mewn ffordd eithriadol drawiadol, a gwelais i fy hun ddosbarthiadau pur anwleidyddol yn gwrando arni'n astud. Pam? Mae hynny, 'gredaf i, am fod ynddi'r technegau rhethregol a ddysgodd y dramodydd gan ei feistri, Sophocles, Racine a Corneille,[236] ac sy'n gweithio lawer yn well ar y radio, pan fo'r gwrandäwr yn gorfod ymateb i'r sgwrs yn hytrach na thystio iddi, megis yn achos *Gymerwch Chi Sigarét?* a *Cymru Fydd*.

Ystyriwn yn benodol ei fframwaith. Yn *Tynged yr Iaith*, technegau'r araith ystyriol sydd amlycaf. Mae'r darlithydd a'r gwrandäwr yn mesur a phwyso, a diben y naill yw perswadio'r llall. Ond ceir yma hefyd elfennau cryfion o'r araith gyfreithiol, sy'n cyhuddo ac yn amddiffyn; a hefyd yr araith enghreifftiol, sy'n canmol ac yn priodoli bai. Yn wir, cychwyn y ddarlith yw'r cyhuddiad yn erbyn Llywodraeth Loegr. Hi sy'n gyfrifol am dynged yr iaith, am 'y polisi a osodwyd yn nod i Lywodraeth Loegr yng Nghymru'.[237] Priodolir bai. Daw'r perswadio yn y man. Y peth nesaf wedyn yw'r dyfyniad: 'cyfreithiwr mewn llys barn yn 1773'. Dyma gyflwyno'r *probationes*, y dystiolaeth, y dadleuon.[238] Gwna hynny'n unig, fodd bynnag, wedi'r datganiad syfrdanol y bydd yr iaith Gymraeg yn marw. Dyma enghraifft wych o'r awdur yn defnyddio *affectus* ar ddechrau ei ddarlith er mwyn dal sylw'r gynulleidfa.

Nodwedd arall ar yr araith glasurol sy'n dwyn perswâd ar y gwrandäwr yw *narratio* – nodwedd ar yr araith gyfreithiol a'r araith enghreifftiol yw'r elfen hon: 'events have to be related in such a way that the orator attaches to them his own interpretation', meddai Hawcroft.[239] Ystyrier yn benodol y modd y mae Saunders Lewis yn cyfeirio at frwydr bersonol y Beasleys yn erbyn *The Rural District Council of Llanelly*. Wrth sôn am y frwydr bersonol hon, y golled a'r aberth a ddioddefodd y teulu, y mae'r areithiwr yn llwyddo i apelio at emosiynau'r gwrandäwr, ac wrth ganolbwyntio'r sylw ar bobl o gig a gwaed mae'n llwyddo, nid yn unig i enghreifftio a diriaethu, eithr i gyfiawnhau'r ddadl gyffredinol. 'Dengys esiampl Mr a Mrs Beasley sut y dylid mynd ati.'[240] A chofiwn mai sôn am bobl benodol drwy'r oesoedd y mae Saunders drwy gydol y ddarlith: 'Pobl od, "somewhat eccentric", yn dilyn llwybr cul, culni cenedlaetholdeb a chulni iaith, yn lle'r ffordd lydan sy'n arwain i Westminster.'[241] Ei *narratio* sy'n troi'r ddadl o blaid Llywelyn yn *Siwan* hefyd.

Wedi'r *probationes*, daw'r *confirmatio*, neu'r *argumentatio*, lle y mae'r areithiwr yn cyflwyno ei ddarganfyddiadau. Ceir sawl un ar hyd y ffordd – 'Felly y bu i'r Ddeddf Uno gau'r Gymraeg allan o lysoedd llywodraethwyr a thai bonedd y deyrnas ...'[242]; 'Cywirdeb a chraffter Lingen sy'n ein taro ni heddiw'; 'Dyna ddangos yn deg mor ddieffaith, mor ddirym [*sic*], mor ddibwys ym mywyd politicaidd Cymru ac yn natblygiad ei meddwl hi ar faterion cymdeithasol fu traddodiad amddiffyn yr iaith Gymraeg'.[243] Ac, wrth gwrs, daw wedyn y *confirmatio* mawr: 'Fe ellir achub y Gymraeg. [...] Codi'r Gymraeg yn brif fater gweinyddol y dosbarth a'r sir.' At hyn y bu'r awdur yn cyrchu, at ei ddau baragraff olaf, at uchafbwynt ei ddarlith ddramatig, glasurol. Yn aml, yn ystod *confirmatio*, bydd yr areithiwr yn ystyried *refutatio*: yr wrth-ddadl. 'Efallai y dywedwch chi na ellid hynny fyth, na cheid fyth ddigon o Gymry i gytuno ac i drefnu'r peth yn ymgyrch o bwys a grym.' Yr hyn sy'n drawiadol am *Tynged yr Iaith* yw nad yw Saunders Lewis yn gwneud fawr ymdrech i ddilorni'r *refutatio*, eithr mae'n ei roi'n hytrach ym meddwl y gwrandäwr, ac yn addef yn unig – ''Hwyrach eich bod yn iawn.'

O edrych ar y ddarlith yn ei chyfanrwydd, mae'n ddiddorol sylwi ar natur y berthynas rhwng y llefarydd a'r gwrandäwr. Ar y cychwyn, 'Trown gan hynny', meddai ef, fel pe wrth 'y rheini ohonom sy'n ystyried nad Cymru fydd Cymru heb y Gymraeg'.[244] Ac eto mae'r person cyntaf lluosog, er nad yw'n diflannu'n llwyr,[245] yn graddol droi'n ail berson lluosog. 'Os darllenwch chi ... fe welwch'; ac megis traethydd mewn drama radio, 'Dewch gyda mi', meddai'r llefarydd.[246] Un ar ei ben ei hun yw hwn, yn y person cyntaf unigol: 'Rhaid imi gychwyn ...', 'Nid wyf yn anghofio ...', 'Ni wnaf i'n awr ...', ac yn ei flaen. 'Fe gofiwch ...', 'Edrychwch ...', 'Ystyriwch ...' yw'r daith i'r gwrandäwr i raddau helaeth.[247] Ac eto, wrth i'r tywysydd aros ac edrych ar Brifysgol Cymru, dyma'r person cyntaf lluosog yn ôl yn ei anterth: 'Beth a ddywedwn ni am y Cymro Cymraeg yn y pedwar coleg cyflawn? Beth a ddywedwn ni am yr adrannau Cymraeg eu hunain …?' Ac yntau ar finiocáu'r feirniadaeth, dyma gysylltu'r llefarydd a'r gwrandäwr ynghyd. Ac yn dilyn hyn –'Trown at weddau politicaidd y deffroad Cymreig …'; 'Hyd at heddiw mae ein diffyg ni o ymwybyddiaeth cenedl, ein hamddifadrwydd ni o falchter cenedl, yn rhwystro inni amgyffred arwyddocâd ac arwriaeth yr antur ym Mhatagonia'; 'Trown felly at sefyllfa bresennol, argyfwng yr iaith yn ail hanner yr ugeinfed ganrif'; 'Ystyriwn eto agwedd Llywodraeth Whitehall …'[248] Fel Marc ac Iris ar ddiwedd yr act gyntaf yn *Gymerwch Chi Sigarét?* ymddengys ein bod ni yma'n cydfeddwl.

Ond na! 'Un o'r lleiafrif hurt' yw'r llefarydd hwn; un na fyn gymell 'y Cymry i dyfu'n ddwyieithog'. A dyma ein hollti 'ni' unwaith yn rhagor.[249] Ai damwain, ys gwn i, yw fod y llefarydd, wedi iddo sôn am 'leiafrif sy' mor boliticaidd aneffeithiol, mor druenus ddihelp [*sic*], mor anabl i'w amddiffyn ei hun', yn dywedyd eto, 'Ystyriwch'? A holi, megis, ar wahân i'r gwrandäwr: 'A gaf i alw eich sylw chi at hanes Mr a Mrs Trefor Beasley?'[250] A phan ddaw'r ffordd ymlaen yn amlwg iddo, drwy *narratio* eu hesiampl hwy, dyma ddefnyddio'r ferf amhersonol: 'Eler ati o ddifri …' 'Hawlier'.[251] Oherwydd, a'r llefarydd wedi darllen meddwl y gwrandäwr a dwyn ei *refutatio* i'r golwg, rhaid i hwnnw'n awr benderfynu. A argyhoeddwyd ef gan y ddarlith, gan y darlithydd? Ac a fyn, yn wir, ymateb i'r her ac achub yr iaith y bu'n gwrando arni, y bu'n wir yn cynllunio ei *refutatio* yn ei herbyn yn ei feddwl? A fyn ymuno ag ef, y traethydd, y cyfarwydd? Oherwydd diweddu'r ddarlith ar ei ben ei hun y mae'r tywysydd hwn: 'Y cwbl a ddaliaf fi …'; 'Yn fy marn i …'[252] Yn gynnil, gynnil, drwy gyfrwng y rhagenwau, gorfodir y gwrandäwr i ochri gyda'r llefarydd hurt neu gyda'r rhai 'a chanddynt wenwyn i'r Gymraeg'.[253] Nid oes ffordd ganol. 'Nid wyf yn gwadu na byddai cyfnod o gas ac erlid a chynnen yn hytrach na'r cariad heddychol sydd mor amlwg ym mywyd politicaidd Cymru heddiw. Nid dim llai na chwyldroad yw adfer yr iaith Gymraeg yng Nghymru. Trwy ddulliau chwyldro yn unig y mae llwyddo.'[254] Dyma'r *amplificatio*, y foment sy'n ailagor yr ofnau a'r dyheadau ac sy'n gwneud i'r gwrandäwr gydymdeimlo â chais y llefarydd sydd yno'n ei aros ym mhen eithaf y daith – nid yn llwyr annhebyg i gymeriad ei ddrama fwyaf oll, *Siwan*.

CLO

O gofio'r effaith a gafodd y ddarlith hon ar Gymry 1962, a'r modd y gall hi o hyd afael ym meddwl y gwrandäwr, mae rhywun yn synhwyro y byddai dramâu radio Saunders Lewis wedi elwa pe bai mwy o rinweddau'r ddarlith yn bresennol ynddynt hwythau; pe bai, er enghraifft, wedi arbrofi â thechneg y traethydd, sy'n caniatáu i'r gwrandäwr glywed enaid yn sibrwd yn ei glust.[255] Ceir arbrawf cynnil iawn yn *Buchedd Garmon* a *Merch Gwern Hywel*, ac yn yr olaf, o leiaf, ceir awgrym o rinwedd y ddyfais, er mai digon ymylol yw hi, ac eilbeth i'r cymeriadu crefftus.[256] Ys dywedodd MacLoughlin: 'The power and beauty of the single human voice, well produced and acted, can provide a compelling and cajoling way into a play'.[257] Onid dyna hanes *Tynged yr Iaith*, a'r gêm wleidyddol a ddaeth yn ei sgil? Fel y mae, rhyw deimlo'r wyf i fod gwahaniaeth trawiadol rhwng llwyddiant y gwleidydd a ddeallodd, nid yn unig rym y cyfrwng, ond hefyd ei werth – gan ymgyrchu'n ddiflino dros ei Gymreigio – a safon amrywiol y cynnyrch a gyfansoddodd y dramodydd ar ei gyfer. Nid yw'r cynnyrch hwnnw heb ei rinweddau, ond yn achos *Tynged yr Iaith*, daeth y ddwy agwedd ar y person ynghyd, a chreu campwaith digymar yn hanes darlledu'r Gymraeg. Oherwydd y mae yma rywbeth mwy na thraethydd hefyd, sef yw hynny, cymeriad yn sibrwd ei ofn a'i obaith yn ein clust.

1   Diolch i Angharad Price, Christine James a Robert Rhys am eu sylwadau
    ar y gwaith, ac i'm cydolygydd am olygu'r ysgrif. Diolch hefyd am adborth
    ac awgrymiadau aelodau o'r cynulleidfaoedd a glywodd amrywiol bapurau
    cysylltiol yn seiliedig ar yr ymchwil, yn gyntaf yn y seminar,
    'Penyberth@75', dan nawdd Canolfan Richard Burton, Prifysgol Abertawe,
    ym mis Rhagfyr 2011, yn ail yng nghynhadledd *Cyfrwng* ym mis Mehefin
    2012, ym Mhrifysgol Abertawe, ac yn drydydd, yng nghynhadledd 'Trwy
    ddulliau chwyldro?', ym Mhrifysgol Bangor, ym mis Hydref 2012. Diolch
    i'r AHRC am noddi cyfnodau cynharaf yr ymchwilio, ac i Elen Jones ac
    eraill yn Archif Genedlaethol Sgrin a Sain Cymru, Llyfrgell Genedlaethol
    Cymru, a hefyd i Edith Hughes a Miles Orchard am drefnu ar fy nghyfer
    ddeunydd sain yn Archifdy'r BBC yn Llandaf, Caerdydd.

2   Gwelir yr un dechneg ar waith mewn ambell ddrama theatr, e.e. *Cymru
    Fydd*, yn sgil y caniad ffôn a dyfodiad Dewi drwy'r ffenestr.

3   Shaun MacLoughlin, *Writing for Radio: How to write plays, features and
    short stories that get you on air* (Oxford: How To Books, arg. 2001), 56.
    'In radio, as a writer you will need to be at the same time both more
    economical and more imaginative than you would be on the page. [...]
    Thus you will need to learn to describe scenery and people and to express
    depth of feeling, implicitly and obliquely and in a matter of seconds.'

4   Geraint Talfan Davies, *Darlledu a'r Celfyddydau yng Nghymru /
    Broadcasting and the Arts in Wales: Darlith Ben Bowen Thomas Lecture*
    (Cymdeithas Gelfyddydau Gogledd Cymru, 1993), 14. Traddodwyd y
    ddarlith hon yng Nghyfarfod Cyffredinol Blynyddol Cymdeithas
    Gelfyddydau Gogledd Cymru yng Nghaernarfon, 24 Medi 1993.

5   *Writing for Radio: How to write plays*, 41-2. Am y ddwy funud gyntaf,
    meddai MacLoughlin: 'It has to give us some idea of what the play is going
    to be about. [...] It has to provide some emotional attraction, to help
    captivate the listener. [...] It has to establish the conventions of the play.
    [...] Finally, it has to begin to stimulate some pictures in the listener's
    mind.'

6   Cymh. Alfred Bradley (gol.), *Worth a Hearing* (London: Blackie, 1967), viii.

7   J. B. Priestley, *Postscripts* (London: William Heinemann, 1940), 60.

8   Ibid., 76.

9   Ibid., 96.

10 Saunders Lewis, *Tynged yr Iaith* (darlledwyd 13 Chwefror, 1962). Cyfeirir
    isod at destun Cymdeithas yr Iaith Gymraeg, 4ydd arg. 1997. Gw. hefyd
    www.llgc.org.uk/ymgyrchu/Iaith/TyngedIaith/tynged.htm

11 Saunders Lewis, 'T.D.W. Cymraeg', *Y Ddraig Goch*, 3:1 (Mehefin 1928), 4.

12 Robert McLeish, *Radio Production* (Oxford: Focal Press, arg. 2005), 249.
    '[R]adio is not only blind, but unless the drama is in stereo, it is half-dead
    as well. Movement and distance have to be indicated, either in the
    acoustic or other production technique, or in the dialogue.' Fodd bynnag,

gw. y drafodaeth isod sy'n ategu sylwadau Tim Crook, *Radio Drama Theory and Practice* (London: Routledge, 1999), 61. 'So much stress has been placed on the mind's eye or the image generated by the mind, that an essential feature of human experience in drama – "emotion" and "feeling" – has been overlooked.'

13 Vincent McInerney, *Writing for Radio* (Manchester: Manchester University Press, 2001), 33. Gw. ymhellach, 45. '[T]o use radio to its best advantage you have to "think radio".'

14 Peter Brook, *The Empty Space* (London: Penguin Books, arg. 1990), 54. '[W]riters seem unable to make ideas and images collide through words with Elizabethan force.'

15 *Darlledu a'r Celfyddydau yng Nghymru*, 14. Cyfeirio at deledu'n hytrach na'r theatr y mae Geraint Talfan Davies fan hyn. Dyma'r dyfyniad yn llawn. '[E]r bod radio yn feithrinfa dda i deledu rhaid pwysleisio bod y buddsoddiad hwn mewn drama radio ac, yn arwyddocaol, ym myd comedi, yn werthfawr er ei fwyn ei hun. Rhaid i sianel radio genedlaethol Cymru gynnwys yr elfen hon er mwyn ei gwneud yn gyflawn, ac wrth gwrs mae i ddrama radio ei rinweddau [*sic*] arbennig ei hun.'

16 Gilly Adams, llythyr at Meirion Edwards, dyddiedig 28 Mawrth 1980, yn y ffeil 'BBC Radio Cymru / Radio Wales Drama 1980-1986', Llyfrgell Genedlaethol Cymru.

17 Meirion Edwards, 'To the Chairman and members of the Welsh Arts Council Drama Committee: Drama on Radio Cymru, 1980-81; an application for grant support', yn y ffeil 'BBC Radio Cymru / Radio Wales Drama 1980-1986', Llyfrgell Genedlaethol Cymru.

18 Meirion Edwards, llythyr at Gilly Adams, dyddiedig 1 Gorffennaf 1982.

19 Gilly Adams, llythyr at Meirion Edwards, dyddiedig 13 Awst 1980.

20 Meirion Edwards, llythyr at Gilly Adams, dyddiedig 4 Tachwedd 1980.

21 Gw. *Darlledu a'r Celfyddydau yng Nghymru*, 13. Cyfeirir at *Gymerwch Chi Sigarét?*, *Siwan*, *Blodeuwedd*, *Esther*, *Cymru Fydd* a *Branwen*.

22 Ioan M. Williams, 'Darlledu Saunders: ystyried cyfres ddiweddar Radio Cymru o ddramâu Saunders Lewis ynghyd â'r addasiad teledu o *Brad*', *Barn*, 376 (Mai 1994), 25.

23 Ibid., 24.

24 Ibid. Dywedir am *Siwan* a *Blodeuwedd*: 'mae'n wir eu bod nhw'n cyflwyno problemau i'r cyfarwyddwr theatr nas wynebir gan y cynhyrchydd radio'.

25 Saunders Lewis (25 Awst 1954), *Annwyl Kate, Annwyl Saunders*, 181. 'Un pwynt bychan – nid fel drama radio y meddyliais i gynta' am *Siwan* ond ar gyfer llwyfan Garthewin. Wedyn daeth y BBC a gofyn am ddrama Gwyl [*sic*] Ddewi, ac mi es ati wedyn yn syth.'

26 Ian Roger, *Radio Drama* (London a Basingstoke: Macmillan, 1982), 14.

27 Saunders Lewis (11 Mehefin 1948), *Annwyl Kate, Annwyl Saunders*, 141. 'Ceisiais gymysgu iaith lafar a rhithmau [*sic*] llafar â'r iaith lenyddol fwy ym "Mlodeuwedd" nag a fentraswn erioed o'r blaen.'

28 Ian Roger, *Radio Drama*, 67.
29 Dafydd Glyn Jones, 'Y ddrama ryddiaith', yn Geraint Bowen (gol.), *Y Traddodiad Rhyddiaith yn yr Ugeinfed Ganrif* (Caerdydd: Gwasg Prifysgol Cymru, 1976), 218-20.
30 *Radio Production*, 246.
31 *Writing for Radio*, 153. Cymh. Annie Caulfield, *Writing for Radio: A Practical Guide* (Ramsbury: The Crowood Press, 2009), 34. 'As you build the play, keep asking yourself what the characters are doing and where are they? Is there a reason why they can't move? If not, move them.' Cymh. ymhellach William Ash, *The Way to Write Radio Drama* (London: Elm Tree Books, 1985), 54.
32 Saunders Lewis, (Hydref 1923), *Annwyl Kate, Annwyl Saunders*, 4.
33 Gw. n. 25 uchod.
34 Saunders Lewis, rhagair *Problemau Prifysgol*, *Dramâu Saunders Lewis: 2*, gol. Ioan M. Williams (Caerdydd: Gwasg Prifysgol Cymru, 2000), 437. Defnyddir testun y ddwy gyfrol olygedig drwy gydol yr ysgrif.
35 Saunders Lewis, rhagair *Gymerwch Chi Sigarét?*, *Dramâu Saunders Lewis: 1*, gol. Ioan M. Williams (Caerdydd: Gwasg Prifysgol Cymru, 1996), 614.
36 Nia Roberts, 'Saunders a'r teli', *Barn*, 438/439 (Gorffenaf/Awst 1999), 87; *Esther*, 237.
37 Gw. n. 25 uchod.
38 Saunders Lewis, *The Times*, 27 Chwefror 1961. Gw. T. Robin Chapman, *Un Bywyd o Blith Nifer: Cofiant Saunders Lewis* (Llandysul: Gwasg Gomer, 2006), 325.
39 *Amlyn ac Amig*, 175.
40 Gw. e.e. *Writing for Radio*, 169.
41 Gw. Ioan M. Williams, *DSL: 2*, 718-19.
42 *Worth a Hearing*, vii.
43 Defnyddir y term i gyfeirio at y gydberthynas rhwng gair a gweithred, neu air ac unrhyw wrthrych ar y llwyfan, gan gynnwys yr actor ei hun. Defnyddir y term *diexis* yn Saesneg.
44 *Writing for Radio: How to write plays*, 16.
45 Robert L. Hilliard, *Writing for Television, Radio, New Media* (Boston, MA: Thomson Wadsworth, arg. 2008), 9.
46 *Postscripts*, vii.
47 Tudur Hallam, *Saunders y Dramodydd* (Caernarfon: Gwasg Pantycelyn, 2013)
48 'Darlledu Saunders', 24.
49 Cymh. Michael Hawcroft, *Word as Action: Racine, Rhetoric and Theatrical Language* (Oxford: Clarendon Press, 1992), 38. Y math arall yw'r araith enghreifftiol.
50 Saunders Lewis, rhagair *Cymru Fydd*, *DSL: 1*, 563.
51 Gareth W. Jones, '*Gymerwch Chi Sigarét?*', *Barn*, 279 (Ebrill 1987), 141.
52 Saunders Lewis, rhagair *Gymerwch Chi Sigarét?*, *DSL: 1*, 613.

53 'Darlledu Saunders', 25. Cymh. Bernard Mann, cyn-lywydd Cymdeithas
    Genedlaethol Darlledwyr Radio (UDA), yn *Writing for Television, Radio,
    New Media*. 'One of my great frustrations is that too little of the writing
    done for radio is imaginative. [...] The opportunity for the writer to
    challenge the listener is still there. It's just not being used very much.' Gw.
    hefyd George Brandt, 'Radio, film and television', yn John Russell Brown
    (gol.), *Drama and the Theatre: with Radio, Film and Television* (London:
    Routledge & Kegan Paul, 1971), 133.
54 *The Way to Write Radio Drama*, 2.
55 Cymh. Val Gielgud, *British Radio Drama: 1922-1956: A Survey by Val
    Gielgud* (London: George G. Harrap & Co., 1957), 85.
56 Dyf. yn Tim Crook, *Radio Drama Theory and Practice* (London and New
    York: Routledge, 1999), 138.
57 *Radio Drama Theory and Practice*, 139.
58 Cymh. *The Way to Write Radio Drama*, 39. 'The degree of listener
    involvement in radio drama, deriving both from the imaginative
    contribution the listener makes and from the absolutist quality of the
    feelings and impressions of someone listening as a completely isolated
    individual, means that the emotional effect can be much greater.'
59 David Hare, *Obedience, Struggle and Revolt: Lectures on Theatre*
    (London: Faber and Faber, 2005), 2-4.
60 *Writing for Radio: A Practical Guide*, 53. 'Some very effective radio plays
    are pure monologues.'
61 Cymh. *Writing for Television, Radio, New Media*, 37. 'Inexperienced
    writers occasionally overdo the use of sound. Sound effects should be used
    only when necessary, and then only in relation to the principles that
    determine the listener's orientation.'
62 *Radio Drama*, 65.
63 Saunders Lewis, 'Drama ar gyfer Gŵyl Ddewi', *Radio Times*, 22 Chwefror
    1957, 9. 'Mi ymgroeswn heddiw rhag ysgrifennu'r farddoniaeth areithiol
    sydd ynddi [*Buchedd Garmon*].'
64 Iola Gregory yng nghynhyrchiad y BBC (1990). Gellir gwrando ar
    recordiad yn y Llyfrgell Genedlaethol. Maureen Rhys yng nghynhyrchiad
    Sain (2002).
65 *The Way to Write Radio Drama*, 39. 'Spoken into the ear of the listener,
    radio dialogue has to ring true.'
66 *Worth a Hearing*, ix. Cymh. Orson Welles yn Orson Welles a Peter
    Bogdanovich, *This is Orson Welles* (London: Harper Collins, 1993), 14.
    'Hamming is faking. It's opening a bag of tricks instead of turning on the
    juice. [...] Hamming has no target, its only aim is to please.'
67 Esta De Fossard, *Writing and Producing Radio Drama* (London: Sage
    Productions, 2005), 143.
68 Saunders Lewis, 'Saunders Lewis yn trafod llên, celfyddyd, pynciau'r
    dydd: "Llywelyn Fawr"', *Y Faner* (14 Mawrth 1951), 8. Fy mhwyslais i.

69 Val Gielgud, 'Preface', yn Cecil McGivern, *Bomb Doors Open and Other Radio War Features* (London: George Allen & Unwin, 1941), 8.

70 *British Radio Drama: 1922-1956*, 85.

71 Bruce Griffiths, 'Gorchest a chymwynas (rhan un)', *Barn*, 402/403 (Gorffennaf/Awst 1996), 77.

72 Ioan M. Williams, *DSL: 2*, 285.

73 'Saunders a'r teli', 86.

74 Gw. e.e. 'Saunders Lewis yn trafod ...', 8. 'Hwyrach fy mod yn cam farnu'n llwyr; ond y mae drama radio, yn fy marn i, yn wahanol iawn, yn ei ffurfiad cyntaf ym meddwl yr awdur, i ddrama theatr.' Gw. gweddill y dyfyniad isod. Cymh. hefyd Saunders Lewis (19 Ebrill 1960), *Annwyl D.J.: llythyrau D.J., Saunders, a Kate* (Talybont: Y Lolfa, 2007), 251. 'Ysgrifennais i ddrama am frwydr gwas fferm i ennill rhyddid rhwng 1830 a 1840. Ar y radio sain y bydd hi ond dwn i ddim sut beth ydyw. Crefft y nofelydd sy'n dwad i'r golwg ebe Emyr Humphreys.' Ymddengys na chafodd ei darlledu.

75 Kevin Williams, *Understanding Media Theory* (London: Hodder Education, 2003), 168.

76 Gw. e.e. William Salesbury, rhagymadrodd *Oll Synnwyr Pen Kembero Ygyd* ... (1547), yn Garfield H. Hughes (gol.), *Rhagymadroddion 1547-1659* (Caerdydd: Gwasg Prifysgol Cymru, 1951), 11.

77 Frochwel Ysgythrog, 'Y T.D.W. a Cymru' [sic], *Y Ddraig Goch*, 5:7 (Rhagfyr 1930), 6. Cymh. Siôn Dafydd Rhys, rhagymadrodd *Cambrobrytannicae Cymraecaeve Linguae Institutiones et Rudimenta* ... (1952), yn *Rhagymadroddion 1547-1659*, 64: 'hyd ynn y diwedd nadd oes cymeint ac vn heddiw o'r holl ieithoedd cyphrêdin vchod, na bô ynddei holl gelfyddôdeu'r byd, wedy eu cyfléu a'i cymhennu yn brintiêdic mywn Coflyfreu a barháont hyd tra barháo phyrfâfen.'

78 Marshall McLuhan, 'The medium is the message', yn *Understanding Media: The Extensions of Man* (New York: McGraw-Hill, 1964), 7-21.

79 *Understanding Media Theory*, 165-210.

80 Dennis McQuail, *Mass Communication Theory* (London: Sage, arg. 2005), 8.

81 Paddy Scannell, 'Radio times: the temporal arrangements of broadcasting in the modern world', yn Phillip Drummond a Richard Patterson (goln), *Television and its Audience* (London: British Film Institute, 1988), 7. Cymh. David Morley, *Television, Audiences & Cultural Studies* (London: Routledge, 1992), 267-8.

82 Cymh. *Radio Production*, 11. 'It [radio] guides social behaviour, setting standards and offering role models with which to identify. It acts as a multiplier of change, speeding up the process of informing a population, and heightening an awareness of key issues.'

83 R. M. Jones, *Beirniadaeth Gyfansawdd* (Cyhoeddiadau Barddas, 2003), 89.

84 Fred Inglis, *Media Theory: An Introduction* (Oxford: Blackwell, arg. 1996), 125.

85   Menai, 'Gohebiaeth: y radio', *Yr Eurgrawn*, CXXVIII (1936), 186.

86   Anthony Smith, *The Shadow in the Cave: The Broadcaster, the Audience and the State* (London: George Allen and Unwin, 1973), 15. '[B]roadasting … can steer the course of entire cultures.'

87   George Gerbner, 'Violence and terror in and by the media', yn Marc Raboy a Bernard Dagenais, *Media, Crisis and Democracy* (London: Sage, 1992), 100.

88   Cymh. e.e. Y Gwrandawr [sic], 'Y galw am gyfundrefn Gymraeg', *Y Darian*, 1 Chwefror 1934, 5. 'Gellir yn hawdd drefnu cael newyddion a fydd yn delio'n arbennig â Chymru. Er enghraifft, efelychu'r Saeson mewn peth na chymer y Cymry un diddordeb ynddo ydyw dweud pwy a enillodd y "Monte Carlo Motor Rally".'

89   Tim O'Sullivan, Brian Dutton a Philip Rayner, *Studying the Media* (London: Arnold, arg. 1994), 129.

90   Saunders Lewis, *Egwyddorion Cenedlaetholdeb: Pamffledi'r Ysgol Haf, Machynlleth: 1* (Caernarfon: y Blaid Genedlaethol, 1926), 6.

91   'Copi o'r memorandwm a gyflwynwyd gan Blaid Genedlaethol Cymru i'r Pwyllgor Seneddol ar Ddarlledu, Mai 30, 1935', *Y Ddraig Goch*, 9:7 (Gorffennaf 1935), 7.

92   Ibid.

93   Saunders Lewis, 'Nodion: y B.B.C.', *Baner ac Amserau Cymru*, 25 Chwefror 1938, 4.

94   Nicholas Abercrombie, *Television and Society* (Cambridge: Polity Press, 1996), 75.

95   'Y Ffurflen Ymaelodi', *Y Ddraig Goch*, 1:2 (Gorffennaf 1926), 4. 'Fel y mae pethau'n awr, nid oes gennym lais fel cenedl mewn odid ddim. Cyn cael yr un ddeddf gymdeithasol i Gymru heddiw, pa gymaint bynnag ei hangen a'r teimlad o'i phlaid, rhaid yw ynghyntaf oll argyhoeddi Lloegr fawr a'r Alban drwyddi – lle na wyddis [sic] odid ddim am Gymru, ond trwy ragfarn. Nid yw hynny o lais sydd gennym yng Nghymru ynglŷn â'n pethau arbennig ein hunain, ond megis eco wan [sic] yn gwatwar ein gwendid.' Cymh. Alun Llywelyn-Williams, 'Dylanwad y radio', *Y Llenor*, 30 (1951), 113. I'r awdur, mesur o lwyddiant rhannol y Rhanbarth Cymreig yn 1951 ydoedd iddo ddangos 'i genhedloedd eraill fod Cymru'n bod ar wahân – a dyna'r adeg ysywaeth y daw llawer ohonom i sylweddoli am y tro cyntaf ein bod ni'n Gymry yw pan dâl rhywun fel Wilfred Pickles y compliment inni o gymryd hynny'n ganiataol'. Fodd bynnag, gw. 117-18, lle y nodir mai 'gorsaf radio Gymraeg yw'r unig wir feddyginiaeth […] [O]s ydym o ddifrif calon ar bwnc yr iaith, tybed a ddylem weithio am gorfforaeth annibynnol neu am ymreolaeth daleithiol lwyr, yn hytrach nag am yr hawl i godi gorsafoedd darlledu i leiafrifoedd, ac yn eu plith, rai i'r lleiafrif Cymraeg? Mewn gair, oni ddylem wrthwynebu'r fonopoli, a gwrthod argymhellion Pwyllgor Beveridge a'r Llywodraeth fel ei gilydd?' Am enghraifft bellach o sut yr ystyrir darlledu Cymraeg yn enghraifft o radio lleiafrifol, yn wahanol i radio cenedlaethol, gw. Peter Cousins a Pam Cousins, *The Power of the Air: The Achievement and Future of Missionary Radio* (Hodder and Stoughton: London, 1978), 12-13.

96 Saunders Lewis, 'Nodiadau'r mis', *Y Ddraig Goch*, 1:7 (Rhagfyr 1926), 1. Nodir hefyd ddau reswm arall. 'Oblegid iddo awgrymu y talai neb yng Ngogledd Cymru drwydded i'r llywodraeth er mwyn clywed y Gymraeg ddoniol hon drwy'r T.D.W. Oblegid mentro ohono ddadleu yn Senedd Loegr dros anghenion dynion mor anwybodus ag y dymunent glywed unrhyw iaith heblaw Saesneg bur [*sic*].' O ran awduraeth y darn hwn, gellid cytuno â D. Tecwyn Lloyd bod yn rhaid 'petruso dyfynnu'r paragraffau uchod rhag digwydd nad S.L. a'u piau'. Gw. D. Tecwyn Lloyd, *John Saunders Lewis: Y Gyfrol Gyntaf* (Dinbych: Gwasg Gee, 1988), 331, 255. Yn Rhagfyr 1926, y cydolygyddion oedd Saunders Lewis, Iorwerth C. Peate a Prosser Rhys. Saunders Lewis 'a ysgrifennai'r golofn "Nodion y Mis", a hefyd, gan amlaf, yr erthygl flaen'.

97 *British Radio Drama: 1922-1956*, 128.

98 Gw. E. R. Appleton, *Western Mail*, 30 Awst 1927. Dyf. yn llawn yn y 'Copi o'r memorandwm …' 6. 'Wales, of her own choice, is part of the British Commonwealth of Nations, of which the official language is English. When His Majesty's Government decided to form a corporation for the important function of Broadcasting, it was natural that the official language be used throughout. To use the ancient languages regularly, - Welsh, Irish, Gaelic and Manx, would be either to serve propaganda purposes or to disregard the needs of the greatest number … If the extremists who desire to force the language upon listeners in the area, whether they will or not, were to have their way, the official language would lose its grip.'

99 Dyf. yn 'Copi o'r memorandwm …', 6.

100 'Ymreolaeth i Gymru ar fater y radio', *Y Ddraig Goch*, 9:1 (Ionawr 1935), 6. 'Y mae rheolwyr y B.B.C. yn edrych ar Gymru yn union megis y dysgodd aelodau seneddol Cymru iddynt edrych ar Gymru. Ond oherwydd ffeithiau celyd a pherygl diwylliant mewn dygn argyfwng, fe yrrwyd y Brifysgol yng Nghymru i fynnu bod Cymru i'w thrin, nid fel rhanbarth, eithr fel gwlad a chenedl. A rhoddwyd felly ar bwyllgor bychan, a phwyllgor digon cymysg, dasg sy'n dasg boliticaidd yn ei hanfod.'

101 *John Saunders Lewis: Y Gyfrol Gyntaf*, 325.

102 Bwriadwyd darlledu'r cyflwyniad a adwaenir wrth yr enw 'The banned wireless talk on Welsh nationalism' (Caernarfon: y Blaid Genedlathol, 1931), ar y 6ed o Ragfyr 1930. Cafodd Saunders Lewis gyfle arall ar 1 Mai 1936 ar rwydwaith Prydeinig y BBC, pan draddododd 'The case for Welsh nationalism'. Gw. *Radio Times*, 24 Ebrill 1936, 68.

103 Gw. Vincent MacInerney, *Writing for Radio*, 181.

104 Gw. *John Saunders Lewis: Y Gyfrol Gyntaf*, 323-8. Gw. hefyd J. E. Jones, *Tros Gymru* (Abertawe: Gwasg John Penry, 1970), 130-6. Gw. ymhellach John Davies, *Broadcasting and the BBC in Wales* (Cardiff: University of Wales Press,1994); Rowland Lucas, *The Voice of a Nation? A concise account of the BBC in Wales: 1923-1973* (Llandysul: Gwasg Gomer, 1981); 'Darlledu', yn John Davies, Menna Baines, Nigel Jenkins, Peredur Lynch (goln), *Gwyddoniadur Cymru* (Caerdydd: Gwasg Prifysgol Cymru, 2008), 263-4.

105 W. Ambrose Bebb, 'Amcanion y "Ddraig Goch"', *Y Ddraig Goch*, 1:1 (1926), 2; Saunders Lewis, 'Cenedlaetholdeb a chyfalaf', *Y Ddraig Goch*, 1:1 (1926), 3. Gw. W. Ambrose Bebb, 'Saunders Lewis: Llywydd y Blaid Genedlaethol er 1926', *Y Ddraig Goch*, 7:3 (Mawrth 1933), 3. 'Dyfod a wnaeth … ac ni bu beirniadaeth lenyddol yr un peth yng Nghymru fyth er hynny. Gellid dywedyd eisoes iddo ddechrau cyfnod newydd, mor wir ag y gwnaeth Malherbe yn Ffrainc, a Dafydd ap Gwilym yng Nghymru. [..] Erbyn hyn y mae Mr. Lewis yr un mor gartrefol yn trafod gwleidyddiaeth ag yn trin llên, ac ar hyn o bryd ei bin ef yw'r buanaf a'r treiddgaraf sydd yng Nghymru …'

106 Saunders Lewis, 'Nodiadau'r Mis', *Y Ddraig Goch*, 1:12 (Mai 1927), 2. Gwneir y sylwadau hyn mewn perthynas â'r sinema, neu'r cinema, 'ag "C" Gymreig', chwedl Saunders.

107 Cornelius Tacitus, *The Life of Cnaeus Julius Agricola: 21*, gol. Alfred John Church a William Jackson Brodribb, www.perseus.tufts.edu/ hopper/text?doc=Perseus%3Atext%3A1999.02.0081%3Achapter%3D21 Gw. hefyd 'Y Teliffon Di Wifrau a Chymru', *Y Ddraig Goch*, 5:5 (Hydref 1930), 3. 'Wel, y mae un peth yn sicr: rhaid i Gymru ennill rheolaeth lwyr a chyfan ar ddarlledu ac ar bob stesion T.D.W. sy'n darpar ar gyfer gwrandawyr yng Nghymru, neu, onis gwna, bydd y perygl i'n hiaith a'n diwylliant ac i'n bodolaeth fel cenedl yn fwy nag erioed.'

108 Ibid. 'All this in their ignorance, they called civilization, when it was but a part of their servitude.'

109 'Dylanwad y Radio', 111.

110 Saunders Lewis, *Y Frwydr dros Ryddid* (Caernarfon: y Blaid Genedlaethol, 1935), 8.

111 'Gwaith y flwyddyn', *Y Ddraig Goch*, 9:9 (Medi 1935), 11.

112 Morris D. Jones (Glan Caledffrwd), *Yr Eurgrawn*, CXXVIII (1936), 266. Cymh. y Parch James Evans, 'Gwasanaeth Cymraeg y Radio', *Yr Eurgrawn*, CXXVII (1935), 225.

113 Neil Postman, *Amusing Ourselves to Death* (London: Methuen, 1987), 8.

114 'Copi o'r memorandwm …', 7. Gw. hefyd 'Ymreolaeth i Gymru ar fater y radio', *Y Ddraig Goch*, 9:1 (Ionawr 1935), 6. 'Y Sefydliad mwyaf Seisnig a mwyaf ymerodrol yn Llundain oll yw Broadcasting House. Gwneud propaganda Seisnig beunyddiol yw holl amcan ei fodolaeth. Y mae'n fwy peryglus filwaith na Moscow, y mae'n gyfrwysach, y mae'n fwy llwyddiannus.' Cymh. Emlyn Thomas, 'Gorchfygwn y B.B.C.: troi eu diystyrwch yn barch', *Y Ddraig Goch*, 8:2 (Chwefror 1934), 2. '[Y]mddengys fel petai'r B.B.C. yn ceisio'n fwriadol Seisnigeiddio Cymru – dywedais *yn fwriadol*, oherwydd arwydda ei hagwedd ddideimlad bod ganddynt amcanion cudd. Y B.B.C. wrth gwrs fuasai'r cyntaf i wadu amcan cudd o'u heiddo; ond ni a'u heriwn i wadu'r ffaith mai'r egwyddor weithredol yn ei pholisi yw trin Cymru fel rhan o Loegr. Nid yw Cymru i'r B.B.C. ond "geographical expression" – heb fod yn haeddu triniaeth arbennig, ac fel y B.B.C. na chaiff mohoni.'

115 R. S. Lambert, *Ariel and all his Quality – An Impression of the BBC from Within* (London: Victor Gollancz, 1940), 317.

116 *Y Frwydr dros Ryddid*, 8.

117 James Curran, 'Media reform', yn James Curran a Jean Seaton, *Power Without Responsibility* (London: Routledge, 1997), 361.

118 'Saunders Lewis yn trafod …', 8.

119 'Dylanwad y radio', 109.

120 'T.D.W. Cymraeg', *Y Ddraig Goch*, 3:1 (Mehefin 1928), 4.

121 'Pobl y T.D.W. a Chymru', *Y Ddraig Goch*, 5:9 (Chwefror 1931), 3. 'A gawn ni daer grefu ar ein cyd-olygyddion Cymraeg ei drin yn llawn a difrifol? Canys dyma bwnc sy'n hanfodol gennym fel cenedl …'

122 'Y Teliffon Di Wifrau a Chymru', *Y Ddraig Goch*, 5:5 (Hydref 1930), 3. Dyma'r flwyddyn a nodir ar gyfer defnydd cynharaf y gair yn *Geiriadur Prifysgol Cymru*. Gw. 'darlledaf …', *Geiriadur Prifysgol Cymru* (Caerdydd: Gwasg Prifysgol Cymru: 1950-2002). Ar y term 'radio', gw. Howard Lewis, 'Gohebiaeth', *Yr Eurgrawn*, CXXIV (1932), 11. 'Beth sy'n peri i ni fel Cymry anwybyddu gair mor hylaw [h.y. radio], a mabwysiadu cyfieithiad o derm negyddol a disynnwyr cenedl arall?'

123 Syniadau Salesbury am orgraff oedd yn bennaf cyfrifol am hyn.

124 Gw. Saunders Lewis (8 Tachwedd,1936; 21 Tachwedd 1936), *Annwyl D.J.*, 91-2. '[G]ofynnodd y B.B.C. imi yr wythnos ddiwethaf [*sic*] sgrifennu drama radio iddynt ar Oes y Saint ar gyfer Dygwyl Dewi nesaf; cytunais, dechreuais arni, nid oes gennyf awr segur o gwbl.'

125 'Drama ar gyfer Gŵyl Ddewi', 9.

126 Cymh. Saunders Lewis (11 Rhagfyr 1936), llythyr at Kate Roberts, *Annwyl Kate, Annwyl Saunders*, 117.

127 Martin Meisel, *How Plays Work: Reading and Performance* (Oxford: Oxford University Press, 2007), 110.

128 Saunders Lewis, 'Paham y llosgasom yr ysgol fomio?', (Caernarfon: y Blaid Genedlaethol, 1937); *Buchedd Garmon*, 139.

129 Ar gyfer semanteg y gair 'rhyngdestunodeb', gw. Robert Rhys, 'Dyfyniad, Dylanwad, Dirgel-gellwair: Sylwadau ar Gyfeiriadaeth a Rhyngdestunoldeb', *Llenyddiaeth Mewn Theori*, 1 (2006), 101-28. Gw. hefyd Graham Allen, *Intertextuality* (London: Routledge, 2000).

130 Saunders Lewis, *Buchedd Garmon*, 122.

131 Saunders Lewis, 'Dylanwadau', *Taliesin*, 2 (1961), 13.

132 *Buchedd Garmon*, 128.

133 Saunders Lewis (15.3.1937), llythyr at 'My dear Auntie Ellen', *Letters to Margaret Gilcriest*, gol. Mair Saunders Jones, Ned Thomas a Harri Pritchard Jones (Cardiff: University of Wales Press, 1993), 588.

134 Tafarn Penlan Fawr. Diolch i'r Dr. Simon Brooks am fy hebrwng i'r dafarn i mi gael gweld y murlun.

135 *Buchedd Garmon*, 131, 134, 137, 142.

136 Edward Said, *Beginnings: Intention and Method* (New York: Basic Books, 1975), 5.

137 Gw. e.e. T. Robin Chapman, *Un Bywyd o Blith Nifer: Cofiant Saunders Lewis* (Llandysul: Gwasg Gomer, 2006), 193. 'Yr un yn ei hanfod yw cywair *Buchedd Garmon* hithau ag eiddo'r ohebiaeth â D. J.. Drama yw hi, fel y ddrama a gyfansoddodd Lewis trwy dân ar dir Penyberth a thrwy eiriau yng Nghaernarfon bum wythnos wedi hynny, am warchod gwareiddiad trwy ffyddlondeb amhersonol.'

138 Gw. Sean Burke, *The Death and Return of the Author* (Edinburgh: Edinburgh University Press, 1992). Gw. Tudur Hallam, *Canon Ein Llên* (Caerdydd: Gwasg Prifysgol Cymru, 2007), 13-16.

139 'Drama ar gyfer Gŵyl Ddewi', 9.

140 Cymh. Saunders Lewis, 'Pierre Corneille' (1949-50), yn *Meistri a'u Crefft*, gol. Gwynn ap Gwilym (Caerdydd: Gwasg Prifysgol Cymru, 1981), 225.

141 *DSL: 1*, 110.

142 Saunders Lewis, rhagair *Esther*, *DSL: 2*, 209.

143 Saunders Lewis, *The Times*, 13 Mawrth 1959: 'a biblical drama which began as an attempt to translate Racine but soon took flight on its own'.

144 'Saunders a'r teli', 86.

145 Am hanes *Amlyn ac Amig*, gw. Ioan M. Williams, *DSL: 1*, 163. Gorffennodd Saunders Lewis ysgrifennu'r ddrama gomisiwn 'ar ôl y Calan 1940'. Rhwystrwyd y darlledu oherwydd yr Ail Ryfel Byd. Trefnodd Robert Wynne gyfieithiad a darllediad deirgwaith yn Iwerddon. Llwyfannwyd y ddrama am y tro cyntaf yn 1947 gan Chwaraewyr Garthewin.

146 *Writing for Radio: A Practical Guide*, 68.

147 *The Shadow in the Cave*, 14. 'When it [radio] finds a level of taste at which it can successfully aggregate its audience it becomes culturally valueless; when it occupies a higher ground in a spirit of dedicated intellectual exclusiveness it fails in its purpose of serving the entire society. Those are the horns of the broadcasting dilemma.'

148 Gw. 'Darlledu', *Gwyddoniadur Cymru*, 263-4: 'Gyda'r set falfiau rataf yn costio £6 a ffi'r drwydded yn ddeg swllt ar ben hynny, nid yw'n fawr o syndod ei bod yn 1935 cyn i'r canran o gartrefi Cymru a feddai ar drwydded gyrraedd 50%. O'r herwydd, mewn neuaddau cyhoeddus y digwyddai llawer o'r gwrando cynnar ar ddarllediadau, a brwdfrydedd y gwrandawyr yn brawf o'u diddordeb eiddgar yn y bydoedd newydd a oedd yn agor iddynt.' Gw. hefyd 'Pobl y T.D.W. a Chymru', *Y Ddraig Goch*, 5:9 (Chwefror 1931), 3. '[A]ddefa'r B.B.C. mai fel "*area*" yr edrych ei swyddogion ar Gymru, nid fel gwlad a chenedl, ac oblegid mai o'r "*area*" hon y ceir y nifer lleiaf o drwyddedau, am hynny rhoddir iddi'r gwasanaeth tlotaf ym Mhrydain. Ni ddaw i'w meddwl hwy mai newyn a diffyg arian Cymru a gyfrif i raddau helaeth am fod y nifer yn llai, ac y dylai llywodraeth sy'n gyfrifol am achos trueni Cymru o leiaf fod yn hael tuag ati lle y byddai haelioni'n hawdd.'

149 Dafydd Glyn Jones, 'Aspects of his work: his politics', yn Alun R. Jones a Gwyn Thomas (goln), *Presenting Saunders Lewis* (Cardiff: University of Wales Press, 1973), 73.

150 'Y Blaid wedi concro'r B.B.C.: dathlu dengmlwyddiant', *Y Ddraig Goch*, 9:5 (Mai 1935).

151 Rowland Lucas, *The Voice of a Nation? A concise account of the BBC in Wales: 1923-1973* (Llandysul: Gwasg Gomer, 1981), 40.

152 Ibid., 80.

153 *British Radio Drama: 1922-1956*, 86-7.

154 'Drama ar gyfer Gŵyl Ddewi', 9.

155 Dyf. yn *The Voice of a Nation?*, 82-3.

156 Saunders Lewis (2.3.1937), *Saunders Lewis: Letters to Margaret Gilcriest*, 584.

157 Saunders Lewis, 'Mr Saunders Lewis at Gangen Rhosgadfan', *Y Ddraig Goch*, 11:3 (Mawrth 1937), 9. '[P]laid y gweithwyr Cymreig, y werin bobl dlawd a di-amddiffyn drwy Gymru, yw'r Blaid Genedlaethol Gymreig. Hwy biau'r iaith Gymraeg [...] Hwy biau'r ymwybod eu bod yn genedl, ac y mae'r ymwybod hwnnw'n fyw. / Ac er mwyn cadw'r rhain yn feddiant i Gymry Cymraeg Arfon a Chymru oll y llosgodd Lewis Valentine a D. J. Williams a minnau y gwersyll bomio cythreulig hwn yn Llŷn sy'n bygwth gweddill etifeddiaeth tlodion Cymru.'

158 Alun Llywelyn-Williams, 'Y Gymraeg ar y radio', *Y Llenor*, 19 (1940), 148. Am agwedd Saunders Lewis at y werin, gw. Tudur Hallam, *Canon Ein Llên*, 122-7.

159 *Buchedd Garmon*, 158.

160 *McQuail's Mass Communication Theory*, 540.

161 Jonathan Raban, 'Icon or symbol: the writer and the "medium"', yn Peter Lewis (gol.), *Radio Drama* (New York: Longman, 1981), 87.

162 'Preface', yn *Bomb Doors Open and Other Radio War Features*, 8.

163 Saunders Lewis, rhagair *Amlyn ac Amig* (1940), *DSL: 2*, 165.

164 Ibid.

165 Louis MacNeice, 'Introduction', *Christopher Columbus: a radio play* (London: Faber & Faber, 1963), 9.

166 Cymh. *Writing for Radio: A Practical Guide*, 59.

167 Cymh. Stuart Spencer, *The Playwright's Guidebook* (London: Faber and Faber, 2002), 41. 'The important thing to remember is that neither physical activity nor language alone is action. By themselves they're either mere activity or mere talk. Words and movement are there for a larger purpose: to serve the action, to reveal it, to convey it to the audience. [...] Action is what a character wants. It is the wanting itself.'

168 *Word as Action*, 39. 'Traditionally, demonstrative oratory involves praising ... Persuasion is not generally regarded as being of the essence in demonstrative oratory. If there is persuasion, it is of a less urgent, more leisurely kind.'

169 Cymh. *Writing for Television, Radio, New Media*, 396.
170 Cymh. *British Radio Drama: 1922-1956*, 87. 'The listening audience – just because it is not a mass audience, but one composed of individuals or small groups, for the most part in a domestic environment – is particularly susceptible to an intimacy of approach automatically denied in the theatre.'
171 'Drama ar gyfer Gŵyl Ddewi', 9.
172 *Writing for Radio*, 91.
173 Kate Roberts (17 Ebrill 1941), *Annwyl Kate, Annwyl Saunders*, 127.
174 *Buchedd Garmon*, 119.
175 Ibid.
176 Ibid.
177 Ibid., 127.
178 Ibid., 129.
179 *Writing for Television, Radio, New Media*, 8-9.
180 Gw. e.e. *Christopher Columbus*, 8. 'Sound radio is free from these difficulties: as in most artistic media, its very limitations can be turned into assets. The complete *lack* of the visual element allows the radio playwright to jump about not only in time and place but on different planes of reality. Thus it is admirably suited to fantasy: even Cocteau's grotesqueries in the cinema tend to creak or to appear "contrived" but in radio a witch or a talking animal can comparatively easily escape the suggestion of pantomime. It is also suited to the dramatised chronicle, which is larger than or simpler than life.'
181 Llyfrgell Genedlaethol Cymru, Cell E 123 6408 (Llandybie: Wern records, 19—), neu archifau'r BBC yn Llandaf, WRL 556/3.
182 *Buchedd Garmon*, 140.
183 *Writing for radio*, 155. 'In all radio plays, whether adaptations or not, endings should be short, sharp, self explanatory.'
184 Cymh. D. J. Williams (16.7.1948), *Annwyl D. J.*, 155: 'Buom yn gwrando ar y darllediad gwych o *Buchedd Garmon* y nos Sul o'r blaen ac atgofion byw o'r tro cyntaf y clywsom ef yn dod yn ôl.'
185 Saunders Lewis, 'Celfyddyd y ddrama', *Y Darian*, 25 Tachwedd 1920, 3.
186 Cymh. *Writing for Radio*, 121. 'First, it is essential in a radio play that the listener can cope mentally with the number of characters involved. In radio, the audience has to hold all the characters on a mental stage, and too many characters arriving too quickly are apt to prove too much.'
187 *Amlyn ac Amig*, 177, 180-1.
188 *Buchedd Garmon*, 131-4.
189 'Saunders Lewis yn trafod …', 8.
190 *Amlyn ac Amig*, 196.
191 Ibid., 180-1.
192 Ibid., 184. Cymh. 186. 'Amig, rhy ddu yw'r nos imi weld dy wedd na'th lygaid; / Yma'n y duwch nid wyt tithau ond llais megis angel'.

193 Ibid., 183, 185.
194 Saunders Lewis (27 Rhagfyr 1939), *Annwyl D.J.*, 111.
195 Ibid.
196 Saunders Lewis, rhagair *Amlyn ac Amig*, 165.
197 *Amlyn ac Amig*, 192; *Siwan*, 544, 575.
198 *Amlyn ac Amig*, 97.
199 Ibid.
200 *DSL: 1*, 159.
201 'Gorchest a chymwynas (rhan un)', 77.
202 Llythyr at Morris Jones, 14 Rhagfyr 1947, Papurau Garthewin (23), Llyfrgell Genedlaethol Cymru. 'Nid oedd gennyf ddim awydd i orffen *Blodeuwedd* nes clywed fod o'r diwedd gynhyrchydd ac actorion a fynnai ddramâu o ddull gwahanol i'r hyn a wneir fynychaf ar lwyfan yng Nghymru.' Gw. ymhellach *DSL: 1*, 213.
203 Aristoteles, *Barddoneg*, cyf. J. Gwyn Griffiths (Caerdydd: Gwasg Prifysgol Cymru, arg. 2001), 87.
204 John Gwilym Jones, 'Drama hir wreiddiol: beirniadaeth John Gwilym Jones', *Cyfansoddiadau a Beirniadaethau: Eisteddfod Genedlaethol Cymru: Sir Fôn 1957* (Gwasg y Brython dros Lys yr Eisteddfod Genedlaethol, 1957), 214.
205 *Writing for Radio*, 153. 'Plays that are too claustrophobic, plays with only "one set", often do not breathe properly – because there is no physical movement. This could seem boring and stultifying to the radio listener through the unchanging mental scenery. A person sitting alone in a room listening to a play does not want that play to be set in a similar room for the whole of its course.'
206 Saunders Lewis (23 Mai 1965), *Annwyl Kate, Annwyl Saunders*, 207.
207 *DSL: 2*, 510.
208 *Saunders y Dramodydd*
209 *DSL: 2*, 650.
210 Ibid., 651.
211 'Dyddiadur Daniel', *Y Faner*, 7 Mai 1964, 5.
212 D. J. Williams (29 Rhagfyr 1956), *Annwyl D. J.*, 219. Cyfeirir at *Y Byw sy'n Cysgu* mewn llythyr at Kate Roberts.
213 *Writing for Radio: How to write plays*, 74.
214 *DSL: 2*, 717.
215 *Y Cyrnol Chabert*, 759.
216 *DSL: 2*, 719.
217 Cymh. ibid. Awgrymir bod y dialog yn *Y Cyrnol Chabert* 'dipyn yn fwy prennaidd nag y buasai ers dyddiau *Gwaed yr Uchelwyr*'.
218 *Cell y Grog*, 893.
219 *Worth a Hearing*, viii. 'A writer who wants to make an impression in radio must have a good ear for dialogue, if he does not, the people in his play will all speak with the same voice and will refuse to come to life.'

220 Saunders Lewis, llythyr dyddiedig 6 Awst 1973, Archif y BBC, Caerdydd. Ceir cyflwyniad i'r ddrama, 'Tynged i fyw – a marw', *Radio Times*, 28 Chwefror 1974, 5, ond nid yw'n cynnwys y darn hwn.

221 *The Way to Write Radio Drama*, 45.

222 *Cell y Grog*, 891.

223 Rhys Evans, *Gwynfor: Rhag Pob Brad* (Talybont: Y Lolfa, 2005), 227.

224 Gw. Hadley Cantrill (gyda Hazel Gaudet a Herta Herzog), *The Invasion from Mars: A Study in the Psychology of Panic and with the Complete Script of the Famous Orson Welles Broadcast* (Princeton, NJ: Princeton University Press, 1966).

225 Cymh. Stuart Spencer, *The Playwright's Guidebook* (London: Faber and Faber, 2002), 66. 'Playwrights who insist on writing vast sections of their plays in the form of a monologue to the audience often find the audience wondering why they didn't visit the bookstore instead of the box office.'

226 *Writing for Radio: A Practical Guide*, 57.

227 *Tynged yr Iaith*, 20, 27. Ceir, wrth gwrs, nifer o gwestiynau eraill, gan gynnwys rhai rhethregol yn y ddarlith.

228 Cymh. e.e. 'The banned wireless talk on Welsh Nationalism', 5. 'I do not think the Welsh language will disappear rapidly even if that should happen. But it will cease to be a language worth cultivating. Its literature will become entirely second-hand and fifth-rate. Believe me, there is something worse and more tedious than the death of a language, and that is its functionless survival.'

229 Nicolas Caussin, *De Rhetorica Sacra et Humana*, 313. Dyf. yn *Word as Action*, 56. 'Tractatur exordium ad conciliandam beneuolentiam, attentionem, docilitatem.'

230 Saunders Lewis (12.9.1954), *Annwyl D.J.*, 194.

231 *Postscripts*, vii.

232 'Y Gymraeg ar y radio', 154.

233 *Tynged yr Iaith*, 25. Cymh. *Siwan*, 538: 'Ein teimladau ni, ein hofnau a'n hiraeth ni'.

234 Gw. *Word as Action*, 41.

235 *Tynged yr Iaith*, 23, 24.

236 Saunders Lewis, 'Pierre Corneille' (1949-50), yn *Meistri a'u Crefft*, gol. Gwynn ap Gwilym (Caerdydd: Gwasg Prifysgol Cymru, 1981), 225.

237 *Tynged yr Iaith*, 11.

238 Gw. *Word as Action*, 42-6. Am elfennau fframweithiol yr araith, *exordium, narratio, confirmatio, refutatio, peroratio, enumeratio, amplificatio*, gw. 56-60.

239 Ibid., 57.

240 *Tynged yr Iaith*, 28.

241 Ibid., 22.

242 Ibid., 14.

243 Ibid., 14, 16, 22.

244 Ibid., 12, 11.
245 Ibid., 13, 15. 'Fe wyddom heddiw …' 'Mae'n iawn inni gydnabod dwy ffaith.' '[Y] Llyfrau Gleision hyn yw'r ddogfen hanesyddol bwysicaf a feddwn …'
246 Ibid., 12-13.
247 Ibid., 14, 19.
248 Ibid., 19, 21, 22.
249 Ibid., 23.
250 Ibid., 24, 27.
251 Ibid., 28.
252 Ibid., 29.
253 Ibid., 26.
254 Ibid., 29.
255 *Writing for Television, Radio, New Media*, 9. 'Radio often uses a narrator or announcer to set the mood, establish character relationships, give information about program participants, describe the scene, summarize the action, and even comment on the attitude the audience might be expected to have toward the program, participants, or performers.' Cymh. e.e. sylwadau Hallam Tennyson, 'Foreword', yn Don Haworth, *We All Come to It in the End and Other Plays for Radio* (London: BBC, 1972), 8. 'As a radio dramatist Mr Haworth is not a great technical innovator he merely handles the medium with virtuoso assurance (for example, the use of the narrator in *We All Come to It in the End*) and the train of events inspired by his heroes' innocence is scarcely conceiveable in any other medium.'
256 Gw. *Merch Gwern Hywel, DSL: 2*, 655-704.
257 *Writing for Radio: How to write plays*, 34.